王船山遵礼之道研究

The Study on Wang Chuanshan's Ritual-System

陈力祥　王志华　著

图书在版编目(CIP)数据

王船山遵礼之道研究/陈力祥,王志华著.—北京:北京大学出版社,2020.7
ISBN 978-7-301-31076-2

Ⅰ.①王… Ⅱ.①陈…②王… Ⅲ.①王夫之（1619—1692）—哲学思想—研究 Ⅳ.①B249.25

中国版本图书馆CIP数据核字（2019）第301342号

书　　名	王船山遵礼之道研究 WANGCHUANSHAN ZUNLIZHIDAO YANJIU
著作责任者	陈力祥　王志华　著
责任编辑	吴冰妮
标准书号	ISBN 978-7-301-31076-2
出版发行	北京大学出版社
地　　址	北京市海淀区成府路205号　100871
网　　址	http://www.pup.cn　　新浪微博:@北京大学出版社
电子信箱	dianjiwenhua@126.com
电　　话	邮购部010-62752015　发行部010-62750672　编辑部010-62756449
印 刷 者	天津中印联印务有限公司
经 销 者	新华书店
	165毫米×238毫米　16开本　22印张　373千字 2020年7月第1版　2020年7月第1次印刷
定　　价	66.00元

未经许可,不得以任何方式复制或抄袭本书之部分或全部内容。
版权所有,侵权必究
举报电话: 010-62752024　电子信箱: fd@pup.pku.edu.cn
图书如有印装质量问题,请与出版部联系,电话: 010-62756370

国家社科基金后期资助项目
出版说明

后期资助项目是国家社科基金设立的一类重要项目,旨在鼓励广大社科研究者潜心治学,支持基础研究多出优秀成果。它是经过严格评审,从接近完成的科研成果中遴选立项的。为扩大后期资助项目的影响,更好地推动学术发展,促进成果转化,全国哲学社会科学工作办公室按照"统一设计、统一标识、统一版式、形成系列"的总体要求,组织出版国家社科基金后期资助项目成果。

全国哲学社会科学工作办公室

目 录

序 …………………………………………………………………… 1
第一章 绪 论 ……………………………………………………… 1
  一 本书的学术背景与意义 ……………………………………… 1
    (一)学术背景 ………………………………………………… 1
    (二)理论与实践意义 ………………………………………… 1
  二 研究现状 ……………………………………………………… 2
    (一)针对性研究综述 ………………………………………… 2
    (二)相关性研究 …………………………………………… 10
    (三)研究现状述评 ………………………………………… 14
  三 研究内容 …………………………………………………… 14
  四 思路方法 …………………………………………………… 18
  五 创新之处 …………………………………………………… 18
第二章 气化流行:船山遵礼之形上学基础 …………………… 20
  第一节 以气为体:气之化生万物 …………………………… 20
    一 "太虚者,气也" …………………………………………… 21
    二 "气化者,气之化也" ……………………………………… 24
    三 "人者,取精于天" ………………………………………… 29
    四 小结 ……………………………………………………… 34
  第二节 言道者必以人为归 …………………………………… 35
    一 "阴阳之外无道" ………………………………………… 36
    二 "道不虚行,存乎其人" …………………………………… 41
    三 "人极立,则赞天地而参之" ……………………………… 47
    四 小结 ……………………………………………………… 50
  第三节 人礼同气:体天地之化而有人之礼 ………………… 51
    一 "人之所得具众理" ……………………………………… 51
    二 "人之所凝以为性" ……………………………………… 57
    三 人"心尽之而体全" ……………………………………… 62

四　小结 …………………………………………………… 66
　本章小结 ………………………………………………………… 67
第三章　遵礼之理:船山遵礼之现实依据 …………………… 68
　第一节　礼辨禽狄:辨人禽、严夷夏 ………………………… 68
　　一　礼辨人禽 ……………………………………………… 69
　　　(一)礼之"分—别" …………………………………… 69
　　　(二)以"耻"言人 ……………………………………… 73
　　　(三)人知生死而殊于禽兽 …………………………… 75
　　　(四)君子、野人以分人禽 …………………………… 76
　　　(五)以治乱别人禽 …………………………………… 78
　　　(六)礼为人所独有 …………………………………… 80
　　二　礼别夷夏 ……………………………………………… 81
　　三　小结 …………………………………………………… 87
　第二节　人欲失礼:去人欲崇天理 …………………………… 87
　　一　天理人欲合于"一本"之"理" ……………………… 87
　　二　"礼即理之节文"——"礼""理"相通 …………… 90
　　三　以礼主欲 ……………………………………………… 94
　　四　小结 …………………………………………………… 102
　第三节　弘人之道:贞天道尽人道 …………………………… 102
　　一　天理人礼因人以显 …………………………………… 102
　　二　礼本天地以贞天道 …………………………………… 107
　　　(一)"人道"即"礼" …………………………………… 107
　　　(二)礼道本于天地 …………………………………… 108
　　　(三)天人之道一也 …………………………………… 109
　　　(四)以人道贞天道 …………………………………… 110
　　三　先立其大以尽人道 …………………………………… 112
　　　(一)"全归"以尽人道 ………………………………… 113
　　　(二)行事理以尽人道 ………………………………… 114
　　　(三)尽人道以立人极 ………………………………… 116
　　　(四)尽人道以显"礼" ………………………………… 118
　　四　小结 …………………………………………………… 119
　本章小结 ………………………………………………………… 120
第四章　遵礼原则:船山遵礼推行之原则 …………………… 121
　第一节　中道原则:遵礼之道展开的价值规约 ……………… 121

一　遵礼之用须以中和为贵 122
　　二　遵礼以求人心之和而允 123
　　三　小结 129
第二节　"经""权"原则：遵礼之道展开的灵活变宜 130
　　一　"经""权"之提出 131
　　二　船山之"经""权"观——遵礼须贯彻"经""权"原则 136
　　　（一）"经""权"一体 136
　　　（二）"经""权"乃礼之损益 139
　　三　小结 143
第三节　于俭原则：遵礼之道展开的内在持守 143
　　一　遵礼需以守俭为尚 143
　　　（一）俭者见礼而不见俭 143
　　　（二）守俭能回归礼之本 147
　　　（三）奢则非礼犯乱 150
　　二　于俭当守情理之正 152
　　　（一）过俭易流于骄泰 152
　　　（二）过俭则背于义理 155
　　三　小结 156
本章小结 157

第五章　守德遵礼：遵礼主体的德性要求 158
第一节　仁者爱人：守德遵礼的道德内蕴 158
　　一　全心德之仁以遵礼 158
　　　（一）"仁主于爱" 158
　　　（二）仁全心德 162
　　　（三）仁以顺礼 164
　　二　本仁乃可行之于礼 166
　　　（一）"行礼之本而极之于仁" 166
　　　（二）"为仁之极致乃复礼" 168
　　三　达仁义之德方行礼 171
　　　（一）"仁义相得立人道" 171
　　　（二）起仁义之用以贯礼 174
　　四　小结 176
第二节　崇尚道义：守德遵礼的道德正义 177
　　一　"义"乃心之制、事之宜 177

　　　　　(一)"'义'者,心之制" ………………………… 177
　　　　　(二)"'义'者,事之宜" ………………………… 179
　　　二　守"义"德以遵礼:义立方行礼 ………………… 183
　　　　　(一)义为礼本,礼缘义起 …………………… 184
　　　　　(二)礼以行义 ………………………………… 187
　　　三　小结 …………………………………………… 190
　第三节　虔敬恭让:遵德守礼的道德情操 …………… 191
　　　一　恭敬乃礼用之所以然 ………………………… 191
　　　　　(一)敬者礼之本 …………………………… 192
　　　　　(二)礼者敬之文 …………………………… 195
　　　二　致恭敬则能率礼而行 ………………………… 198
　　　三　遵礼需敦敬 …………………………………… 202
　　　　　(一)敬以修身 ……………………………… 202
　　　　　(二)敬乃立政 ……………………………… 204
　　　四　小结 …………………………………………… 206
　本章小结 …………………………………………………… 206

第六章　遵礼策略:船山遵礼之实践路径 ……………… 208
　第一节　神道设教:因幽明之道而信仰 ……………… 208
　　　一　"神道设教"的传统 …………………………… 208
　　　二　"神道设教"的展开 …………………………… 212
　　　　　(一)原神鬼以存礼意 ……………………… 213
　　　　　(二)明神持敬以待礼 ……………………… 215
　　　　　(三)设教导民以循礼 ……………………… 216
　　　三　"神道设教"的归趣 …………………………… 222
　　　四　小结 …………………………………………… 223
　第二节　垂范劝喻:官方垂训与坊间劝善
　　　　　——以《坊记》为中心 …………………… 223
　　　一　官方垂训 ……………………………………… 223
　　　二　坊间劝善 ……………………………………… 226
　　　　　(一)防民"争利忘义"以遵礼 ……………… 227
　　　　　(二)防民"贵禄贱人"以遵礼 ……………… 231
　　　　　(三)防民"薄孝忠厚慈"以遵礼 …………… 234
　　　　　(四)防民"厚色贪色"以遵礼 ……………… 237
　　　三　小结 …………………………………………… 239

第三节　教育熏习:学校教育与师长教化 ……………… 239
　　一　学教并行 …………………………………………… 240
　　二　育德谦敬 …………………………………………… 243
　　　(一)学以示敬 ………………………………………… 243
　　　(二)学有时序 ………………………………………… 244
　　　(三)学以存心 ………………………………………… 247
　　三　化民易俗 …………………………………………… 249
　　　(一)化民成俗终归于礼 ……………………………… 249
　　　(二)推教化然后礼兴行 ……………………………… 252
　　四　小结 ………………………………………………… 253
第四节　礼乐并进:礼以规约与乐以浸润 ……………… 254
　　一　礼、乐何以并进 …………………………………… 254
　　　(一)形上层面:礼乐合天 …………………………… 255
　　　(二)形下层面:顺性饰情 …………………………… 257
　　二　礼、乐相参相辅 …………………………………… 259
　　　(一)乐以和心正乱 …………………………………… 259
　　　(二)礼乐互用成化以行礼 …………………………… 261
　　　(三)礼乐内外交养以守礼 …………………………… 262
　　　(四)礼减乐盈以持礼 ………………………………… 263
　　　(五)礼乐感于孝悌以行礼 …………………………… 265
　　三　礼、乐成德化俗 …………………………………… 265
　　　(一)个体成德以守礼 ………………………………… 266
　　　(二)社会化俗以循礼 ………………………………… 267
　　四　小结 ………………………………………………… 268
　本章小结 …………………………………………………… 268

第七章　遵礼旨归:船山遵礼之价值取向 ………………… 270
　第一节　遵礼以存心养性 ………………………………… 270
　　一　遂心而存德 ………………………………………… 270
　　　(一)总论礼—心关系 ………………………………… 271
　　　(二)礼生于心而制心 ………………………………… 273
　　　(三)礼和心以涵心德 ………………………………… 277
　　　(四)礼立人道以存心 ………………………………… 280
　　二　养性而畅情 ………………………………………… 284
　　　(一)性以名天人授受 ………………………………… 284

(二)性善循礼立人道 …… 287
　　(三)心函性而存于礼 …… 291
　　(四)情充性而统于心 …… 294
　　(五)情因礼裁以养性 …… 296
　三　小结 …… 303
第二节　遵礼以挺立人道 …… 304
　一　主修身 …… 304
　　(一)遵礼主修身 …… 305
　　(二)遵礼立人道 …… 308
　二　达人和 …… 311
　三　致政兴 …… 316
　四　小结 …… 319
本章小结 …… 320

结论 …… 321

后记 …… 325

参考文献 …… 327
　一　著作 …… 327
　　(一)古代典籍 …… 327
　　(二)今人著作 …… 328
　二　论文 …… 331

序

船山《礼记章句序》有言:"大哉礼乎! 天道之所藏而人道之所显也。"① 此即是说,作为中华文化之集中表现的礼贯通天道和人道,是天道的内蕴和人道的呈显,具有既彰显天道又确证人道的独特基质和价值品性。天道所藏的礼,本质上是天道运行的秩序和规律性之动态基元或始基,也成为天道之玄宫的精深藏富;人道所显的礼,确证着人道的现实功用和价值机理,并构成人之所以为人的矩范理则。船山借助《易经》"显诸仁,藏诸用"的命题来对仁与礼之间的辩证关系加以阐释,认为仁与礼之间存在着一种互为体用的关系,一方面就"缘仁制礼"而言,则可以说"仁为体","礼为用",有仁之体即有礼之用。另外一方面就"仁以行礼"而言,则可以说"礼体也,仁用也"。基于自己对仁礼互为体用关系的洞见,船山得出了"唯其无礼也,故虽有存焉者而不能显,虽有显焉者而无所藏"的结论,并通过"仁之经纬斯为礼,日生于人心之不容已,而圣人显之。逮其制为定体而待人以其仁行之,则其体显而用固藏焉"的创造性掘发,深刻地揭示了天道之所藏和人道之所显的丰富内涵及其辩证关系。从某种意义上说,船山真正实现了儒家仁学与礼学的内在性圆融,不是简单地"以仁释礼"或"以礼释仁",甚或陷入"仁内礼外"的价值纠结之中不能自拔,而是通过对所藏与所显以及体用关系的价值澄清和功能辨析,将仁和礼以及天道和人道之间既相互依存又相互为用的深层关系揭橥于世,建构的是既崇仁又贵礼且尚义的价值圆融主义。船山在释《曲礼上》时进一步深化了"礼"是人区别于禽兽的关键之价值论说,指出:"其为人之所独有而鸟兽之所必无者,礼而已矣。"并认为"故礼者,人道也。礼隐于心而不能著之于外,则仁义智信之心虽或偶发,亦因天机之乍动,与虎狼之父子、蜂蚁之君臣无别,而人道毁矣"。所以"道德仁义,非礼不成"的奥秘或真谛就在于"礼以显其用,而道德仁义乃成乎事矣"。

船山认为,这种互为体用的关系,在儒家《周官》《仪礼》和《礼

---

① 王船山:《礼记章句序》,《船山全书》第4册,岳麓书社,2011年,第9页。

记》三书中亦有相当的体现，指出："故自始制而言之，则《记》所推论者体也，《周官》《仪礼》用也；自修行而言之，则《周官》《仪礼》体也，而《记》用也"。船山更由《礼记》与《周礼》的互为体用、相互依持中发见了其"以显天下之仁"的妙用，认识到儒家礼学对于人之所以为人，中国之所以为中国，君子之所以为君子的内在规定性及其最终确定价值，强调此即是中华文明的价值枢纽或核心价值理念，"舍是而无以为立人之本"，由此可见，礼是"《易》、《诗》、《书》、《春秋》之实蕴也"。①

船山正是基于自己对儒家礼学真精神的深刻认识，在"悼大礼之已斩，惧人道之不立"之忧患意识的拱立下，且联想到自己"生际晦冥，遘闵幽怨"的人生遭逢，表达了"欲乘未死之暇，上溯《三礼》，下迄汉、晋、五季、唐、宋以及昭代之典礼，折衷得失，立之定断，以存先王之精意，征诸实用，远俟后哲"②的研修礼学之心志。虽然自己的礼记研修可能因"见闻交诎，年力不遑"导致"于微言未之或逮"的状况，但其对礼学"人禽之辨，夷夏之分、君子小人之别"的自觉持守和价值眷注，真可谓"天心可鉴"。应该说，船山的《礼记章句》不仅"引伸先王之道而论定其义，辑礼经之所未备而发其大义"，而且"通其意以会其同，辨其显以达其微"，进而扬"先王穷理尽性、修己治人之道"，光大了儒家礼学体系。

船山礼学强调"天道之所藏"和"人道之所显"的本体意义和功能意义，并将礼视为一种根源于内心的对天道的崇敬以及对仁爱之道的遵循和持守，其本质的要求是"敬与爱"的合一。亦即："礼之本无他，爱与敬而已矣。亲亲者，爱至矣，而何以益之？以敬。""为父兄者，不以谐臣媚子自居，而陷子弟于便佞善柔之损，敬之至也。……父兄立德威以敬其子弟，子弟凛祇载以敬其父兄，嗃嗃乎礼行其简，庶几哉，可以嗣先，可以启后。"③礼既重对天道、天地、祖先和长者的敬重、尊敬，也重天人之间、人人之间的爱的对待，是爱敬合一之精神的传延与弘扬。船山礼学凸显了尚敬与尚爱的合一，既维护了礼的根蒂和基础，又引入了关系之平等性的爱意浇灌其中，从而使中华礼学历久弥新，获得了一种守正固本和平等相待的基质。

晚清名臣曾国藩服膺船山学说，对其礼学尤有推崇。在曾国藩看来，

---

① 王船山：《礼记章句序》，《船山全书》第4册，岳麓书社，2011年，第9页。
② 王船山：《礼记章句序》，《船山全书》第4册，岳麓书社，2011年，第10页。
③ 王船山：《耐园家训跋》，《船山全书》第15册，岳麓书社，2011年，第140页。

"先王之道，所谓修己治人，经纬万汇者，何归乎？亦曰礼而已矣"①。又说："古之君子之所以尽其心，养其性者，不可得而见；其修身、齐家、治国、平天下，则一秉乎礼。自内焉者言之，舍礼无所谓道德；自外焉者言之，舍礼无所谓政事。"②曾国藩继承了船山礼为修己治人之道的思想并将其概括为"以礼自治"和"以礼治人"两个方面，由此阐发了"内期立身，外期辅世"为特色的儒家经世思想，凸显了礼在道德和政事中的地位。

郭嵩焘是继曾国藩之后弘扬船山学说的杰出代表，他执掌的思贤讲舍开启了专门祭祀王船山的活动，并借助聘请王闿运、王先谦来主持讲舍事宜使船山其人其学在湖湘大地得到了较为广泛的传播。在郭嵩焘的心目中，王船山最了不起的地方，"在于他了解礼，从而了解社会的道德秩序"③。郭嵩焘冀望弘扬王船山的礼学思想来找到挽救近代社会道德堕落的种子。

此后，熊十力、冯友兰、牟宗三、唐君毅、钱穆等新儒家学者也在一定程度上掘发了船山礼学的精意并促成了船山礼学的发展。

但是，相对于船山礼学的博大精深及其与经学的复杂关系，应该说，学人们对船山礼学的掘发与阐释还是较为初步的。这一状况对于船山学术的发扬亦有某种掣肘或不甚理想的作用。深度掘发船山礼学思想对于促进船山思想的全面系统研究无疑具有极其重要的学术意义。

陈力祥教授早在中国人民大学攻读博士学位期间就以清醒的学术自觉敏锐地感受到了船山礼学思想研究的重大意义和价值，并以坚定的学术求索打开了船山礼学研究的大门，进而积十数年仰高钻坚之功夫，既探其堂奥，又溯其源流，推出了多部专论船山礼学思想的学术专著，如《王船山礼学思想研究》（巴蜀书社，2008年）、《王船山礼宜乐和的和谐社会理想——以礼之调适为中心》（社会科学文献出版社，2014年）等，首次全面系统揭示了王船山礼学思想的精神风貌。在前两部著作的基础上，最近又撰写出《王船山遵礼之道研究》。该著是力祥教授2016年申报成功的国家社会科学基金后期资助项目的最终研究成果，以船山"遵礼之道"为主要研究对象，创造性地阐释了船山遵礼之道的依据、

---

① 曾国藩：《圣哲画像记》，《曾国藩诗文集》，上海古籍出版社，2005年，第291页。
② 曾国藩：《笔记二十七则·礼》，《曾国藩全集·诗文》，岳麓书社，1987年，第358页。
③ （美）裴士锋：《湖南人与现代中国》，黄中宪译，社会科学文献出版社，2015年，第37页。

缘由、主要内容以及在船山礼学思想中的独特地位，可谓船山礼学思想的一部代表性著作。

品读该著，我觉得其特色和创新之处主要体现在以下几个方面：

首先，该著建构了一个逻辑谨严而又自成一家之言的船山遵礼之道的研究体系。针对学术界关于船山遵礼之道研究几近阙失或严重不足的状况，力祥教授在皓首穷经的同时结合当代船山学研究的大势予以去粗取精、去伪存真的甄别剖判，创造性地提出了以遵礼之气、遵礼之理、遵礼原则、遵礼德性、遵礼策略、遵礼旨归六个环节为线索，展开了对船山遵礼之道内在逻辑的深度探究和探赜索隐，向我们揭橥出船山何以要去遵礼、遵何种意义上的礼以及怎样遵礼等一系列重大理论和实际问题，建构了一个既源于船山遵礼之道的内在精义又凸显出自己研究特色的理论体系。相对于已有的学术界关于船山礼学思想的研究，该著具有创新补白的学术价值，有助于进一步发掘礼文化、礼之道独特的价值，有助于丰富与发展船山礼学思想的研究内涵，拓宽船山礼学思想研究的新的视野，开拓船山礼学思想的新局面。

其次，该著对船山遵礼之道的内涵作出了颇富创发性的诠释和论证。从辨析"遵礼"不同于"用礼""行礼""知礼"及"贵礼"的地方入手，力祥教授坚持认为"遵礼"标示出伦理道德的主体性是建立在对外在规范的吸收、消化及应用的基础之上的。从内在方面来看，道德行为并不是一种随性的自然行为，不是缺乏工夫的现实实现；从外在方面来看，"礼"的践履必须经过一个日积月累的内化过程。道德主体的显示必须体现为一种工夫，即由外而内，又由内而外。并认为船山遵礼之道就是即用见体，寓道于器，于形而下中彰显形而上的道体。可以说，船山遵礼之道既重道德主体性的理性直觉，又重道德主体的躬行实践，是重工夫的"循礼"的规范性与强制性与重主体德性的"行礼"的自主性与自发性的有机结合与辩证统一。该著关于船山遵礼之形上学基础的考察，较好地揭示出船山气化流行和言道者必以人为归等思想命题的价值奠基意义，而对人礼同气之深层要义的掘发更凸显了礼是建立在人善体天地之化之基础上的价值证成。在对船山遵礼之现实依据的考察中，该著不特对人禽之辨予以特有的关注，更对夷夏之分、君子小人之别作出了较为厚重的理性分析和历史论证，凸显出了礼在人之所以为人、中国之所以为中国、君子之所以为君子这三大根本性价值建构中的独特地位。船山礼学思想非常重视"礼"的工夫与实践，因此，"遵礼之道"所揭示的就是在践行礼的过程中所应该具备的诸要素及其之间的关联，即遵礼所要求的整体性、系统性。船山遵礼的理据和旨归可以归结为君子人格的塑造与人道的挺立，前者使得在处理人欲时礼的引导作用成为主流，后者则使得礼在辨人禽与防夷夏方面的界限作用得到强调。可以看出，遵礼的价值旨归逻辑先在地决定了遵礼理据的提出。遵礼之道的具体落实，在很大层面上得益于遵礼原则、遵礼德性、遵礼策略三者的共同作用。这些措施的全部落实，最终所要达到的基本目标即为遵礼旨归。应该说，这些颇具概括性的论述既出于船山礼学思想的精意，又是力祥教授对船山礼学思想精意的创造性掘发，显得弥足珍贵。

复次，该著对船山遵礼原则、遵礼德性以及遵礼策略的诠释与论述也是颇多新意的。遵礼原则意在考察整个遵礼体系有效践行的指导方针与方向，遵礼德性则要为这种践行提供一定的伦理道德基础。德性基础是一个人遵礼的前提与基础，无德之人遵礼是缘木求鱼。因此，遵礼德性主要要考察遵礼之人必然要具备哪些德性。遵礼践行则是一种为推进遵礼体系不断完善的机制保证。为了保证遵礼实践在现实中的有效落实，船山主要从四个大的方面给予了考察，分别是：神道设教、垂范劝喻、教育熏习、礼乐并进。在对诸多策略的考察中，该著既注重外在的强制与规范，又注重内在的引导与疏通，从形上神道到形下人道，从家庭熏陶到国家制约，从个体原点到群体维系，从约束范导到教化建构，从理论实施到艺术浸润，全方位地呈现出遵礼的实践路径。

最后，该著极大地彰显了船山遵礼之道的现实意义和价值。从应用价值来说，研究船山遵礼之道，有助于我们保持和谐优雅的道德心灵，培育一种和谐有序的伦理品质，锻铸一种在现代化生存境况下的健康的道德人格。当代社会所出现的系列道德滑坡现象，以及浸透在人与人、人与社会、人与自然之间的道德失序，均与"礼坏"和人们对礼文化、礼之道的蔑视、轻视或忽视有关。因此，研究船山的遵礼之道，对调节人与人、人与社会、人与自然之间所生发的道德冲突或道德困惑，必将起到非常重要的精神提撕和点染作用，有利于唤起人们尊道贵德、志道据德的伦理价值意识，重建或恢复整个社会的公序良俗，有利于和谐人生与和谐社会的建构。对船山遵礼思想的研究与考察，从某种意义上来说是在促进传统伦理思想的现代转化和创造性发展，可以弥补现代社会只强调法制的预防与约束而忽略道德礼仪的引导与提升的缺陷与不足，为现代公民人格的塑造与形成提供一种继往开来式的借镜和价值参照。

以上管见，只是个人品读该著的一些不尽完善的心得体会。也许，读者用心细读力祥教授的这一著作，完全可以获得比我更为全面且丰富的学术识见，进而为更好地开掘船山礼学思想的源头活水提供动能。

著名船山学研究专家萧萐父《湘西草堂杂咏》其中第六首诗为"当年翁牖秉孤灯，笔隐惊雷俟解人。三百年来神不死，船山应共颂芳春"，颂扬了船山思想和人格三百年来不断传播扩展的精神魅力。可以说，船山之学在他在世时人们知之甚少而其逝世后随着著作的不断刊印才逐渐被世人接受认可的。这也确证了那些真正深刻而又洞见底蕴的理论观点和哲学命题总是可以经受时间的冲洗和考验，在数个世纪后仍然能够掀起人们心底的涟漪，获得跨越时空的学术认同和价值开掘。船山在湘西草堂艰苦著述的一个人生动原即是他为两百年以后的中国人所著述，历史已经对之作出了确定不移的回答。近代一百七十余年的发展历程，船山魂、船山梦和着船山思想与时偕行，成为中国马克思主义、现代新儒家乃至自由主义竞相掘发的资源和不得不予以珍视的民族精神财富。时至船山诞辰四百周年，海内外研究船山之学，敬仰船山风骨和精神价值，已经渐入高潮，诸种研究成果正在不断被推出，船山学术呈现出"源泉浑浑"、近乎井喷的状态。也许梁启超的话是对的，船山思想的真正复活只怕是在以后。随着中华民族在中国共产党领导下开启的波澜壮阔的复兴历程，船山思想和精神人格必将在未来一百年大放光华，成为我们民族自信和精神文化自信的源头活水。开掘船山思想与迎接、促成中华民族和中华文明伟大复兴的时代大潮相契合，弘扬船山精神与铸造中国公民大国素质和精神风范相承续，是一件扎根传统而又面向未来、立足本国而又放眼世界的继往开来之志业，这又是一件多么使人感到豪迈壮丽而又催人奋进的伟大事情啊！船山之学富含超越时空的独特神韵和魅力。让我们以力祥教授为榜样，自觉地将学术研究的触角扎向船山思想的深处，并促使其实现创造性转化和创新性发展，推出更多更好的船山学研究成果，以迎接和助推中华民族伟大复兴中国梦的实现。

是为序。

王泽应
2019年9月16日于岳麓山下景德楼

第一章 绪 论

一 本书的学术背景与意义

（一）学术背景

对传统古典资源汲取的深度决定了现代文明发展所能达到的高度，可以说，把王船山作为重要的传统古典资源进行深入的挖掘，将会对现代文明的构建产生非常深刻的启示意义。学界对船山的重视与研究从20世纪的二三十年代就已经开始，经过几代学人孜孜不倦的努力，在哲学、伦理学、美学、历史学、政治学等领域都已经取得了颇为丰富的学术成果，但对其晚期所著《礼记章句》一书中礼学思想的阐发还存在着不足。近几十年来虽然已经逐渐有部分学者开始关注船山的礼学思想，并且也产生了为数不多的专著和论文，但要想继续地深入对船山礼学思想有创新性的发挥，就必须对之前学界学人的学术成果进行一次系统的梳理，辨析各种观点，考察研究现状。在此基础上才能够在船山礼学思想的研究方面重新开辟一条独特的路径，从而为现代文明、现代社会的和谐发展在理论与实践意义上提供一种引导。

（二）理论与实践意义

从理论价值来讲，本书的展开，相对于已有的学术界关于船山礼学思想的研究，具有独到的学术价值，因为目前学术界对船山礼学思想的研究多关注礼之产生、礼之价值、礼之特征等常态化方面，但对船山遵礼之道有所忽视。基于这种研究现状，本文对船山遵礼之道展开研究，有助于开拓礼学思想研究的新转向，有助于进一步发掘礼之独特的价值，有助于丰富与发展船山礼学思想的研究内涵，拓宽礼学思想研究的新视野。从应用价值来说，研究船山遵礼之道，有助于我们保持和谐的心灵，有礼总能使人保持一种和谐的心境，进而实现内心世界的和谐，从而为实现公序良俗的和谐社会奠定基础。当代社会所出现的一系列道德滑坡现象，人与人、人与社会、人与自然之间所出现的矛盾与冲突，均与当前的"礼坏"有关。因此，研究船山的遵礼之道，对调节人与人、人与社会、人与自然之间的矛盾与冲突，必将起到非常重要的作用，有利于整个社会的公序良俗，有利于和谐社会的建构。可见，对船山遵礼之道的研究，在当代社会中的应用是不言而喻的。

二 研究现状

下面介绍一下述评的思路与选择著述的情况。整体上分为针对性研究与相关性研究两大部分。针对性研究指专门针对船山礼学思想所进行的研究，包括著作与论文；相关性研究指非专门研究船山的礼学思想，但在其研究的过程中会涉及对船山礼学思想的部分论述，也包括著作与论文。考虑到学界对船山礼学思想的研究已经开展，所以，无论是针对性的研究，还是相关性的研究，此次评述并不准备巨细无遗地对所有的文献（包括著作与论文）进行综述与评介，而是会有所选择，有所详略。就针对性研究而言，对著作类的处理，首先是会关注到作者的主要观点，其次还会顾及作者的整体思路，全书的写作脉络以及侧重点与尚待深入研究之处；就相关性研究的著作类处理，则只会关注其中的主要观点，适当地考虑整体思路。就论文而言，无论是针对性的，还是相关性的，以观点为主线，进而选择有代表性的论文进行论述。最后需要说明的是，此文所评述的所有文献基本上以大陆学者的著作为主，但也会顾及部分港台学者的著作。

（一）针对性研究综述

专著方面，大陆专门对船山礼学思想进行研究的著作有两本，皆为陈力祥所著。一本是《王船山礼学思想研究》，该书是在作者博士论文的基础上进行修改完成的，对船山礼学思想的研究颇具开放性与深入性，作者在"导论"中将其总结为八个方面，这里不准备一一介绍，只重点讨论几个关键性的问题。首先是船山礼学思想的继承问题，作者认为"船山礼学思想绍承朱子"，"《朱子家礼》直接导致了船山礼学思想产生的逻辑前提——'依人建极'观念的形成"。[1] 正是在这一基础上船山实现了传统礼学研究的一种转变，使他自己的礼学思想有了"以人为依""依人建极"的特征。[2] 其次是船山礼学思想的形上学问题，即探讨船山礼学的哲学根基，而这恰是要解决"'人极'的形上基础如何"的问题，[3] 船山正是与程朱理学具有哲学取向上的不同，才使得他的礼学得以走出朱子礼学乃至传统礼学的局限，重新开出一种新的境界。有关船

---

[1] 陈力祥：《王船山礼学思想研究》，巴蜀书社，2008，第27页。
[2] 陈力祥：《王船山礼学思想研究》，巴蜀书社，2008，第28页。
[3] 陈力祥：《王船山礼学思想研究》，巴蜀书社，2008，第67页。

山礼学思想之哲学基础的深入探讨在作者后来的几篇论文中得到了进一步的展开，稍后在对论文的论述中将会涉及，此处就不再赘述。再次就是关于船山礼学的价值问题，作者认为船山礼学整体上有两大类的价值，即人生哲学价值与政治哲学价值。① 就人生哲学价值而言，主要体现在三个方面，即"立礼为则"与"循礼居正"的修身原则，②"矫情复性"的性情论，③"礼以行敬"的行为指导。④ 关于船山政治哲学价值的探讨，在作者的另一本专著中有集中的体现，下面将专门论及。

在《王船山礼宜乐和的和谐社会理想——以礼之调适为中心》一书中，作者结合我国当前构建和谐社会的现实问题，将这种现实问题的解决提升到了理论的高度，以船山礼学为切入点，深入探讨了船山礼学思想中所蕴含的社会和谐因素，并运用严密的逻辑框架将这种和谐因素加以体系性的建构，又对每一部分分别予以了细致的阐述。首先作者认为，在船山看来，"和谐社会的构建，首先是以礼和内，也即以礼养心，以实现人心之和；以礼和性，以维持人之本然之善；以礼顺情，以保持人之欲望在合理的限度之内以利和"⑤。然后通过对心性情三者之间的考察，凸显礼在调节人自身的内在心灵以保持和谐状态的巨大功能。内在和谐状态的保持进而也就可以直接为外在人与人之间和谐关系的维系提供内在的心灵基础，"以使人能够更好地以礼来把握自己的行为，进而做到以礼立身，使自己的行为能够合乎礼制、遵循礼制，视、听、言、动等均在礼之规约之下，行为不越礼"⑥。整个社会如果按照礼的原则来运行，不仅能够维系社会的安宁，还能够进一步保持人与自然的和谐。这一思路的展开与人本身所具有的仁爱精神是相互贯通的，"人与自然之间的和谐"，"将人与自然视为平等的主体，并以仁爱之精神对待之，如此则能真正实现人与自然之间的和谐"⑦。礼之作用从人的内在心灵开始，逐渐推至人与人之间，再进一步从社会到自然，实现了天地大和的终极追求。

台湾学者杨锦富《王船山礼学研究》一书的特色在于逐一考察了船

---

① 陈力祥：《王船山礼学思想研究》，巴蜀书社，2008，第195页。
② 陈力祥：《王船山礼学思想研究》，巴蜀书社，2008，第198页。
③ 陈力祥：《王船山礼学思想研究》，巴蜀书社，2008，第217页。
④ 陈力祥：《王船山礼学思想研究》，巴蜀书社，2008，第263页。
⑤ 陈力祥：《王船山礼宜乐和的和谐社会理想——以礼之调适为中心》，社会科学文献出版社，2014，第72页。
⑥ 陈力祥：《王船山礼宜乐和的和谐社会理想——以礼之调适为中心》，社会科学文献出版社，2014，第121页。
⑦ 陈力祥：《王船山礼宜乐和的和谐社会理想——以礼之调适为中心》，社会科学文献出版社，2014，第186页。

山《礼记章句》中各篇的主旨，分别从四个大的方面来展开，即"理义旨要""礼仪旨要""礼仪通则""名物通则"。①"理义旨要"方面主要就是对各篇"旨要衍义"的阐发；"礼仪旨要"方面则是在对各篇"旨要衍义"阐发的基础上做了简单的分类处理，具体分为"礼之展现"与"礼之生活仪节"两类，此外还增加了作者对个别篇目的评骘；"礼仪通则"方面是对各篇义理的推阐与诠释；"名物通则"方面可以说是一种汉学工夫，重在对名物度数的考察。通观全书可以看出作者重在对《礼记》每篇的分析，借以反映船山的礼学思想，也就缺乏了单纯从义理的角度对船山礼学的诠释。所以，作者虽然在第三章提出"礼以诚为本"，"礼依诚以立人道"的观点，②而且还涉及了其他的相关范畴，比如"天命""性善""心性与情才""思成""三达德""仁义""克己"等；③又于末章提出"礼乃人禽之分殊"，"礼乃人道本质之维系"的观点。④但由于篇幅的限制，都只能是简略地论述，没有进行具体细微的阐发。

同样是台湾学者的另一本著作，即陈章锡的《王船山礼学研究——以两端一致论为研究进路》一书，从书名可以看出，此书虽是对船山礼学思想的研究，但同时也是一种新解读方法的运用。作者在"绪论"中也提到："在论文的章节安排中以呈现'两端一致论'的学术精神为主"，试图"折中传统学术与当代研究方法，在'我注船山'与'船山注我'这两端之间取得平衡"，⑤所以此书更为侧重的是对作者所用方法的一种阐释。作者分别从三个大的角度来论述船山的礼用思想，即"修养工夫"之内圣面的开展，"政治"之外王面的开展，"教化"之外王面的开展。⑥而且在论述每一个角度时又以对文本的分析为基础，这种分析基本包括两个方面，首先是对文献的考察，时而兼及结构的论述；其次就是对思想内涵的阐发。作者的这种分析理路可以说正是其所说的"我注船山"与"船山注我"方法的体现。在作者所论述的三个大

---

① 杨锦富：《王船山礼学研究》，丽文文化事业股份有限公司，2009，第95、125、233、353页。
② 杨锦富：《王船山礼学研究》，丽文文化事业股份有限公司，2009，第57、86页。
③ 杨锦富：《王船山礼学研究》，丽文文化事业股份有限公司，2009，第63、75、77、86、90、91、92页。
④ 杨锦富：《王船山礼学研究》，丽文文化事业股份有限公司，2009，第402、406页。
⑤ 陈章锡：《王船山礼学研究——以两端一致论为研究进路》，花木兰文化出版社，2009，第2页。
⑥ 陈章锡：《王船山礼学研究——以两端一致论为研究进路》，花木兰文化出版社，2009，第83、105、127页。

角度中，有两个都是以"外王"为主。就船山礼学思想本身而言，外王的因素毫无疑问应被包括在对其考察的范围内，但更为重要也更为有价值的是对其礼学思想本身的内涵有所考察，而此书在这方面显然有所欠缺。

论文方面，在对船山"礼学"思想进行研究的期刊类论文中，既有直接的针对性研究，也有间接的只是在某个问题方面简单地涉及，所以这里并不准备对所有的论文进行一一评述，只是选取其中的几篇作为代表进行重点论述，以此展示学术界研究船山"礼学"思想的几个层面。

章启辉在《船山礼学的时代精神》(《船山学刊》2001年第1期)一文中，把船山放在明清之际启蒙的大背景下来加以考察，指出船山礼学所体现的时代特征。船山礼学一反传统片面否定人欲的做法，在重视人欲的基础上重新发挥"礼"的积极作用，这样，"礼"就不再是一种仅仅局限于伦理的道德纲常，而是具有了浓厚的重行色彩，从而也就可以推动整个民族的复兴与文化的传承。重视人欲是明代后期王门后学的特征，李泽厚曾把王学的这种趋势称之为"走向近代自然人性论"[1]，将这种趋势发挥到极致的主要代表就是李贽。作为对宋明道学中占主流的程朱理学派进行继承与总结的船山对王学是持深刻的反省与批判的态度，那么船山之重"欲"自然有别于王门后学之重"欲"，所以对船山"欲"的考察与评介也就还有待进一步深入。

张学智先生在《王夫之对礼的本质的阐释》一文中认为船山对礼本质的认识在于对《礼记》的阐释，而且在这种阐释中又包含了船山的理学思想。"礼即理的具体化、仪文化。所以在王夫之看来，礼不仅仅是政治家用来拨乱反治的权法，而且更是大理人情、中和化育之德的显现。这一点是王夫之阐释《礼记》一个重要的着眼点。"[2] 船山将"理"看作"礼"的根据，而礼又是理与人情的体现。船山的这种礼学思路实际上是对朱熹礼学思想的进一步继承与发展，正是在此基础上体现了船山礼学所具有的灵活性，彰显了船山礼学的人文情怀，因为他"认为人以天地之理为性，心是形气之灵，是性理的显发之地，同时人又有身体的

---

[1] 李泽厚：《中国古代思想史论》，生活·读书·新知三联书店，2008，第262页。
[2] 张学智：《王夫之对礼的本质的阐释》，《北京大学学报（哲学社会科学版）》2006年第6期，第40页。

欲望须得满足，这就是人的情志"①。理、礼的贯通，是船山气学思想在天道、人道的体现。理气关系中重"气"的第一性必然导致重"礼"，在"礼"中才可以进一步彰显"理"。

在张学智先生的另一篇文章《王夫之对礼乐的理学疏解——以〈礼记·乐记〉为中心》中，作者通过重点论述《礼记》中的《乐记》篇，考察了船山对朱子相关思想的继承，主要"多从乐的心性根据上着眼"②。并在此基础上重建对礼学传统的诠释，而这种诠释恰恰始终贯穿了船山本人对经典《乐记》的解读，"他上溯至礼乐之本，以人本有之性情解释礼乐的根本方向"③。船山认为礼与乐是人性的一种彰显，是内在人性力量的外化，"礼乐出自人性之仁，礼乐是仁的显发"，"不以礼乐为消极地拘制、约束人的行为的外在工具"，④反对礼乐的形式化与工具化。这一思想也就直接引出了一个深刻的问题，即遵礼具有一种必然性，导致这种必然性的一个原因就是在人性中有其坚固的根据，而非简单的外在强加。

王云云在《王夫之礼学思想的特色——以"濮议"论为中心》一文中通过分析王船山对"濮议"的评论，指出船山礼学不同于宋儒礼学的独特性。首先是船山礼学所具有的形上学基础，"'礼'之形上根据与其实现条件的落差，是王夫之礼学思想的生成空间，并使其从根本上与宋儒相区别"⑤。正是形上、形下所具有的这种落差才构成了船山礼学得以产生的条件；哲学上的根本取向使得船山对礼仪规定的诠释完全不同于宋儒。但同时二者又具有规范意义的一致性，"礼的政治规范意义与中国古代社会发展相伴而生，是宋儒和王夫之礼学思想的共同价值取向"⑥。船山礼学正是在这种同—异的张力中获得了巨大的生命力。此文重在从船山对历史事件的评论中以及在与宋儒礼学的对比中来考察船山礼学的

---

① 张学智：《王夫之对礼的本质的阐释》，《北京大学学报（哲学社会科学版）》2006年第6期，第41页。
② 张学智：《王夫之对礼乐的理学疏解——以〈礼记·乐记〉为中心》，《中国哲学史》2005年第4期，第35页。
③ 张学智：《王夫之对礼乐的理学疏解——以〈礼记·乐记〉为中心》，《中国哲学史》2005年第4期，第37页。
④ 张学智：《王夫之对礼乐的理学疏解——以〈礼记·乐记〉为中心》，《中国哲学史》2005年第4期，第38页。
⑤ 王云云：《王夫之礼学思想的特色——以"濮议"论为中心》，《西北大学学报（哲学社会科学版）》2011年第1期，第45页。
⑥ 王云云：《王夫之礼学思想的特色——以"濮议"论为中心》，《西北大学学报（哲学社会科学版）》2011年第1期，第45页。

思想特色。

　　陈力祥《王船山礼之形上属性辨正——以礼即理之礼与礼即气之礼之辨为视角》一文重点论述了船山礼的形上学属性，这是船山在吸纳了宋明理学关于礼之形上层面的基础上对礼进行的再诠释。① 礼学与气学关系的实质反映到哲学问题上就是要讨论"礼究竟是理之礼，还是气之礼"②，其根本则在于"理"与"气"的关系问题上，"只要把握了气与理的关系，也就把握了礼之形上属性"③。船山继承北宋张载的气学思想，主张"气"的逻辑优先性与第一性。对理学中占主流地位之朱子的"理""气"关系进行了一种转变性的发展，消除了理学内部"理""气"之间二元对立的矛盾冲突，从而奠定了"礼"之形上学的一元属性。与此文思路相一致，同样是探讨船山礼—理的关系但又有所深入的是其另一篇文章《王船山遵礼之理的逻辑显达与度越》，该文进一步考察了作为船山哲学基础的气学（气—理）与作为人之根本的礼学（礼）之间的关系，重点讨论了气—理—礼三者之间的逻辑关系，提出了"'理'贯通于气、礼之间，并与人息息相关"的观点④，既具有哲学的深度，又具有礼学的广度。这种逻辑考察正是分别从形上与形下两个方面论证了船山礼学—理学⑤在理论上所具有的内在一致性以及礼在现实中所实现的可能性，提出"'礼'、'人'、'人道'是'理'、'天'、'天道'在人间的实现"以及"'礼'、'人'、'人道'就体现着'理'、'天'、'天道'"的观点⑥，同时兼顾了天道、人道两个层面。这样也就使得船山礼学实现具有了稳固的哲学基础，消除了理路上的障碍。陈力祥在其《王船山礼学思想研究》一书的第二章对船山礼学的哲学基础虽然也有所论述，但考虑到全书的结构，这一问题的许多细节没有具体展开，这两篇文章便是在前面论述的基础上所作的更加深入细

---

　　① 陈力祥：《王船山礼之形上属性辨正——以礼即理之礼与礼即气之礼之辨为视角》，《中南大学学报（社会科学版）》2008年第6期，第756页。

　　② 陈力祥：《王船山礼之形上属性辨正——以礼即理之礼与礼即气之礼之辨为视角》，《中南大学学报（社会科学版）》2008年第6期，第757页。

　　③ 陈力祥：《王船山礼之形上属性辨正——以礼即理之礼与礼即气之礼之辨为视角》，《中南大学学报（社会科学版）》2008年第6期，第758页。

　　④ 陈力祥：《王船山遵礼之理的逻辑显达与度越》，《船山学刊》2015年第2期，第19页。

　　⑤ 此处虽然是"礼学与理学"，而实质则是"礼学与气学"，因为在船山的体系中，"理"是"气"之"理"。考虑到行文的用词，此处暂且用"礼学与理学"。

　　⑥ 陈力祥：《王船山遵礼之理的逻辑显达与度越》，《船山学刊》2015年第2期，第24页。

微的考察。

在《从礼以分殊辨别人禽管窥船山"礼"性》一文中，陈力祥又着重解读了船山的"礼"性。由于"'人'是船山礼学思想的核心范畴"，所以船山礼学要以人学为本质、以人学为归宿。① 可以说，人学就是船山礼学价值的体现，"礼"性彰显着"人"性。人学之凸显，首先就在于以礼分殊辨别人禽之间的差异，这种差异主要有三个方面的内容："礼者人之独而禽兽所本无；礼乃立人之道；礼的存在使人禽之别，壁立万仞。"② 从这个角度来讲，表面看似是讨论人禽之别，实质已经将礼落在了人的本质之中，所以紧接着就提出了"礼乃'立人之道'"，"礼者，人道也"，"礼乃人之独"。③

同样是论述"礼"的价值，在《论船山之礼和合哲学价值彰显的四个基本维度》一文中，陈力祥再一次重点探讨了船山礼学的价值，不过这种探讨是在"和合"的新视野中展开的。作者将船山礼学定位为一种和合哲学，一一考察了船山礼学的"和合之源""和合之基""和合之策""和合之鉴"，并提出"正己率物""循礼居正""以礼立身"的价值原则，④ 进而把船山礼学的价值在和合哲学的境遇中彰显了出来，对进一步研究船山礼学的"和合"价值具有很好的启发性。关于船山之礼所具备的"和"这种属性在陈力祥的另一篇文章《论王船山之"礼"与"和"相契合何以可能》中也有所体现。作者在此文中通过对船山礼之"和"的层层深入考察，从而将礼之"和"扩充为几个方面。首先，是人之内心世界的和谐，认为"礼以养心、顺情、和性。人之内心世界的和谐，是人外在和谐的前提与基础"。⑤ 其次，是人之自我内在的身心之"和"，而且这种"礼与人之身心和谐相契，是通过礼对个人行为的和立以及礼对人际之间的调适凸显出来的"；就前者而言，是"从个人角度来说，礼能养心、顺情，亦能和性"；就后者而言，是"从个人立身的角度来说，敬乃礼之本，由敬则可达礼，礼以敬为本则心安身泰，内敬

---

① 陈力祥:《从礼以分殊辨别人禽管窥船山"礼"性》，《船山学刊》2008年第3期，第18页。

② 陈力祥:《从礼以分殊辨别人禽管窥船山"礼"性》，《船山学刊》2008年第3期，第18页。

③ 陈力祥:《从礼以分殊辨别人禽管窥船山"礼"性》，《船山学刊》2008年第3期，第20页。

④ 陈力祥:《论船山之礼和合哲学价值彰显的四个基本维度》，《中南大学学报（社会科学版）》2014年第3期，第80、81、82页。

⑤ 陈力祥:《论王船山之"礼"与"和"相契合何以可能》，《宁夏社会科学》2014年第3期，第139页。

则外必和"。① 再次，是人与人之间的"和"，或者也可以将其称之为整个社会的"和"，这一"群际之和"是由前三种"和"所推演的必然结果。② 最后，是延伸到了人与自然之间的"和"，也就是要达到"天人合一"，"将天人合一规约为人与自然之间的和谐，是当代社会基于人与自然之间的内在紧张而提出的旨在解决人与自然之间的矛盾与冲突的哲学话语"。③ 这样的一种由内而外、由部分而整体、由人文而自然、由人心而天心的思路对于进一步深入挖掘船山礼学内在"和合"的因素以应对现代文明中人类社会本身的各种精神疾病以及人与自然间的紧张关系无疑具有启发作用。同样是讨论船山礼所具有的"和合"性，李秀娟在《王船山乐以"发情"致和之和谐思想——兼论礼、乐致和之异同》一文中探讨的不同之处在于引入了"乐"的因素。"运礼致和，因和而乐（lè），和者乐（yuè）之所由生，乐（yuè）备而和昭。"④ 作者沿着从礼到和到乐（lè）到乐（yuè）再返回到礼的这一思路来论述，以礼为贯穿前后的主线，以乐（lè）和乐（yuè）为礼之展开的条件，以和合为礼与乐（lè）及乐（yuè）的场域，将礼、乐、"和合"放在一个理路中加以探讨。这一解读不仅符合船山的礼学思想，也同时体现着经典中的礼学思想，在《礼记·乐记》中就曾经说道："大乐与天地同和，大礼与天地同节。"⑤ 可以说"和"就是礼、乐所共同追求的一种状态。

综合以上论述，在对船山礼学思想进行针对性研究的专著与论文方面，学界当前探讨的理论贡献主要集中表现在以下几个方面：首先，指明了船山礼学之于传统礼学的关系，体现为一方面是船山对传统的继承，一方面则是船山对传统的开创，但总而言之，在船山所关注的礼学中，其传统的继承因素仍然是主要的；这一部分以《王船山礼学思想研究》一书为代表。其次，对船山礼学思想之现代化的可能性做了初步的探索，将船山礼学思想中的传统因素结合当前社会的主要问题，在理论上做出一种积极的解答以回应时代的主题，有意识地让传统资源的活水浇灌现

---

① 陈力祥：《论王船山之"礼"与"和"相契合何以可能》，《宁夏社会科学》2014年第3期，第140页。
② 陈力祥：《论王船山之"礼"与"和"相契合何以可能》，《宁夏社会科学》2014年第3期，第140页。
③ 陈力祥：《论王船山之"礼"与"和"相契合何以可能》，《宁夏社会科学》2014年第3期，第141页。
④ 李秀娟：《王船山乐以"发情"致和之和谐思想——兼论礼、乐致和之异同》，《船山学刊》2014年第3期，第47页。
⑤ （清）孙希旦：《礼记集解》，中华书局，1989，第988页。

代文明；在这一部分的论述中，专著以《王船山礼宜乐和的和谐社会理想》为代表，其他多以论文的形式出现。最后，在对船山《礼记章句》文本进行逐一解读的基础之上，或者按照几个主题或者运用新的研究方法来研究船山的礼学思想，都使得船山礼学思想的价值得到进一步的阐释，这一部分以台湾两位学者的著述为主。尽管已经取得了一些成果，但同时也显示了一些不足：首先，对船山礼学继承、开创传统礼学这两方面之间关系的讨论还处于粗略阶段，或者是侧重于继承，或者是侧重于开创，缺乏必要的细致考察。其次，对船山礼学思想中遵礼之道的探讨尚属缺乏，就继承来讲，需要考察遵礼的德目，即礼与其他伦理范畴之间的关系；就开创来讲，需要考察遵礼之现代化的可能性，如何为现代社会提供精神自由；总之，这两者都是要讨论礼之实现路径的问题。最后，新研究方法的运用固然有利于展示船山礼学的新侧面，但也会存在着过度诠释的缺陷，对于文本的分析也就显得明显不足。此外，将船山有关宇宙论的探讨与礼学思想相结合来考察，或许可以呈现出船山思想的另一幅景观。

（二）相关性研究

相关性研究的专著层面：萧萐父、许苏民合著的《王夫之评传》一书中虽然没有专门讨论船山的礼学思想，但涉及了船山的道德伦理思想，分别讨论了"天道"与"人道"的问题、理欲问题、义利问题。[①] 此书作为王船山思想研究的力作，在学术史上是值得肯定的，但把马克思主义的方法论作为对船山思想研究的指导原则，这一做法在现在看来不无缺陷，有脱离船山时代而将其思想过度现代化的嫌疑。同样是研究船山的伦理思想，唐凯麟、张怀承合著的《六经责我开生面——王船山伦理思想研究》一书，除了讨论上面所提到的"义利""理欲"的问题之外，还讨论了"道器"问题、夷夏之防的问题。[②] 其中在讨论"道器"问题时就涉及了"道"与"人"的问题以及"礼乐"的问题。[③] 对这些基本的伦理道德范畴进行细致的辨析都是探讨船山礼学思想所必需的，为进一步深入研究船山礼学思想奠定了稳固的基础，也在某种程度上丰富了船山礼学思想的内容。

---

① 萧萐父、许苏民：《王夫之评传》，南京大学出版社，2002，第292、312、329、353页。

② 唐凯麟、张怀承：《六经责我开生面——王船山伦理思想研究》，湖南出版社，1992，第84、120、40、281页。

③ 唐凯麟、张怀承：《六经责我开生面——王船山伦理思想研究》，湖南出版社，1992，第40、73页。

章启辉在《旷世大儒——王夫之》一书中将船山定位为十七世纪的启蒙思想家，从启蒙的近代视角分析船山的整个思想。用"务实""躬行"来概括船山的礼学精神，认为这是"船山礼学对传统礼学的重要突破"①。船山忽略了《礼》的宗法等级性，转而突出了礼学的"务实"与"躬行"特征，主要与其所处之明清更迭的时代大背景有很大的关系，从中也可以反映出船山整体思想中的批判精神与经世精神。② 作者接着指出，"即人欲说礼是船山礼学的重要特征"③，其实，船山对"人欲"的考察与重视，既可以看作是其气本论中讨论理气关系时重气之思想在理欲观上的体现，也可以看作是船山礼学之"务实""躬行"精神在人欲上的诉求。其思想的多层面性与一贯性都使其在处理礼欲（理欲）时"不舍人欲以别言礼"④。（按：这部分论述与前面《船山礼学的时代精神》一文中所论及的有相似之处，可以相互参看）

肖剑平在《王船山人格思想研究》一书中专辟两节来讨论船山的礼学思想。一节是礼乐观，侧重考察了船山乐教思想的形成、内涵、价值诉求以及对现实的启示，但很少专门论及礼。⑤ 另一节是礼与法的思想，主要是从权与法、人与法、德与法的角度来论述，⑥ 没有细致地论述船山礼法之间的不同之处。但既然是将礼法并提，说明礼的规范作用不同于法。现代文明作为法制的文明，并不能全面地保证社会的安宁和谐，礼法互补的这一思路还可以继续深入。

熊考核在《走近船山》一书中，对船山《礼记章句》进行了概说，将船山的礼学思想归结为几个方面："仁礼互为体用"⑦，"礼为立人之本"，"礼为立国之本"。⑧ 因为作者只是对船山著作进行概说，其论述自然有侧重点，也就只能对船山礼学思想进行简略地总结、概括与分析，所以更为细微的部分并没有能够展开。

台湾学者曾昭旭在其《王船山哲学》一书中对船山的礼学思想也有所论及。值得注意的是，作者在论述船山礼学的"义理撮要"部分拈出了"孝祭之礼"，认为"人无其形，即无其性，故父母之德昊天罔极"，

---

① 章启辉：《旷世大儒——王夫之》，河北人民出版社，2011，第91页。
② 章启辉：《旷世大儒——王夫之》，河北人民出版社，2011，第92页。
③ 章启辉：《旷世大儒——王夫之》，河北人民出版社，2011，第94页。
④ 章启辉：《旷世大儒——王夫之》，河北人民出版社，2011，第95页。
⑤ 肖剑平：《王船山人格思想研究》，湘潭大学出版社，2014，第130、135、140页。
⑥ 肖剑平：《王船山人格思想研究》，湘潭大学出版社，2014，第142、157页。
⑦ 熊考核：《走近船山》，湖南人民出版社，2012，第155页。
⑧ 熊考核：《走近船山》，湖南人民出版社，2012，第156页。

"吾人之以孝报父母之德，固非为私己之形，实乃由严天之性也"。① 从"孝祭"的微观层面入手来折射船山的礼学思想与天人观，是曾氏的独创。但似乎这种论述仍然存在着理路上的断层，原因就在于尚缺乏形上与形下之缜密贯通。

相关性研究的论文层面：梅珍生在《王夫之"因〈易〉以生礼"的源流论》(《船山学刊》2004年第2期)一文中探讨了船山关于《易》与礼之间的关系。船山从《易》的角度来追溯礼的产生，其创见之处在于"对《易》为礼的源头作了新的论证，并认为以礼释易之所以可能，就在于易与礼之间有着一种普遍理与具体应用的关系"②。为了阐释船山的这种《易》礼思想的独特之见，作者主要从《易》中的履、谦、复、损四卦来论述。将《易》与礼相结合来研究，可以看出船山早期思想与晚期思想之间的关联，对整体把握船山礼学思想、准确定位礼学思想在其思想中的地位有很大的启发作用。同样是从易学的角度来研究礼学，周广友在《王船山的贲卦阐释及其文饰礼政思想》一文中以船山对贲卦的阐释为切入点，进一步解读船山的礼学思想。指出船山之礼，"从静态之结构上说，礼兼有'文'与'理'两个层面"③，"从动态之形成与表现过程言，礼兼具'节'与'文'两个层面"④。礼所具有的静态、动态这两方面的特征，也就必然提出了礼的现实性要求，而且其现实性之展开必须与"政"相互辅益才能真正完成。从而使社会的治理程度在礼乐的"和谐完美状态"与刑政的"低层次状态"都有所体现。⑤

陈力祥《从王船山礼之经权思想管窥传统道德悖论的解决》(《衡阳师范学院学报》2008年第5期)一文主要从学理与现实两个层面讨论船山礼学在面对传统道德悖论时所显示出来的原则性与灵活性的统一。既体现了船山礼学对传统固有道德价值继承性的一面，又体现了对礼之变革发展性的一面。道德所具有的实践性必然导致冲突的出现，如何在"礼"的规范中化解这种冲突，就需要结合原则性与灵活性，即经权统

---

① 曾昭旭：《王船山哲学》，里仁书局，2008，第133页。
② 梅珍生：《王夫之"因〈易〉以生礼"的源流论》，《船山学刊》2004年第2期，第13页。
③ 周广友：《王船山的贲卦阐释及其文饰礼政思想》，《周易研究》2009年第6期，第65页。
④ 周广友：《王船山的贲卦阐释及其文饰礼政思想》，《周易研究》2009年第6期，第66页。
⑤ 周广友：《王船山的贲卦阐释及其文饰礼政思想》，《周易研究》2009年第6期，第66页。

一。此文在礼学视阈中对经权思想进行探讨,也就进一步加强了礼学的道德实践性。

在《王夫之礼以化民成俗与乐以移易性情的礼乐教化思想》(《衡阳师范学院学报》2012年第4期)一文中,陈力祥又从礼乐教化的角度来讨论船山礼的作用。船山把"六经之教归于《礼》"来进一步凸显礼的作用,这是对船山一贯重视"礼"的礼学思想的反映。作者从"民俗之化"来研究礼之教化,从"性情之移易"来研究乐教,是对船山礼学在民俗层面与性情层面所作的一种理论探讨。并在文章最后提出了船山礼乐教化对现实层面的时代启示,这种能够应对当下社会问题的研究进路还值得进一步的深入挖掘。

吕锡琛《船山礼学研究的新视野——评〈王船山礼宜乐和的和谐社会理想——以礼之调适为中心〉》(《船山学刊》2014年第3期)一文是对陈力祥《王船山礼宜乐和的和谐社会理想——以礼之调适为中心》一书所作的书评,前面已有论及,此处不再赘述。

曾美珠的《从船山对〈乐记〉思想的批判与继承论其"礼乐"观》文章通过考察船山对《乐记》思想的批判与继承,分别从四个方面总结了船山的礼乐观。值得注意的是,在提及船山礼学思想时作者认为"礼乐是通于人内在的本心。这些都在在证明'礼'不可能是从外而作,也不只是一种'文饰'或'矫枉过正'之工具,它是通于德的且是根源于'仁',由仁而出的"①。《乐记》作为《礼记》中的一篇,对其作专门的考察虽然也可以看出船山整个礼学思想的某个侧面,但如果需要深入系统地挖掘,则有待兼及船山其他相关的论述。

王博在《王夫之仁学思想探析》一文中把船山礼学思想放在仁礼的思维框架中来加以讨论,认为船山对"仁礼互为体用"这一关系进行了新的阐释。仁礼"二者之间存在着一定的创造性张力,而这种张力同时意味着其相互依存的内在联系"②。这种联系分别从两个方面予以展开,一是政治社会生活领域内作为"外在的典章制度、礼仪形式以及内在的仁见之于行为的伦常次序"③,二是从人文世界中人性生成的角度来阐明,以仁礼关系为内涵,进一步区分了人禽、君子小人的差异。在仁礼的关系中来论述船山礼学思想这一思路对我们探讨船山遵礼之道具有重

---

① 曾美珠:《从船山对〈乐记〉思想的批判与继承论其"礼乐"观》,《中国哲学史》2011年第3期,第90页。
② 王博:《王夫之仁学思想探析》,《船山学刊》2014年第3期,第39页。
③ 王博:《王夫之仁学思想探析》,《船山学刊》2014年第3期,第39页。

要的启发作用。

（三）研究现状述评

综上所述，目前对船山礼学思想的相关研究虽有其积极的学术价值，但也还存在着以下几个方面的问题。首先，是研究船山思想（包括礼学思想）的方法论问题，主观的创新性解读应该以客观的平实性呈现为基础，这是必须遵循的原则，只有按照这样的研究进路才能识到船山思想的真面目，探到船山思想的核心；立足于文本或许可以帮助我们做到这一点。其次，是对船山思想之价值的定位，如何评述历史人物尤其像船山这样对历史有深刻影响的人物历来是学界的难题，但有一点需要注意，就是对其本人所处时代的考察应当尽量避免现代化思维模式的干扰；比如，对船山即欲言礼之启蒙意义的这一定位就应该重新反思。最后，在总结学界已有研究成果的基础上，既要注重个别范畴的局部性考察，将其进一步深入，又要兼顾对整体体系的把握，将整体性的原则贯彻到对部分的解读中。就研究船山礼学思想而言，应该将其宇宙论（之气）与修养论（之理）相结合。

以上便是对近来学界研究船山礼学思想的学术成果（包括著作与论文）所做的一次梳理。船山礼学思想既是对中国固有之"礼"文化传统的继承，也是船山本人晚期思想的集中体现，具有双重的遗产性。那么研究船山礼学思想的意义，也就不仅是对船山本人的深入了解，也更是对传统文化的一种继承。在人类现代文明呈现的多样性之中，文化主体性的自觉无疑应该是其中最为光彩的一环。文明复兴的使命必然要求对历史的继承，对传统的尊重，这种使命落在学者身上，就是要继续深入对古典资源进行汲取与消化。正如在文章开头所指出的那样，船山思想正是古典资源中的集大成者，值得学者认真钻研。最后需要指出的是，通过"遵礼"这一视角对船山礼学进行新的阐发与考察，在当前学术界还比较缺乏，这恰恰为本文的展开在理论空间上提供了有利的条件。

三　研究内容

研究对象：本文以船山"遵礼之道"为主要研究对象。"遵礼"不同于"用礼""行礼""知礼"及"贵礼"等等，是因为"遵礼"可以标示出伦理道德的主体性是建立在对外在规范的吸收、消化及应用的基础之上。从内在方面来看，道德行为并不是一种随性的自然行为，不是缺乏工夫的现实实现；从外在方面来看，"礼"的践履必须经过一个日积月累的内化过程。道德主体的显示必须体现为一种工夫，即由外而内，再由内而外。这一点也非常符合船山的思维方式，即用见体，寓道于器，于形而下中显形而上。总而言之，对行、工夫的侧重（无论从学理上还是从实践上），成为船山区别于宋明儒者的一大特色。比如他曾以"销行于知"（抛开他对阳明学的误解）批评阳明重知轻行。而对工夫的重视，从积极方面来说，是因为主体德性的实现需要以工夫作为载体；从消极方面来说，则意味着对工夫的强调是主体性建立的一种必然，正如孟子所说的"行有不慊于心，则馁矣"①。因此，"遵礼"一词非常契合这两方面的内涵，既有重工夫的"循礼"的规范性与强制性，又有重主体德性的"行礼"的自主性与自发性，能将二者有效地统一起来。

"道"在中国文化中具有广泛的内涵，不仅百家所言之"道"的内涵不一，即使同一学派在使用的过程中其内涵也是千差万别。然而，在此诸种意义之中，又不难发现其有一贯彻的线索，这一点来源于中国文化的整体特征。与西方文化相比，中国文化的最大特色在于其强调"实用理性"（李泽厚《试谈中国的智慧》）。因此，在"道"的诸多内蕴之中，其基本规定便是"实用理性"。用《中庸》的话来说，就是："道也者，不可须臾离也，可离非道也。"朱子注曰："道者，日用事物当行之理。"② 可见，"道"的特色正在于"用"中体现，这一点对于船山的礼学思想尤其如此，因为他非常重视"礼"的工夫与实践。因此，"遵礼之道"所揭示的就是在践行礼的过程中所应该具备的诸要素及其之间的关联，即遵礼所要求的整体性、系统性。需要指出的是，遵礼过程中所需的诸要素及对其相互关联所构成的整体性的构建乃是建立在船山思想的基础之上，并非出于杜撰。那么，此处所言的"道"便是对遵礼诸条件的系统性把握。具体来讲，包括以下几个方面：气化流行、遵礼之理、遵礼原则、遵礼主体所具备的德性基础、遵礼践行的具体路径及策略与遵礼旨归六个方面的内容。

总体框架：针对学术界关于船山遵礼之道研究不足的现状，本文试图建构起船山遵礼之道的完整逻辑体系，以遵礼之气、遵礼之理、遵礼原则、遵礼德性、遵礼策略、遵礼旨归六个环节为线索，逐渐形成一个完整的遵礼逻辑体系。内容具体如下：

（1）绪论：综合学术界关于船山遵礼之道的研究不足之现状，指出研究船山遵礼之道的必要性、可能性与现实性，指出这一研究的理论意

---

① （南宋）朱熹：《朱子全书》（第六册），上海古籍出版社，2002，第282页。
② （南宋）朱熹：《朱子全书》（第六册），上海古籍出版社，2002，第32页。

义和实践意义。在此基础之上，架构船山遵礼之道的完整的逻辑体系，并开启下文。

（2）气化流行章：此部分主要讨论船山遵礼之道的形上学基础。与朱子偏重"理"对"气"宰制、统辖、主导的观点不同，船山特别重视"气"的功能、效用、流行，这直接让他选择张载的气论作为其理论构建的形上基础，即他所说的"希张横渠之正学"。因此，"气"在船山的思想体系中具有了一种新的功能，即为其伦理学的探讨提供稳定的形上基础。相比于从"理"开始进行阐释，从"气（化）"开始，更具有一种优越性。首先，"气"的动态流行可以直接为遵礼提供内在的动力，而不再需要借助外在的"他者"来促成遵礼的实现。其次，"气"的现实性、感性可以消解纯理论性、理性所带来的僵化，使得遵礼具有丰富性、多样性。落实到遵礼之道所展开的逻辑体系中，就表现为从形上到形下的探讨。可以看出，无论是从论述的基本架构，还是从论述的脉络来看，船山对宋明儒者都有很强的继承性。就前者言，是从张载的气本论为起点进行建构；就后者言，仍然遵循了由天道论（宇宙论）而认识论而伦理学的论证思路。当然，船山对宋明理学有一定的继承性，同时又有其解读、阐释的发展性、创新性。船山在继承张载气本论思想的基础上对"气"进行了新的阐发，以此来说明"气"化生万物的整个过程，从"气"的层次性进而揭示出天地宇宙气化的多样性与复杂性；因"气（化）"之"几"的作用而产生了万物之灵——人，也就可以明显地看出船山进行形上学阐释的最终价值旨归。理论上的论述其实是为规约现实中人的行为作铺垫，这便引出人之价值安顿的指向问题。在船山的气本论思想体系中，人最终的回归不是道家的"空无"与佛家的"寂灭"，而是他所特别强调的"清气"。正是遵循着这样的一种理解思路，人才可能循理以显人道，即遵礼以存人道。

（3）遵礼之理章：此部分主要阐释船山遵礼的重要理由。船山之所以要提出他的遵礼思想，既有其现实中的根据，又有其理论上的根据。他所处明清之交的特殊社会背景，尤其是明清王朝的嬗替，对其思想有深刻的刺激。这就直接导致他要对现实社会问题进行深刻的反思，从而提出了以"遵礼"辨人禽、防夷夏的主张。对这一现实社会问题的考察，返溯回理论的层面，就是要对"理欲"关系进行一种新的把握。换句话来说，对"理欲"问题的解决，将会直接决定人道是否能够挺立。"理主欲"，便是对人道的肯定；反之，"欲主理"则是对人道的背弃。直接后果就是使人道泯灭在人禽的无区分之中，使华夏从文明屈服于夷狄。正是这一理论与现实要求，催生出船山遵礼体系的产生。

（4）遵礼原则章：探讨船山遵礼所要遵循的主要原则。遵礼作为一个体系不但有其产生的重要理由，还必须有重要的原则能够贯彻整个过程的始终加以指导。只有在原则的指引之下，遵礼之道才能在现实的践履中得到有效的展开。因此，考察船山遵礼之道所要遵循的具体原则与尺度也就显得尤为重要。具体来说，首先需要阐明船山遵礼原则的具体内容，这些原则对遵礼推进作用的具体表现方面以及这些原则在整个遵礼过程中所具有的功效；其次是考察遵礼原则与遵礼德性、遵礼策略之间的关联，揭示出三者之间如何相互联系、相互影响、相互制约，共同构成遵礼之道的重要组成部分。

（5）遵礼德性章：探讨遵礼之人所具有的道德品质。遵礼行为的落实，一个非常重要的方面就是遵礼之人必然要具有稳固的德性基础。德性基础是一个人遵礼的前提与基础，无德之人遵礼是缘木求鱼。因此，遵礼德性主要考察遵礼之人必然要具备哪些德性。伦理道德性乃儒家文化的重要特征，如何在儒家德性中寻找到能促使主体遵礼的德目，这是本文的难点。首先是"仁"德，这是主体遵礼成立的合法前提，是遵礼展开的基础，也是其他遵礼德目的根本；其次是"义"德，具有实践的品质，是遵礼过程中主体、客体相互推演的准则；再次是"敬"德，这是遵礼可能的直接决定因素。三者共同构成了作为遵礼主体所应该具备的德性。

（6）遵礼策略章：探讨船山遵礼的策略，即从哪些层面才能促进遵礼的推进。也就是要讨论遵礼的具体实践路径是什么。为了保证遵礼实践在现实中的有效落实，船山主要从四个大的方面给予了考察，分别是：神道设教、垂范劝喻、教育熏习、礼乐并进。在对诸多策略的考察中，既有外在的强制与规范，又有内在的引导与疏通。从形上神道到形下人道，从家庭熏陶到国家制约，从个体原点到群体维系，从约束范导到教化建构，从理论实施到艺术浸润，全方位地呈现出遵礼的实践路径。

（7）遵礼旨归章：遵礼之道的具体落实，在很大层面上得益于遵礼原则、遵礼德性、遵礼策略三者的共同作用。这些措施的全部落实，最终所要达到的基本目标即为遵礼旨归。主要体现在两个层面，一是通过对心性情的调节以成就主体的人格，一是通过对个体、群体、国家三者关系的调整以挺立人道。从表面上看，遵礼旨归似乎又回到了原来遵礼之理的逻辑原点,实际上则是一种辩证否定或者说否定之否定的体现。遵礼之道的落实,最终所要实现的目标是对人道的挺立。船山遵礼之道体系的逻辑展开,使得遵礼之理、遵礼原则、遵礼德性、遵礼策略在诠释学的意义上只是构成了遵礼旨归的逻辑前件,而唯有遵礼旨归在价值上体现了遵礼之道的最终归宿,才是对遵礼之道的基本总结。

四 思路方法

本文主要建构船山遵礼思想的逻辑体系,以船山所处的时代为问题意识,以本体之气体生发出人与礼为逻辑起点,因为只有人与礼的产生才会最终有遵礼的主体与遵礼的客体。于是首先有了本体之气,由气产生礼与人,由人则有遵礼的必要性与可能性。于是才有遵礼之理、遵礼德性、遵礼原则、遵礼策略、遵礼旨归的问题。

鉴于这一研究思路,研究方法上突出两个结合:

(1) 文献资料与文化诠释的结合。研究船山遵礼思想,在很大层面上不能脱离具体的文献资料,只有尊重文献,发掘其中的深意并与文化诠释相结合,才能真正体现出遵礼思想的逻辑结构。

(2) 形上构思与形下建构相结合。遵循着由形而上的理论构思到形而下的遵礼建构,形成一条完整的遵礼链条,每一个研究要点都是链条上的一个小的环节,这样环环相扣,前后紧密相连,以构筑一个完整的遵礼的逻辑结构。

(3) 方法上的综合。在充分利用前人研究成果的基础上,注重中国哲学的惯用方法:经典诠释法、比较哲学法、历史与逻辑相一致法,对遵礼之道进行较为全面的研究。

五 创新之处

本文研究的创新点主要有以下几个方面。学术思想上,力图实现学术界现有的研究船山礼学思想视角的转换,形成一种崭新的研究视角——"遵礼",将礼之理论价值转化为动态的实践价值,这既表现为研究视角的转换,也表现出研究方法的创新。具体言之:学术观点方面,船山礼学的研究,更多的是从理论视角转化为实践智慧,由纯理论走出书斋,使哲学生活化,为社会现实服务,表现出立意之新。研究船山的遵礼之道,与以往关于船山礼学思想具有明显的区分。以往主要重视理论研究,而此次主要探究的是船山的遵礼之道,重视的是实践智慧。对其遵礼之道的探究，是学术界现有研究礼学方法与内容的转变，凸显出了一定的研究特色。方法上，既利用传统的研究方法，同时也运用了两个结合：文献资料与文化诠释的结合，形上构思与形下建构相结合。运用方法上的突破，实现研究学术思想与学术观点的突破。

第二章　气化流行：船山遵礼之形上学基础

船山对人道之礼的重视与他所持的气本论哲学体系密不可分。气本论所要解决的问题就是我们通常所说的宇宙论问题，即宇宙天地的存在性依据是什么、如何化生天地万物，前者是静态的结构分析，后者是动态的流行呈现；作为人道之礼的产生正是顺承了天道的生生不已才解决了它的合法性问题。同样，以人道作为最终的归宿与依据使礼的运行具有了有效性。此章论述以船山的气本论为线索，将对人之独特性的考察贯穿于气化生万物的过程中。之所以把人放到气化的体系中阐释，实际上要明确：在船山所论述的天道中始终有人道蕴于其中，这样就从形而上的哲学层面为人道价值（之礼）的安顿提供了理论基础。

第一节　以气为体：气之化生万物

船山的学术思想渊源在学界还存在着不同的看法，对船山学术思想渊源的不同认定将会直接影响到对船山思想的定位问题。大体来讲有两种观点：一种观点认为船山是早期启蒙思想的杰出代表，侯外庐先生主张此说；① 一种观点认为船山仍然是宋明理学的继承者，嵇文甫先生主张此说，他认为船山"宗师横渠，修正程朱，反对陆王"。② 船山的儿子王敔在其所作的《大行府君行述》中如此概说船山的学术渊源："至于守正道以屏邪说，则参伍于濂、洛、关、闽，以辟象山、阳明之谬，斥钱、王、罗、李之妄。"③ 船山在自撰的墓志铭中也明确说道："希张横渠之正学。"船山于67岁时完成了《张子正蒙注》一书，又于72岁进行了修定，④ 可见其对张载的推崇，更足以代表他本人的晚年思想。清人邓显鹤评论船山"生平论学，以汉儒为门户，以宋五子为堂奥。而原本

---

① 侯外庐：《船山学案》，岳麓书社，1982，序。
② 嵇文甫：《王船山学术论丛》，中华书局，1962，第109页。
③ （明）王夫之：《船山全书》（第十六册），岳麓书社，2011，第73页。
④ 陈来：《诠释与重建》，北京大学出版社，2013，第283页。

渊源，尤在《正蒙》一书，以为张子之学，上承孔孟之志，下捄来兹之失"①。综上，可见将船山放到宋明理学的脉络中更接近船山思想的旨趣，只是与宋明主流的理学家不同，船山坚持了张载的气本论并以此作为构建自己整个思想体系的根基。

一　"太虚者，气也"

船山对张载气本论思想的继承与发挥主要体现在他的《张子正蒙注》一书中，此书由船山通过对张载《正蒙》做注而成。毫不夸张地说，如果没有张载的气本论思想作为基础，船山的气学思想也很难形成。在张载的整个思想体系中，"太虚"是个重要的哲学范畴。"事实上，在整个中国思想史上，张载之标举太虚，亦有独特之地位。""张载之前，没有思想家以'太虚'作为其思想体系的重要概念。所以，张载是中国思想史上第一位以太虚作为重要概念的思想家。"② 因为张载坚持气本论，所以"太虚"一词经常与"气"连用，比如在《正蒙·太和篇》中就提到："虚空即气。"③ 张载属于气本论，与宋明理学的主流理学观或心学观不同，这是学界的共识，但对张载气本论的解读却并不一致。出现这种分歧的关键在于对"即"字的理解不同。一种观点把"即"理解为"是"，"虚空即气"可以理解为"虚空是气"。"虚空""太虚"虽然是气，但却不是我们一般意义上所说的气，而是"气的本来存在状态，他称这本然状态为本体"。我们一般意义所说的气"不过是这种清稀微细的太虚之气凝聚而成并可以看到象状的暂时形态"。④ 另一种观点把"即"理解为"不离"之意，牟宗三先生就坚持这种解读，他在《心体与性体》一书中说："'虚空即气'，顺横渠之词语，当言虚体即气，或清通之神即气。此'即'字是圆融之'即'，不离之'即'，'通一无二'之即，非等同之即，亦非谓词之即。"⑤ 牟先生之所以坚持如此解读，因为在他看来，只有把"即"理解为"不离"，才可以避免张载哲

---

① （明）王夫之：《船山全书》（第十六册），岳麓书社，2011，第410页。
② 朱建民：《张载思想研究》，文津出版社，1989，第59页。其实，据近人研究，张载所重视的"太虚"概念在宋初三先生之一的胡瑗的《周易口义》中已经出现。杨立华先生指出："《周易口义》不仅影响了程颐，对张载也产生了影响。张载最重要的哲学概念'太虚'在《周易口义》中就出现了。"（杨立华：《宋明理学十五讲》，北京大学出版社，2015，第32页）
③ （北宋）张载：《张载集》，中华书局，1978，第8页。
④ 陈来：《宋明理学》，生活·读书·新知三联书店，2011，第66—67页。
⑤ 牟宗三：《心体与性体》，上海古籍出版社，1999，第393页。

学的唯气论倾向。① 而如果一旦把张载哲学理解为唯气论之哲学，在牟先生看来，价值也就无法得到安顿。

对张载"虚空即气"之气本论的解读大体呈现为以上两种基本观点，下文考察船山对张载"虚空即气"之气本论的解读，只有在这样的对比中，才可以进一步显示出船山对张载"虚空即气"之气本论解读的独特性。船山明确说道："太虚，一实者也。"②"人之所见为太虚者，气也，非虚也。虚涵气，气充虚，无有所谓无者。"③ 首先，船山在这里用了"太虚，一实者也""太虚者，气也"的句式，这种句式在古代汉语中就是要明确表示一种主谓关系，说明"太虚"是一种实（在），这种实（在）不是别的，就是气。其次，"虚涵气，气充虚"并不是说"虚"作为空间包涵着"气"，"气"作为物质充满着"虚"，而是对张载原文"气之聚散于太虚，犹冰凝释于水"所作的注，所以应该理解为"虚"作为本体始终涵摄着"气"，"气"作为运动的物质（之用）不断扩充着"虚"（之体）。"散而归于太虚，复其絪缊之本体，非消灭也。聚而为庶物之生，自絪缊之常性，非幻成也。"④ 此言乃对"气之为物，散入无形"原文的注，显然是说"气"返归于"太虚"，意味着又回到了它絪缊的本体状态，不是如道家所说的消失与灭无；而当"气"聚为万物时，也就必然会将其絪缊的性实实在在地赋予万物，不是如佛家所说的皆是幻象。如此来讲，"太虚"或者"太虚之气"就是指"气之清虚至极的状态"，⑤"太虚"终归还是"气"。

对气之聚散的阐释，船山从"体—用"的角度说明了太虚与"气"的关系。⑥"聚而成形，散而归于太虚，气犹是气也。神者，气之灵，不离乎气而相与为体，则神犹是神也。聚而可见，散而不可见尔，其体岂有不顺而妄者乎！"⑦ 无论是"气"聚而成物，还是散而归于"太虚"，作为最根本的"气"始终没有发生改变。与之相同的是，作为"气之灵"的"神"随着"气"的聚散也始终与气相为体用而时刻在起作用，对于可见的物是如此，对于不可见的虚气亦如此。船山曰："凡虚空皆气

---

① 朱建民：《张载思想研究》，文津出版社，1989，第141页。
② （明）王夫之：《船山全书》（第十二册），岳麓书社，2011，第402页。
③ （明）王夫之：《船山全书》（第十二册），岳麓书社，2011，第30页。
④ （明）王夫之：《船山全书》（第十二册），岳麓书社，2011，第19页。
⑤ 朱建民：《张载思想研究》，文津出版社，1989，第66页。
⑥ 此处的"气"包括由"太虚"而凝聚的"气"以及由"气"而凝聚的万物两部分，相对于"太虚"之"体"而言，无论是"气"还是万物，都是一种"用"。
⑦ （明）王夫之：《船山全书》（第十二册），岳麓书社，2011，第23页。

也，聚则显，显则人谓之有；散则隐，隐则人谓之无。神化者，气之聚散不测之妙，然而有迹可见。"① 我们感官所能感觉到的一定是变化所留下的"痕迹"，"痕迹"的所以然也即"气之聚散不测之妙"（"神化"）。虽然不能为感官所捕捉到，但其同样也是"顺而不妄者"，因为体—用的一致性必然要求"虚气"不二。气聚成物为显，称其为"有"；物散归气为隐，称其为"无"，但船山不用"有—无"而用"显—隐"来说明这种体—用关系，一方面固然是出于他反对道家"无中生有"与"有化为无"的考虑；另一方面则是他彻底坚持气本论的必然结果，"气"才是宇宙得以永恒的最终维系者，"其（引者按：指气）聚而出为人物之形，散而入于太虚则不形，抑必有所从来"②。"抑必有所从来"说明了气化的根据，也就引出了颇为关键的一个问题：既然太虚是气，是否二者之间就不存在着区别呢？

> 太虚即气，絪缊之本体，阴阳合于太和，虽其实气也，而未可名之为气；其升降飞扬，莫之为而为万物之资始者，于此言之则谓之天。气化者，气之化也。阴阳具于太虚絪缊之中，其一阴一阳，或动或静，相与摩荡……而知之必明，处之必当，皆循此以为当然之则，于此言之则谓之道。③

太虚虽然是气，但却是一种作为絪缊的本体之气。严格来讲，太虚还不可以被命名为气，因为只要言气就已经落到了物的层面。从狭义上来说，可以认为太虚只是气化（为万物）的一个阶段，这个阶段也可被称之为"太和"阶段。"太和"之中具有阴阳二气以及一阴一阳"或动或静，相与摩荡"的作用，这种二气交感的作用正体现了宋儒所说天道之生生不息的生命状态，不是有意为之于万物的蓬勃，但却又可以造就万物之生死轮回。"天生万物，所受虽不同，皆无须臾之不感，所谓性即天道也。"④ 天不息地赋予万物以性，万物又无时不循当然之则相感。就此一层意义来讲，"太虚"又可名为"天"。毫无疑问，船山的这一思想正是对张载"由太虚，有天之名；由气化，有道之名；合虚与气，有性之

---

① （明）王夫之：《船山全书》（第十二册），岳麓书社，2011，第23页。
② （明）王夫之：《船山全书》（第十二册），岳麓书社，2011，第23页。
③ （明）王夫之：《船山全书》（第十二册），岳麓书社，2011，第32页。
④ （北宋）张载：《张载集》，中华书局，1978，第63页。

名"①之思想的继承与展开。"凡虚空皆气也,聚则显,显则人谓之有;散则隐,隐则人谓之无。""其聚而出为人物之形,散而入于太虚则不形,抑必有所从来。"②虚空、太虚既然作为本体之气,也就意味着必然有化生万物之潜质。船山称气聚为物为显,称物散为气为隐,隐显交替显示出太虚本身气化的复杂环节。"升降飞扬,乃二气和合之动几,虽阴阳未形,而已全具殊质矣。'生物以息相吹'之说非也,此乃太虚之流动洋溢,非仅生物之息也。"③气化一系列的复杂环节显示了太虚作为本体的巨大生命力与创造力。太虚之中蕴含着二气生化的微妙征兆("二气和合之动几"),虽然还没有显露出明显的阴阳功能,但已具备了造化的全部殊质。船山批评了庄子"生物以息相吹"的说法,认为这不仅仅只是局限于生物的相互吹息,同时也是整个太虚内部流动洋溢的状态。"太虚者,本动者也。动以入动,不息不滞。"④太虚本身是运动不息的,从无停滞。作为气之太虚,尤其又是作为宇宙本体之太虚,里面充满了浑沦的阴阳之气,"阴阳异撰,而其絪缊于太虚之中,合同而不相悖害,浑沦无间"⑤。阴阳之气因为功能、性质的差异("阴阳异撰"),二者絪缊于太虚之中,屈伸往来,相摩相荡,异质而同趣,归一而分殊,弥沦于太虚、万物之中,天地、宇宙之间("合同而不相悖害,浑沦无间"),既是一种宇宙原初的和谐,也是万物最终所要达到的最高和谐。整个大秩序的顺理无妄而有条不紊,一方面固然需要有湛然清通的本体太虚之气,一方面也需要有神妙精微的气化过程。综上,船山所主张的本体太虚之气犹如江河之源头,想要真正展示这一源头的活力与能量,就必须呈现江河的全幅景观,因此务必把神化之气气化的整个过程揭示出来。而且万物的产生也不是直接就从源头处开始,而是在气化的逐层演化中呈现出生命的丰富性;万物的消亡也非直接自然地返回至本源,而是有差别地全归,否则人与万物的生死都是一样的,没有了价值的寄托,其独特性也就消失。

二 "气化者,气之化也"

"船山把宇宙演化分为两个基本的阶段,即变合以前的气体阶段与变

---

① (北宋)张载:《张载集》,中华书局,1978,第9页。
② (明)王夫之:《船山全书》(第十二册),岳麓书社,2011,第23页。
③ (明)王夫之:《船山全书》(第十二册),岳麓书社,2011,第27页。
④ (明)王夫之:《船山全书》(第一册),岳麓书社,2011,第1044页。
⑤ (明)王夫之:《船山全书》(第十二册),岳麓书社,2011,第15页。

合以后的气化阶段,气体即气之体,亦即气之实体、气之本体。"① "气化即气之用,在气化阶段阳变阴合,生成万物。"② 船山对张载"虚空即气"之气本论的解读其实就是在讨论变合以前的气之实体,明确了这一点,也就可以进一步讨论船山的"气化"思想,即气化过程中生成万物的问题。

船山指出:"气化者,气之化也。"③ "时行物生,不穷于生,化也。"④ 时节运行万物产生而又不穷尽于生就是"化"。"夫万有之化,流行而成用。"⑤ 万有法象的生生不已,正是天道流行以成其妙用的体现。所谓的"气化",归根到底就是"气"的一种作用表现,船山的这个思想显然是对张载"气化"思想的继承与展开。张载曰:"天道四时行,百物生。"⑥ "道"对张载而言,就是"气化",上面曾引述过他的一条表达:"由气化,有道之名。""化"是与"变"相对而言的,"变,言其著;化,言其渐"⑦。"变"揭示的是突变,"化"则暗示着一种渐变,二者之间的区别只在于显隐的不同,在于人是否可以用感官来把握。感官可以体会到四时的运行与百物的生生,但却不能察知到这种运行的不息之处与生生的流行之处。天道之"化"虽难以为人的感官所感知,但并不妨碍其本身作为"气"的功能形态而发生作用。张载曰:"天之化也运诸气。"⑧ 太虚("由太虚,有天之名")之化的作用完全是气的运行与扩展而已。在张载看来,"气"—"化"的关系正是一种体用关系的呈现,"神,天德;化,天道。德,其体;道,其用,一于气而已"⑨。单看这里的阐释,似乎是说德体道用。但只要将"德体道用"的思维往前推论,就会不难得出"神体化用"的结论。在张载的体系中,"神"始终是与"天""不测""一"相联系的,而这三者在根本上又是一而不二的。船山曰:"鬼神,往来、屈伸之义,故天曰神,地曰示,人曰鬼。"⑩ "鬼神者,二气之良能也。"⑪ 鬼神就是阴阳二气往来、屈伸之妙

---

① 陈来:《诠释与重建》,北京大学出版社,2013,第189页。
② 陈来:《诠释与重建》,北京大学出版社,2013,第189—190页。
③ (明)王夫之:《船山全书》(第十二册),岳麓书社,2011,第32页。
④ (明)王夫之:《船山全书》(第十二册),岳麓书社,2011,第80页。
⑤ (明)王夫之:《船山全书》(第一册),岳麓书社,2011,第979页。
⑥ (北宋)张载:《张载集》,中华书局,1978,第13页。
⑦ (北宋)张载:《张载集》,中华书局,1978,第70页。
⑧ (北宋)张载:《张载集》,中华书局,1978,第16页。
⑨ (北宋)张载:《张载集》,中华书局,1978,第15页。
⑩ (北宋)张载:《张载集》,中华书局,1978,第16页。
⑪ (北宋)张载:《张载集》,中华书局,1978,第9页。

合变化的良能,这一功能就"天"的意义上来讲被称之为"神"。因为阴阳二气的作用总是精妙细微的,无法明显地捕捉,但其作用却是显而易见,并且是遵循法则而有常,所以才说:"天之不测谓神,神而有常谓天。"① 但"神而有常"之所以可能的根本保证却在于"一"。"气有阴阳,推行有渐为化,合一不测为神。"②"合一不测为神",阴阳之气的渐化推行,只能说是不测的妙用,但这种妙用之所以显示出"神"的真正原因在于"合一","合一"就是"一于气而已"。"神""化"与"一"在张载的思想体系中是很重要的哲学范畴:

　　一物两体,气也。一,故神(自注:两在故不测);两,故化(自注:推行于一)。此天之所以参也。③
　　若一则[有两],有两亦[一]在,无两亦一在,然无两则安用一? 不以太极,空虚而已,非天参也。④

此处讨论可以分为两个层面,一个层面是"气(之体)"的层面,也就是终极本源的问题,除了气的存在之外,再没有其他的存在。一个层面是"气化(之用)"的层面,就在"两化(之用)"过程中始终有一个一以贯之的"一(之体)"而言,即"神";就"一(之体)"的作用必须展开为"两化(之用)"而言,即"化"。"一"(体)之"神"与"两"(用)之"化"合而言之就构成了天之"参"。⑤ 实际上,天并不真的就显示出是"参",而自始至终都是"气"而已。以上通过对张载气化思想的考察,大体可以得出船山"气化者,气之化也"的思想是对张载气化思想的继承。

船山论"气化"有两大特点,一是侧重于论"气"的材质性,即作为构成万物的质料,注重一贯动态的整体呈现;一是侧重于"化"的类别性,即在万物之化中有物之化与人之化的区别,注重静态结构的细微分疏。先看船山从"气"之材质性的角度对气化的阐述。"天之所以为天而化生万物者,太和也,阴阳也,聚散之神也。"⑥"而"字在此处不

---

① (北宋)张载:《张载集》,中华书局,1978,第14页。
② (北宋)张载:《张载集》,中华书局,1978,第16页。
③ (北宋)张载:《张载集》,中华书局,1978,第10页。
④ (北宋)张载:《张载集》,中华书局,1978,第233页。
⑤ "参"字既可读作"参加"之"参"(cān),也可读作数字之"参"(叁)(sān),行文此处读作数字之"参",这样与"两"相互一致,比较符合张载思想的原意。
⑥ (明)王夫之:《船山全书》(第十二册),岳麓书社,2011,第369页。

宜被理解为表示并列关系的连词，而是与《中庸》"君子尊德性而道问学，致广大而尽精微，极高明而道中庸"①一句中"而"字的用法一致。天之所以为天就在于天能够化生万物，而天之化生万物的根据则是太和、阴阳与天之聚散的德性。（张载原文："神，天德。"）三者之中，"太和"又是"阴阳"与"聚散之神"的根本。"天无体，太和絪缊之气，为万物所资始，屈伸变化，无迹而不可测，万物之神所资也。"②"资"就是依靠，依据，主宰。"天"本身就是作为体而存在的，也就是"太和絪缊之气"，它是万物之存在所依靠的根据（"所资始"），也是万物之变化神妙的主宰（"所资"）。

> 阴阳者二气絪缊，轻清不聚者为阳，虽含阴气亦阳也；其聚于地中与地为体者为阴，虽含阳气亦阴也。凡阴阳之名义不一，阴亦有阴阳，阳亦有阳阴，非判然二物，终不相杂之谓。③

阴阳之作用的体现就是阴阳二气絪缊的结果。实际上，阴阳只是表示两种不同性质的力量，作为存在层面的"气"来讲，并不存在着阴阳两种不同性质的气（"非判然二物，终不相杂之谓"）。阴阳二气通常是浑沦无间的，否则就不可能发挥出太和絪缊的效果。"五行之化气合离融结，弥纶于地上，而与四时之气相为感通，以为万物之资，是亦天地阴阳相交之所成也。"④ 太和絪缊的阴阳二气进一步聚为五行之气与四时之气，五行之气充满天地之间，又与四时之气相感通、相生生，成为万物得以形成的直接质料。从太和絪缊之气、阴阳二气到五行之气、四时之气，再到万物的产生，这一过程就被称之为"气之化"。"化者，天地生物之事。"⑤ "天以神御气而时行物生。"⑥ "化"的过程既是天地生物的过程，同时也是"天以神御气"的过程，两者作为同一气化过程中的隐显两个层面，并行交错，相感通而生生不已。

以上是从一贯的动态过程来把握"气化"的生生流行，下文将从静态的层面来阐释万物的"气化"结构。"天地之法象，人之血气表里、耳目手足，以至鱼鸟飞潜，草木华实，虽阴阳不相离，而抑各成乎阴阳

---

① （南宋）朱熹：《朱子全书》（第六册），上海古籍出版社，2002，第53页。
② （明）王夫之：《船山全书》（第十二册），岳麓书社，2011，第50页。
③ （明）王夫之：《船山全书》（第十二册），岳麓书社，2011，第57页。
④ （明）王夫之：《船山全书》（第四册），岳麓书社，2011，第562页。
⑤ （明）王夫之：《船山全书》（第十二册），岳麓书社，2011，第355页。
⑥ （明）王夫之：《船山全书》（第十二册），岳麓书社，2011，第78页。

之体。"① 张载在谈到"法象"时说:"凡天地法象,皆神化之糟粕尔。"② 船山注言:"日月、雷风、水火、山泽固神化之所为,而亦气聚之客形,或久或暂,皆已用之余也。"③ 所谓的"法象"就是"糟粕","糟粕"原意为造酒之后所剩余的渣滓,引申为陈迹。包括日月、雷风、水火、山泽,人之血气表里、耳目手足,以至鱼鸟飞潜、草木华实在内的天地法象都属于"已用之余",都是经过神化作用之后所遗留下的可以把捉到的陈迹。尽管它们作为短暂的客形(相对于气化而言)而存在,但在维持其形质的阶段中,阴阳之气的两种功能一直起着作用。"形之撰,气也。"④"形无非气之凝。"⑤"撰"为实在意。形体作为实在的承载者,无非是由气凝聚而成,气构成了形体的全部材质。

> 天地之产,皆精微茂美之气所成。
> 气之所自盛,诚之所自凝,理之所自给,推其所自来,皆天地精微茂美之化,其酝酿变化,初不丧其至善之用。⑥

"诚"也是实在意,也就是形体。凡是由天地所产生的法象形体,要推究它们(在发生学意义上)最根本的来源,最终都可以归为一种"精微茂美之气";而且其形体之结构性功能的发挥即理之作用的彰显也是来源于"精微茂美之气"最初的"至善之用"。"天之化生万物,人与禽兽并生焉。皆二气五行之所妙合而成形者也。"⑦ 天地化生万物,不但要经历从太和絪缊之气、阴阳二气到五行之气、四时之气,再到万物之产生这一复杂的"气化"过程,而且万物形体本身也是由"二气五行之所妙合"而直接构成的。整个"气化"的过程不存在阶段性的中断,而是整体涵摄性地扩充并被赋予万物。"太虚之气,无同无异,妙合而为一,人之所受即此气也。"⑧ 在万物禀赋"气化"的过程中,几乎无一例外,就连人的禀赋都是如此,因为本源的太虚絪缊之气并不存在差异性("太

---

① (明)王夫之:《船山全书》(第十二册),岳麓书社,2011,第27—28页。
② (北宋)张载:《张载集》,中华书局,1978,第9页。
③ (明)王夫之:《船山全书》(第十二册),岳麓书社,2011,第34页。
④ (明)王夫之:《船山全书》(第十二册),岳麓书社,2011,第407页。
⑤ (明)王夫之:《船山全书》(第十二册),岳麓书社,2011,第408页。
⑥ (明)王夫之:《船山全书》(第十二册),岳麓书社,2011,第420页。船山此处虽言"至善之用",但此处的"至善"并不具有通常所说的与"恶"相对的伦理价值这一层意义,这里只是要说明万物本身的自然变化可以被归结为"气"之用。
⑦ (明)王夫之:《船山全书》(第八册),岳麓书社,2011,第511页。
⑧ (明)王夫之:《船山全书》(第十二册),岳麓书社,2011,第123页。

虚之气，无同无异，妙合而为一"）。"人物之生，莫不受命于天。"①
"天地人物之气，其原一也。"② "人物同受太和之气以生，本一也。"③
人与物的现成生命形态归根到底都是天命的结果，就这一层意义上来讲，
作为本原所禀赋的气是一样的，因为本一的太和之气具有绝对的同一性。
在这一点上，不仅人与物没有差异，就是圣人所禀赋的气也没有任何特
殊之处。

> 人物之生，皆絪缊一气之伸聚，虽圣人不能有所损益于太和。④
> 日月之发敛，四时之推迁，百物之生死，于风雨露雷乘时而兴、乘时而息，一也，皆客形也。有去有来谓之客。⑤
> 唯万物之始，皆阴阳之撰。⑥

万物生死轮回的不息，日月发光于外，收敛于内，四时循环推移，风雨
露雷这些自然现象兴息有时，它们对于作为真正开端之实在的阴阳而言
都是短暂的有去有来的客体呈现，唯有那絪缊之气的伸聚才是永恒的
"主形"。

三 "人者，取精于天"

船山认为，虽然太虚之气作为万物的"本"与"原"是一，没有差
异，但在气化为万物所禀赋的过程中却是有差异的，而且这种差异显得
很悬殊，这样也就可以合理地解释天地世界的丰富性与人之性命的虚灵
性，"一方面肯定气化流行这个自然宇宙的客观存在，另一方面则亦强调
人是此气化流行而挢聚成之最优秀者，人实是天地之心，人能诠释宇宙、
润化宇宙及缔造者，而且宇宙经由人之诠释、润化及创造之后方成其为
人的宇宙"⑦。这是船山论气化独有的两个层面，需要引起我们的注意。
之前已经讨论过船山论气化的同一性，下面将重点讨论船山论气化的差
异性。

"气之聚散，物之死生，出而来，入而往，皆理势之自然，不能已止

---

① （明）王夫之：《船山全书》（第四册），岳麓书社，2011，第1115页。
② （明）王夫之：《船山全书》（第十二册），岳麓书社，2011，第328页。
③ （明）王夫之：《船山全书》（第十二册），岳麓书社，2011，第221页。
④ （明）王夫之：《船山全书》（第十二册），岳麓书社，2011，第44页。
⑤ （明）王夫之：《船山全书》（第十二册），岳麓书社，2011，第18页。
⑥ （明）王夫之：《船山全书》（第一册），岳麓书社，2011，第42页。
⑦ 林安梧：《王船山人性史哲学之研究》，东大图书公司印行，1991，第18页。

者也。"① 气化的过程就是气之聚而成物，物又散而归气，这是一个客观的流行过程，没有一息的停滞。正是在这一聚散的作用中，造成了万物品类之间的差异。

> 植物根于地中，而受五行已成形之气以长。阳降而阴升，则聚而荣；阳升而阴降，则散而槁。以形而受气，故但有质而无性。
> 动物皆出地上，而受五行未成形之气以生。气之往来在呼吸，自稚至壮，呼吸盛而日聚，自壮至老，呼吸衰而日散。形以神而成，故各其含其性。②

植物的生命禀赋与成长来源于五行之气，受阳气影响时，就呈现为欣欣向荣的状态；受阴气影响时，就表现为保藏含蓄的收敛状态。因为主要是（植物的）形体受气之作用的影响，所以植物只有气聚以成的质料而没有气聚以凝的灵性。动物则不同，所禀赋的是比五行之气更为精微的还未成五行之形时的气，生命形态的盛与衰取决于所呼吸之气的聚与散，在呼吸之气的聚散过程中，一方面形体得以苗壮，另一方面在形体苗壮的同时，由形而来的神逐渐日以成为各自的性。"草木有气而无情，禽兽有情而无理，兼情与理合为一致，乃成乎人之生。"③ 草木只有气而没有情，禽兽虽有情但缺乏理，二者都有偏颇，将情理合为一体，于是就有了人的产生。"人者，两间之精气也，取精于天，翕阴阳而发其䌹明。"④ 与动植物都不同而又更为精微的是人所禀赋的精气，这种精气直接取自太虚湛一的清气（"取精于天"），妙合阴阳两种神化作用而显发出人的炯炯灵明。"人者，阴阳合德之神所聚，而相阴阳以协天地万物之居者也。"⑤ 人既然作为阴阳神妙化合之聚的产物，当然也就可以配合天地成就万物。"天以神御气而时行物生，人以神感物而移风易俗。神者，所以感物之神而类应者也。"⑥ 天地以气化之神造就了万物与四时的运行，人借气的神妙之用应运四时而感通万物以改变风尚而成一代良法美俗，这也正是船山所说的"感物之神而类应"。

---

① （明）王夫之：《船山全书》（第十二册），岳麓书社，2011，第 20 页。
② （明）王夫之：《船山全书》（第十二册），岳麓书社，2011，第 101 页。
③ （明）王夫之：《船山全书》（第八册），岳麓书社，2011，第 218 页。
④ （明）王夫之：《船山全书》（第三册），岳麓书社，2011，第 447 页。
⑤ （明）王夫之：《船山全书》（第十二册），岳麓书社，2011，第 369 页。
⑥ （明）王夫之：《船山全书》（第十二册），岳麓书社，2011，第 78 页。

> 阴阳之始本一也，而因动静分而为两，迨其成又合阴阳于一也。如男阳也而非无阴，女阴也而非无阳。以至于草木鱼鸟，无孤阳之物，无孤阴之物，唯深于格物者知之。时位相得，则为人，为上知；不相得，则为禽兽，为下愚；要其受气之游，合两端于一体，则无有不兼体者也。①

与万物的禀赋一样，何以人的禀赋独特而茂美？这是船山需要回应的一个问题。为此他提出了"时位"的概念。人禽之别不在于阴阳之始的本一，因为二者都以太虚绸缊的和合之气为本源，同时也以太虚浑沦湛一的清纯之气为依归。所不同者乃时位相得与否：

> 相得，则为人，为上知；不相得，则为禽兽，为下愚。②
> 万物之生，莫不资于天地之大德与五行之化气，而物之生也，非天地䜣合灵善之至，故于五行之端偏至而不均，唯人则继之者无不善，而五行之气以均而得其秀焉。③

"时位相得"使人之所继者无不善，所禀赋的五行之气均匀而秀丽；禽兽则不然，不仅禀赋的五行之气有偏颇不均匀，而且本身也没有继承天地之心和灵善的本性。

> 人物之生，同得天地之理以为性，同得天地之气以为形，其不同者，独人于其间得形气之正，而能有以全其性，为少异耳。虽曰少异，然人物之所以分，实在于此。④

"时位相得"还使人禀得了正气，气正使得形正，形气之正使人可以保全其固有的善性。就这一点来说，陈来先生指出："船山认为，阴阳的变化交合，导致了万物的产生，从而也导致了善与不善的分化与生成：阳变阴合，善者为人，因为构成人的气是善的。阳变阴合，不善者为物，因为构成禽兽的气是不善的。船山特别指出，天不是有意志的主宰，故

---

① （明）王夫之：《船山全书》（第十二册），岳麓书社，2011，第37页。
② （明）王夫之：《船山全书》（第十二册），岳麓书社，2011，第37页。
③ （明）王夫之：《船山全书》（第四册），岳麓书社，2011，第564页。
④ （明）王夫之：《船山全书》（第八册），岳麓书社，2011，第510页。

天并不能选择生物皆善，不能选择只生成人类而不生禽兽。"① 尽管这种分别只是极为细微的差距，但却是人物之所以分的关键。尽管"时位"很重要，但也只是造就人之特殊的众多因素之一。"五行之气，用生万物，物莫不资之以生，人则皆具而得其最神者。"② 普遍笼统地讲，五行之气作为万物生生所必须要依据的质料，对人而言亦是如此，唯一的细微差异在于人还具备万物所没有的五行之气的神妙功能。

> 二气构形，形以成；二气辅形，形以养。能任其养，所给其养，终百年而无非取足于阴阳。是大造者即以生万物之理气为人成形质之撰，交用其实而资以不匮。③

船山此处虽言"二气"，但实际上并不存在着真正的二气，这里只是就功能而言。对于万物，生生所依据的质料是"五行之气"；对于人而言，不仅只有"五行之气"，还有阴阳二气。而且二者相比，阴阳二气对人的影响更为广大重要。阴阳二气不仅只是在初级阶段构成形体，更为重要的是还能辅养形体。无论是养气还是养体都是人所独有的，实际上养体的根本在于养性，养性又要落到养气上，养气最终要回归于顺气之理。

船山由气而开始讨论气—理之关系，但需要注意的是，与朱子不同，船山更多是在涉及人的地方才会讨论理。

> 气，其所有之实也。④
> 理只是以象二仪之妙，气方是二仪之实。健者，气之健也；顺者，气之顺也。天人之蕴，一气而已。从乎气之善而谓之理，气外更无虚托孤立之理也。⑤

气固然是实实在在的存有，由气所成的人的形体也是实实在在的存有。理作为阴阳二气之妙只是气之功能的一种体现。气之刚健有力处就表现出气的乾阳之理，气之柔顺善化处就表现出气的坤阴之理，天人之间蕴涵的内在一致性，就是气。所谓的"气之善"是指气本身固有的运行秩

---

① 陈来：《诠释与重建》，北京大学出版社，2013，第166页。
② （明）王夫之：《船山全书》（第四册），岳麓书社，2011，第561页。
③ （明）王夫之：《船山全书》（第一册），岳麓书社，2011，第892页。
④ （明）王夫之：《船山全书》（第十二册），岳麓书社，2011，第76页。
⑤ （明）王夫之：《船山全书》（第六册），岳麓书社，2011，第1052页。

序,能够顺从这种秩序就是理,否则便是虚托孤立之理。

> 神化者,气之聚散不测之妙,然而有迹可见;性命者,气之健顺有常之理,主持神化而寓于神化之中,无迹可见。若其实,则理在气中,气无非理;气在空中,空无非气,通一而无二者也。①

气如何循着理聚散为物,虽说是不能被提前预测感知,但是物的运行却可以留下迹象,从中便可以窥探到不测之气的神化妙用。气的刚健柔顺之理本身不会如气那样弥沦天地,相吹以息,而是一种固定的常则。神化妙用之气弥漫天地之间虽不可捉摸,但其内在仍有一主宰者,主宰者正是依靠气的神化妙用而实现万物之间的相感相通。这种主宰者就是固定的常则,当这一常则落在具体的万物之形体上,就被称之为性命。"使之各成其象者,皆气所聚也,故有阴有阳,有柔有刚,而声色、臭味、性情、功效之象著焉。"② 气聚而成的法象,随气的阴柔性与阳刚性一起转化为万物法象本身的声色、臭味、性情、功效而表现出来。对于物如此,对于人尤其如此。"天以其阴阳五行之气生人,理即寓焉而凝之为性。故有声、色、臭、味以厚其生,有仁、义、礼、智以正其德,莫非理之所宜。"③ 太虚以阴阳五行之气赋予人,原来涵摄在气中的理在人这里就变为性,仁、义、礼、智固然是性的应有内涵,声、色、臭、味作为保养形体所必需也成为了性的必要内容。

> 人之与天,理气一也;而继之以善,成之以性者,父母之生我,使我有形色以具天性者也。理在气之中,而气为父母之所自分,则即父母而溯之,其德通于天地也,无有间矣。若舍父母而亲天地,虽极其心以扩大而企及之,而非有恻怛不容已之心动于所不可昧。是故于父而知乾元之人也,于母而知坤元之至也。此其诚之必几,禽兽且有觉焉,而况于人乎!④

人与天在结构层面上具有一致性,都是理气同构而成。"继之以善,成之以性"这是对《易经》"一阴一阳之谓道,继之者善也,成之者性也"

---

① (明)王夫之:《船山全书》(第十二册),岳麓书社,2011,第23页。
② (明)王夫之:《船山全书》(第十二册),岳麓书社,2011,第358页。
③ (明)王夫之:《船山全书》(第十二册),岳麓书社,2011,第121页。
④ (明)王夫之:《船山全书》(第十二册),岳麓书社,2011,第352页。

思想的继承,"善"在这里既然与"性"相对而言,说明此处"善"所指的并不是善恶的价值之"善",而是指(道)气的善,"'善'是顺理养物"①。表明人从天地禀赋了气,同时也就形成了人自身的性。在天言气,在人言体;在天言理,在人言性;于显处言气,于隐处言理。虽分而言之,实则二者无有所间隔中断。其实这个思想与前面所论到的性命思想是一致的。此外,船山以父—母对列乾—坤的说法("于父而知乾元之大也,于母而知坤元之至")显然是对张载《西铭》中"乾称父,坤称母,予兹藐焉,乃混然中处"②说法的继承与发挥。可以发现船山在这里是将气—理关系直接复制到了万物的形体—性命关系上,彻底贯彻了他的气体观与气化观。

船山之所以要将其气本论彻底化,最主要原因就是考虑到儒学价值的安顿,反对佛老的寂灭空虚论还只是其立论的次要方面。"天之气伸于人物而行其化者曰神,人之生理尽而气屈反归曰鬼;地顺天生物,而人由以归者也。"③ 对于天而言,气化生万物就是其神妙作用的体现,这个过程是天道的自然流行;与之相反,对于人而言,最终的归宿是需要经过努力才可以"气屈反归"于清纯湛然的太虚之气。因为在船山思想中一直有一种根深蒂固的意识,即"人对于宇宙的责任意识:人对于宇宙的原生生态的保持和净化,是一件具有根本意义的事情,人要以善生善死来承担起他对宇宙的这种责任"④。因为人的善恶行为不仅仅只是关系到个人的修养问题:"人的善恶行为可以变为具有实体的意义的气,对社会、历史造成影响。"⑤ "纲缊不息,为敦化之本。"⑥纲缊不息的太和之气就已经暗示并决定了敦化成德之君子终身修养的终极根源之所在,所有的意义空间只有在人的面前才真正显示其价值。

四 小结

综上,可以发现船山论气之化生的思想虽说是对张载气学的继承,但就其个人的思想来讲,我们可以从三个大的环节来把握。首先,一切有形的万物法象的最后根据都是气,包括无形的太虚、虚空。除了气是"主形"之外,其他由气而成的都是"客形"。船山注重从静态的本体层

---

① 李学勤主编:《十三经注疏·周易正义》,北京大学出版社,1999,第268—269页。
② (北宋)张载:《张载集》,中华书局,1978,第62页。
③ (明)王夫之:《船山全书》(第十二册),岳麓书社,2011,第79页。
④ 陈来:《诠释与重建》,北京大学出版社,2013,第319页。
⑤ 陈来:《诠释与重建》,北京大学出版社,2013,第311页。
⑥ (明)王夫之:《船山全书》(第十二册),岳麓书社,2011,第76页。

面来说明宇宙天地的来源。其次，船山又从动态的气化角度来说明万物法象的产生与消亡过程都是絪缊太和之气中阴阳二气相摩相荡不息运行的结果。前者从存在论上解释了万物的本源，这里从发生学的立场解释了万物的成与毁。这两个方面讨论的都是宇宙的形上层面，重在对天道一贯性的阐释，所以对人的论述也就有所简略。最后，船山把对人之独特性的阐发放到了形下层面来讨论，是在与万物法象的对比差异中来体现人的独特性。因为人在气化过程中所禀赋的气与万物所禀赋的气之质在层级上有所不同，根本上也就决定了所禀赋的气中之理更合乎天道。这种差异性的直接表现就在于人的行为方式。

第二节　言道者必以人为归

与天地之间的万物法象一样，人也时时刻刻处于动态的气化流行过程中，生死无非是气之聚散之客形而已，故而人的形体也就必然为气所充（按：此处拟用孟子"气，体之充也"的讲法）。又因为气中本身涵着理，所以在结构层面上，形体固然为气所凝，也同时为气中之理则所宰制。此外，由于人所禀赋阴阳二气之气化之"几"的缘故，天道流行之气中的理在人这里就被转化成了为人所独有的"性（之善）"。经过人之践形的努力，道德践履的最终实现就是要全而归之于太虚之境。船山这种"（人）心尽之而体全"的思想，一方面是其在本体论上彻底坚持存在论的气本论与宇宙生成论的气化论的必然要求，另一方面也是其在现实践履的意义上对人道孜孜追求而超越于天道的最终诉求。其实，人（心）体天地之化的思想，如果放在船山的整个礼学思想体系中来加以把握考察的话，就不能仅仅只是看作天人之际关系的一种表达，也更是人道得以构建与展开的关键。"故成之者人也，继之者天人之际也，天则道而已矣。"[①] "天人相绍之际，存乎天者莫妙于继。"[②] 在天人之间的微妙感应中，对于天而言主要是指"继"的方面，对于人而言则主要是指"成"的方面，无疑这是对《易经》思想的表达："一阴一阳之谓道，继之者善也，成之者性也。"[③] 而对所成之性的重视正好体现了船山对人（道）之独特性的深切关注。"船山学的诠释起点是人，因为唯有人是天地之心，人才具有理解及诠释的能力，由理解、诠释而批判、改造，人

[①] （明）王夫之：《船山全书》（第一册），岳麓书社，2011，第1006页。
[②] （明）王夫之：《船山全书》（第一册），岳麓书社，2011，第1007页。
[③] 李学勤主编：《十三经注疏·周易正义》，北京大学出版社，1999，第268—269页。

创造了一个宽广的历史天地。"① 由人所创造的这个历史天地不是别的，就是人道。

一 "阴阳之外无道"

船山首先从天地气化流行的角度阐释了他对"道"的理解。"天地无心而成化，故其体道也，川流自然而不息。人必有心而后成能，非有以用之，则逝者自如斯而习矣不察。"②絪缊至虚太和中的阴阳二气始终处于一种交感互应、相摩相荡的状态，造成了气化的不间断流行，同时也体现了天道至健至顺周普不息的乾坤二性。顺大道运行而产生的人，也秉持了这种周流不止的天性，只是因为人处其中并已经习惯而没有发觉体察到而已（"习矣不察"）。"天地之间，流行不息，皆其生焉者也。故曰'天地之大德曰生'。"③"天地之间大矣，其始终亦不息矣。"④ 天地之间的气时时刻刻处于太虚→气→万物→气（→太虚）的大循环秩序中，万物亦是如此，但并非万物在质体形散之后都可以回归到"太虚"，这一点对船山而言是非常重要的。虽然天地以不间断地生生万物为其固有的德性，但万物是否能够全其所生却非天地的自然禀赋，而是要归到万物尽性体命的践形上。但这一点正好与船山对（人）道的理解有非常密切的关联。船山对道体的理解，明显受到了宋明儒学中程朱思想的影响。在对《论语》中"逝者如斯夫！不舍昼夜"一句进行注释时，程朱提出了道体周流不息的观点。朱子指出："天地之化，往者过，来者续，无一息之停，乃道体之本然也。然其可指而易见者，莫如川流。故于此发以示人，欲学者时时省察，而无毫发之间断也。"天地大化，往来相续不断，体现了道体运行不息的本来面貌。夫子此句言逝水川流的话，正是针对隐深的道体借喻而发显于学者。朱子接着引程子的话："程子曰：此道体也。天运而不已，日往则月来，寒往则暑来，水流而不息，物生而不穷，皆与道为体，运乎昼夜，未尝已也。是以君子法之，自强不息。"程子直接言水流不息、物生不穷与道同体，通天下而无外，并指明君子自强不息乃是要效法道体乾健的精神。后又引程子之言："自汉以来，儒者皆不识此义。"⑤ 程子虽然如此说，但自汉以来其实仍然有少数

---

① 林安梧：《王船山人性史哲学之研究》，东大图书公司印行，1991，引言，第1页。
② （明）王夫之：《船山全书》（第六册），岳麓书社，2011，第738页。
③ （明）王夫之：《船山全书》（第一册），岳麓书社，2011，第1042页。
④ （明）王夫之：《船山全书》（第一册），岳麓书社，2011，第1049页。
⑤ （南宋）朱熹：《朱子全书》（第六册），上海古籍出版社，2010，第144页。

儒者秉持着如程子一样的这种对水的理解。《法言》中言水："或问'进'。曰：'水。'或曰：'其为不舍昼夜与？'曰：'有是哉！满而后渐者，其水乎？'"① 此处便以不舍昼夜的运行不息来言水的特质，所以刘宝楠说："《法言》所谓'进'，与夫子言'逝'义同。逝者，往也，言往进也。"② 此外，董仲舒在《春秋繁露》中也有类似对水的理解，而且直接将其与《论语》中孔子的话相联系：

> 水则源泉混混汍汍，昼夜不竭，既似力者；盈科后行，既似平者；循微赴下，不遗小间，既似察者；循谿谷不迷，或奏万里而必至，既似知者；障防山而能清净，既似知命者；不清而入，洁清而出，既似善化者；赴千仞之壑，入而不疑，既似勇者；物皆困于火，而水独胜之，既似武者；咸得之而生，失之而死，既似有德者。孔子在川上曰："逝者如斯夫，不舍昼夜。"此之谓也。③

从汉代儒者董仲舒到扬雄再到宋儒程朱，对水德的解释可以说是沿着同一条线索进行，只是到了程朱才明确地将水德与道体相比附联系。当然，除了这一条线索之外，也还存在着其他不同注释，比如皇侃在《论语义疏》中所引的几种注释就没有遵循这种理解的思路，而是认为夫子所言乃是表达了一种无奈伤感的慨叹与忧患：

> 孔子在川水之上，见川流迅迈，未尝停止，故叹人年往去，亦复如此。江熙云："言人非南山，立德立功，俛仰时过，临流兴怀，能不慨然乎？"孙绰云："川流不舍，年逝不停，时已晏矣，而道犹不兴，所以忧叹也。"④

可以看出，在这一条理解的线索中就没有与道体相联系。两相比较，自汉儒至宋儒将此处所言之水性与道体相参喻，这种解释应该说大体符合《论语》的原意，因为这一表达在儒家经典《孟子》中也有体现：

> 徐子曰："仲尼亟称于水，曰：水哉，水哉！何取于水也？"孟

---

① （清）汪荣宝：《法言义疏》，中华书局，1987，第24页。
② （清）刘宝楠：《论语正义》，中华书局，1990，第349页。
③ （清）苏舆：《春秋繁露义证》，中华书局，1992，第424—425页。
④ （魏）皇侃：《论语义疏》，中华书局，2013，第224页。

> 子曰："原泉混混，不舍昼夜。盈科而后进，放乎四海，有本者如是，是之取尔。苟为无本，七八月之间雨集，沟浍皆盈；其涸也，可立而待也。故声闻过情，君子耻之。"①

孟子此处所言，与前面董仲舒的讲法有相类似之处。值得注意的是：从经学史的角度来看，《论语》的成书经历了一个漫长的过程，孟子当时所能够见到的《论语》版本应当与皇侃所能够见到的版本不同；而且就义理思想的层面来说，孟子对《论语》的这种解读或许比以皇侃为代表的一种解读更具有优先性。后来程朱一反皇氏之疏而直接汉儒之注，可以说在义理的理解与诠释上达到了一种新的高度，而船山关于道体周普不息的思想，在某种程度上便是直接继承程朱思想而来。明确了这一点，我们再回过头来继续讨论船山关于"道"的思想。

"道者，天地人物之通理，即所谓太极也。"② 对船山而言，"道"是天地人物通一无二的法则，始终贯穿于万物法象之中，这就是"太极"。在船山的整个气学体系中，此处的"太极"宜解释为絪缊的太和状态。船山绍承濂溪、横渠的宇宙生成论，"太极"虽也可以"理"言之，但一定是指气（化）中的理，这一点区别于朱子对濂溪的解释。他说：

> 故一芽之发，渐为千章之木；一卵之化，积为吞舟之鱼。其日长而充周洋溢者，自不能知，人不能见其增长之形，而与寒暑晦明默为运动，消于此者长于彼，屈于往者伸于来。③

"芽""卵"自微至著，由发化而渐积成"千章之木""吞舟之鱼"。这一过程不仅人无法察见到，便是木、鱼本身也不能觉知，因为这是道体气化自然运行的消长屈伸，与寒暑晦明的变化默默契合。"人物有性，天地非有性。阴阳之相继也善，其未相继也不可谓之善。故成之而后性存焉，继之而后善著焉。言道者统而同之，不以其序，故知道者鲜矣。"④ 无有万物则不可以言性，所以天地无性。阴阳二气摩荡交错，以"几"化生万物，这叫做"善"。在船山整个思想包括气学哲学思想的体系中，"善"的话语有两层意义：一是就气而言（这是在逻辑的产生过

---

① （南宋）朱熹：《朱子全书》（第六册），上海古籍出版社，2010，第358页。
② （明）王夫之：《船山全书》（第十二册），岳麓书社，2011，第15页。
③ （明）王夫之：《船山全书》（第一册），岳麓书社，2011，第349页。
④ （明）王夫之：《船山全书》（第一册），岳麓书社，2011，第1006页。

程中来说的），在未有万物产生之前的气化过程中，气循理而变合，能够彰显其神妙的作用，这被称之为"善"；如船山所说："是在天之气，其本无不善明矣。"① 一是就人物而言（这是在现实的产生过程中来说的），气化生万物之后，因禀天命，物各赋性，循性而生而死则为"善"。这两层含义，在船山的一段表达中有集中的体现：

> 既以气而有所生，而专气不能致功，固必因乎阴之变、阳之合矣。有变有合，而不能皆善。其善者则人也，其不善者则犬羊也。又推而有不能自为栝桮之杞柳、可使过颡、在山之水也。天行于不容已，故不能有择必善而无禽兽之与草木（引者案：船山自注"杞柳等"），然非阴阳之过，而变合之差。是在天之气，其本无不善明矣。②

可以清楚地看出：后一种意义上的"善"就只是针对人而言的道德践形，因为物从根本上来讲是无所谓性的，也就无所谓践形之"善"。但两相比较，气之"善"更为本质，更具有本原性，因为气之"善"不仅是人之"善"的源头，也是人之"善"的最终归宿，而且也可以把气之"善"理解为道（之"善"），以"善"言道可说是船山的独特发见。综上是从整体上把握了船山对"（天）道"的理解，下文将主要从阴阳的角度继续展开。

"天地之间，皆因于道。一阴一阳者，群所大因也。"③ 从发生学的角度来看，如果把"道"当作是天地及万物的开端，那么就可以把阴阳二气看成是一切（包括万物与道）的总源头，④ 船山称之为"大因"。"阴阳之外无物，则阴阳之外无道。"⑤ 所以，万物与道都不能超脱于阴阳之外。这里需要注意一下船山的用词习惯，此处所谓的"外"，并不是与"内"相对，好像容器里面盛物一样的内外之别；阴阳与物及道的

---

① （明）王夫之：《船山全书》（第六册），岳麓书社，1991，第1055页。
② （明）王夫之：《船山全书》（第六册），岳麓书社，1991，第1054—1055页。
③ （明）王夫之：《船山全书》（第一册），岳麓书社，2011，第1092页。
④ 阴阳、道、万物在船山的气学思想体系中并不真的是一个一个的实体，对他而言，只有一个最终的实体，那就是"气"。但就算是这个最终的本原之"气"，也是呈现出多种多样的层次性与丰富性，而阴阳、道、万物正是其层次性与丰富性的体现。所以，行文这里的处理方式只能是考虑到了对船山思想进行论述时的简捷性、条理性、明晰性与整体性，至于因用词而造成的冲突与矛盾则需要读者的细心体察与注意。
⑤ （明）王夫之：《船山全书》（第一册），岳麓书社，2011，第1112页。

"内""外"关系犹如"理"与"气"的关系,"内"指在其中,"外"指被其所涵摄。船山曰:"故乾坤并建而捷立,以为大始,以为成物。"① 乾坤是阴阳两种功能的表现形态,二者并列变化是成就万物的关键,船山称其为"大始"。"凡天下之事物,一皆阴阳往来之神所变化。物物有阴阳,事亦如之。"② 对于天地之间的事事物物来说,归根到底都是阴阳二气之屈伸往来神妙变化的结果,事事物物都要受到阴阳神化力量的宰制。"大哉,《易》之为道!天地不能违之以成化,而况于人乎!"③ 船山称气化变异的作用为"道",天地时变、人文化成都不能脱离道的运载而得到最终的成就。"《诗》之比兴,《书》之政事,《春秋》之名分,《礼》之义,《乐》之律,莫非象也,而《易》统会其理。"④ 对道之重视的思维,使得船山在论(人文化成的)"六经"时独重《易》理,其他"五经"乃是法象的表征,《易经》则是统合会通"五经"之义理、准则的体现。"凡发生畅遂,皆阳之为而用夫阴;收藏成形,皆阴之为而保其阳。天地、水火、四时、百物、仁义、礼乐,无不然者。"⑤ 此外,阴阳体道的重要性还表现为对万物生之意念的发生与质体成形的作用上,万物借此可以不拘蔽于形体而有生生之意,又可以含藏收敛成就形体之广。"天之生物,人之成能,非有阴阳之体,感无从生,非乘乎感以动静,则体中槁而不能起无穷之体。"⑥ 对于人而言,阴阳则是具备感通万物能力的最终来源,然后以动静"乘"感使得形体之气日日与天地之气内外交合,进而保持蓬勃的生意而不致枯槁。所谓的"起无穷之体"乃是指要顺承整个气化流行的道体,不使其隔断阻碍。"阴阳,质也;变合,几也:皆人之所以为人道也。"⑦ 船山的这一表达正是之前"阴阳之外无道"的进一步深入化:"阴阳之外无人道。"以人道言道的讲法是船山重人的体现。"虽曰天地万物无非诚之所成,而皆备于我,则人统之矣。"⑧ 牵强一点说,人统天地万物的思维是前面《易经》统合会通"五经"的义理、准则之思维的翻版,二者又都是阴阳之道流行于万物的体现。"'仁义礼知',性之德也。性有其德,故情各得其正,人之所以为

---

① (明)王夫之:《船山全书》(第一册),岳麓书社,2011,第1093页。
② (明)王夫之:《船山全书》(第十二册),岳麓书社,2011,第107页。
③ (明)王夫之:《船山全书》(第一册),岳麓书社,2011,第42页。
④ (明)王夫之:《船山全书》(第一册),岳麓书社,2011,第1039页。
⑤ (明)王夫之:《船山全书》(第十二册),岳麓书社,2011,第56页。
⑥ (明)王夫之:《船山全书》(第十二册),岳麓书社,2011,第366页。
⑦ (明)王夫之:《船山全书》(第六册),岳麓书社,2011,第525页。
⑧ (明)王夫之:《船山全书》(第四册),岳麓书社,2011,第1295页。

人也。"① "德者，有德之谓，人得之以为人也。"② 船山言人道并没有只停留于阴阳变合的气体、气化阶段，而是进一步论述到了"仁义礼智"的德性上，这一点与传统儒者无有不同。值得注意的是：传统儒者言仁义礼智时主张以仁涵四德，如程颢说："仁、义、礼、智、信五者，性也。仁者，全体；四者，四支。"③ 又："学者须先识仁。仁者，浑然与物同体。义、礼、智、信皆仁也。"④ 船山的讲法则与之不同："凡人之所以为人者，礼义也。"⑤ "天之生人，甘食悦色，几与物同。仁义智信之心，人得其全，而物亦得其一曲。其为人所独有而鸟兽之所必无者，礼而已矣。"⑥ 可以看出，他将侧重点放在了"礼义"上，而且认为"礼义"二者都是"礼"的体现，"礼"才是人之所以然，是人道之主要内容。"盖天理人欲，同行异情，顺天地之化，而礼之节文自然行乎其中，非人欲之必妄而终远乎天理，此君子之道所以大中至正而不远乎人也。"⑦ 气化之理与人合之欲，都是并行而异的实存；顺承天道大化，人道之礼（之节文）也必然流行于其中。如果以人欲为妄而加以无原则地遏制，这本身也是对天道（之理）的疏远；所以，君子之道乃是就实存的人道（之欲）而言。"文，即道也；道，即天也。乾坤不毁，生人不尽，《诗》、《书》、礼、乐必不绝于天下，存乎其人而已。"体现礼的节文就是人道，人道同时也是天道；只要作为气化之"几"的乾坤生生不已，《诗》《书》、礼、乐的人文必然也会不间断地化成于天下。所谓的"阴阳之外无道"乃是要显示道之乾坤的运行，由天道而人道，又由人道而"礼（义）"。在船山的思考中，这一复杂过程的展开完全是为人道（之礼）的挺立做铺垫，一切关于道的阴阳阐释实际上最终都构成了人道（之礼）的理论前件。

二 "道不虚行，存乎其人"

以阴阳言道，是在揭示道通一之二的周普性，即贯穿了天道、人道之际；与此同时，则是要揭示道的流行，即人道对天道的实践意义，这

---

① （明）王夫之：《船山全书》（第四册），岳麓书社，2011，第1558页。
② （明）王夫之：《船山全书》（第六册），岳麓书社，2011，第397页。
③ （北宋）程颢、程颐：《二程集》，中华书局，1981，第14页。
④ （北宋）程颢、程颐：《二程集》，中华书局，1981，第16页。
⑤ （明）王夫之：《船山全书》（第四册），岳麓书社，2011，第1505页。
⑥ （明）王夫之：《船山全书》（第四册），岳麓书社，2011，第18页。
⑦ （明）王夫之：《船山全书》（第四册），岳麓书社，2011，第1185页。

是船山考察道之虚实的最终指向。"一本万殊,而万殊不可复归于一。"①所谓"一"就是指道之阴阳变合通一无二的方面。"天有光风霁月、曀阴霾雾之异,人有高明广大、庸沓鄙陋之殊,其理一也。"② 天之光风霁月、曀阴霾雾的差异与人之高明广大、庸沓鄙陋的分殊所反映其背后的"理一"便是就这一方面而言。"万殊不可复归于一"是说差异与分殊本身不可能被取消,这是阴阳气化之"几"的必然结果;虽然其实存的状态与"一"终究处于一种张力之中,但唯独人通过践形可以克服这种张力而返归于太虚之中。

> 人物同受太和之气以生,本一也;而资生于父母、根荄,则草木禽兽之与人,其生别矣。人之有君臣、昆弟、夫妇、朋友,亲疏上下各从其类者分矣。于其同而见万物一体之仁,于其异而见亲亲、仁民、爱物之义,明察及此,则由仁义行者皆天理之自然,不待思勉矣。③

践形需要人的道德努力,但这本身就可以被看作是对天道的全归,与气化一样,是天道理则自然流行过程的体现。"人之所以为人,不能离乎君民亲友以为道,则亦不能舍夫人官物曲以尽道,其固然也。"④ 君臣、昆弟、夫妇、朋友是人道实现的主要内容,除此之外别无他途。"阴阳之外无道(物)"的天道理论在现实层面就转化成了"君臣、昆弟、夫妇、朋友之外无人道"的人道要求。"四时之行,百物之生,皆天之神化也。圣人作而人道大明于天下,后世自有不能逾越者,非待读其书而后喻神化之行,道本如是也。"⑤ 天地四时的交替运行,百物的生生不息,是天道气化自然的神妙作用;船山也用循气化之理的自然神妙作用来讨论人道,他将践行人道的基础转移到了对性(生)的讨论上,以性(生)的必然性来论证道不虚行。

"且人生之初,所以生者,天德也;既生之后,所以尽其生之事而持其生之气者,人道也。"⑥ 船山这里明确讲道,人在出生之后,尽力于生

---

① (明)王夫之:《船山全书》(第六册),岳麓书社,2011,第864页。
② (明)王夫之:《船山全书》(第十二册),岳麓书社,2011,第31页。
③ (明)王夫之:《船山全书》(第十二册),岳麓书社,2011,第221页。
④ (明)王夫之:《船山全书》(第四册),岳麓书社,2011,第1483页。
⑤ (明)王夫之:《船山全书》(第六册),岳麓书社,2011,第262页。
⑥ (明)王夫之:《船山全书》(第六册),岳麓书社,2011,第684页。

时的应接处事，保全其固有的形体，① 这就是人道。"天使之有生，则所得于天者，生而已；人受之以生，则所以为人者，生而已。"② 为了行文论述的必要与理解的一贯，可以改动这句话中的两个字，即为"天使之有生，则所得于天者，'性'而已；人受之以生，则所以为人者，'性'而已"。傅斯年通过对《孟子》一书中"性""生"两字的考察，曾提出："《孟子》一书中虽有'性'之一义，在原文却只有'生'之一字，其作'性'字者，汉儒传写所改也。"③ 对于古书，改字解经的做法虽不足取，但《孟子》一书中的确存有"性""生"通义的情况，否则有些段落就无法理解。此处所引之言，正好是船山对孟子与告子就人性论辩论时的第三组辩论所作的"训义"。而且"性""生"互释的情况在古书中也非无有。比如何晏对《论语》"夫子之言性与天道，不可得而闻也已矣"一句中的"性"就注为："性者，人之所受以生者也。"皇侃又疏为："人禀天地五常之气以生曰性。性，生也。"④ "天下之物莫不有自然之秩序以成材而利用，天之礼也。天以是生人而命之为性，则礼在性中而生乎人之心矣。"⑤ 故此，联系船山此句的阐释，上面一句中的"生"显然应该作"性"字解。之前我们曾讨论过船山"性体心用"的思想，既然"礼"是"生乎人之心"，也就意味着此乃就用的层面而言；但不可以忽视的是，"礼"也同时是作为体存在于性中的。对性之实在性的重要把握，是进一步理解人道之礼义非虚行的关键。"健顺合而太和，其几必动，气以成形，神以居理，性固具足于神气之中，天地之生人物，人之肖德于天地者，唯此而已矣。"⑥ 船山此处论性的思路与我们之前的论述是一致的，阴阳二气之"几"，造成气的神化妙合作用，人禀阴阳五行之气以成形体，同时也就涵有了众理，并且将所聚之理凝以成性。

> 秉人虚和气健顺相涵之实，而合五行之秀以成乎人之秉彝，此人之所以有性也。原丁天而顺乎道，凝于形气，而五常百行之理无不可知，无不可能，于此言之则谓之性。人之有性，函之于心而感

---

① 船山"持其生之气"的说法可能受到孟子"气，体之充"思想的影响，孟子此说乃是在论"养气"时提出，包含了重视身体的这一层意思，所以此处理解为"保全其固有的形体"；而且这种理解与船山重气、情、欲的思想也颇为一贯。
② （明）王夫之：《船山全书》（第八册），岳麓书社，2011，第682页。
③ 傅斯年：《傅斯年全集》（第二卷），湖南教育出版社，2003，第555页。
④ （魏）皇侃：《论语义疏》，中华书局，2013，第110页。
⑤ （明）王夫之：《船山全书》（第四册），岳麓书社，2011，第580页。
⑥ （明）王夫之：《船山全书》（第十二册），岳麓书社，2011，第17页。

> 物以通，象著而数陈，名立而义起，习其故而心喻之，形也，神也，物也，三相遇而知觉乃发，故由性生知，以知知性，交涵于聚而有间之中，统于一心，由此言之则谓之心。顺而言之，则惟天有道，以道成性，性发知通；逆而推之，则以心尽性，以性合道，以道事天。惟其理本一原，故人心即天，而尽心知性，则存事没宁，死而全归于太虚之本体，不以客感杂滞遗造化以疵类，圣学所以天人合一，而非异端之所可涵也。①

性来于太虚和气中的健顺之实与五常百行之理，性统于心而可以感通，形、神、物三者相遇，心之虚灵的知觉就会感发；"由性生知"是说性体可以发用，"以知知性"则是说由用还可以返归于体。人道的全部无非就是在心与外物交接的过程中识知此性，再以性制心使其合于人道的准则，这样也就是在"事天"，最后便可达到"全归于太虚之本体"的境界。

> 人生于天地之际，资地以成形而得天以为性，性丽于形而仁义礼智著焉，斯尽人道之所必察也。若圣人存神以合天，则浑然一诚，仁义礼智初无分用，又岂有恻隐、羞恶、恭敬、是非之因感而随应者。然下学上达，必徇其有迹以尽所得焉，而豁然贯通之后，以至诚合天德，固未可躐等求也。②

言性的指向最终是要落在礼上，性之发用乃是为了显现可以践行人道的仁义礼智。对于圣人来讲，存人道之诚合天道之神，浑然一体；若对于一般人而言，如果想要真正实现人道，则必须遵循可见之迹，依礼而行。这就必然对人道之礼用的实在性提出要求："故仁义礼智，求其形体，皆无也，虚也；而定为体，发为用，则皆有也，实也。"③

"道不虚行，存乎其人。"④ 天道流行不虚，所以有万物的化生。由阴阳健顺的天道而仁义礼智的人道也非虚行，有其实在的体用发显。"人有人之道，皆可行者也，而非其人不能尽人之道，则必待其人焉。"⑤ 但

---

① （明）王夫之：《船山全书》（第十二册），岳麓书社，2011，第33页。
② （明）王夫之：《船山全书》（第十二册），岳麓书社，2011，第63页。
③ （明）王夫之：《船山全书》（第十二册），岳麓书社，2011，第361页。
④ （明）王夫之：《船山全书》（第二册），岳麓书社，2011，第267页。
⑤ （明）王夫之：《船山全书》（第七册），岳麓书社，2011，第208页。

是与天道不同,天道未必都是可行的,因为天道乃是阴阳之"几"作用的体现,有其偶然性;人道则是必然皆可行的,之所以没有被实行,是因为人没有去践行,正如孟子所言:"是不为也,非不能也。"① "礼待人而行,犹酒之待乐而成也。君子敦仁以致顺,则礼达于上下;小人饰文以窃理,徒为礼蠹而已矣。"② 君子与小人的区别就在于对礼道的态度上,人道之礼的真正实现,虽非其人而不足以尽之,但必须依靠真正有德之君子的出现才可以彰显礼道达于上下与天地同流的价值。

> 人之所以异于禽兽者,其本在性,而其灼然始终不相假借者,则才也。故恻隐、羞恶、恭敬、是非,唯人有之,而禽兽所无也;人之行色足以率其仁义礼知之性者,亦唯人则然,而禽兽不然也。若夫喜怒哀乐爱恶欲之情,虽细察之,人亦自殊于禽兽,此可以为善者。而亦岂人独有七情,而为禽兽必无,如四端也哉!一失其节,则喜禽之所自喜,怒兽所同怒者多矣,此可以为不善。乃其虽违禽兽不远,而性自有几希之别,才自有灵蠢之分,到底除却者情之妄动者,不同于禽兽。则性无不善而才非有罪者自见矣。③

船山依循孟子言性乃人禽之别的立场,但又指出情也可以为善。程朱向来主张情不可以为善,船山力主情之为善乃在于可以返性;但如果一旦处理不好,没有顺循理则,失去了礼之节制,一度放纵情之妄动,就会导致与禽兽只有几希之别以及本可以为善之人性的泯灭。

> 无礼则为禽行而兽聚,礼岂但重而已哉!④
> 今以一言以蔽之曰:物直是无道。如虎狼之父子,他哪有一条径路要如此来?只是依稀见得如此。万不得已,或可强名之曰德(如言虎狼之仁,蜂蚁之义是也),而必不可谓之道。⑤

没有礼作为人道的支撑,不仅人的行为无法与禽兽的聚散有所区别,整个天地之间都处于一种没有文明的混沌状态,世界只是充斥着一种偶发

---

① (南宋)朱熹:《朱子全书》(第六册),上海古籍出版社,2010,第 255 页。
② (明)王夫之:《船山全书》(第四册),岳麓书社,2011,第 571—572 页。
③ (明)王夫之:《船山全书》(第六册),岳麓书社,2011,第 1074 页。
④ (明)王夫之:《船山全书》(第八册),岳麓书社,2011,第 757 页。
⑤ (明)王夫之:《船山全书》(第六册),岳麓书社,2011,第 462 页。

的自然流行;用西方哲学的话语来说,就是被自然的因果必然律所主宰,人是不自由的,没有自我意识与自由意志,人所生存于其中的世界与万物一样,只有空间的位移,没有时间的维度。"君子异于野人,则唯文足以辨之。"① 就是为恶(野人)也需要以为善(君子)为基础,而为善德性之可能的建立则在于礼之节文作为他者的外化。"人之所以为人,非徒质也,文也。学以尽文而善其质,斯人事尽而天理全也。"② 人所面临的世界从一开始就不是固定的,也不是现成、单一的,而且他自身所要建立的德性世界也不是一次性就能够完成的;人道的践履需要每一个个体都投身于其自身所在的生活中去,能够以一种善良的意志贯彻于生命的始终,以其固有的善心去体知感通他人的疾苦,只有这样,人道才会以开放的姿态容纳整个世界,船山把这种境界称为"人事尽而天理全"。"人以载道,而道因人生,则道不远人矣。"③ 人类社会的维系需要礼道,礼道能够超越时代的局限而发挥其功能则需要人的努力践行。礼道不疏远于社会,是说礼道的生命力完全取决于人的践行深度。

> 人道之大,与天道互相为功。人以此存,而政以此举,亦在乎自尽其道而已矣。④
> 夫天人之量别矣,见天于人者,其道在知;天人之事殊也,而以人法天者,其道在行。知行各全其本量,而人通于天;知行各臻其极至,而天即在我矣。⑤

人道功效之大可与天道相匹配,天人之事虽殊,究其实在性而言则无有差异;天道流行有其迹可显,人道化成亦有其法可循:于显处见知天道所以然,于可循处通行人道所当然,知行并进,各臻其极至,人道通达,天道自因人道而显。此处虽言人道,但我们也再一次看到了船山关于天人相继的微妙阐释。

> 道有其秩叙,而人始成其为人;人有其知能,而道始显其为道。乃理与心相合之际,天与人相待之几,则有志于道者不可不察乎相

---

① (明)王夫之:《船山全书》(第七册),岳麓书社,2011,第565页。
② (明)王夫之:《船山全书》(第七册),岳麓书社,2011,第781页。
③ (明)王夫之:《船山全书》(第七册),岳麓书社,2011,第135页。
④ (明)王夫之:《船山全书》(第七册),岳麓书社,2011,第184—185页。
⑤ (明)王夫之:《船山全书》(第八册),岳麓书社,2011,第822页。

因之实也。以明道而道大明，以行道而道大行，酌古人之教法而备其美，创未有之功能而极其用，道乃弘也。①

絪缊阴阳二气气化生人之后，理心相合之际，人发挥并运用了本身所固有的知能，于天人相待之"几"中窥见到了二者的相因之实；又以天道明人道使得人道始备，法天道行人道使得人道终成。

三 "人极立，则赞天地而参之"

"道不虚行"（包括天道与人道）主要是从实然层面把握道，重点考察的是人道之礼的依据与践履以及由此而对天道价值的开显；立人极的旨趣则是从循礼之效果的角度进一步凸显人道之礼的意义。人道的运行说到底就是要像天道那样循性而行，只不过天道自然，人道人为，所以才有了二者之间的分殊；但这种分殊并不影响人最终在价值上的安顿，通过特有的尽性以实现道德践履，人道可以达到一定高度，即人道是作为归宿的意义而存在的。"能率吾性之良能以尽人事，则在天之命，顺者俟之，逆者立之，而人极立，赞天地而参之矣。"② "率吾性之良能"就是要遵循性理，完备礼道。与之前的读法相同，这里的"参"也读若数字之"叁"，而非参与之"参"，因为人本身就在天地之间，万物之中，参与着天道，只不过是一种消极意义的参与而已；既然此处表达的潜在对象是"人极立"的人道，也就应该凸显出人道对于天道的独特性。总之，言"叁"自然可以涵括"参"之意；言"参"却未必能显现"叁"所要表达的意蕴。这涉及船山本人的思想依归问题，即人是如何立人极以与天地相"叁"的。船山曰："地不能越天之神而自为物，成地者天，而天沦浃地之中，本不可以相配。但人之生也资地以生，有形乃以载神；则就人言之，地之德可以配天尔。"③ 天地在成就万物之时，二者虽相资而化，但各自有其本身不同的效用，不能倒置逾越；人出现之后，能够改变这种状况，成为天地交化的枢纽，从而使地德可以配天神。"天有生杀之时，有否泰之运，而人以人道受命，则穷通祸福，皆足以成仁取义，无不正也。"④ 天道流行以自然为化，当然也就会表现出生杀之义与否泰之运；人道则不同，有其固有的价值道义，只要人孜孜以求，无不可以

---

① （明）王夫之：《船山全书》（第七册），岳麓书社，2011，第857页。
② （明）王夫之：《船山全书》（第十二册），岳麓书社，2011，第309页。
③ （明）王夫之：《船山全书》（第十二册），岳麓书社，2011，第51页。
④ （明）王夫之：《船山全书》（第十二册），岳麓书社，2011，第127页。

化通达穷困祸福的境遇而成仁成义全其性命之正。"礼原于天而为生人之本，性之藏而命之主也，得之者生，失之者死，天下国家以之而正，唯圣人知天人之合于斯而不可斯须去，所为继天而育物也。"① 用近代以降的西方哲学术语来说，天道看似被必然的因果律所支配，但总是有其不可预测的偶然性存在，所以张载向来喜以"不测之神"言天；人道虽被重重的偶然因素所影响，但在性命价值的最终安顿上则有其一以贯之的指向：个体的践履可以全性命之正以返归于太虚，社会群体的循序可以最终实现天下大和的理想境界。"君子者，有化民成俗之责者也。"② 所以，君子践履人道之礼，固然一方面是出于个体正性命全归的考虑，但另一方面也还有对于整个天下万民的职责，即通过移风易俗而成一代良法美制，这才是古往今来传统儒者士人的根本追求。"观礼于邦国，行礼于乡党，有礼者人敬之，而无礼者人慢之。"③ 综合这两方面因素的考虑，观礼道于邦国，自然就应该行礼道于乡党；反之，悖乱礼道以行之，则将邦不邦、国不国。这不由得让我们想起儒家的"忠恕"之道，这两者原来是一体两面，如车之双轮、鸟之两翼，割裂不得。"夫自修身以至于为天下，不可一日而无礼。天叙天秩，人所共由，礼之本也。"④ 因此说，人道之大，乃以礼为干；礼之本又由人共法。

船山对立人极的讨论，有其直接的理论渊源作为根基。

言人为五行之端则其理著于人心，而时月之纪，寒暑启闭之宜，亦唯人之良能而物不得与，亦可以类推已。

则天地之理因人以显，而以发越天地五行之光辉，使其全体大用之无不著也。⑤

人因为气化之"时"的合宜性，可以聚众理于心，致人感通万物的深度与广度都达到一定的层次；"以类推己"所指的"类"不仅包含人本身在内，还包含有万物。万物因为要受攻取嗜欲的影响，"以类推己"的"类"只限于单个的群体；人不仅能够克服气质之偏的嗜欲，还能够尽其性理，因此可以感通天地之间，这也正是船山论述立人极的前提。船

---

① （明）王夫之：《船山全书》（第四册），岳麓书社，2011，第571页。
② （明）王夫之：《船山全书》（第七册），岳麓书社，2011，第528页。
③ （明）王夫之：《船山全书》（第七册），岳麓书社，2011，第281页。
④ （明）王夫之：《船山全书》（第七册），岳麓书社，2011，第313页。
⑤ （明）王夫之：《船山全书》（第四册），岳麓书社，2011，第564页。

山曰:"言道者必以天为宗,必以人为归。"① 如果统言"道"的话,一定是将"天(道)"作为逻辑的开始、端头,将"人(道)"作为最终的归依、归宿。"以人为依,则人极建而天地之位定也。"② 将"人(道)"作为最后的归宿,人极的地位就被真正确立起来,同时天地乾坤的大位秩序也被立定(《系辞上》"天尊地卑,乾坤定矣")。这样也就是把人道之德与天地之德相协配,"存人道以配天地,保天心以立人极"③。"道行于乾坤之全,而其用必以人为依。不依乎人者,人不得而用之,则耳目所穷,功效亦废,其道可知而不必知。圣人所以依人建极也。"④ 于宇宙天地之间而依人建极的另一个重要原因就是,阴阳之外无道,道本行于乾坤阴阳之际;然而作为自然流行的大化过程,若没有人的真正参与,就犹如自生自灭的混沌之物,始终处于一种黑暗的状态,即"其道可(以)知而不必(被)知";天地人相叁之后,人之因素的引入好像给予世界的一束光,既是人道的挺立与凸显,也是天道的光彩与荣耀。

此外,从全归性命之理的角度来看,人的产生是天道化生的结果,天道也就必然是人的性命之源。"天地之生也,则以人为贵。草木任生而不恤其死,禽兽患死而不知哀死,人知哀死而不必患死。哀以延天地之生,患以废天地之化。故哀死与患,人禽之大别。"⑤ 全生作为人的一种独特能力,在于其中有对"死"的考虑,船山称之为"哀死"。如果只是论生的话,草木也能"生";又如果只是论死的话,就是禽兽也会"患死",正如《礼记·檀弓上》所说的"狐死正丘首,仁也"⑥。"哀死"的本质就是"重生",要求个体的死能够返回到天地化生的纲缊太虚之中。能做到这样,就是顺承了大化的流行,否则便是中断了整个天道化生的过程;不能返归太虚,这在船山看来就是对天道的悖乱与伤害。"人之生也,孰为固有之质,激于气化之变而成形!其死也,岂遇其和而得释乎!君子之知生者,知良能之妙也。知死,知人道之化也。"⑦ 生以所成之形不是固有不变的质体,而是气化变合的作用;死也不是如佛家所说的那样,消迹于寂灭之中,这样的死与万物的死是没有任何区别的。

---

① (明)王夫之:《船山全书》(第二册),岳麓书社,2011,第381页。
② (明)王夫之:《船山全书》(第一册),岳麓书社,2011,第852页。
③ (明)王夫之:《船山全书》(第一册),岳麓书社,2011,第883页。
④ (明)王夫之:《船山全书》(第一册),岳麓书社,2011,第850页。
⑤ (明)王夫之:《船山全书》(第一册),岳麓书社,2011,第889页。
⑥ (东汉)郑玄注,(唐)孔颖达疏,吕友仁整理:《礼记正义》,上海古籍出版社,2008,第260页。
⑦ (明)王夫之:《船山全书》(第十二册),岳麓书社,2011,第415页。

"人之始生，因二气之良能，絪缊而化醇，其来也以是，则其往也以是。死虽无复生之理，而往来不舍，于造化非无可求也。……因其类而尽其义也。"① 因此，君子所理解的（个体生命的）"生"同时也就是整个自然生命运行不息的"生"，是阴阳二气神妙变合功能的结果，所以这种"生"是永恒不逝的；但"死"却只是对个体生命而言，然而也与"生"一样，存寓于往往来来不间断的气化之中，"死"也是"生"的成全与肯定，但"生"却不是对"死"的否定。船山认为，对死后作出道德的区分，是整个人道的保障，也就是对生世提出了道德践履的要求。生时的种种作为不仅必然要影响到个体生命终结之后的归宿，也会影响天道化生的进程，从而反过来进一步作用于人道。无论这种循环论现在听起来多么不可思议，但却精妙地保证了船山所构建的理论体系的完整性与有效性。"知生而后可以体天地之德，体德而后可以达化。"② 生死的这种高规格道德要求也仅仅只是对人所提出的使命与职责，人终究成为人道的归宿。

四 小结

"有天道焉，有人道焉，有地道焉，（道）兼三材而两之，故六。"③ 船山论"道行于乾坤之全"的思想也是接着《易传》的这一思想来阐释的。阴阳之外无道，是说天地人三道最终都可以化归于相互摩荡的两种阴阳力量或功效，因为船山构建的哲学体系为气本论，所以阴阳两种力量或功效有时也被他称之为阴阳二气。气贯通于天地之间的万物法象之中，至大者无有能外于气，至小者无有能内于气，包巨而不遗细，显著而不隐微，彰明而无所藏匿。"盖人之云为，皆阴阳必动之几，而或刚或柔之得失，一本于健顺以为德行。知其本则知其化，而险阻皆通，《周易》之道所以合天而尽人也。"④ 人生灭于气蕴之中，也概莫能外。人之性理皆禀于刚柔之质、健顺之德，故其所为也必本于阴阳变合气化之"几"；又因为人能穷本知化，尽性存神，故而所立之人道与所继之天之道相叁而并列，所以说，《周易》所揭示的天地大道既契合于天地又归本于人道。

---

① （明）王夫之：《船山全书》（第四册），岳麓书社，2011，第231页。
② （明）王夫之：《船山全书》（第一册），岳麓书社，2011，第227页。
③ 李学勤主编：《十三经注疏·周易正义》，北京大学出版社，1999，第318页。
④ （明）王夫之：《船山全书》（第一册），岳麓书社，2011，第615页。

第三节　人礼同气：体天地之化而有人之礼

人所禀赋之气乃是天地间的精气（"人者，取精于天"），与万物所禀赋的五行之气不同。这是否就意味着与船山一直所坚持的气体论及气化论之间相矛盾呢？依据气体论，气是最终的存在，不可能消失；依据气化论，万物承气聚而生，顺气散而灭。同一种存在，同一个过程，何以人所禀赋的气与万物所禀赋的会有差异？"推本万事万物之所自出，莫非一阴一阳之道所往来消长之几所造也。"① 万事万物得以产生而演化的源头，虽说是气，但还不是很具体、精详，具体地讲，真正的原因应该是由阴阳两种功能不一的力量在相互消长之过程所生发的"几"中。"以天道言，则在变合之几上说，却不在固有之实上说。"② 如前，船山是从静态、动态两个层面来阐释他的气体论与气化论的：一是"固有之实"的静态观，一是"变合之几"的动态观。"变合固是气必然之用。"③ "变合"作为气之用正是之前所说的气化，"变合之几"也就是气化之几。可以说，从气化之几的一开始就显示出了人与万物之间的不同。

一　"人之所得具众理"

"人物之性，亦我之性，但以所赋行气不同而有异耳。"④ 船山在谈到人物之间的差异时，用词虽仍然是"所赋行气不同"，但他的侧重点应该是就气化之几而言的，而气化之几的本根在于絪缊的太和。"絪缊，太和未分之本然。"⑤ "絪缊浑合，太极之本体，中涵阴阳自然必有之实。"⑥ "絪缊"是太和之气的一种浑合状态，作为太极的本体，其中包涵了阴阳两种异质性的力量。"言太和絪缊为太虚，以有体无形为性，可以资广生人生无所倚，道之本体也。二气之动，交感而生，凝滞而成物我之万象。"⑦ 对于絪缊浑合的太和之气而言，那无形的太虚之体就是它

---

① （明）王夫之：《船山全书》（第一册），岳麓书社，2011，第 629 页。
② （明）王夫之：《船山全书》（第六册），岳麓书社，2011，第 897 页。
③ （明）王夫之：《船山全书》（第六册），岳麓书社，2011，第 1057 页。
④ （明）王夫之：《船山全书》（第四册），岳麓书社，2011，第 1293 页。
⑤ （明）王夫之：《船山全书》（第十二册），岳麓书社，2011，第 15 页。
⑥ （明）王夫之：《船山全书》（第十二册），岳麓书社，2011，第 45 页。在宋明儒学中，以"太极"言"理"是理学派的主张，对于继承气学派张载思想的船山而言，此处所言之"太极"一定不是言"理"，乃是指"气"的一种状态，这从他所说的"太极之本体，中涵阴阳自然必有之实"中就可以看出。
⑦ （明）王夫之：《船山全书》（第十二册），岳麓书社，2011，第 40—41 页。

的性,凭借着它的性体,阴阳二气交感互动便可以发挥出生生的大用,进而凝成万物的法象。在这一过程中,不仅仅只是形质的产生。"阴非阳无以始,而阳藉阴之材以生万物,形质成而性即丽焉。"① 在阴阳二气的交感互动中,阳作为主动性的力量,是开端;阴作为顺承性的力量,是材质。一旦万物的形质被造成之后,它本身的性也就会立即被涵附其中。"其絪缊而含健顺之性,以升降屈伸,条理必信者,神也。神之所为聚而成象成行以生万变者,化也。故神,气之神;化,气之化也。"② 这性不是别的,就是气中可以得到征信的升降屈伸的条理,而这条理正是阴阳二气之所以主动与承顺的法则。需要指出的是,船山之所以强调"理"的重要性,乃在于"理"与"礼"之间的重要关联,这一点张载就曾指出:"盖礼者理也,须是学穷理,礼则所以行其义。""礼出于理之后","知理则能制礼"。③ "神体化用"的思维模式在这里直接被转化成为"理(之性)体气(之质)用"的说法,船山曰:

> 万物之生成,俱神为之变易,而各含絪缊太和之一气,是以圣狂异趣,灵蠢异情,而感之自通,有不测之化也焉。万物之妙,神也;其形色,糟粕也;糟粕异而神同,感之以神而神应矣。④

万物生命的成型,都是(气之)神化变易的结果,也就当然会含有絪缊太和的至和之气。但这也仅只意味着它们都具有的"感"的效用,而真正能把"感"的效用发挥到极致的则是"感之以神"。这里似乎提出了一个难题,即"感"之差异性的根据问题。

> 天下富有之物,皆神之所流行,理之融结,大而山泽,小而昆虫草木,灵而为人,顽而为物,形形色色,重浊凝滞之质气皆沦浃其中,与为屈伸。盖天包地外而入于地中,重泉确石,天无不彻之化,则即象可以穷神,于形色而见天性。⑤

包括山泽昆虫草木以及人在内的天下之物的质气凝滞时,理也瞬即"融

---

① (明)王夫之:《船山全书》(第一册),岳麓书社,2011,第76页。
② (明)王夫之:《船山全书》(第十二册),岳麓书社,2011,第76—77页。
③ (北宋)张载:《张载集》,中华书局,1978,第326—327页。
④ (明)王夫之:《船山全书》(第十二册),岳麓书社,2011,第43—44页。
⑤ (明)王夫之:《船山全书》(第十二册),岳麓书社,2011,第359页。

结"其中。于山泽草木的法象上可以穷究其内在的神蕴，于昆虫及人的形色中可以窥探其固有的天性。言"感"是就已成形质的物之生命形态的用上说，而言"感"之根据则是就形质生命形态的性上说。根据"理（之性）体气（之质）用"的说法，实际则是在理上说。"大化无心，而听其适然之遇。遇之适然者，在天皆可成象，在地皆可成形，在物皆有其理，在人皆有其情。"① 天道大化自然流行，因其絪缊太和之体性的太虚变合而随"几"以成万物，在天无形而有象，在地有形且有体，在物有体又涵理，在人则涵理而附情。船山此处于言人时特别标举出"情"。此处的"情"，既可以理解为情感、情欲，也可以理解为实情、信实，二者并不冲突，因为对船山而言，情欲、情感也是人实实在在的组成部分，他并不像理学家那样直接把人的情欲、情感否定掉。船山曰："天以阴阳五行化生万物，气以成形而理亦赋焉，犹命令也。于是人物之生，因各得其所赋之理，以为健顺五常之德。"② 天以阴阳二气之本，絪缊和合为五行之气，然后再化生万物。因为上天赋气之时也有理存其中，所以当万物的形体得以展示其生命形态时，同时也是在展示着各自生命本身的性理，表达着其自有的德性。船山此处虽以健顺五常之德统而言之，但实是针对人而言。而且五常之德也是就具体的健顺之德而言，从根本上来说，五常之德仍是刚健柔顺之德性的展开，下面这则材料提供了明确的说明："苍苍者无正，浩浩者无极，天不可以体求也。理气浑沦，运动于地上，时于焉行，物于焉生，则天之行者尔。天体不可以人能效，所可效者，其行之健也。"③ 天地苍苍，大化无心，道体周流，自然无正，浩浩渺渺，无穷无尽，所以不能以固定之体求之于天。若以气把捉，弥沦无涯，生物以息相吹，必然无得而求；若以理求之，理气亦是浑沦一体，既运行不止于地上，又交替轮回于四时，又聚散于物之生死之间，这一切都是天道健行的体现。所以天道之体不可把捉，人唯一可以效法而不是描摹的就是其刚健运行永无止息的法则。为何？人乃时位相得也。"时位相得，则为人，为上知；不相得，则为禽兽，为下愚。"④ 船山认为，人、禽兽分殊的巨大差异主要来源于"时位"的相得与否。或者说，"时位"只与作为上知的人有关联，对禽兽没有任何意义，因为人

---

① （明）王夫之：《船山全书》（第一册），岳麓书社，2011，第490—491页。
② （明）王夫之：《船山全书》（第四册），岳麓书社，2011，第1248页。
③ （明）王夫之：《船山全书》（第一册），岳麓书社，2011，第698页。
④ （明）王夫之：《船山全书》（第十二册），岳麓书社，2011，第37页。

是相得时位的，禽兽则不相得时位。"人者，以时生者也。"① 这是船山明确讲人就是应时、顺时、借时的存在者。那么"时位"又具体指的是什么呢？"天之所未有，二气五行之精者凝合为人而始有也。"② 二气五行之精妙部分通过变合之后为人所独有，其他的万物并没有，这就好像天本身并不具有这样的精妙之气。从二气五行之"气"的角度来言"时位"，这是之前讨论人取精于天时就涉及的，实际上船山对"时位"有更深入的思考，那就是在人的性理上言。"而人为五行之秀，二气之灵，独有人之性者，彼未之省察而不知尔。"③ 船山此言是对告子"性无善无不善论"的批评。"（告子）既以人为无性，于是取人生之形发欲开者以为性。不知此欲之开，乃天地生化之几，人也，牛也，犬也，所共焉者。"④ 依据告子的讲法，是泯灭了人之性而同于万物之性，且又对万物之性加以否定而同于天地气化生生的变合之几。可以看出告子所言并非真正的性，不仅不是人之性，也不是物之性。与之相反，船山则是就人处言性。阴阳二气之虚灵，五行之气之秀丽，同为万物所禀赋，独于人之此处才化为性。"究天人合一之原，所以明夫人之生也，皆天命流行之实，而以其神化之粹精为性，乃以为日用事物当然之理，无非阴阳变化自然之秩叙而不可违。"⑤ 船山不但是就人处言性，而且也是就理处与秩序处言性。深刻探究天人合一的大本大原，只是为了表明人之化生乃是天命之流行，天道精粹神化凝聚为人性。太虚非是空虚则无无，那么人性也就不是虚托，其实处在于日用伦常之际、处事接物待人之时的当然理则，而这无非就是絪缊太和之中阴阳二气变合神化之妙用而不可违背的天道大秩序的体现而已。"天者，人之大本也，人皆生于天，而托父母以成形，父母为形之本，而天为神之本；自天而言之，则我与万物同本而生，而爱不得不兼。"⑥ 这里也就可以直接回答之前所提出的何以人之"感"具有独特性的问题。根本普遍地讲，天的确是一切生命的大本大原；相对个别地讲，每个生命形态的肉体形质乃是承父母之孕育而出现，父母便是这形质的来源，这同时就意味着形质具有继承之意义与载体之价值。以类言之，形质的继承性决定了可以感知同类；以天言之，我与万物属于同一大本大原，故而可以体知兼爱天地万物。显然，此处"兼

---

① （明）王夫之：《船山全书》（第十册），岳麓书社，2011，第511页。
② （明）王夫之：《船山全书》（第四册），岳麓书社，2011，第1283页。
③ （明）王夫之：《船山全书》（第八册），岳麓书社，2011，第685—686页。
④ （明）王夫之：《船山全书》（第八册），岳麓书社，2011，第685页。
⑤ （明）王夫之：《船山全书》（第十二册），岳麓书社，2011，第351页。
⑥ （明）王夫之：《船山全书》（第八册），岳麓书社，2011，第346页。

爱"不是墨家意义上的兼爱,而是说人禀气之灵的理,形成独特的性之后,可以体察人类的性,然后扩而充之,进而体知全宇宙天地的性,做到"感之以神而神应"。

考虑到船山对人禀神妙气化之理的论述是其思想中由气本体论向气几化论转化的关捩点,尤其是他对人之独特性阐释的真正意蕴之所在,所以就拟再从体用的角度讨论一下船山对人禀气理的思想。船山曰:"人者动物,得天之最秀者也,其体愈灵,其用愈广。"① 天地万物同为禀赋气(理)而生,所以都会将气之理体气用的功能发挥。人的独特性在于禀得了最秀丽的气,其中蕴涵的理也就最精妙无妄。所以,在芸芸众生的法象当中,也只有人才可以将气之理体气用的功效发挥至极点。"人之所得乎,而虚灵不昧,以具众理而应万事者也。"② 人能将气用的功效发挥至极,得力于虚灵不昧的气体,所以便具备了以众理应万事的能力。需要注意船山此处的说法,他虽然用了"具"字,但绝对不可以理解为含有之意,只能理解为初步具备还有待进一步发展之意。因为船山一直坚持气本论而非理本论,决定了他对气中之理的处理方法就是要消去理的实体化倾向,恢复理的法则性与条化性功效。"理不再是首出的第一实体,而变为气的条理,因此人性的善和理本身的善,需要在气为首出的体系下来重新定义。""这使得北宋前期以来发展的气本论,作为儒家思想的体系,终于获得了其完整的意义。"③ 我们再回到船山对气用论的讨论上。"气者,资生之气也,故土周乎木火金水而皆资焉,无能离也。德者,成用之德也,故信行乎仁礼义知皆成焉,无能离也。"④ 作为资(助)以养生万物的气,就好像周遍地资(助)木火金水以成的土,二者不能像两个实体一样被分开。作为成大用的德性也是如此,五德之中的"信"不像其他四德那样有独立的心之端,而是贯通于仁礼义知之中来发挥其德力,二者之间也是浑沦无所罅隙的。"天者,人之源也。纯乎天而听物之变以循之。心者,耳目之源也。复其心而听受其平,则物鬻而己不卖,物归而己不比。天即己,己即天,恶有损哉!"⑤ 讨论气用就是要为应万事做铺垫,而应万事的关键则在于"心"。"心"能够把握天体之妙,顺循事物的变化,从而主宰耳目等感官的感觉,这样不会因为

---

① (明)王夫之:《船山全书》(第十二册),岳麓书社,2011,第104页。
② (明)王夫之:《船山全书》(第四册),岳麓书社,2011,第1469页。
③ 陈来:《诠释与重建》,北京大学出版社,2013,第190页。
④ (明)王夫之:《船山全书》(第四册),岳麓书社,2011,第413页。
⑤ (明)王夫之:《船山全书》(第十三册),岳麓书社,2011,第387页。

外物之去而有所牵引，也不会因为万物之来而有所困惑，始终持守住为天所赋予的心体之虚灵。可以看出，船山的这个思想明显也是对张载"变化气质"思想的继承与发挥：

> 为学大益，在自［求］变化气质，不尔［皆为人之弊］……故学者先须变化气质，变化气质与虚心相表里。①
>
> 盖古之君子，其祭也，以仁事天，以孝事亲。天者人所自生，祖者己所自出，气之所受，理自通焉，故若闻若见，诚至而不爽，非能于气类之不亲者强求而辄见之也。后人因是不察，遂谓苟竭其谄媚之私，鬼神皆可昭现，愚者为妖梦病目所惑，往往据为实有，其去狂病也无几。②

所以，对古代的成德君子而言，他们总是虚心以接事。比如在祭祀时，就会以仁事天，以孝事亲，如此便至诚虚灵，理气相通，祭之如在，如有闻见。之所以如此，不是因为他们有超乎常人之外的神异之用，而是他们能把性体之理发用至事事物物上。与成德之君子相反，小人则不在性体上用心，而是在事用上徇私，他们极尽谄媚之能事，只以一己为归取，以为鬼神可以实在地显现，终究迷惑于妖梦病目，失掉了人从天所禀赋的固有之（气）理。

> 升降相求，阴必求阳，阳必求阴，以成生化也。絪缊相揉，气本虚清，可以互入，而主辅多寡之不齐，揉离无定也。二气所生，风雷、雨雪、飞潜、动植、灵蠢、善恶皆其所必有，故万象万物虽不得太和之妙，而必兼有阴阳以相宰制，形状诡异，性情区分，不能一也；不能一，则不能久。③

此处的标点有一处颇为不妥，似应改为："二气所生风雷、雨雪、飞潜、动植、灵蠢，善恶皆其所必有，故万象万物虽不得太和之妙，而必兼有阴阳以相宰制。形状诡异，性情区分，不能一也；不能一，则不能久。"依照重新标点过的原文意思，也即是说，絪缊太和中的阴阳二气，屈伸往来，升降相应，而互相渗透对方，禀赋于万物中的主次与数量并不齐一，

---

① （北宋）张载：《张载集》，中华书局，1978，第274页。
② （明）王夫之：《船山全书》（第四册），岳麓书社，2011，第667—668页。
③ （明）王夫之：《船山全书》（第十二册），岳麓书社，2011，第54—55页。

抟揉离散又没有预先的固定程式。由阴阳二气所化成的风雷、雨雪、飞潜、动植、灵蠢等万物,同时就具备了阴阳之几的善恶之理以作为其发挥气用的宰制者。所以,因气质形状的差异,万象万物的情性肯定也就有所区分,不可能整齐划一。各个质体随其形状之不同而表现出有差异的固有情性,因此,质体是情性的基础,质体尽则情性也消;情性是质体的充实,情性美则质体善。综上,我们重点论述了船山"人具众理"的思想,顺着这一思路,必将讨论他对人之性的看法。

二 "人之所凝以为性"

船山就人处言理,根本上坚持的仍然是气的角度,这完全决定于他的气理观。不过,却是从人禀气的立场来说,前面曾提及,船山言理处总是多与人相联系。其实,言理的真正目的在于言性。如果说理还具有普遍性与多样性,那么相对地,性却是个别的、独特的。船山虽不同意孟子所言意义上的性善,认为孟子其实是在言命,但却坚定地维护与辨析孟子的这种重视人之独的立场,只有人之性才具有真正的善,"曰性善者,专言人也,故曰'人无有不善'"[1]。"明德唯人有之,则已专属之人。属之人,则不可复名为性。性者,天人授受之总名也。"[2] 船山在言"明德"时涉及对"性"的看法。他这里虽然说"性"是天人授受的总括之名,但所言实是人之性。船山曰:"性是二气五行妙合凝结以生底物事,此则合得停匀,结得清爽,终留不失,使人别于物之蒙昧者也。"[3] 细致地分,"二气五行妙合"这是阴阳二气神妙气化之用的体现,这还是就物象未生之前而言;"凝结以生"是物象已生之后,凝结为形体性才会出现。如果化合得停当均匀,凝结得清纯精爽,并时刻保存这种状态而不丧失,就会使人区别于物的蒙昧。可见,此处所言之性乃是专就人而发。"人之所为无非天,命之所受斯为性,乃以不昧于生之所以存。"[4] 也只有人,不仅可以把天命所禀赋于人之性的功用而且可以把天命所禀赋于物之性的功用发挥出来,而且二者的统一最终还是要归于人之性的发挥。这样既可以使得人不昧于他自身的存在,也可以体现天地之大化。"予之生也,天以其理生予,而予即凝之为德。予之德,天之德

---

[1] (明) 王夫之:《船山全书》(第十二册),岳麓书社,2011,第126页。
[2] (明) 王夫之:《船山全书》(第六册),岳麓书社,2011,第397页。
[3] (明) 王夫之:《船山全书》(第六册),岳麓书社,2011,第397页。
[4] (明) 王夫之:《船山全书》(第七册),岳麓书社,2011,第647页。

也。"① "德者有得之谓，人得之以为人也。"② 这也就恰好证实了前一部分的讨论，天地虽然也以其（气）理化生万物，但万物禀赋（气）理之后并没有也不可能转化为性。与之相反，人却不同，不仅禀赋了天之（气）理，而且具备将天之（气）理转化为人自身之性的特有能力。"性（之善）"的德性因此成为人所独有的一种结构，也是人所要追求的一种境界。因其为人所得，故而始终有向善的潜力与可能；因其所得于天地，故而始终处于向善潜力的发掘之中与向善可能性的实现之中。

以上为船山对人之理—性的考察，下文将进一步论述其理—性转化的内在结构。

> 自其变化不测则谓之神；自其化之各成而有其条理，以定志趣而效功能者则谓之性。气既神矣，神成理而成乎性矣，则气之所至，神必行焉，性必凝焉，故物莫不含神而具性，人得其秀而最灵者尔。耳目官骸亦可状之象，凝滞之质，而良知良能之灵无不贯彻，盖气在而神与性偕也。③

船山的这段论述是对张载"神与性乃气所固有"④ 一句话的注，气之变合妙化而无法测知的作用就被称为"神"，虽无法为人所测知，但在气之变合妙化的过程中又始终遵循着固然的条理法则，并通过形体的实现而将其功效发挥出来，就此又被称之为"性"。"神"作为气之体是气的自然固有，"神"又循理凝聚而定性于物。所以，气之所行处，就展示着气之神化的妙用；而气之妙用的过程中，性同时也就被凝于物中。因此，作为由气化而成的万物，也就当然在其质体之中涵着神而具有性。对于人而言，耳目官骸作为可以名状的形体部分，自然就有良知良能的神与性贯彻于其中。船山曰："天以神为道，性者神之撰，性与天道，神而已也。"⑤ 性与天道归根到底都是隐蔽不测之神化作用的表现。"性，谓其自然之良能，未聚则虚，虚而能有，故神。虚则入万象之中而不碍，神则生万变之质而不穷。"⑥ "自然之良能"的性本是气的固有，当气还处于未聚成物的阶段之时，在缊缊的太虚（太和）之中，阴阳二气的交

---

① （明）王夫之：《船山全书》（第七册），岳麓书社，2011，第504页。
② （明）王夫之：《船山全书》（第六册），岳麓书社，2011，第397页。
③ （明）王夫之：《船山全书》（第十二册），岳麓书社，2011，第359页。
④ （北宋）张载：《张载集》，中华书局，1978，第63页。
⑤ （明）王夫之：《船山全书》（第十二册），岳麓书社，2011，第95页。
⑥ （明）王夫之：《船山全书》（第十二册），岳麓书社，2011，第359页。

感渗透与摩荡互动就是"神"之作用的一种体现;当气凝结为万物之时,性体仍然不为万象所妨碍,而可以发挥出它无穷的变合作用,这也是"神"的体现。"太虚者,心涵神也;浊而碍者,耳、目、口、体之各成其形也。"① 船山此处言"太虚者,心涵神也"有些突兀,难以理解,"太虚"是就大本大原的气体而言,"心涵神"则是就气化之后的结构而言。其实,如果联系他下面的论述,理解起来就会容易一些。"惟人异于物之性,函性于心,乃以异于物之心,人之所以为万物之灵,人之道也。故君子于此专言性,而广言命焉。"② "心涵神"就是"函性于心",这是人心"异于物之心"的关键,是"人之所以为万物之灵"的根本。所以君子于此只言性,推广至天则是命。此处可见船山发挥了张载的"心统性情"说。但其与"太虚"的关联在何处?"天地之理,刚柔顺健,升降交和,其同异翕辟訢合之际,触感而灵,则神发而著焉。此天地之心,人之所凝以为性,而首出乎万物者也。"③ "心统性情",君子于此不言心而专言性。此"性"不是别的,乃是"天地之心"。"天地之心"又是刚健柔顺,升降交感,同异訢合,翕辟和化的感通之理,这也正是"太虚"之几。"人之所以生者,非天地之心乎?见之而后可以知生;知生而后可以体天地之德;体德而后可以达化。"④ 尽管太虚作为天地之心,起着产生包括人在内的万物的作用,但也只有人可以领会并知见这种生生之意,然后体知到天地的德性源流,进一步也就可以通达万化。"人生于道,而忠孝悌慈皆性之所固有,故推其理以达之天下,而贵德、尊尊、亲亲皆率此心而为之,而天下大定矣。"⑤ 人虽作为万物之灵,同样也是天道气化的产物。不过因其禀赋(气)理,凝理于心,故而心涵忠孝悌慈之性。循理达性以贵德、尊尊、亲亲,无非就是率心而为之,这样便可以实现天下大定。此处的"率心",实是率天地之心,也就是率太虚之理,根本则是率人之性。"率心""率性"都是就人的意义而言,因为这不仅是成就了人道,同时也是成就了天道。

  人物之生,同得天地之理以为性,同得天地之气以为形,其不同者,独人于其间得形气之正,而能有以全其性,为少异耳。虽曰

---

① (明)王夫之:《船山全书》(第十二册),岳麓书社,2011,第31页。
② (明)王夫之:《船山全书》(第八册),岳麓书社,2011,第932页。
③ (明)王夫之:《船山全书》(第四册),岳麓书社,2011,第564页。
④ (明)王夫之:《船山全书》(第一册),岳麓书社,2011,第227页。
⑤ (明)王夫之:《船山全书》(第四册),岳麓书社,2011,第1113页。

少异，然人物之所以分，实在于此。众人不知此而去之，则名虽为人，而实无以异于禽兽。君子知此而存之，是以战兢惕厉，而卒能有以全其所受之正也。①

除了气（之正）的层面外，还有两点值得注意，也即此处所要重点论述的：一是"全其性"，一是"全其所受之正"。作为本原的"气"而言，是无所谓正与不正的；一旦气有正与不正之分，就会与气本论相冲突。所以，此处所言的"气之正"，明显不是就气的层面上言，而是就理的层面上言。理是有正与不正之分的，理之正则为人，理之不正则为禽兽。船山继承了孟子的观点，在他看来，人禽的差别乃在于性（之善）。这样，由气（之正）而理正，由理正而"全其性"，由"全其性"而"全其所受之正"（按："全其所受之正"既包括对人之性〔理〕的涵养，还包括对人之气质形体的保养）的这一思考路径，再一次显示了船山对张载《西铭》中"体受而归全"②思想的深刻理解。只有人才可以体受气（之正）理之正，并通过述事、继志的践形而把人之性归全于天地之性。"天地之生，人为贵。性焉安焉者，践其形而已矣；执焉复焉者，尽其才而已矣。"③所以，天地之间，人才是最为尊贵的。这种尊贵虽有得天独化的优势，但仅此还不足以彰显全部的人道。正如前文所言，必须通过"知化则善述其事，穷神则善继其志"之践形与尽才的艰辛工夫，才可以安其所赋之性，复其所执之禀。这既是人所努力追求的境界，也是天以降临于人的责任所在。

> 天以阴阳、五行为生人之撰，而以元、亨、利、贞为生人之资。元、亨、利、贞之理，人得之以为仁、义、礼、智；元、亨、利、贞之用，则以使人口知味，目辨色，耳察声，鼻喻臭，四肢顺其所安，而后天之于人乃以成其元、亨、利、贞之德。非然，则不足以资始流行，保合而各正也。故曰：此天事也。④

天道大化以阴阳五行之气作为化生人的实体，以元、亨、利、贞作为化生人之妙用。元、亨、利、贞之妙用中自然涵有理，人禀赋之后就化为

---

① （明）王夫之：《船山全书》（第八册），岳麓书社，2011，第510页。
② （北宋）张载：《张载集》，中华书局，1978，第62页。
③ （明）王夫之：《船山全书》（第二册），岳麓书社，2011，第354页。
④ （明）王夫之：《船山全书》（第六册），岳麓书社，2011，第1139—1140页。

仁、义、礼、智之性；元、亨、利、贞的妙用则化为人之口、目、耳、鼻、四肢的感官之能。凭借着人之性体官能的发挥，才能成就天道大化的元、亨、利、贞之德。所以说，天之事落在了人之事上，人之事同时也就是天之事。"阴阳生人，而能任人之生；阴阳治人，而不能代人以治。既生以后，人以所受之性情为其性情，道既与之，不能复代治之。"① 从无为的角度来讲，天道阴阳二气只是无为地化生万物，虽也言"天地之心"，但却神妙不测，也可以说是无心。"阴阳治人，而不能代人以治"是说，絪缊太虚中阴阳二气之理随着气化为人之后仍然起着根本性的宰制作用，但在面对具体的性情事用之时就非阴阳所能"复代治之"了，而是需要依靠人自身的能力去应接处理。"人有人之是非，事有事之是非，而人与事之是非，心里直下分明，只此是智。"② 而应接处事待人用物的关键则要靠人心之"智"，它有能直下分明"人之是非"与"事之是非"之差异的功能，从而作出裁决。

> 二气之精，五行之粹，得其秀而最灵者，唯人耳。唯君子知性以尽性，存其卓然异于禽兽者以相治而相统，乃廓然知禽兽草木之不能有我，而唯我能备物。即以行于人伦之内，君不能以礼使我而我自忠，则君不备臣而我备君；父不欲以慈养我而我自孝，则父不备子而我备父。至诚之动，且不恤他人之能备我与否，而一尽于尽，况就彼悠悠无知、驳杂堑戾之物，求其互相为备以灭等杀而表人极哉！③

人既然禀得了阴阳五行之气（理）的精粹，成为万物之灵。所以君子就应该化理于心、存神尽性以备众物；行于人伦君臣父子之间、自忠自孝于礼使慈养之际、全诚体动于无知驳戾之物以表人极。从宇宙本原之太虚的气化，到人具众理以凝成性，无非是要彰显光辉的人道，这是船山进行思考的一条重要线索。综上所述，我们讨论了船山"人之所凝以为性"的思想，而其最终的旨趣则在于践形（行）。践履是本体的工夫展开，也是人道的实现路径与人道在现实中的流行过程。

---

① （明）王夫之：《船山全书》（第一册），岳麓书社，2011，第992页。
② （明）王夫之：《船山全书》（第六册），岳麓书社，2011，第395页。
③ （明）王夫之：《船山全书》（第六册），岳麓书社，2011，第1120页。

三 人"心尽之而体全"

虽然"人之所凝以为性",但依据"心统性情"而言,"性"是被涵摄在"心"内的,犹如"理"被涵摄在"气"中一样。君子虽言"性"不言"心",但性体的呈现实在是要靠心之虚灵作用的发挥才可以完成,所以最终的工夫还是要落在(人)心之上。船山言"礼",而要落实到"心",这一点可能与张载的思想有关,因为张载曾说:"礼非止著见于外,亦有'无体之礼'。盖礼之原在心。"① 正因为心是礼之本原,所以要对其进行充分关注。"天地之生,以人为始。故其吊灵而聚美,首物以克家,明聪睿哲,流动以入物之藏,而显天地之妙用,人实任之。人者,天地之心也。"② 天地无心,人便充当了天地之心。因人成为天地之心,所以人才是天地化生的真正开始。人之所贵,贵在人心,人心虚灵不昧,能够集天地间之众美,先于万物而成为它们的最终归宿,且又明通聪达、睿思深幽,可以深入万物的内蕴之奥,开显天地的神妙大用。"凡人物之生,皆天生之也。未有生而生之者,天之事;既有生而养之者,则天委其责于人物,而天事尽矣。"③ 人心之灵固然可以彰显天地神妙莫测的化用之功,这既是人心能力的一种体现,同时也更是人的职责之所在。生生万物,乃天地之事。天地化生物,且赋理于其气质之中。天可寓理则于万物,却无能代其而复治之。能循理顺物而衣养之,最后要靠人的努力才可以完成。

> 天命之人者为人之性,天命之物者为物之性。今即不可言物无性而非天所命,然尽物之性者,亦但尽吾性中皆备之物性,使私欲不以害之,私意不以悖之,故存养省察之功起焉。④

不仅天不能代万物本身而复治之,人也不能代万物本身而复治之。既然天赋理于万物的气质之中了,那么万物也就各有其本身的性命。人所能做的便是将人性之中已经具备的物性尽力发显出来,不要为了满足一己之私欲而违背、伤害万物的本性。这也正体现了人的存养省察工夫。船山此处的思路明显受到了儒学经典的"思孟学派"及朱子对"思孟学

---

① (北宋)张载:《张载集》,中华书局,1978,第264页。
② (明)王夫之:《船山全书》(第一册),岳麓书社,2011,第882页。
③ (明)王夫之:《船山全书》(第八册),岳麓书社,2011,第705页。
④ (明)王夫之:《船山全书》(第六册),岳麓书社,2011,第457—458页。

派"思想之阐发的影响:"唯天下至诚为能尽其性。能尽其性,则能尽人之性。能尽人之性,则能尽物之性。能尽物之性,则可以赞天地之化育。可以赞天地之化育,则可以与天地叁矣。"朱注:"无人欲之私,而天命之在我者,察之由之,巨细精粗,无毫发之不尽也。人物之性,亦我之性。"(《中庸·第二十二章》)① "万物皆备于我。"朱注:"此言理之本然也。大则君臣父子,小则事物细微,其当然之理,无一不具于性分之内也。"(《孟子·尽心章上》)② 当然,船山对天命人为有独特的看法:

> 惟天有不息之命,故人得成其至诚之体;而人能成其至诚之体,则可以受天下不息之命。不然,二气之妙合自流行于两间,而时雨不能润槁木,白日不能照幽谷,命自不息而非其命,惟其有形不践而失吾性也。③

大化流行而从不止息的天命,船山也称之为"至诚之体"。人能够成就天道的"至诚之体",也就意味着承担了周流天地而不间断的天命。一旦缺失了这种流行周普的"至诚之体",尽管阴阳二气还可以神妙变合于天地之间,但却要失去那"时雨润槁木,白日照幽谷"的蓬勃生生之意。天命间断固不足以成其为天命;但仅有流行不息之意,也不足以为天命。除此之外,还须有人的践形工夫,才能成全天命,不致失掉人本身所固有的性理。

船山对践形工夫的重视,显示出他对形体的肯定。对形体的肯定,并不意味着船山所说的践形工夫只是对感官的侧重,忽视了对人之性理的考察。"盖天之全理在人之一心,人心之所涵乃为物理之所当知。若心所不能至,则亦无其理矣。心之体在,尽之而体全;心之用在,推之而用显。"④ 与其他万物只禀赋了部分天理的偏颇情况不同,人所禀赋的天之理却是完整大全的。而且只有通过心的虚灵作用将其中所涵的万物之理转化为人本身的内在德性之知时,天理才可以彰显出来,人心的体才可以尽全,用才可以显越。否则便是天理泯灭,人心之体用也就消于万物之中。

---

① (南宋)朱熹:《朱子全书》(第六册),上海古籍出版社,2010,第50页。
② (南宋)朱熹:《朱子全书》(第六册),上海古籍出版社,2010,第426页。
③ (明)王夫之:《船山全书》(第十二册),岳麓书社,2011,第360页。
④ (明)王夫之:《船山全书》(第七册),岳麓书社,2011,第829页。

> 则天地之理因人以显，而以发越天地五行之光辉，使其全体大用之无不著也。心凝为性，性动为情；情行于气味声色之间而好恶分焉，则人之情与天之道相承而始终不二，其可知矣。①

因为船山所坚持的是张载的"心统性情"说，所以他的心之体用观就转到了讨论"心""性""情"三者的关系上。船山与朱子"性体情用"的主张不同，他认为三者之间的关系应该如孟子对"四端"的讨论，"把心作为性之发见、作为性理乘载于情的表现，在这个意义上强调性表现在心。而这种性在心的用法，也就是以性为体，以心为用"②。按照这个思路，这里对性—情的把握实是对性—心的延伸，否则就无法理解他所说的"情行于气味声色之间而好恶分焉，人之情与天之道相承而始终不二"，船山虽重视情，但放在一个与"道"相同的高度来讨论，终有其理论上的必然性，即人道、天道并立而不悖。

> 人之与物皆受天地之命以生，天地无心而物各自得，命无异也。乃自人之生而人道立，则以人道绍天道，而异于草木之无知，禽虫之无恒，故唯人能自立命，而神之存于精气者，独立于天地之间而与天通理。是故万物之死，气上升，精下降，折绝而失其合体，不能自成以有所归，唯人之死，则魂升魄降，而神未顿失其故，依于阴阳之良能以为归。③

天道因人道而得到绍承，在于人能够存虚灵之神而与天理相感通。凭借着这种独特的感通，让人的死不同于草木禽虫万物的死，具有了魂升归于太虚的意义。

> 道之流行于人也，始于合，中于分，终于合，以始终为同时同撰者也。始者生也，终者死也，中者今日是也。
> 君子以人事天，小人以鬼治人。以人事天者，统乎大始，理一而已。理气一也，性命一也，其继也，合于一善而无与为偶。故君子奉一以为本，原始以建中，万目从纲，有条不紊，分之秩之，两

---

① （明）王夫之：《船山全书》（第四册），岳麓书社，2011，第564页。
② 陈来：《诠释与重建》，北京大学出版社，2013，第200页。
③ （明）王夫之：《船山全书》（第四册），岳麓书社，2011，第1091—1092页。

端审而功满天下。一念之诚，一心之健，推而准之于无穷，皆是物也。若其所终，则无事逆挽以求合。言满天下，行满天下，斯以为全归而已矣。①

人之死异于物之死的特殊性最终还在于其生的特殊性，意味着并不是所有的人都可以归于太虚。整体大全的天道之流行遵循着合—分—合的大秩序，因气化之命的禀赋缘故，包括人在内的万物只能必须现实地存在于"分"的阶段。但是却在"分"的阶段中显示了人与物的不同，人能够去顺承天道的"合"，万物则固守本身的"分"。人能够顺承天道的"合"，只是说人有这种顺承的能力，所以才有了君子与小人的分殊：君子识气理之妙，全性命之原，行贞一之善而言行浩然于天下以全归；反之，小人体天地之诚，尽虚心之健，顺无穷之终而逆挽求合于无事以销尽。其实，在是否顺承天道之"合"问题上，船山固然认为会有君子与小人的差异，但这还只是其次，最重要的是，如果不顺承天道之"合"，这本身对于人道的构建将会是一种巨大的威胁。"人与物皆生于天下，其并生而不相杂久矣，乃其俱生而易以相杂亦久矣。天下之生莫贵于人，人全其人而物不干之则治，物杂于人而害与人则乱。"② 人保全自身的性理而不被物干预，就会使社会得到治理，天地实现大和；不然，因与物相混杂，则会悖乱社会，混淆纲纪，丧失人道。正如《礼记·乐记》中所指出的那样：

> 人生而静，天之性也。感于物而动，性之欲也。物至知知，然后好恶形焉。好恶无节于内，知诱于外，不能反躬，天理灭矣。夫物之感人无穷，而人之好恶无节，则是物至而人化物也。人化物也者，灭天理而穷人欲者也。于是有悖逆诈伪之心，有淫泆作乱之事。③
>
> 唯天生人，天为功于人而人从天治也。人能存神尽性以保合太和，而使二气之得其理，人为功于天而气因志治也。不然，天生万殊，质偏而性隐，而因任糟粕之嗜恶功取以交相竞，则浊恶之气日充塞于两间，聚散相仍，灾眚凶顽之所由弥长也。④

---

① （明）王夫之：《船山全书》（第一册），岳麓书社，2011，第1040—1041页。
② （明）王夫之：《船山全书》（第八册），岳麓书社，2011，第391页。
③ （清）孙希旦：《礼记集解》，中华书局，1989，第984页。
④ （明）王夫之：《船山全书》（第十二册），岳麓书社，2011，第44页。

除了以上所说到的弊端外，船山在这里还指出，如果人可以存神尽性保持太和之气的和谐而依循阴阳二气的理则，天地之气也会因此而得到治理；反之，如果一旦放任欲望功取以交相竞而不知节制，则会化生出一种浊恶之气充满于天地之间，这将是自然灾害产生的根本原因。船山关于气的这种思考，"不仅受到宋明理学的明确影响，也可能受到明末善书和民间宗教等流行的善恶报应论的刺激，而他的奸回、灾害的说法也应当饱含了他所亲历的明末的社会动乱与天崩地解的经验"①。综合了现实与理论两方面的考察，使得船山最后选择了君子尽心以体化的实践路径：

> 君子之知生者，知良能之妙也。知死，知人道之化也。②
> 人之始生，因二气之良能，絪缊而化醇，其来也以是，则其往也以是。死虽无复生之理，而往来不舍，于造化非无可求也。故尽爱于亲者，念所自始而知所自终，因以求之，事虽无益而理不谬焉。……复者北面，因其类而尽其义也。③

死生之途虽殊，但其归也同：人之生因禀絪缊阴阳二气，故当其死时也应返归于二气之良能。死生虽异，其究则同。这一切的落脚点最后都要归于君子对至诚不息之天命的体认及践履与对独有人道之责任的坚定维护及勇敢承担。

四　小结

天道大化流行，以气化生万物；气中涵理，故万物形体的气质之中亦涵有随理而来的天命之性。但是，因为絪缊太和中阴阳二气化生的神妙作用，使得气化过程中"（气化之）几"的因素所造成的影响非常大，出现了质料之气的同一性与神化之气（理）的差异性相统一，世界因此而变得丰富复杂。所以，无论是从神化之气的妙用性来讲，还是从气化之理的层次性来说，万物所具之理乃是一种具有局限性的部分之（天）理，决定了万物之性的偏颇与欠缺，只是禁锢于形体之内，牵引于外在的攻取嗜欲，缺乏感通的气质基础；与之相反，人之所得之理是整体大

---

① 陈来：《诠释与重建》，北京大学出版社，2013，第311页。
② （明）王夫之：《船山全书》（第十二册），岳麓书社，2011，第415页。
③ （明）王夫之：《船山全书》（第四册），岳麓书社，2011，第231页。

全的（天）理，所以，人同时所凝以为的性也就包涵有阴阳健顺五常之性，可以超越于个别的形体，不为"糟粕之嗜恶功取"的外在之欲所动，始终贞于清虚灵通的内在之性，从而能够相感应于天地万物之理，进一步转化粗糙的气质以全归于太虚的本然境界。

本章小结

　　船山论人道之礼的逻辑展开仍然依循着宋明儒学的思维理路，先言天道，然后以人道承之。船山继承了周敦颐的宇宙化生模式与张载的气本论思想，认为天地宇宙的自然化生就是气不断由聚而散又由散而聚的过程；絪缊太和之中的阴阳二气凭借着本身的神妙变合之"几"使得万物得以化生。正因为是气化之"几"的作用，所以在化生的过程中呈现出统一性与多样性、同一性与层次性并列的情况，世界因此表现为丰富的生命样态；万物因其所禀赋气之精粗的差异而在形体的结构上有了区别，这种区别正好为人所禀的气具有善性提供了理论上的依据。实际上，人能够禀赋善气的指向在于表明寓涵于这种（善）气之中的理具有统贯性，因此，由理而转化成的人之性也就可以感通万物之性，体彻天地之化。由于船山坚持"心统性情"与"性体心用"，虽然是虚灵之心在发用，但又实在是性体的表征而已。正是出于这一点考虑，船山才有必要进一步提出全而归之的思想，因为能够返归太虚之境的一定是"性"而非"心"。体天地之性与全归太虚之境这两点暗示了船山讨论天道气化的最终旨趣，即人道才是天道、地道共同的归宿。由三才之道并立所构成之大道的生命形态因为人道的参与而显得饱满与丰富，人道的价值由此也得到了进一步的确立；虽然周行于乾坤之全的大道之用因此而得到了保证，但逻辑理论原则与道德价值实现如果想要达到真正意义上的契合还需要理论上的一些准备。

第三章　遵礼之理：船山遵礼之现实依据

宇宙天地之间可以感知到的万物法象及其不可感知的道体气化流行，归根到底都是絪缊太和之中阴阳二气相互摩荡之神妙变合作用的一种体现，船山称之为"几"。正是凭借着这种"几"的微妙力量，既使得整个气化的过程呈现出多样性与层次性，因此而产生了千万种丰富的生命形态；也使得整个气化过程并不是一次性完成的，而是需要依循道体周流的特性而不息地化生，看似一种气的大循环，却孕育出万象实体的本真。从广义的角度来讲，对于气本体的存在性论述与对气化过程的阐释本身就可以看作是人道须遵循天道的一种哲学意义上的理由与依据。但是考虑到人道之礼的践履性，船山并没有局限于只把天道作为"礼"的一种理据，而是进一步深入地入微以出显，具体地把握了人道遵礼的客观性。船山的这一探讨思路与向来关注切己生命的文化传统是相一致的，体认切近的人道，而非追求高远玄妙的天道。《左传》中记载，"子产曰：'天道远，人道迩，非所及也，何以知之？'"杨伯峻注："自然之理幽远，人世之理切近，两不相关，如何由天道而知人道。"① 而这又尤其是儒家一以贯之的关注焦点，《孟子》一书中也有同样的表达："孟子曰：言近而指远者，善言也；守约而施博者，善道也。君子之言也，不下带而道存焉。"朱注："古人视不下于带，则带之上乃目前常见至近之处也。"② 所以说，对气体、气化的探讨还只是处于隐幽的天道阶段，要想真正表达出遵礼的理据，则必须依人道才能进一步显达。

第一节　礼辨禽狄：辨人禽、严夷夏

人禽之辨是传统儒学中的一个主要话题，早在《论语》中就有对此

---

① 杨伯峻：《春秋左传注》，中华书局，1981，第1395页。
② （南宋）朱熹：《朱子全书》（第六册），上海古籍出版社，2010，第454页。

的明确记载:"子游问孝。子曰:'今之孝者,是谓能养。至于犬马,皆能有养;不敬,何以别乎?'"朱子注为:"犬马待人而食,亦若养然。言人畜犬马,皆能有以养之,若能养其亲而敬不至,则与犬马者何异?"① 朱子的注解是说人以对待犬马的态度来对待人,缺乏恭敬之心,这种行为并不能算是一种真正的"孝"。其实对于这句话的解读,皇侃还提出了另一种理解方式,他首先于经文下疏为:"言犬马者亦(一本作"能"字)养人,但不知为敬耳。"然后又引苞咸注:"犬以守御,马以代劳,能养人者也。"② 皇侃的注解是说人以犬马的态度来对待人。依朱注是说人不能兴起恭敬之心,是沦于禽兽的一种表现;依皇意是说人就是以禽兽自比,甘于等同于禽兽之行。细细体味,朱、皇两人的注解之间还是具有微妙的差异,但就讨论人禽之别的主旨而言则是一致的。船山对人道本身的关注首先也是继续了对"人禽之别"这一话题的讨论,与之前零星片面的争论不同,他进一步从礼的视角全面阐释了人禽之间所存在的差异,并且将这种差异放到了他的整个人道遵礼体系中来加以考察把握。所以,此节在讨论船山的"人禽之辨"思想时将从以下几个方面来论述。

一 礼辨人禽

(一) 礼之"分—别"

船山首先从礼所具有的"分—别"性来阐释人禽之间的差异。其实,船山论礼之分别不仅只限于人禽之间,在别的地方也会论及,这里只讨论他的"人禽之别",其他的讨论将会在别处进一步展开。人禽以礼而显示出分别的这一思想可以说是礼之产生的首要意义之所在,于此而言,我们可以先看一下《礼记》中所记载的两则材料:

> 凡生天地之间者,有血气之属必有知,有知之属莫不知爱其类。今是大鸟兽则失丧其群匹,越月逾时焉,则必反巡;过其故乡,翔回焉,鸣号焉,蹢躅焉,踟蹰焉,然后乃能去之。小者至于燕雀,犹有啁噍之顷焉,然后乃能去之。故有血气之属者,莫知于人,故人于其亲也,至死不穷。将由夫患邪淫之人与?则彼朝死而夕忘之,

---

① (南宋) 朱熹:《朱子全书》(第六册),上海古籍出版社,2010,第77页。
② (魏) 皇侃:《论语义疏》,中华书局,2013,第29页。

然而从之，则是曾鸟兽之不若也。夫焉能相与群居而不乱乎？①

对于天地之间有血气之属的动物而言，都具备感官以知觉感应，有一种天生的亲近爱护其种类的能力，也就是我们所说的"本能"。大者鸟兽之类，小者燕雀之属，因为时节的变迁而有规律地迁徙，从而表现出一种类似于人的流连忘返之情，进而发出哀鸣号啕的声响。这对于灵知灵明的人来说，必然也要有所感触，以人的独特方式来对待人本身；如果不能够做到这一点，就是混同于鸟兽之类，这是危害人道、导致大乱的根本原因。反过来讲，人本来就应该是有别于鸟兽之类，表现出人道的特质：

> 道德仁义，非礼不成；教训正俗，非礼不备；分争辨讼，非礼不决；君臣上下，父子兄弟，非礼不定，宦学事师，非礼不亲；班朝治军，莅官行法，非礼威严不行；祷祠祭祀，供给鬼神，非礼不诚不庄。是以君子恭敬、撙节、退让以明礼。鹦鹉能言，不离飞鸟；猩猩能言，不离禽兽。今人而无礼，虽能言，不亦禽兽之心乎！夫唯禽兽无礼，故父子聚麀。是故圣人作为礼以教人，使人以有礼，知自别于禽兽。②

这则材料表明了两层意思，其一，直接指出了人禽之间的最大分殊就在于是否有礼。礼是关键性的能力，其他能力都要以此为基础，比如，对于能言的鹦鹉与猩猩而言，不因为具备了"言"的能力就可以称之为人；同样，人如果只是能言而没有礼道作为支撑，也会被看作是仅仅具备了一种"禽兽之心"而已。因为"言"与"志"是相关的，"王弼云：'情发于言，志浅则言疏，思深则言切。'"③ 而"志"与"心"又相涉，这一点待下文再讨论。圣人出现之后，"为礼以教人"，才使人从禽兽之类中解脱出来；其二，人道只有依循着礼，才得以实现真正的开始与完成。正如引文前部分所表达的，道德仁义、君臣上下、父子兄弟、宦学事师、祷祠祭祀等等都要依靠君子恭敬撙节退让的一系列明礼行为

---

① （东汉）郑玄注，（唐）孔颖达疏，吕友仁整理：《礼记正义》，上海古籍出版社，2008，第2186—2187页。

② （东汉）郑玄注，（唐）孔颖达疏，吕友仁整理：《礼记正义》，上海古籍出版社，2008，第19页。

③ （魏）皇侃：《论语义疏》，中华书局，2013，第300页。

才能显示出它们的意义。

而船山对此的相关论述无疑也是这种思想的继续。"人之所以为人而别于禽兽者,上下之等,君臣之分,男女之嫌,君子野人之辨,章服焉而已矣。"① 船山认为,人作为人而区别于禽兽的所以然体现在几个方面,"等""分""嫌""辨""章服",归根到底,可以说都是在讲礼的"分—别"性。"'文',谓章饰,人群以别于禽兽也。"② 礼的"分—别"性,其中最为主要的一个方面就是体现于外在形式,船山称之为"文"。在此语境中,因为是就"人群别于禽兽"而言,那么"文"首先指的无非是彩章服饰,"服饰"几乎是人禽最为直接而明显的一种表征。其实,彩章服饰的外在呈现也无非是人之内在性的一种外显而已,《易经·革·象传》中说:"'大人虎变',其文炳也。"孔颖达疏为:"'其文炳'者,义取文章炳著也。""'君子豹变',其文蔚也。"疏为:"'其文蔚'者,明其不能大变,故文蔚相映蔚也。"③ 外表纹饰变化之差异的根据在于内在质的不同,所以说,礼之"分—别"性的真正来源在内。船山将这种"内"定位于人的"志"。"小体,人禽共者也。虑者,犹禽之所得分者也。人之所以异于禽者,唯志而已矣。不守其志,不充其量,则人何以异于禽哉!"④ "小体"的概念出自《孟子》:

> 公都子问曰:"钧是人也,或为大人,或为小人,何也?"孟子曰:"从其大体为大人,从其小体为小人。"曰:"钧是人也,或从其大体,或从其小体,何也?"曰:"耳目之官不思,而蔽于物,物交物,则引之而已矣。心之官则思,思则得之,不思则不得也。此天之所与我者。先立乎其大者,则其小者不能夺也。此为大人而已矣。"⑤

"小体"也就是指耳目鼻口这些与万物相互感应的感官,是人禽所共同具备的。这也就意味着在"小体"的标准下,无法对人禽作出恰当准确的区分,而一定要立足于人的独特性上。孟子认为人所特有的是具备思

---

① (明)王夫之:《船山全书》(第四册),岳麓书社,2011,第723页。
② (明)王夫之:《船山全书》(第四册),岳麓书社,2011,第1436页。
③ 李学勤主编:《十三经注疏·周易正义》,北京大学出版社,1999,第204—205页。
④ (明)王夫之:《船山全书》(第十二册),岳麓书社,2011,第451页。
⑤ (南宋)朱熹:《朱子全书》(第六册),上海古籍出版社,2010,第407页。

考功能的"心",① 船山认为是"志"。而"心""志"二者之间是相互贯通的,朱子就认为:"心之所之谓之志。"②"志者,心之所之谓。"③皇侃也认为:"志者,在心之谓也。"④"志者,在心向慕之谓也。""人当恒存志之在心。"⑤ "志"既然与"心"相关联,而且最终还是要靠"心"之灵性来体现,所以船山才说人内在的心灵若不能专一地持守其固有的定向,不能将心的限量扩而充之,就无法在外在的作为上区别于禽兽。("不守其志,不充其量,则人何以异于禽哉!")这里透露出的另一个意思是说,只是固守僵硬的礼仪模式,没有对内在心灵有所关切,不仅是人禽之间的差异,也更是君子与小人或野人的区分,这一点在后面我们将会作为重点进行集中讨论,此处就不再赘述。既然人禽之辨可以最终归结到"心志"的发用上,是否意味着只要"心"有所"志",就是人道的体现?显然不能这样来理解,"盖人之于禽兽,同生而异类,故用之以礼,而不忍之心施于见闻之所及"⑥。"心"的灵明作用应该以礼为范导,只有这样才可以体现出与禽兽的分殊;否则,皆是没有规则加以宰制之心的发用,仅仅靠这点并不能够清晰明确地辨析出人禽之差异。

> 故"礼"者,人道也。礼隐于心而不能著之于外,则仁义智信之心虽或偶发,亦因天机之乍动,与虎狼之父子,蜂蚁之君臣无别,而人道毁矣。君子遭时之不造,礼教堕,文物圮,人将胥沦于禽兽,如之何其不惧邪?⑦

心的发用没有礼作为矩矱,也就意味着作为人道的礼只能隐含于内心而

---

① "耳目之官不思"中的"官"既可以被理解为感知感应的感官,赵岐就主张此说,他认为:"人有耳目之官,不思,故为物所蔽。""人有五官六府。"(〔清〕焦循:《孟子正义》,中华书局,1987,第792页)也可以被理解为耳目感官的功能。"心之官则思"中的"官"不宜理解为能够感知感应的感官,而是应理解为官能、能力。朱子认为:"官之为言司也。耳司听,目司视,各有所职。""心则能思,而以思为职。"(《朱子全书》〔第六册〕,第407页)杨伯峻的理解与朱子大体一致:"耳朵眼睛这类的器官不会思考,故为外物所蒙蔽。〔因此,耳目不过是一物罢了。〕一与外物相接触,便被引向迷途了。心这个器官职在思考。"(《孟子译注》,中华书局,1960,第270页)
② (南宋)朱熹:《朱子全书》(第六册),上海古籍出版社,2010,第75页。
③ (南宋)朱熹:《朱子全书》(第六册),上海古籍出版社,2010,第121页。
④ (魏)皇侃:《论语义疏》,中华书局,2013,第25页。
⑤ (魏)皇侃:《论语义疏》,中华书局,2013,第156页。
⑥ (明)王夫之:《船山全书》(第八册),岳麓书社,2011,第61页。
⑦ (明)王夫之:《船山全书》(第四册),岳麓书社,2011,第18页。

无法发显于外，这在船山看来与禽兽没有任何差异。因为偶发的道德之心不能被认为是人道的体现，这就好像虎狼所体现的父子亲情与蜂蚁所体现的君臣之义只是偶然的本能运用；真正人道之礼的体现必须是如上所说之"心"与"志"的结合，在内存有一以贯之的操守，在外辅以典章制度的教化。"唯'直'之一字最易蒙昧，不察则引人入禽兽。故直情径行，礼之所斥也。"① 失去内外两方面的规约，都不是人道之礼的所在：只讲内在的隐发，容易成为因刺激所导致冲动的偶发情感（"因天机之乍动"），这一点禽兽也可以偶有体现，比如我们所说的"羊知跪乳报母恩""鸦有反哺显孝心""狐死正丘首"等等；只论外在的形式，却容易流于无关身心痛痒的僵化仪俗，这就是通常所说的小人或野人。两者相比，显然后者更是流毒无穷，船山斥之为"直"，看似秉性而为，实是任情而作，这是典型的蒙昧小人的做法。这让我们想起《论语》中一则有关"直"的记载："叶公语孔子曰：'吾党有直躬者，其父攘羊，而子证之。'孔子曰：'吾党之直者异于是：父为子隐，子为父隐，直在其中矣。'"朱子注为："父子相隐，天理人情之至也。"接着又引"谢氏曰：'顺理为直。父不为子隐，子不为父隐，于理顺邪？'"② 宋儒解经有"理学化"的倾向，如果认为"理"即"礼"，而实际上逆天理是一定会悖礼道的，那么此处"直"所显示的正是维系人伦所应遵循的孝悌之本："孔子举所异者，以孝悌为主。"一旦违背，礼道丧尽："父子天性，率由自然至情，宜应相隐。""若不相隐，则人伦之义尽矣。"③ 父子不相隐的这一行为在船山看来便是"直情径行"的"禽兽"行为，是礼道所摈斥的。

（二）以"耻"言人

船山接着以"礼"辨人禽的线索，又进一步从"知耻"的角度论述了二者之间的差异。最早揭示出"耻"对于人之意义的是孟子："人不可以无耻。无耻之耻，无耻矣。""耻之于人大矣。为机变之巧者，无所用耻焉。不耻不若人，何若人有？"朱子注"耻"为"吾所固有羞恶之心也"④。应该说大体符合孟子的思想主旨。船山也继承了朱子将"耻"与"心"相联系，进而作为了人禽的分界线，他说："'耻'者，吾所固

---

① （明）王夫之：《船山全书》（第十二册），岳麓书社，2011，第487页。
② （南宋）朱熹：《朱子全书》（第六册），上海古籍出版社，2010，第183页。
③ （魏）皇侃：《论语义疏》，中华书局，2013，第339页。
④ （南宋）朱熹：《朱子全书》（第六册），上海古籍出版社，2010，第427页。

有羞恶之心也。存之则进于圣贤，失之则入于禽兽，故所系为甚大。"①持存涵养了作为"耻"的羞恶之心，就可以进一步深入到圣贤的境界，一旦失去便会沦落为禽兽。"耻"对于人道而言，就是墨子所说的"小故有之不必然，无之必不然"②。用西方逻辑学的术语来说，"耻"是人道以成的必要条件，仅仅只有"耻"，未必能成人道；但没有"耻"这个维度的话，一定不能成人道。原因在于成人道的因素很多，"耻"只是其中之一："好学近乎知，力行近乎仁，知耻近乎勇，人之独而禽兽不得与，人之道也。"③船山之所以非常看重"耻"对于人的重大意义，或许与他本人所处的明末清初的时代有很大的关系。与之处于同一时代的顾炎武对"耻"也有专门的论述，他先引《五代史·冯道传论》："礼义，治人之大法；廉耻，立人之大节。盖不廉则无所不取，不耻则无所不为。人而如此，则祸败乱亡亦无所不至。"然后指出："然而四者之中，耻尤为要。""人而不廉而至于悖礼犯义，其原皆生于无耻也。故士大夫之无耻，是谓国耻。"④在顾炎武的表达中，"耻"除了作为立人的大节之外，还会关系到整个国家的存亡（"祸败乱亡亦无所不至"），进一步讲，有无羞耻之心成为士大夫是否敢于承担责任的一个重要标准。但在船山这里，"耻"虽然没有涉及国家这个层面，却将立人之大节与生死直接相提并论。"而人之所以为人以求别于禽兽，心之所以为心而自安于梦寐者，无他，唯此耻心而已。可生可死，而此气不可挫；可贫可贱，而此名不可居：耻之于人，诚大矣哉！"⑤有无"耻心"是人别于禽兽的一个重要标志，显示出了人在面对生死、贫贱之时的态度与所作出的抉择。这一点在《孟子》中曾有过相似的表达："盖上世尝有不葬其亲者。其亲死，则举而委之于壑。他日过之，狐狸食之，蝇蚋姑嘬之。其颡有泚，睨而不视。夫泚也，非为人泚，中心达于面目。盖归反虆梩而掩之。掩之诚是也，则孝子仁人之掩其亲，亦必有道矣。"朱注："不能不视，而又不忍正视，哀痛迫切，不能为心之甚也。""盖惟至亲故如此，在他人，则虽有不忍之心，而其哀痛迫切，不至若此之甚矣。"⑥正是因为人有羞耻之心，才导致了能对同类故旧亲人之生死加以安顿。在人道的形成过程中，"知耻"无疑起着关键性的作用。

---

① （明）王夫之：《船山全书》（第八册），岳麓书社，2011，第831页。
② （清）吴毓江：《墨子校注》，中华书局，1993，第468页。
③ （明）王夫之：《船山全书》（第十二册），岳麓书社，2011，第402页。
④ （明）顾炎武撰，黄汝成集释：《日知录集释》，上海古籍出版社，2006，第772页。
⑤ （明）王夫之：《船山全书》（第八册），岳麓书社，2011，第832页。
⑥ （南宋）朱熹：《朱子全书》（第六册），上海古籍出版社，2010，第319—320页。

（三）人知生死而殊于禽兽

船山认为，人的知耻之心最能够体现在对生死的态度之上，人能生能死的特质又加强了人禽之间的差异性。"天地之生也，则以人为贵。草木任生而不恤其死，禽兽患死而不知哀死，人知哀死而不必患死。哀以延天地之生，患以废天地之化。故哀死与患，人禽之大别。"① 万物或者只是"任生"，没有"死"的问题；或者只是"患死"，而不能"哀死"，"死"与"哀死"只是对人才有意义。"哀死"也就意味着对生的全归，船山称之为"以延天地之生"，其实就是对人本身之生的全化，因为没有死的环节，生的意义无法显现，这是由其气化论的哲学基础所决定的。"盖其生也异于禽兽之生，则其死也异于禽兽之死，全健顺太和之理以还造化，存顺而没亦宁。"② 此处明确说道，对于人而言，生死的整个过程就是"全健顺太和之理以还造化"的过程，这就决定了人不仅是生要区别于禽类的生，死也要区别于禽类的死。而这正是礼的一种体现："夫礼为人生必不可轻之大闲，生与俱生，死与俱死，人以异于禽兽。"③ 所谓"闲"，《论语·子张》中提到："子夏曰：大德不逾闲，小德出入可也。"孔安国注："闲，犹法也。"④ 朱子注："闲，阑也，所以止物之出入。"⑤ 礼作为人应遵循的最重要的法则与关节，必然要求生死相随才能彰显人道，即从根本上区别于禽兽。

> 上古五行之用未修，天之道未显，人之情未得，至于后圣之作，因天之化，尽人之能，宫室衣食各创其制，人乃别于禽兽，而报本反始之情，自油然以生而各有所致。此礼之所自始，非三代之增加，实创于大同之世也。⑥

从发生学的角度来看，圣人制作"礼"的初衷就是要尽人道之能，使人禽有所区别。"礼"作为人道之实，不仅可以使日常的"宫室衣食"有一定的规制，还可以让人自然地产生一种"报本反始"的情感，因为对"生"的一种强烈的意愿从某个层面来讲就是人最根本的东西：

---

① （明）王夫之：《船山全书》（第一册），岳麓书社，2011，第889页。
② （明）王夫之：《船山全书》（第十二册），岳麓书社，2011，第18—19页。
③ （明）王夫之：《船山全书》（第八册），岳麓书社，2011，第756页。
④ （魏）皇侃：《论语义疏》，中华书局，2013，第502页。
⑤ （南宋）朱熹：《朱子全书》（第六册），上海古籍出版社，2010，第235页。
⑥ （明）王夫之：《船山全书》（第四册），岳麓书社，2011，第543页。

>人生于大地，而名分以安其生，亲爱以厚其生，皆本之不可忘者也。①
>
>人之所以异于禽兽者，禽兽有其体性而不全，人则戴发列眉而尽其文，手持足行而尽其用，耳聪目明而尽其才，性含仁义而尽其理，健顺五常之实全矣。全故大于万物而与天地参，则父母生我之德昊天罔极，而忍自亏辱以使父母所生之身废而不全，以同于禽兽乎？②

人不同于禽兽的表现在于人能全其体性之能，如重视"戴发列眉"外在的文彩修饰，发显手足耳目的特别功用，尽仁义的德性等等。这一切最终都可以归结为人对"生"有着一种特殊的情结，"生"不仅意味着像万物那样只是肉体的保全与不受亏辱，当然，这也一定是最为基本的要求，因为失去肉身的延续，人的特殊性是无法得以建立的；"生"更意味着将父母（此处的"父母"既包括有生我之父母的含义，也包括有天地的含义）予以我的德性有所发扬，这是身处于整个人道历史过程中的有限者所要实现其无限性的最有效的一种可能。

（四）君子、野人以分人禽

船山接着又从君子、野人或君子、小人（按，野人与小人具体的细微区分，不是此处理解人禽之辨的重点，行文对两者的应用以船山本人的表达为主而有所侧重）的角度展开了对礼辨人禽的考察。"礼"是君子野人区分的界限，而船山又把是否能够守礼作为人禽区分的标志，所以，君子、野人的划分又成了人禽之辨的关键。但细细体味就会发现，在这一表达背后所折射出来的仍然是礼辨人禽的思路。"礼不为小人而设，而君子自居于大正；礼虽非小人所知，而终不可以自致怨怒于君子。"③"礼"是专门为"君子"所设的，此处的"君子"是指居位的有德者，小人则是指一般的庶民百姓，船山的这一表达应该是继承于《礼记》。《曲礼》中记载："礼不下庶人。"孔颖达疏："谓庶人贫，无物为礼，又分地是务，不暇燕饮，故此礼不下于庶人行也。《白虎通》云：'礼为有知制。'礼，谓酬酢之礼，不及庶人，勉民使至于士也。"④ 礼作

---

① （明）王夫之：《船山全书》（第四册），岳麓书社，2011，第1180页。
② （明）王夫之：《船山全书》（第四册），岳麓书社，2011，第1134页。
③ （明）王夫之：《船山全书》（第八册），岳麓书社，2011，第534页。
④ （东汉）郑玄注，（唐）孔颖达疏，吕友仁整理：《礼记正义》，上海古籍出版社，2008，第101—103页。

为君子与庶民身份、财力、事务、行为等各方面区别的标志，是礼的应有之义。但将这种区别说成是人禽的界限，则是船山礼学思想的侧重点。我们可以分析一下几则他的相关论述：

> 人之所以异于禽兽者，君子存之，则小人去之矣。不言"小人"而言"庶民"，害不在小人而在庶民也。小人之为禽兽，人得而诛之。庶民之为禽兽，不但不可胜诛，且无能知其为恶者；不但不知其为恶，且乐得而称之，相与崇尚而不敢逾越。①

能够把人不同于禽兽的特质保存下来的只有君子，小人则会直接丢弃掉，关于这一点是无所谓于人道的。反之，真正对人道有伤害的是"庶民"，因为小人的行为容易辨别，庶民的行为却不易察知。然而，船山所强调的人禽之别乃是就庶民的行为而言，因其不易被察知，所以为害甚于小人。两相比较，小人只是不足为虑的假小人而已，庶民才是需要谨防的真小人。"君子之于子，敬之而不昵，所以别于野人禽犊之爱也。"② 父子双方，虽然父主慈，子主孝，但君子除能以慈为主外，还能以敬为主，以敬为主也就是以礼为主，"礼主敬"③。父以礼待子而别于禽犊之爱，子亦以礼待父而别于禽犊之孝，④ 对于君子是如此；对于野人，父子之间的维系则没有礼的约束，这样便易流于昵子悖慈、以直害孝的恶俗。⑤ "人之生也，君子而极乎圣，小人而极乎禽兽，然而吉凶穷达之数，于此于彼，未有定焉。"⑥ 人的一生只能抉择两种道路，一种是向上的因君子而致于圣贤的路，一种是向下的随小人而流于禽兽的路，然而对于两者来说，都没有必然的吉凶穷达的定数。这只是意味着在道德的领域，没有现实世界中的那种因果必然律作为最后的支撑，而非是说君子小人的最终归宿没有确定性。正是凭借着这一点，君子之人格才可能成为人道的一种向往，具有浓厚的践履性。《说文》中解释："礼，履也。"⑦ 孔安

---

① （明）王夫之：《船山全书》（第十二册），岳麓书社，2011，第478页。
② （明）王夫之：《船山全书》（第四册），岳麓书社，2011，第717页。
③ （魏）皇侃：《论语义疏》，中华书局，2013，第329页。此外，"礼主敬"一说散见多处："礼主于敬。"（第339页）"礼亦云敬。"（第17页）"礼以敬为主。"（第387页）引王弼语："礼以敬为主。"（第458页）
④ "子以礼待父而别于禽犊之孝"可参看此节开始时对《论语》"子游问孝"章的解读。
⑤ "以直害孝"可参看前面对《论语》"叶公语孔子曰：'吾党有直躬者'"章的解读。
⑥ （明）王夫之：《船山全书》（第十二册），岳麓书社，2011，第11页。
⑦ 《康熙字典》，汉语大词典出版社，2002，第807页。

国注:"践,循也。"① 所以,"践履"也就是要人能够"循礼"而行,是其真实的道德含义所在。

> 人之生理在生气之中,原自盎然充满,条达荣茂。伐而绝之,使不得以畅茂,而又不施以琢磨之功,任其顽质,则天然之美既丧,而人事又废,君子而野人,人而禽,胥此为之。②

"循礼"的道德属性又反映了"循理"的哲学诉求,而所循之"理"又在"气"中,从人的角度来说,"气"当然包括有人之"肉身形体"的意义在内。可以看出,与禽类相区别的落脚点最后被归到了人所特有的修养工夫上,即应该对形体施以琢磨之功,不斲伤条达荣茂的生气之理,保持其天然所充满的畅茂盎然生机使得到涵养,只有这样才不至于废败人事,使由禽而人、由野人而君子有所区别。

(五) 以治乱别人禽

船山又进一步从治乱的角度阐释了人禽之别。"礼之不可已也,非特心之不正、道之不当然者,必于礼以防之也,虽天资近道,而能自全其质,以应事接物者,亦非礼则无以善成其德,而且敝将有所极矣。"③ 礼对于人之所以具有必然性,固然一方面是出于人心之不正进而妨碍了人道成为当然的可能,所以要用礼来加以防范;另一方面也是人应事接物得以有效的保障,否则,礼的缺失不仅不能成就人的德性,而且还将加重由此而产生的危害。"禽鱼、音乐、游观,私之于己而不节,则近于禽兽。"④ 不以礼加以节制的如禽鱼、音乐、游观等这一切行为,在船山看来就是近于禽兽之行。因为是出于统治者一己的私心考虑,所以当然会只顾于私心忽视公心而损害到百姓的利益,这就叫作:"兽不能食人,而人率之也。"⑤ 这也正是孟子对统治者行为的批判:"无父无君,是禽兽也。公明仪曰:'庖有肥肉,厩有肥马,民有饥色,野有饿莩,此率兽而食人也。'""仁义充塞,则率兽食人,人将相食。"朱注:"孟子引仪之言,以明杨、墨道行,则人皆无父无君,以陷于禽兽,而大乱将起,是亦率兽食人而人又相食也。此又一乱也。"⑥ 船山沿着朱子的思路,也认

---

① (魏) 皇侃:《论语义疏》,中华书局,2013,第 282 页
② (明) 王夫之:《船山全书》(第十二册),岳麓书社,2011,第 486—487 页。
③ (明) 王夫之:《船山全书》(第七册),岳麓书社,2011,第 527 页。
④ (明) 王夫之:《船山全书》(第十二册),岳麓书社,2011,第 480 页。
⑤ (明) 王夫之:《船山全书》(第八册),岳麓书社,2011,第 395 页。
⑥ (南宋) 朱熹:《朱子全书》(第六册),上海古籍出版社,2010,第 331—332 页。

为人禽之别关系到人道的治乱。"其'一治'者,人道治也。其'一乱'者,禽兽之道乱乎人道也。"①"治"体现了人道之治,"乱"则是人道受到了禽兽之乱。"禽兽之乱人也,伤人之生……禽兽之乱人也,戕人之性。伤人之生,人犹得与禽兽均敌于生死之际;戕人之性,人且为禽兽驱遣,自相残食而不悟。"② 而且,禽兽乱人道表现为"伤人之生"与"戕人之性"两个层次:"伤人之生"还只是停留在人兽的生死搏斗层面,"戕人之性"则是人性的丧失,即使是自相残食也不觉得羞耻。

> 禽行猖,人心灭,其祸烈矣。③
> 人与禽兽皆生于天地之间,而欲全乎人者,必远禽之害。禽害人则乱,人远禽则治。上世之乱在天灾,而物乘天之灾以逼人;中古之乱在人事,而君率兽以害人之生;后世之乱在人心,而行禽之行、言禽之言以乱性。行禽之行,则圣人可奉王法以正之,而乱熄。至于言禽之言,而窜入于心性,则弥近理而惑天下后世者不已。④

船山将人道之乱分为三种程度不同的等级:首先是上世的天灾之乱,只是物质的灾害而已;其次是中古的人事之乱,其害在于统治者君主的行为;最严重的是后世的人心之乱,人心之乱使得人没有了"礼"的规范,言行完全是禽兽的行为,行无王法可奉而正之,心性失理而惑乱天下。所以船山要特别辨析人禽之间的差异,因为人禽之乱是对人心性的伤害,不仅祸败最为激烈,而且流毒无穷。

> 人之道,天之道也;天之道,人不可以之为道者也。语相天之大业,则必举而归之于圣人。乃其弗能相天与,则任天而已矣。鱼之泳游,禽之翔集,皆其任天者也。人弗敢以圣自尸,抑岂曰同禽鱼之化哉?天之所生而生,天之所杀而杀,则是可无君也;天之所哲而哲,天之所愚而愚,则是可无师也;天之所有因而有之,天之所无因而无之,则是可无厚生利用之德也;天之所治因而治之,天之所乱因而乱之,则是可无秉礼守义之经也。⑤

---

① (明)王夫之:《船山全书》(第六册),岳麓书社,2011,第979页。
② (明)王夫之:《船山全书》(第六册),岳麓书社,2011,第979页。
③ (明)王夫之:《船山全书》(第四册),岳麓书社,2011,第1136页。
④ (明)王夫之:《船山全书》(第八册),岳麓书社,2011,第390页。
⑤ (明)王夫之:《船山全书》(第五册),岳麓书社,2011,第617页。

因此，要想维系并完成人道固然首先需要有"圣人"的参与；其次就是要"秉礼守义之经"。否则，作为一般的人而言，没有一种约束，生杀、哲愚、有无、治乱只是任天自化，必将导致人"同（于）禽鱼之化"。

（六）礼为人所独有

船山还进一步阐释了"礼为人所独有"的思想。

> 人之形色所以异于禽兽者，只为有天之元、亨、利、贞在里面，思则得之，所以外面也自差异。①
>
> 人之所以异于禽兽者，其本在性，而其灼然始终不相假借者，则才也。故恻隐、羞恶、恭敬、是非，唯人有之，而禽兽所无也；人之形色足以率其仁义礼知之性者，亦唯人则然，而禽兽不然也。若夫喜怒哀乐爱恶欲之情，虽细察之，人亦自殊于禽兽，此可以为善者。而亦岂人独有七情，而为禽兽必无，如四端也哉！一失其节，则喜禽之所自喜、怒兽所同怒者多矣，此可以为不善。乃其虽违禽兽不远，而性自有几希之别，才自有灵蠢之分，到底除却者情之妄动者，不同于禽兽。则性无不善而才非有罪者自见矣。②

人所以有别于禽兽的外在形色取决于内在的秉承于天的"元、亨、利、贞"，这就是人的"性"，即仁义礼智，这是其一；其二是人还能够通过形色将仁义礼智恰当地实现，也正是基于这种分寸的把握，人还可以把情善化。"情"并不是人所独有的，关键是人能够不失其"节"，"节"即船山所说的"礼"。"天之生人，甘食悦色，几与物同。仁义智信之心，人得其全，而物亦得其一曲。其为人所独有而鸟兽之所必无者，礼而已矣。"③"仁义智信之心"，物只是禀得其中的"一曲"之偏，没有全部具备，而尤其缺失了"礼之心"，即辞让之心或恭敬之心，所以船山才说："恻隐、羞恶、恭敬、是非，唯人有之，而禽兽所无也。"在这种看似矛盾的表达之中，其实是暗含了船山对"礼"的特殊认识。

> 孟子曰："人之异于禽兽者几希。"言人无所往而不嫌于禽兽也。故甘食悦色，人之所与禽兽共者也，禽兽于人共而人之自异者鲜矣。人之所异者，何也？心理之安而从容以中其节也。一饮一食

---

① （明）王夫之：《船山全书》（第四册），岳麓书社，2011，第1134页。
② （明）王夫之：《船山全书》（第六册），岳麓书社，2011，第1074页。
③ （明）王夫之：《船山全书》（第四册），岳麓书社，2011，第18页。

之际，无所往而不求异于禽兽焉，亦君子立人道之大端也，盖可忽乎哉！①

禽兽之或趋而或避者欲也，人亦非能无欲也；禽兽之时喜而时怒者情也，人亦非能无情也；人之遇事物而辨者知也，禽兽亦未尝无知也；人之具才力以为者能也，禽兽亦未尝无能也：未有异也。②

正是因为包括情、欲、智、能、仁、义、信都是人禽所共有的，所以船山也同意孟子的看法："人之异于禽兽者几希！"但人毕竟是异于禽兽的，尽管只有很少的一点，而且这很少的一点就决定了人是人，而不是禽兽。船山把这一细小的差异称之为"心理之安而从容以中其节"。"中其节"也就是要"中其礼"，以礼检束自身的行为，实现心安理得。

于情动欲开之际，而心有安不安之殊；可知可能之时，有善不善之别。故一念之发，以至于念念之相承，其情欲之生，推之广远而得之从容，非是则抑之焉，则人也；不然，则汲汲以求胜，而禽兽矣。其知能之致，酌之必宜而持之不失，未至则勉之焉，则人也；不然，则贸贸以冥行，而禽兽矣。若是乎终其身之与禽兽相邻，亦危矣哉！故得天之秀而最灵者为君子，则时凛其近于禽兽之戒，而于其所以异者存之于心，而人道以立。③

以礼检束，必然要抑制不善之非，遏制汲汲求胜的欲望；勉勉心安之是，杜绝贸贸冥行的冲动。只有在这种"一饮一食之际"的细微行为中时刻警戒自身以区别于禽兽，才有可能挺立起人道的大端。

综上分别从几个方面论述了船山关于人禽之辨的思想，与之紧密相联系的是他对夷夏的态度。

二 礼别夷夏

礼别夷夏的思想不是船山的独创，《论语》中就有相关的论述："夷狄之有君，不如诸夏之亡也。"皇侃疏为："此章重中国贱蛮夷也。言夷

---

① （明）王夫之：《船山全书》（第四册），岳麓书社，2011，第52页。
② （明）王夫之：《船山全书》（第八册），岳麓书社，2011，第511页。
③ （明）王夫之：《船山全书》（第八册），岳麓书社，2011，第511页。

狄虽有君主，而不及中国无君也。"并引释慧琳的话："有君无礼，不如有礼无君也。"① 这明显就是把礼作为了分别夷夏的界限。船山的夷夏观不仅仅只是继承了礼以分别夷夏的这一思想，可以说是其礼辨人禽思想的继续，这一点从他的个别表述中就可以得到验证，比如："礼以维系人道而别于禽狄者也。"② "无冠裳之饰，则禽狄而已矣。"③ 这里就明确把"禽狄"并称。有时又直接斥之为"禽兽"，但其侧重点绝对不在人禽的辨析上，而是在夷夏的大防上。比如："导天下于邪淫，以酿中夏衣冠之祸，岂非逾于洪水，烈于猛兽者乎？"④ "举天下才智聪明而致之于禽兽之道。"⑤ 这是说夷狄之道必然酿致华夏的衣冠祸害，从而导引于邪淫之道，或者说是禽兽之道。接下来我们看一下船山就这一问题的具体论述。

"不言无礼者，礼者禽兽之所本无，不待言也。'禽兽之道'者，谓夷狄知有母而不知谁为其父，虽得天下，立法治民与禽兽同。"⑥ 之所以不说夷狄是无礼，是因为船山将夷狄直接视之为禽兽，而礼作为人禽的标志，当然不为禽兽所有。因此，礼也就成了夷夏的标志。

> 禽兽蒱卫其子，生死以之，而不知有父母。是盖中国夷狄之分而人禽之界，不但君子野人之别也。盖人之用爱也易而用敬也难，谋利者多而顾义者少，则于子不患其不慈，而非果恻隐之真心所发见也。记者以厚慈为恶之大，其于天理人欲之辨严矣。⑦

此处明确讲到，君子野人的分别、人禽的界限、中国夷狄的划分，所遵循的都是同一个标准："生死以之，而不知有父母。"用之前所引船山的话说就是"任天而已"。任天自化直接导致了"用爱也易而用敬也难，谋利者多而顾义者少"。而"敬"又为礼所主，所以，作为最终界定的这个标准最后便被归于是否具有礼的约束。

> 黄帝、尧、舜垂衣裳而天下治，盖取诸乾坤，是天之经，地之

---

① （魏）皇侃：《论语义疏》，中华书局，2013，第52页。
② （明）王夫之：《船山全书》（第四册），岳麓书社，2011，第1238页。
③ （明）王夫之：《船山全书》（第四册），岳麓书社，2011，第1507页。
④ （明）王夫之：《船山全书》（第十册），岳麓书社，2011，第1180页。
⑤ （明）王夫之：《船山全书》（第八册），岳麓书社，2011，第394页。
⑥ （明）王夫之：《船山全书》（第四册），岳麓书社，2011，第657页。
⑦ （明）王夫之：《船山全书》（第四册），岳麓书社，2011，第1228页。

义，人之所以异于禽兽，中国之所以异于夷狄，君子之所以异于野人，而养其气体，使椎鄙淫冶駤戾之气潜移默化而不自知，诚人道之切要也。①

礼的约束，不仅是天经地义的原则，也更是实现古圣先王无为而治的可取之法。无为绝对不意味着放纵自然，而是循礼以达到潜移默化不为人知的效果，最根本的就是要有孝的意识，即"知有父母"。

> "人道"者，立人之道，一本之谊，所以异于禽狄者也。盖固尊尊、亲亲而推其礼之所秩，义之所宜，以立大宗之法，然后上治下治之义，虽在百世，皆疏通而曲尽，则人之所以为人者，道毕修矣。②

人道区别于禽兽夷狄，在于一本之"礼"，也就是要推行尊尊、亲亲的秩序。凭借着礼的秩序，人伦宗法才得以建立，上下之治的道义才得以全尽，最终完成人道的挺立。这一切的出发点不是别的，正是一种由父母而亲亲而尊尊的孝的意识，船山称之为"一本"，这同时也是礼的内在要求。推之便是人道，否则就是禽狄："徇私恩，贼一本，均人道于禽狄，而大伦泯也。"③ 孝之意识的现实展开固然要求"生"时人伦秩序的维系，同时还要求"死"时对丧事的特殊规定。

> "人道"，人所以别于禽狄之道也。四者（指亲亲、尊尊、长长、男女之有别，引者注）唯人能喻而修之，故生而叙之为伦，殁而为之制服，重、轻、降、杀各有差等，所以立人道之大也。④

与生时人伦亲亲、尊尊的秩序相对应，死时的丧制也必然是有所差别的。只有共同依循着礼的分节来实践，生死才会得到妥善的安置。从广义的角度来讲，这都是孝之意识是否具备所产生的差异。所以船山既把与禽狄之间差异的落脚点放在"孝"上，"人禽之异，全缺之分，孝不孝之

---

① （明）王夫之：《船山全书》（第四册），岳麓书社，2011，第1437—1438页。
② （明）王夫之：《船山全书》（第四册），岳麓书社，2011，第828页。
③ （明）王夫之：《船山全书》（第四册），岳麓书社，2011，第195页。
④ （明）王夫之：《船山全书》（第四册），岳麓书社，2011，第796页。

实,皆于此别焉"①。又同时归到"礼"的意义上:"礼之所以别人道于戎狄也类如此。"② 对"孝"与"礼"二者之关系的讨论不是船山此处论述的重点,他的立言宗旨主要是表明"礼"是区分夷夏的关键,所以遵礼才成为一种必要。

值得注意的是,以"礼义"与"孝"作为分别夷夏的标志是中国古代固有的思维模式。在《史记·匈奴列传》的开篇就记载:

> 苟利所在,不知礼义。自君主以下,咸食畜肉,衣其皮革,被旃裘。壮者食肥美,老者食其余。贵壮健,贱老弱。父死,妻其后母;兄弟死,皆取其妻妻之。其俗有名不讳,而无姓字。③

从这段话可以看出,"不知礼义"主要表现在两个方面,一是"孝"的意识,这里体现为对老者的态度;一是没有"礼"的意识,即不注重冠礼对人的特殊意义,这里表现为"有名不讳,而无姓字"。在儒家传统的主流中,对待老者的态度一直被当作是能否做到"孝"与"礼"的主要参照。孟子在阐述他的王道思想时,就经常以此为标准,比如:

> 五亩之宅,树之以桑,五十者可以衣帛矣;鸡豚狗彘之畜,无失其时,七十者可以食肉矣;百亩之田,勿夺其时,八口之家可以无饥矣;谨庠序之教,申之以孝悌之义,颁白者不负戴于道路矣。老者衣帛食肉,黎民不饥不寒,然而不王者,未之有也。④

> 所谓西伯善养老者,制其田里,教之树畜,导其妻子,使养其老。五十非帛不暖,七十非肉不饱。不暖不饱,谓之冻馁。文王之民,无冻馁之老者,此之谓也。⑤

船山本人也有类似的表达:"夫民衣食不足,则不暇治礼义;而饱暖无教,则又近于禽兽。"⑥ 敬老几乎已经成为了礼义之教的主要内容之一,进而成为了文明性的一种标志。再者,重视冠礼也是夷夏之间差异的一个重要体现,实质上反映了二者对礼的不同认识程度。《礼记·冠义》记载:

---

① (明)王夫之:《船山全书》(第四册),岳麓书社,2011,第1135页。
② (明)王夫之:《船山全书》(第四册),岳麓书社,2011,第249页。
③ (西汉)司马迁:《史记》,中华书局,1959,第2879页。
④ (南宋)朱熹:《朱子全书》(第六册),上海古籍出版社,2010,第258—259页。
⑤ (南宋)朱熹:《朱子全书》(第六册),上海古籍出版社,2010,第433页。
⑥ (明)王夫之:《船山全书》(第八册),岳麓书社,2011,第38页。

第三章　遵礼之理：船山遵礼之现实依据

> 凡人之所以为人者，礼义也。礼义之始，在于正容体，齐颜色，顺辞令。容体正，颜色齐，辞令顺，而后礼义备，以正君臣，亲父子，和长幼。君臣正，父子亲，长幼和，而后礼义立。故冠而后服备，服备而后容体正，颜色齐，辞令顺。故曰：冠者，礼之始也。是故古者圣王重礼。
>
> 已冠而字之，成人之道也。
>
> 成人之者，将责成人礼焉也。责成人礼焉者，将责为人子、为人弟、为人臣、为人少者之礼行焉。将责四者之行于人，其礼可不重与！故孝悌忠顺之行立，而后可以为人；可以为人，而后可以治人也。故圣王重礼。故曰：冠者，礼之始也，嘉事之重者也。①

夷狄"有名不讳，而无姓字"，表明以冠礼为始的礼义制度对其不具有约束力；与之相反，华夏民族特别注重冠礼。正如以上引文所表明的，冠礼首先"是一种成人礼，是对于个体的道德化（社会化）教育的一个阶段性的标志"；其次，冠礼"就是通过加冠的仪式来确认已经进入成人年龄的青年人的成人地位和身份的礼仪活动"。② 能够作为成人就意味着权利的赋予与拥有，比如，"从事戎事的责任和义务"，"参加宗庙祭典的资格和权利"。③ 通过以上的对比论述，从一个侧面反映出了夷狄没有礼义的这一事实。那么船山一直所强调的夷夏要以礼相别或者人禽要以礼相辨的努力就显得很有必要：

> 人之所以为人而别于禽兽者，上下之等，君臣之分，男女之嫌，君子野人之辨，章服焉而已矣；否则，君臣混处，男女杂秽，而君子之治野人也，抑无以建威而生恭。
>
> 世降礼坏，夷狄之习日移，而三代之法服几无可传焉。有王者起，修明章服以为典礼之本。④

此处措辞虽是针对人禽之辨所发，但实是就别夷夏而言。之前在讨论人

---

① （东汉）郑玄注，（唐）孔颖达疏，吕友仁整理：《礼记正义》，上海古籍出版社，2008，第2269—2271页。
② 姜广辉主编：《中国经学思想史》（第一卷），中国社会科学出版社，2003，第303—304页。
③ 姜广辉主编：《中国经学思想史》（第一卷），中国社会科学出版社，2003，第305页。
④ （明）王夫之：《船山全书》（第四册），岳麓书社，2011，第723页。

禽时曾涉及外在的彩饰这一话题，这里更进一步地将章服与人伦的秩序直接相联系，并指出，在礼制遭到破坏且夷狄之习日盛的时代，应该把"修明章服"作为重新塑造人道之礼的根本。因为章服的差异就意味着文明的差异，异质文明之间的冲突必然要在心理层面产生一种文化的优劣观。比如《论语》中就有一则是从服饰的角度记载了孔子对管仲功业的认可："管仲相桓公，霸诸侯，一匡天下，民到于今受其赐。微管仲，吾被发左衽矣。"① 皇侃疏："于时夷狄侵逼中华，得管仲匡霸桓公，今不为夷狄所侵，皆由管仲之恩赐也。"并引何晏注："受其赐者，谓不被发左衽之惠也。"又引马融注："无管仲，则君不君，臣不臣，皆为夷狄也。"② "被发左衽"何以能够与君臣的伦常相关联？朱子直接点明："被发左衽，夷狄之俗也。"③ 管仲相桓公的霸业之所以能够得到孔子的认可，就在于其延续了华夏民族服饰的特征。再联系船山此处对"章服"的论述，就能看出，其实服饰后面反映出的是对"礼"的一种认可。

> 故吾所知者，中国之天下，轩辕以前，其犹夷狄乎！太昊以上，其犹禽兽乎！禽兽不能全其质，夷狄不能备其文。文之不备，渐至于无文，则前无与识，后无与传，是非无恒，取舍无据，所谓饥则呴呴，饱则弃余者，亦植立之兽而已矣。④

文明的进步在于脱离禽兽之行以"全其质"，进而能够克服夷狄之野以"备其文"，文质彬彬，然后成就君子之道。反之，"文"的阙失，就会无与识前传后，没有是非取舍的标准与依据，使人的行径彻底沦为"植立之兽"的行为。正是出于这种深沉的忧虑，船山才要奋力阐发他的礼学思想，以为人伦遵礼提出一种必然的依据。

> 夫之生际晦冥，遘悯幽怨，悼大礼之已斩，惧人道之不立，欲乘未死之暇，上溯《三礼》，下迄汉、晋、五季、唐、宋以及昭代之典礼，折衷得失，立之定断，以存先王之精意，征诸实用，远俟后哲，而见闻交诎，年力不遑，姑取戴氏所记，先为章句，疏其滞塞，虽于微言未之或逮，而人禽之辨、夷夏之分、君子小人之别，

---

① 《论语义疏》作"吾被发左衽矣"，《四书章句集注》作"吾其被发左衽矣"。
② （魏）皇侃：《论语义疏》，中华书局，2013，第368—369页。
③ （南宋）朱熹：《朱子全书》（第六册），上海古籍出版社，2010，第192页。
④ （明）王夫之：《船山全书》（第十二册），岳麓书社，2011，第467页。

未尝不三致意焉。①

由此可以看出他托《礼记章句》所寄之旨。

三 小结

礼以辨析人禽与礼以分别夷夏是船山提出其遵礼思想的必要理由。对礼的遵循，之所以是挺立人道的前提，就在于礼能够将人从禽狄之中区别出来，这是礼所固有的分—别之义；其次人还能够知"耻"以循礼，从而对生死有所安置；正是有了对生死问题的意识，价值德性的因素才被进一步提出来，那么在循礼的践履过程中也才有了君子野人（小人）的差异；这种道德层面的践履程度又直接关乎整个社会的治乱；整条线索其实暗示了一个最根本的问题，即礼为人所独有。礼不仅只是从浅层的行为方式（"禽兽不能全其质"）角度辨析了人禽之间的不同，也更从深层的文明（"夷狄不能备其文"）角度辨别了夷夏彼此的差异。可以看出，"遵礼"与否成为了人道能否挺立的一个关键性标志。

第二节 人欲失礼：去人欲崇天理

船山从礼辨人禽与礼别夷夏的角度论述了遵礼的必要性之后，接着又从天人本合、理欲一致的角度来阐释这种必要性。前者主要是从人与禽狄的对比中来凸显遵礼的外在要求，后者则是要从"天人""理欲"的角度来进一步揭示遵礼的重要性。天人本合意味着"礼""理"具有某种相通性，理欲一致所反映的其实是礼、欲之间的关系。

一 天理人欲合于"一本"之"理"

船山之所以要强调天人本合，是因为通过这一表达可以凸显出他对礼—欲关系的深层认识。此处的"本"在船山的话语体系中有时又被称之为"道"："物有物之道，人有人之道，鬼神有鬼神之道。"② 人、物、鬼神各有其"道"，但此处所说的"道"只是分殊地指其各自的根本而已；"道一本而万殊。万殊者，皆戴夫一本也。"③ 人、物、鬼神的"道"虽然也是作为根本的道而存在，但相对于那个终极根本的道而言，都只

---

① （明）王夫之：《船山全书》（第四册），岳麓书社，2011，第10页。
② （明）王夫之：《船山全书》（第十二册），岳麓书社，2011，第32页。
③ （明）王夫之：《船山全书》（第五册），岳麓书社，2011，第608页。

能算是万殊，船山把那个根本性的道称之为"一本"。① 为了更加清晰地呈现出船山对天人一本思想的论述思路及其侧重所在，我们将选取他对"道""器"关系的论述并进行简略地分析，以此为切入点，再进而转入到他对天（理）—人（欲）的论述上。之所以要采取这样的论述理路，是因为船山对道器观的考察与他对礼的重视这两者之间有其内在的紧密联系："形而上者道也，礼之本也；形而下者器也，道之撰也。礼所为即事物而著其典，则以各适其用也。"② 此处的"道"与"器"显然都是就统论而言（虽然是统论，但"道"还没有上升到"一本"之"道"那样的层次），不是指具体个别的道器；"撰"有两层意思，一是实有意，一是实用意。表明"道"作为了"礼"的本源，又隐藏显现于"器"之中，所以"礼"除了与"道"有根本的联系，还与"器"有某种关联，"礼"与具体之"器"的关联又会使得"礼"与具体之"器"中的"理"有联系。"人已承天，随器不亏以为性而道在。"③ 此外，又会进一步引出"器"与"性"的关联。对于这些问题我们将会在下面的论述中一一展开。首先，我们需要讨论的是船山的"道器观"。

"盈天地间皆器矣。"④ 天地之间的万物法象，可以说都是"器"的呈现而已。船山否定了"道"的实体化，这一观点其实是整个元明理学"去实体化"转向的某种体现；同时这也是其气本论哲学取向的必然要求。⑤ 就存有论上而言，"道"确实不具有与"器"同等的存在性意义；但就功能化的层面上而言，"道"却具有一种明显优越于"器"（"气"）的作用，这也正如牟宗三先生所说的"虚以控实"。⑥ 我们可以看一下船山本人的表述："道者器之道，器者不可谓之道之器也。无其道则无其器。"⑦ "道者器之道"是就存有论意义上而言的，"道"必须依附于"器"；"无其道则无其器"则是就功能作用上而言，否则就无法理解这

---

① 通过分析上述船山的表达，可以看出，他所说的"道"具有层次性。所以单言"道"字，并不具有明确的指向性，而这一点对此处的讨论非常关键。出于对这种情况的考虑，行文对"道"的处理总体分为两个方面：一、将最根本的"道"称之为"本一""本""一本"或者"理"；二、将分殊的万物之"道"一般就称之为"道"。如果除此之外另有特殊的情况，则会依据船山的原文进行变通性的处理与说明。这样的话，船山对"本一"的理解就会与张载的说法有所出入，这是需要注意的。
② （明）王夫之：《船山全书》（第四册），岳麓书社，2011，第579页。
③ （明）王夫之：《船山全书》（第一册），岳麓书社，2011，第1005页。
④ （明）王夫之：《船山全书》（第一册），岳麓书社，2011，第1026页。
⑤ 可以参看陈来在《诠释与重建》（北京大学出版社，2013）一书末的"附录"：《元明理学的"去实体化"转向及其理论后果——重回"哲学史"诠释的一个例子》。
⑥ 牟宗三：《牟宗三全集》（27），联经出版事业股份有限公司，2003，第421页。
⑦ （明）王夫之：《船山全书》（第一册），岳麓书社，2011，第1027—1028页。

两句看似矛盾的表达。"'形而上者谓之道，形而下者谓之器'，形而上，即所谓清通而不可象者也。器有成毁，而不可象者寓于器以起用，未尝成，亦不可毁，器蔽而道未尝息也。"①"道"之所以具有这种功能上的优越性就在于"器"是有成也就有毁的，而"道"是没有成自然也就没有毁的。综合以上的论述，可以看出船山关于"道""器"关系讨论的落脚点是放在了"道"上而不是"器"上，这也正是此处选择"道""器"关系而不是"理""气"关系作为论述切入点的关键所在。如此看来，侯外庐先生在《船山学案》中将"人性论与道器观"合起来加以论述也就成为理所当然的了。②首先，船山坚持气本论，必然要将重点放在"气"上，而不是"理"上，因为作为本体之"气"是无所谓成与毁的，那么"气"中之"理"也就自然无所谓成与毁了。也就是说，"气""理"是本体层面上的范畴，在存有论意义上并不能显示出"理"的优越性，而且这一点在船山的气学体系中也是完全不可能被允许的。再者，"道""器"的关系非常类似于"（人）道（之礼）"与"人"的关系，不恰当地说，"器"之成毁犹如"人"之生死，"（"器"之）道"的永存便是"（人）道（之礼）"能够延续的反映。"诚是实心，礼是实理；心为实，理为虚，相因互用。"③"诚"在船山的思想体系中不再仅仅局限于伦理学的范围，已经具有了本体层面的实有、实存与实在的意味，这一点在学术界基本上已经有了相一致的认识。④因此，此处的"诚"乃是指实存的"有"，"礼"便是虚存的"无"。"心"与"理"（"礼"）的"相因互用"其实是在强调"理"（"礼"）对"心"的主宰，犹如"道"对"器"的主宰一样。最后，船山于"道""器"二者之中重"道"，也与重人道之礼以及天人只有在"道（理）"的这个层面而不是在"气"的层面才具有"本一性"是一致的，因为如果就"气"上说，

---

① （明）王夫之：《船山全书》（第十二册），岳麓书社，2011，第21页。

② 侯外庐先生所论述的"道器"观与此处的论述虽有不同，但这种思路值得参考。侯外庐：《船山学案》，岳麓书社，1982，第五节（第57—72页）。

③ （明）王夫之：《船山全书》（第六册），岳麓书社，2011，第619页。

④ 早期对船山进行研究的学者邓潭洲曾对这一点提出了质疑，他说："有些人认为王氏提出的表示'实有'的'诚'，'近似关于物质一般的客观实在性的抽象'。我认为这一论断是欠确切的。为什么呢？因为王氏提出的'诚'的涵义，与朱熹注释《中庸》所说的'诚者，真实无妄之谓'有一定的联系。""王氏又把'诚'归结为精神性的道德修养了。由此可见，有些人认为王氏提出表明'实有'的'诚'，'近似物质一般的客观实质性的抽象'，是不符合王氏原意的。"（邓潭洲：《王船山传论》，湖南人民出版社，1982，第112、114页）但是，"诚"这一范畴在船山的思想体系中具有层次性与复杂性。所以，在他的为数不少的表达中，如果不从本体层面的"实有"这一点出发的话，是很难得到准确理解的。

不仅仅只有人与天是"本一"的，除人之外的其他万物与天也同样是"本一"的，这样也就失去了船山探讨人道之礼的初衷。

二 "礼即理之节文"——"礼""理"相通

如前所述，船山所说的天人能够实现的"本一性"不是就"气"上说，而是就根本的"道"上说。作为"本一"的"道"不是别的，正是于"气"间流行的"理"。此"理"作为"气"的宰制者，一旦降格为人道之礼，也就具有了对人的宰制性与约束性。"礼"—"理"二者的这种相似性作用，就把船山对"本一"何以可能的这个问题转化成了对"礼"—"理"如何贯通的讨论。"礼"—"理"如果能够相通，就意味着二者相合，即具有"本一性"。正是出于这样的考虑，船山才对"礼"—"理"关系进行了直接论述。"凡言理者有二：一则天地万物已然之条理，一则健顺五常、无以命人而人受为性之至理。"① 船山首先指出，"理"具有两层意义，一是万物运行的现成条理，即"自然界具体物之所以然"；一是人所禀受的性理，即"人类社会具体事之所当然"，②而他所说的"礼"—"理"关系更多是就后者的意义而言。③ "'礼'者，天理之节文也。"④ "'礼'，即理之节文也。"⑤ 这两句话表达了同一个意思，即"礼"是因对"理"的"节文"而产生的，理解"节文"成为此处解读船山之意的关键。孟子对"节文"一词有所论述："智之实，知斯二者弗去是也；礼之实，节文斯二者是也；乐之实，乐斯二者。"朱子注为："节文，谓品节文章。"又："节之密而乐之深也。"⑥ 此外，还有必要注意一下他对《论语》"颜渊问仁"章的注，因为他明确提出：

---

① （明）王夫之：《船山全书》（第六册），岳麓书社，2011，第 718 页。
② 复旦大学哲学系中国哲学教研室编：《中国古代哲学史》，上海古籍出版社，2006，第 512 页。
③ 陈来先生将"理"的意义具体阐释为五种更加细化的不同种类，即"天理""性理""伦理""物理""理性"；并指出"在理学的范畴结构中，理的这五种意义可以在某种方式下具有统一性，但对具体讨论而言，这些不同意义的理是不能随便替代的"。（陈来：《宋明理学》，生活·读书·新知三联书店，2011，第 15 页）考虑到行文此处的重点并不在于对船山思想中"理"范畴之层次的讨论，而是对"理""礼"二者关系的把握，所以也就采取了船山此处对"理"的分类。
④ （明）王夫之：《船山全书》（第七册），岳麓书社，2011，第 679 页。
⑤ （明）王夫之：《船山全书》（第七册），岳麓书社，2011，第 286 页。
⑥ （南宋）朱熹：《朱子全书》（第六册），上海古籍出版社，2010，第 350 页。

> 礼者，天理之节文也。为仁者，所以全其心之德也。盖心之全德，莫非天理，而亦不能不坏于人欲。故为仁者必有以胜私欲而复于礼，则事皆天理，而本心之德复全于我矣。①

可以看出，船山与朱子对"礼者天理之节文"的表达尽管一致，但两人在讨论"欲"以及"欲"与"理（礼）"的关系时却出现了很大的分歧；只是说船山对朱子颇为重"理（礼）"的这个传统有所继承而已，他对"礼""理"关系的重视并不是他本人的发明，但其论述的展开确实有他自身独特的理解路径与诠释特色。船山的这个思想留待之后再加以详细的论述，这里需要指出的是他的这一思想是深受朱子影响的，接着前面的论述，我们继续看一下其他人对"节文"的疏解。赵岐注为："节文事亲从兄，使不失其节，而文其礼敬之容。"焦循疏为："太过则失其节，故节之。太质则无礼敬之容，故文之。"② 联系孟子这句话的语境，"知""节文""乐"三者是并列，相比较而言，焦氏"节其过，文其阙"的注解更为接近孟子的原意。杨伯峻先生在《孟子译注》中也将其译作："礼的主要内容是对这两者既能合宜地加以调节，又能适当地加以修饰。"③（案：着重号为引者所加。）而且这种对"节文"的疏解与船山"礼"—"理"的话语体系也是颇相契合的。世间万物的条理众多不一，不可能皆取为人所遵循，必有其不妥当的"过"处，这便需要以"礼"来"节之"；也不可能直接就为人所采纳，（如此与物还有什么区别？）其对人而言必有其"阙"处，这便需要以"礼"来"文之"。只有经过"节之""文之"之后的"礼"才是可以为人所接受的，但这并不意味着"礼"是对"理"的否定与排斥，而是说"理"必须经过"礼"这个程序化的处理才极有可能与人本身相协调，毕竟形成人这一躯壳的"气"早已与纯粹的"气"同源而殊途了，而且经过"礼"化后的"理"也已不是原来的"理"了。做一个不恰当的比喻，"礼"（化后的"理"）成为了可以随人自身因时因地而移动的"影子"（类似于准则），凭借着它我们得以端正自身的行为，同时也使其即"礼"（化后的"理"）本身得到完美。所以，那种出于对"礼"可能斲伤人性的考虑而产生的担忧在这里是不需要的。关于"礼"的这种设计我们可以看一下船山本人的相关论述。

---

① （南宋）朱熹：《朱子全书》（第六册），上海古籍出版社，2010，第167页。
② （清）焦循：《孟子正义》，中华书局，1987，第533页。
③ 杨伯峻：《孟子译注》，中华书局，2010，第168页。

"'礼'者，天理之节文、人事之仪则也。"① "礼"是对"（天）理"的"节文"，这一点上面已经讨论过；接下来主要讨论"人事之仪则"方面。"天命自然之理，因之以制典礼者也。"② "'礼'，谓制度品节也。"③ 对于人事的准则而言，礼最主要也是最重要的体现就是制度，制度的形成这本身就是"理"的"礼化"过程。"先王之制礼，法易简而天下之理皆得也。"④ 在这一过程中，遵循了我们所说的"抽象继承"原则，即船山此处所说的"法易简"，这也正是我们之前所说的"节之"。"养其生理自然之文，而修饰之以成乎用者，礼也。"⑤ 此外，当然还需要有"文之"的因素，也就是这里所说的"修饰之"，即根据人本身的特点而加以恰当的变通（"养其生理自然之文"），只有如此才可能形成一种有用的礼。既可以顾及个人的层面，也可以关涉到社会国家的层面。

  礼者，天理自然之则也。约而反身求之，以尽己之理，而推己之情，则天理自然之则著焉。⑥
  正己率物之教，盖即礼也。⑦
  "礼"者，动有矩度也。⑧

"（天）理"如果想要通过"礼"进一步表达出来，首先就需要落实在个体上。外在的行为践履要有可以依循的规范，内在的情感可以得到合理的调节；而且自我的这种规范还能够上升为一种群体性的矩矱，使"礼"在塑造自我的同时也能为他人所效法，这样也就可以自然地实现"理"（"礼"）在个人层面的表达。"故礼者，修己治人之大纲而治乱之准也。"⑨ 对统治者而言，礼除了作为修己治人的纲领之外，还是一种关系到整个社会国家治乱的准则。"礼者，大中至正之矩。"⑩ "'礼'者，

---

① （明）王夫之：《船山全书》（第七册），岳麓书社，2011，第266页。
② （明）王夫之：《船山全书》（第四册），岳麓书社，2011，第554页。
③ （明）王夫之：《船山全书》（第七册），岳麓书社，2011，第280页。
④ （明）王夫之：《船山全书》（第四册），岳麓书社，2011，第1420页。
⑤ （明）王夫之：《船山全书》（第十二册），岳麓书社，2011，第487页。
⑥ （明）王夫之：《船山全书》（第六册），岳麓书社，2011，第821页。
⑦ （明）王夫之：《船山全书》（第六册），岳麓书社，2011，第1216页。
⑧ （明）王夫之：《船山全书》（第六册），岳麓书社，2011，第1152页。
⑨ （明）王夫之：《船山全书》（第四册），岳麓书社，2011，第256页。
⑩ （明）王夫之：《船山全书》（第四册），岳麓书社，2011，第244页。

立国之大经大法。"① "'天下之礼'，谓君臣上下之大经。"② "礼"作为个体遵循的规范之所以能够进一步推广为一种为整个社会都接受的准则，就在于其本身就是立国的必要；作为国家的"大经大法"，就已从单纯的个人行为准则超越成君臣上下得以维系的保证。此外，船山还谈到了礼对婚姻的要求："礼为天理之经，则不容不守礼以为婚姻之正也。"③这是因为在古代中国，婚姻不仅仅只是个人范围内的事，还具有一种特别的超出个人之外的意义，关乎整个"礼"的运行。《礼记·昏义》④中记载："男女有别，而后夫妇有义；夫妇有义，而后父子有亲；父子有亲，而后君臣有正。故曰：昏礼者，礼之本也。"孔颖达疏为："夫妇昏姻之礼，是诸礼之本。"可以看出，婚姻之礼是维系家国同构的基础。另外，昏礼在八礼之中的地位也是非常重要的。"夫礼，始于冠，本于昏，重于丧、祭，尊于朝、聘，和于射、乡。此礼之大体也。"郑玄注："本，犹干也。"孔颖达疏为："因婚礼为诸礼之本，遂广明礼之始终。始则在于冠、昏，终则重于丧、祭，其间有朝、聘、乡、射，是礼之大体之事也。"⑤ 婚姻之礼还是整个人道之礼得以展开的起点。但是，造成昏礼的这种合法性依据最终还是要归到"（天）理"上，这一点是需要我们注意的。

　　"礼"是作为"理"的节文而存在，而且礼的合法性还要最后归到"理"上，这正是我们之前所说的天（理）人（礼）合于"一本"。在论述了"礼""理"相贯之后，我们可以看一下船山关于这点的直接论述。"要其出于天而显于日用者，曰礼而已矣。故礼生仁义之用，而君子不可以不知天。"⑥ 所谓的礼"出于天"是说礼出于天理，这是礼—理相贯的延续。君子如想要发挥仁义（二者皆为礼所衍出）的大用，就不可以不知天（理），根本原因也在于此。值得注意的是，船山这里所用的"天理"的指向是有别于宋儒所说的含义的，其应该包括两层意味：一是本一之理，一是礼化后的理。前者侧重于体之理，后者侧重于用之礼，只有将这两方面的意思都考虑进来，才能理解他的相关论述。

---

① （明）王夫之：《船山全书》（第四册），岳麓书社，2011，第351页。
② （明）王夫之：《船山全书》（第四册），岳麓书社，2011，第630页。
③ （明）王夫之：《船山全书》（第八册），岳麓书社，2011，第754页。
④ 陆德明引郑玄曰："《昏义》者，以其娶妻之义，内教之所由成也。"（〔东汉〕郑玄注，〔唐〕孔颖达疏，吕友仁整理：《礼记正义》，上海古籍出版社，2008，第2273页）
⑤ （东汉）郑玄注，（唐）孔颖达疏，吕友仁整理：《礼记正义》，上海古籍出版社，2008，第2277页。
⑥ （明）王夫之：《船山全书》（第六册），岳麓书社，2011，第463页。

> 人之有情皆性所发生之机，而性之所受则天地、阴阳、鬼神、五行之灵所降于形而充之以为用者，是人情天道从其原而言之，合一不间，而治人之情即以承天之道，固不得歧本末而二之矣。①

因为礼出于天（理），所以礼借以行于其中的性情也是出于天（理）的，船山称二者是"合一不间"，所以在处理人（道之礼）的性情时应该以顺承天道（之理）为基础和准则，否则就会有割裂本末的嫌疑。"诚也，礼之本也。"② "本末一致，而末自本生。"③ "因天之化，尽人之能。"④ 天（理）人（礼）虽同源于一本之理，但二者的地位不相等同，也有本末的差异。相比较而言，当然是天（理）之"诚"为本，人（礼）为末，人（礼）由天（理）而生（"末自本生"）。所以，在尽人（礼）之用时还要能因循天（理）固有的变化与法则。"天之时、地之义为先王制礼之本原，则三代之英载大道之公以行，益可见矣。""承天治人，通大道为公之意而建之为礼。"⑤ 古圣先王制作礼法时也正是按照这样的准则，把天道固有的时节与地道固有的时义结合起来考察作为了制礼的本原，并本着上以奉承天道、下以治理万民的公意来实行王道（的礼法）政治。

三 以礼主欲

论述礼—理相贯，其实是在阐明崇天理这一面；除此之外，还有去人（情）欲的一面。学界关于船山的理（礼）欲观大体有两种不同的看法，一种观点认为船山重"欲"，正因为这一点，船山的思想也就被有些学者认为是具有了某种近代性的启蒙意义；一种观点则主张把船山放到整个宋明理学的思想坐标体系中来加以把握，认为在船山思想中所讨论的主要问题依然是宋明儒者所关心的话题。⑥ 我们这里对理（礼）欲关系的论述基本上是遵循着后一种观点的思路而加以展开的。

---

① （明）王夫之：《船山全书》（第四册），岳麓书社，2011，第561页。
② （明）王夫之：《船山全书》（第六册），岳麓书社，2011，第617页。
③ （明）王夫之：《船山全书》（第四册），岳麓书社，2011，第1471页。
④ （明）王夫之：《船山全书》（第四册），岳麓书社，2011，第543页。
⑤ （明）王夫之：《船山全书》（第四册），岳麓书社，2011，第542页。
⑥ 持前一种观点的主要学者有国内的侯外庐、萧萐父、姜广辉及日本的岛田虔次、荒木见悟；持后一种观点的主要学者有嵇文甫、陈来。

第三章 遵礼之理：船山遵礼之现实依据

> 先王制礼，既承天道，抑顺人情。①
> 先王本天道以治人情，故礼行政立而无不宜也。②
> 本天道以尽人情，则物之性亦尽。故礼成而瑞应之，盖天人一致之征也。③

从船山的叙述中，可以看出，无论是"礼"的制定，还是"礼"的实行，或者是"礼"的完成，总是需要考虑到两个方面：一是"天道"，即我们所说的天理；一是"人情"，即我们所说的情欲。前者与宋儒所言的天理观相一致，我们易于理解和接受；后者则是船山的独创，但这并不意味着他对天理（礼）的忽视。

> 《记》曰："礼始于饮食。"又曰："饮食男女，人之大欲存焉。"天理之节文，不舍人欲而别自为体；尽其宜、中其节则理也，弗知觉察而任之焉则欲也，亦存乎心之敬肆而已矣。④

"天理之节文"也就是"礼"（这一点我们在前面曾有过论述），而且礼不能在欲之外自为一体。礼（理）与欲的差异只在于：礼（理）是欲的合宜恰当的表达，欲则是对礼（理）的忽视及其自身的一度放纵，二者说到底就是指心灵处于一种怎样的状态——是恭敬而有礼，还是放肆而不知节？船山以肯定欲的形式来肯定礼，这个角度只是他体用一贯之观点在礼欲这个问题上的体现而已，同时也是其道器观思维在礼欲观上的反映。一方面重视人欲的优先性与合理性，指出欲不可以被取消，只能被合理恰当地加以引导，而且礼是行于人欲之中的，礼欲相即不离；⑤另一方面在承接着礼行于欲中的同时又强调欲主于礼，礼随欲变，犹如他对道随器变的阐释一样，这一点稍后将会论及，我们先看他关于礼行于欲中的论述。

---

① （明）王夫之：《船山全书》（第四册），岳麓书社，2011，第569页。
② （明）王夫之：《船山全书》（第四册），岳麓书社，2011，第566页。
③ （明）王夫之：《船山全书》（第四册），岳麓书社，2011，第565页。
④ （明）王夫之：《船山全书》（第四册），岳麓书社，2011，第50页。
⑤ 就第一方面的观点而言，章启辉老师曾有过明确的总结："即人欲说礼是船山礼学的重要特征。首先，他充分肯定人的情与欲，因此而否定宋明理学的'性善情恶'。""（船山）不舍人欲以别言礼。"但就第二方面的观点而言，似乎并没有论述。然而，正是从后者的意义上看，可以说，船山的思想依旧是宋明理学的继续展开与新的创发。（章启辉：《旷世大儒——王夫之》，河北人民出版社，2001，第94—95页）

"礼虽纯为天理之节文,而必寓于人欲以见。""故终不离人而别有天,终不离欲而别有理也。"① 礼"寓于"人欲之中,这里的"寓于"不是一种外在的被包含,如水中杯中一样,所以船山才说不是在欲之外还有一种礼(理)去制服它;而是一种内在的被涵摄,强调礼(理)是一以贯之于人欲之中的那个原则。这也就意味着,如果礼(理)、欲被看成是两种作用的话,那么双方将始终处于一种相互制衡的状态中。从存有论的角度看,欲的存在与否直接决定着礼(理)的存在与否,这就打破了宋儒一直以来喜欢单独言理的思维模式;从功能论的立场出发,礼(理)又无时无刻不规约着欲的展开,这样便补救了宋儒总是消极言欲的偏颇。综而论之,欲的存在是礼(理)之可能的基础,礼(理)的功能是欲之展开的前提。这也就直接否定了那种认为只有除尽人欲才能恢复天理(礼)的观点。

> 礼者,天理之节文也。识得此理,则兵农礼乐无非天理流行处。……倘须净尽人欲,而后天理流行,则但带兵农礼乐一切功利事,便于天理窒碍,叩其实际,岂非"空诸所有"之邪说乎?②

依照船山的看法,兵农礼乐都可以被看作是理(礼)发挥效用即流行的场所;如果依照只有"净尽人欲,而后天理(才能)流行"的观点,那么包括兵农礼乐在内的一切功利之事不仅不能有所功效,而且它们本身作为天理流行的障碍都应该被取消。人欲虽然在船山这里得到了一种肯定,但是他所肯定的欲绝对不是纵欲,而是一种公欲。"天理人欲,只争公私诚伪。如兵农礼乐,亦可天理,亦可人欲。"③ 船山此处的措辞表达是有点问题的,因为在他的思想中,理(礼)"欲"二者是无所谓对立的,"理(礼)"寓于"欲"中。所以准确来讲,他在这里真正想表达的应该是天理所反映的公欲与人欲所反映的私欲,二者只是公与私或诚与伪的区分。兵农礼乐的功利之事既可以因遵循天理的准则而成为合理的公欲,也会因任意放纵而沦为一己的私欲。"于此声色臭味,廓然见万物之公欲,而即为万物之公理。"④ 有礼法作为声色臭味的规约,这显然表达了一种人我对万物共同追求的公欲诉求,同时也是对万物本身之理

---

① (明)王夫之:《船山全书》(第六册),岳麓书社,2011,第913页。
② (明)王夫之:《船山全书》(第六册),岳麓书社,2011,第765页。
③ (明)王夫之:《船山全书》(第六册),岳麓书社,2011,第765页。
④ (明)王夫之:《船山全书》(第六册),岳麓书社,2011,第913页。

则的一种顺应。"礼本易知易行,特私欲横行则邪说得以中之耳。"① 这种公欲的诉求之所以一直没有能得到实现就在于私欲对公欲的僭越与侵犯,公欲、私欲对人而言只是两种不同的选择而已,到底选择哪一种价值取向,最终的决定权还要由人自身来抉择。如此也就不难理解"礼"对于人虽然是易知易行的,但人却不能去践履;"理"对于是人易明易法的,但人也无法去遵循:所有的原因最后都可以归为只是私欲的横行、邪说流言的广行而已。"诚之未至,人欲间之。"② 实理(之"诚")经过礼化之后不能对人起到其应有的作用就是因为人欲中私欲的成分对其产生了某种破坏性的作用,将天(理)—人(礼)这条一贯的线索中断了。因此,如果想要重新复见天理,就必须对人礼有所因循,而对礼的因循就是对私欲的节制。节欲才能循礼,循礼才能存理。③

以礼节欲的人道观其实是对以理主气的天道观的直接反映。气虽然作为理的寄托与寓所,但其本身的运行即气之所以能够化生万物的根据则在于理上。船山"希张横渠之正学",表明他明确地将气学作为自己哲学的阐发形式,这同时也就对宋儒过度言理的偏颇有所补救,但是并不能以此而否定船山对理的重视。其实他对气、理是并重的,这主要来源于他"乾坤并建"的易学思想,只是在不同的层面上有所强调而已,之前我们对他"道器观"的分析就是一个很好的说明。这种思维方式还进一步表现在他的礼欲观上。礼因欲显,一方面固然是在表明欲具有一种必然的优先性与合理性,一方面也暗含了在欲之彰显的同时必须有礼的参与,正如气在化生万物的过程中,理是其秩序的表达一样。在有礼参与其中的这种层面意义上的欲正是船山所重视的"公欲",对此他是肯定的。因此,欲由私而公或者由私欲而公欲的一个最关键的因素就在于有礼以"节"。"礼原天理之至者为喜怒哀乐之节,所以闲邪而增长其才之善者,以之立身而应物,无不得也。"④ 礼既然是天理的体现,主宰、制衡、约束、规范之意也就是其固有内涵,只不过礼并不像理那样是表现在对天道之气的作用上,而是体现在人道上,即对喜怒哀乐的作用上;就此而言,礼主要是防其过度的放纵("闲邪"),以此达到情的合宜表达("增长其才之善")。

---

① (明)王夫之:《船山全书》(第四册),岳麓书社,2011,第257页。
② (明)王夫之:《船山全书》(第四册),岳麓书社,2011,第1293页。
③ 此处对"欲"—"礼"—"理"的论述与陈来先生用"存理遏欲"来概括船山的理欲观有其一致之处,唯一的区别在于,陈是直接"理""欲"并言,没有涉及"礼"的因素。(可参看其书《诠释与重建》,北京大学出版社,2013,第五章第三、四节)
④ (明)王夫之:《船山全书》(第四册),岳麓书社,2011,第580页。

> "节",喜怒哀乐自然之准也。万物之理切乎人用者,人心皆固有其则,以饬吾喜怒哀乐之用。苟昧其节,则好恶偏而不足以尽物理之当然矣。节之所著,则礼是已,故欲察物者必反求诸心,因其本然之节以率由乎礼,乃使物之情理毕著而唯吾之用。①

"节"作为喜怒哀乐得以规范的一种准则,这一作用便是礼本身的体现。可以说,礼的节之用正表明了人对理则的掌握能力。喜怒哀乐之情的恰当表达,就是人对其中合适之度的把握;此外,万物之理能够为人所用,也需要经过礼的节制,这种意义上的节制不是消极性的,而是一种为了追求合适性与恰当性的积极,也就是我们之前一直所说的"理经过礼的程序化"或者"礼化后的理"。因为我们并不就是直接与理相沟通(虽然本质上而言是如此),而是经过礼的作用来体现和实现。因此,要使得包括人在内的万物的情与理得到一种妥善的安置,必须是求之于人道的礼来加以节制。这里看起来船山是在讨论万物的情与理,其实是在讨论人。"万物之理切乎人用者,人心皆固有其则,以饬吾喜怒哀乐之用。"这是在说,人心之灵得以对万物之理有所发用的最后目的就在于对自我喜怒哀乐之用有更加切己的体会;"苟昧其节,则好恶偏而不足以尽物理之当然矣"。一旦不能恰当地把握万物的尺度与理则,人本身的喜怒哀乐好恶之情便会出现偏颇,意味着礼之节的效果没有很好地发挥出来,也就同时是对天理体认的失败。船山的这种看起来颇为复杂的表达,究其实质而言,还是中国文化一直所强调的以提升主体自我道德修养为主的特色的体现而已。因此,礼之"节"的作用就体现为两个方面的工夫:一方面是使得对万物之理的认识蒙上了一层浓厚的伦理学色彩,即"理"要经过"礼化"之后才可能真正进入到人的世界,也就是说,"理"之意义的显现只有通过"礼"这种途径才有可能被人接受,也就不存在那种类似于西方的专门以探讨万物之理为目的的本体论和认识论,二者虽然在表面上都体现为要把握万物的"理",但在与"理"相接触的过程中却呈现出了不同的处理方式与价值取向;由此也就引出了对另一方面的关注,礼之"化"与礼之"节"的关系,即如何从体认物之理转化到对人之礼修养的提升上并能够进一步深入地体认到天人本合。"礼

---

① (明)王夫之:《船山全书》(第四册),岳麓书社,2011,第604—605页。

者，以达情者也。礼立则情当其节，利物而和义矣。"① 礼最终的落实点有一个非常重要的方面就是实现对人情的通达。有礼作为准则，不仅意味着人自身的情有可能处于一种恰当的平衡状态，而且在处理与万物的关系时也能够实现人物之间的合宜，这样就达到了利物和义的目的。"利物而和义"这一点应该是受到了《周易》思想的影响，《文言》记载：

> 利者义之和也。
> 利物足以和义。
> "利者义之和"者，言天能利益庶物，使物各得其宜而和同也。
> "利物足以和义"者，言君子利益万物，使物各得其宜，足以和合于义，法天之"利"也。②

船山的相关论述为：

> 欲恶藏于心而善恶隐，人情亦至变矣。乃先王齐之以礼，既不拂人之情，而于饮食男女之事，使各获其应得，其于死亡贫苦之故，又有以体恤而矜全之；至于非所欲而欲，非所恶而恶，则虽饰情以希求而终不可得，则变诈不售，而人皆显白其情以归于大同矣。此先王所以治人之情，不待刑罚，而天下国家自正也。乃其节文等杀之不忒，则一本诸天道之自然，故治人之情而即以承天之道，其致一也。③

这段话就包含了两方面的工夫。天地流行的天道与万物运行的自然之理是人道之礼的根本来源，反过来讲，天道之理必须转化成有秩序的礼，才能体现其对人道的根本制约作用，否则无论是在理论的构建上还是在德性的践履上都很容易流入像道家一样的空虚把捉与佛教一般的苦思冥想，这一点就是我们所说的以"礼"化"理"，把普遍的"理"对气的主宰作用具体落实到"礼"对人的规范上。这是其一，其二是就人本身的"情"而言。船山主张，不能拂乱人所固有的情，对于"饮食男女""死亡贫苦"这些基本的需求，应该有一种恰当的、合理的安顿方式，于"饮食男女之事，（应）使各获其应得"，于"死亡贫苦之故，（应）

---

① （明）王夫之：《船山全书》（第四册），岳麓书社，2011，第559页。
② 李学勤主编：《十三经注疏·周易正义》，北京大学出版社，1999，第12—13页。
③ （明）王夫之：《船山全书》（第四册），岳麓书社，2011，第560页。

以体恤而矜全之",这体现了"礼"之积极方面的"文"的作用,强调增饰。"夫人无不可以得食,而鲜可以得礼,则不容不崇礼以为饮食之节也。"① 需求只是得到了满足,并不就表明人道的挺立,故而必须在"饮食"的基础上加以"崇礼"的工夫,方可使礼有所体现。对于"非所欲而欲,非所恶而恶,虽饰情以希求而终不可得"的这些超出限度之外的私欲也应该有一种能为人所接受的、适宜的处理方式,而绝非采取那种直接的否定,这体现了"礼"之消极方面的"节"的作用,重视调节、制约。二者兼具才能更加突显出先王隆礼以显人道的全面考量:既包含有对人道的认可,主要是对人本身情、欲的肯定;又同时保持了对天道应有的敬畏,也就是对天理的高扬("治人之情而即以承天之道")。一直以来,我们认为船山重视人的情与欲是对宋明理学的纠偏。其实,如果深入考察他这一思想的最终指向就会发现,就表面浅层的理—欲对立结构这一点而言,船山确实是对宋儒理欲观的纠偏;但就深层次的追求天—人一体的价值而言,他们的主张又是颇为一致的。"礼制之品节尽人情而合天理者,一因于道之固然而非固为之损益。"② 在船山的思想脉络中,"礼"的品节属性虽然可以达到"尽人情"的作用,但"礼"本身制定的价值指向并没有最终落脚到人的"情"上,换句话说,礼对情所固有的损益行为本身乃是顺承于"道"的原则,是为了使人的情(及欲)和合于天理。而且表现在具体的、特殊的个体上的"情"总是相差悬殊,呈现为千种万别,犹如西方康德哲学中所说的现象界,无论如何它们自身是不可能实现综合的,而且以一种取消它们的否定方式来实现统一,这一点是船山所极力反对的。所以,他虽然肯定情欲,但绝没有把对情欲的肯定作为最后的意义之所在,而是提出了更高的价值追求,也就是他所说的"人皆显白其情以归于大同",这里的"大同"不是别的,正是我们所说的天理,"归于大同"只是尊崇天理的另一种表达。因为天理才是天(理)人(欲)一本之理的最高根据。关于这一点船山有明确的表达:

> 礼必本于大一。
> 先王制礼,既承天道,抑顺人情。
> 天道人情合一之理,明人之有情,率原于天道之自然,故王者

---

① (明)王夫之:《船山全书》(第八册),岳麓书社,2011,第754页。
② (明)王夫之:《船山全书》(第四册),岳麓书社,2011,第579页。

必通其理以治情，而情无不得，则礼之所自设，深远普遍而为生人之急者，其愈明矣。①

礼所本于的"大一"就是我们之前所说的"本一"或者"一本之理"，即天地万物最根本的那个道。正因为如此，所以人也要遵循这个"一本之理"，而且人所具有的情本身也就是这个"本一"的某种体现。这样看来，取消"情"在某种意义上说是对根本"大道"的违背，但只是停留在放纵情的层面也还并不就是对"大道"的承继；想要真正地"既承天道，抑顺人情"，还要回到"礼"上，这样便可以既通达于天道的根本之理又对人道的性情有所调治。"'道'，谓通变宜民之理，所以调治人情而引之正也。"② 可以看出，船山重视人的情与欲，与他强调"气"的气学立场有其一致性；但不应该被忽视的是，他同时又强调了"理"对"气"的宰制作用，反映到他的"道器观"上就是要重视"道"的重要性：

> 人或昧于其道者，其器不成，不成非无器也。③
> 尽道所以审器，知至于尽器，能至于践形，德盛矣哉！④
> 治器者则谓之道，道得则谓之德。⑤

如何把握"道"，不仅仅只是一个怎样处理道器如此简单的问题，而是直接关系到了个体的德性修养，与之相同的就是船山如何看待情及欲与理（礼）的关系。结合以上的分析可以看出，船山固然坚持"欲"的合法性存在，但"欲"的有效性运行则需要以理（礼）作为其规范的原则，因为"天人本合"之所以在人道方面没有起到其应有的作用就在于私欲的出现，隔断了天人一体的诚（"推天人之本合，而其后，人遂有不诚以异乎天者，其害在人欲"⑥)，所以想要重新恢复"天人本合"的秩序，必须有一种制约因素参与其中，这便是"礼"。而且也正是在这种规范的意义上才可能实现人的德性的提升与价值的实现，从而为遵礼的有效践行提供一种在人欲基础上的必要性。

---

① （明）王夫之：《船山全书》（第四册），岳麓书社，2011，第569页。
② （明）王夫之：《船山全书》（第四册），岳麓书社，2011，第1030页。
③ （明）王夫之：《船山全书》（第一册），岳麓书社，2011，第1028页。
④ （明）王夫之：《船山全书》（第十二册），岳麓书社，2011，第427页。
⑤ （明）王夫之：《船山全书》（第一册），岳麓书社，2011，第1028页。
⑥ （明）王夫之：《船山全书》（第六册），岳麓书社，2011，第543页。

四 小结

综上所述，船山认为天人合于"一本之理"，这在根本上为人必须遵礼提出了一种范导性的制约要求。表现在人道的礼上就意味着"礼"并不是由虚无中产生而来，而是实实在在的气之"理"的"节文"。一方面，"气"为"理"的存在或者说"器"为"道"的存在提供了内在而非外在的合理性依据，二者是一种一而二、二而一的关系，与之相似，"欲"及"情"也为"礼"的产生奠定了人性论的依据，这就说明在船山的看法中，"欲"及"情"是以作为"礼"的存在基础而得到肯定的；"气""器""欲"及"情"虽然具有存在意义上的优先性，但另一方面，"理"对"气"或者"道"对"器"却具有主导性的作用，与之相同，"礼"对人的"欲"及"情"也具有某种规约性的作用。可以清晰地看出，由天而人，体现了船山一以贯之的思维方式与价值追求，从而完成了他对遵礼之理在情与欲方面的论证。

第三节 弘人之道：贞天道尽人道

船山除了从"礼"能辨人禽、夷夏以及崇理节欲的角度来论述遵礼的必要性之外，还有一个最根本的考虑，他认为"礼"是弘人之道的关键。人道的可能性最终指向了"礼"，这就进一步揭示出船山对于人道之礼的独特认识，因为礼具有本于天地的属性，所以礼也就成了天—地—人能够沟通的重要"媒介"与依据，从而使天道的真正显现得以通过人道之礼而最终完成。此外还需要提及的是，我们在讨论船山"气化流行"的气本论时，曾明确提到，气化过程的多样性与层次性使人所禀赋的气具有了特殊性，直接推导出人才是最终的依归这一结论，意味着在人之前的一切过程都只是作为人的"前件"而具有其价值性，人（之后）的一切努力又是作为了人自身的"后（件）"而具有其有效性。这一本体论探讨的意义体现在遵礼之理上就是要强调人道本身以及其对天道的重要性。所以，我们就先对船山"道因人生"的思想进行论述，即天道最终要落实到人道上，接着再阐释人道之礼"本于天而殽（效）于地"的特质，然后指出这两方面因素的最终指向：弘人道以遵礼。

一 天理人礼因人以显

"道"这一范畴在中国古代的思想中扮演着非常重要的角色，但其具体的指向是什么，却众说纷纭、莫衷一是，正如《老子》开篇中所提示的那样："道可道，非常道；名可名，非常名。"① "道常无名。"② 然而有一点是十分明确的，即古人言"道"总是着眼在"（实）有"的意义上，而非于"（虚）无"中言"道"。因此，"道"虽然包含有"天道""人道"两个层面，但其主要的内涵却是"人道"，然而这并不意味着"天道"与"人道"处于一种对立的互斥之中；相反，言"人道"的同时也可以言"天道"，因为"人道"之中完全可以涵摄进"天道"，即以"内在的超越"为根据，再进而超越到"外在的超越"，并且两者相比较，对人来说"人道"也更易于把握，毕竟"天道远，人道迩"③，这种不同于西方思维模式（甚至在其看来是一种悖论）的表达其实反映了中国古人对"天—人"关系的一种独特认识。船山对"道"的理解也是如此，他虽然偶尔也在"天道"的层面上言"道"，但最终还是要回归到"人道"上："道者，专以人而言也。"④

明确了船山对"道"的理解偏重于"人道"这一点之后，我们就可以进一步展开对他这一思想的论述了。

> 天地之大德者生也，珍其德之生者人也。胥为生矣，举蚑行喙息、高骞深泳之生汇而统之于人，人者天地之所以治万物者也；举川涵石韫、勇荣落实之生质而统之于人，人者天地之所以用万物者也。胥为人矣，举强武知文、效功立能之生理而统之以位，位者天地之所以治人也；举赋职修事，劝能警惰之生机而统之以财，财者天地之所以用人也。⑤

天地能够化生万物，这固然是天道德性的一种表现，但唯有人可以将这种德性彰显出来。也就是说，天道流行所采取的是一种幽隐的自然方式，大道无形，不容易为人所察觉，所以要借人道来实现化成天下的最终目的，也就是船山这里所说的"天地之所以治人"与"天地之所以用人"；与天道流行的方式不同，人道所采取的是一种明显的人文形式，正如引文中船山所概括的"人治万物"与"人用万物"。"仁义

---

① （魏）王弼著，楼宇烈校释：《王弼集校释》，中华书局，1980，第1页。
② （魏）王弼著，楼宇烈校释：《王弼集校释》，中华书局，1980，第81页。
③ 杨伯峻：《春秋左传注》，中华书局，1981，第1395页。
④ （明）王夫之：《船山全书》（第六册），岳麓书社，2011，第462页。
⑤ （明）王夫之：《船山全书》（第一册），岳麓书社，2011，第1034页。

礼是善，善者一诚之显道也，天之道也。唯人为有仁义礼之必修，在人之天道也，则亦人道也。"① 我们将此处所引原著的前半部分标点稍微加以改动，或许能够更为清晰地表达船山的意思："仁义礼是善。善者，'一诚'之显道也，天之道也。"对人道而言，仁义礼是其修养的主要内容之一，船山称之为"善"；并进一步指出，"善"正是"一诚"之"天道"显现。这就更加明确了船山言"道"偏重"人道"且兼言"天道"即以"人道"显"天道"的思想。有关这一点，我们可以再看一下他的相关论述：

> 天地之化，与君子之德，原无异理。天地有川流之德，有敦化之德，德一而大小殊，内外具别，则君子亦无不然。天地之化、天地之德，本无垠鄂，唯人显之。人知寒，乃以谓天地有寒化；人知暑，乃以谓天地有暑化；人贵生，乃以谓"天地之大德曰生"；人性仁义，乃以曰"立天之道，阴与阳；立地之道，柔与刚"。②

天地的川流、敦化之德有待于人才能"显之"，这并不是说，没有人的存在也就没有天地之化的作用存在，而是说，天地的大道只有在价值的层面上才可以被称为"有"，隐幽的"道"是被价值这一束光所照亮的；如果没有价值这个视阈，天地之德就只能是"无"，永远处于一种浑沦的"暗"的状态，它自身是不能得到进一步显现的。但价值却又是与人的天生本性有着密切的关联（"唯人为有仁义礼之必修""人性仁义"），所以就此来讲，恰恰如船山所一直强调的"天地之化、天地之德，本无垠鄂，唯人显之"，"道有其秩叙，而人始成其为人；人有其知能，而道始显其为道"，"以明道而道大明，以行道而道大行"。③ "道"除了它的隐显性、有无性与人有其必然的关联之外，"有"的程度与"显"的程度也与人的努力有着不可分割的关系；或者甚至就可以说，"道"本身是无所谓隐显、有无、明暗、大小的，一切可能的基点都在于人。

船山以"人（道）"言"（天）道"的思路还与其对"道""性"关系的讨论有关（"道""性"作为中国思想史上尤其是宋明理学中最重要的思想范畴之一，船山当然有其独到的认识，对其详加疏解并非此文〔至少是此处〕的侧重，所以这里就不准备具体地展开对此两范畴的讨

---

① （明）王夫之：《船山全书》（第六册），岳麓书社，2011，第533页。
② （明）王夫之：《船山全书》（第六册），岳麓书社，2011，第706页。
③ （明）王夫之：《船山全书》（第七册），岳麓书社，2011，第857页。

论，只拟对二者的关系做一简单的论述，能够借以说明船山依"人〔道〕"而言"〔天〕道"的思路即可），"（人）道"出于"性"，"性"又禀自"天"，故而天人相济而以人为依。

> 夫道何所自出乎？皆出于人之性也。性何所自受乎？则受之于天也。天以其一真无妄之理为阴阳、为五行而化生万物者曰天道。阴阳五行之气化生万物，其秀而最灵者为人，形既成而理固在其中，于是有其耳目则有其聪明，有其心思则有其智睿；智足以知此理，力足以行此理者曰人道。是人道者，即天分其一真无妄之天道以授之，而成乎所生之性者也，"天命之谓性"也。由此言之，则性出于天。人无不生于天，则性与生俱生，而有一日之生，则一日之性存焉，人固宜法天以建极矣。于是，而有道焉，则率循此性之谓也。率其阴之至顺者，则能知之道出焉；率其阳之至健者，则能行之道出焉；率其五行之理气各成其能者，而仁义礼智信之道出焉。乃应以事而事无不宜，处物而物无不当，是人之所必由者也。由此言之，则道因乎性。人莫不有其性，而性本具道，则道之所从立，即性之所自显焉，道固本性而不可违矣。①

此处尽管也涉及"天道"，但并不是论述的重点，重点还是"人（道）"。"（人）道出于人之性"暗含了两层意思在内：人道与人性有关联（"〔人道〕成乎所生之性者"），而人性又与天道有关联（"性出于天"），所以，人道与天道也就有了关联（"人无不生于天"）。"性"成为沟通天—人之间的一个关键因素。在中国思想史上，船山言"性"自有其特色，但这里拟只在天—人的脉络中对其加以把握。"人无不生于天，则性与生俱生，而有一日之生，则一日之性存焉。"说明"性"的成与人的"生"相存不离，"生"既然是有待完成的，那么"性"也就不是一次性被"天"所赋予，在这个意义上讲"性善"与"性恶"都是不准确的。"性"所具有的这种非先天的属性规定了"道"不是一种实体性的存在，可以终究为人所把捉到；而是一种无止境的、永恒的等待不断开显的存在，如此也就可以理解船山所说"明道而道大明，行道而道大行"的深刻意蕴。道不是自己生成的，一定需要有人的参与，所以船山才要强调：

---

① （明）王夫之：《船山全书》（第七册），岳麓书社，2011，第105页。

"物之有道，固人应事接物之道而已。是故道者，专以人而言也。"① "应以事而事无不宜，处物而物无不当，是人之所必由者也。" "道"必须专就人而言才能体现出它的重要性。"人以载道，而道因人生，则道不远人矣。"② "人莫不有其性，而性本具道，则道之所从立，即性之所自显焉，道固本性而不可违矣。"这种重要性就表现为人通过对自身"性"的不断彰显来实现对道的把握，因此，"道"作为不可违背的人之"本性"而存在，就此而言，此"道"已经不能被纯粹地认为是"天道"，而是具有了浓厚的"人道"色彩，恰如《论语》中所说的："君子务本，本立而道生。孝弟也者，其为仁之本与！"朱子以"仁道"言"道"（"仁道自此而生"）③，钱穆以"人道"言"道"（"所谓道，即人道"）④。唯有如此，才可以更好地理解船山所言"道因人生"与"道不远人"的深刻内涵。

之前我们曾讨论过船山"礼"以辨人禽的思想，因"礼"为人道的主要内容，所以船山也有直接以"（人）道"辨人禽的论述。

> 物不可谓无性，而不可谓有道，道者人物之辨，所谓人之所以异于禽兽也。故孟子曰"人无有不善"，专乎人而言之，善而后谓之道；泛言性，则犬之性，牛之性，其不相类久矣。
>
> 禽兽，无道者也；草木，无性者也；唯命，则天无心无择之良能，因材而笃，物得与人而共者也。⑤

船山比孟子更为深入，从"性善"推进至"道"的层面，这与其"（道）皆出于人之性"的论述也是颇为一致的。但他的有些论述似乎与这一表达有相冲突之处："物不可谓无性。""禽兽，无道者也；草木，无性者也。"也就是说禽兽也是有性的，这是否意味着以"性（善）"或者以出于"性（善）"的"道"（"善而后谓之道"）来辨别人禽失去了其合法性与有效性呢？不然。因为严格来讲，禽兽之性不可谓之为性；即使是"性"，也是一种"不德之性"，即不具有"善"之基础的"性"，与能够化生出"道"的"（人之善）性"相比，还有很大的区

---

① （明）王夫之：《船山全书》（第六册），岳麓书社，2011，第462页。
② （明）王夫之：《船山全书》（第七册），岳麓书社，2011，第135页。
③ （南宋）朱熹：《朱子全书》（第六册），上海古籍出版社，2010，第68页。
④ 钱穆：《论语新解》，九州出版社，2011，第5页。
⑤ （明）王夫之：《船山全书》（第十二册），岳麓书社，2011，第112页。

别。所以，尽管承认禽兽有"性"（何况其还没有真正意义上的"善性"），也并不会影响君子存人道辨禽兽："君子之学尽人道以异于禽兽者，此而已矣。禽兽有新而无故，故犬牛皆谓之性，而为不德之性。德者得于心也。"① 以"道"辨人禽在船山的论述中并不少见，比如：

> 夫人之所以异于禽兽者，以其知觉之有渐，寂然不动，待感而通也。若禽之初出于㲉，兽之初坠于胎，其啄龁之能，趋避之智，啁啾求母，呴嚄相呼，及其长而无以过。使有人焉，生而能言，则亦智侔雏䴘，而为不祥之尤矣。是何也？禽兽有天明而无己明，去天近，而其明较现。人则有天道（命，原注），而抑有人道（性，原注），去天道远，而人道始终持权也。耳有聪，目有明，心思有睿知，入天下之声色而研其理者，人之道也。聪必历于声而始辨，明必择于色而始晰，心出思而得之，不思则不得也。岂蓦然有闻，瞥然有见，心不待思，洞洞辉辉，如萤乍耀之得为生知哉！果尔，则天下之生知，无若禽兽。故羔雏之能亲其母，不可谓之孝，唯其天光乍露，而于己无得也。②

从以"礼"辨人禽到"（人）道"以辨人禽，这一思路所揭示的仍然是人（道）以显（天）道的这条线索。同样是作为天道化生万物过程中的一系，人之所以想要也之所以能够辨于万物的根据何在？最为合理的解答应该是："唯有人是天地之心，人才具有理解及诠释的能力，由理解、诠释而批判、改造，人创造了一个宽广的历史天地。"③

二 礼本天地以贞天道

（一）"人道"即"礼"

船山对"人（道）"以显"（天）道"的论述只是其理路进程中的一个环节，在已经清楚地把握了这一点之后，接下来我们则需要将这种关系具体化。"内外交养之道，天之所以化育万物，人之所以修德凝道，皆此而已矣。"④ 这里的"道"显然指的是"人道"，"修德凝道"也就意味着船山所说的"（人）道"与德性、德行有着密切的关联，这样意

---

① （明）王夫之：《船山全书》（第四册），岳麓书社，2011，第1302页。
② （明）王夫之：《船山全书》（第六册），岳麓书社，2011，第852页。
③ 林安梧：《王船山人性史哲学之研究》，东大图书公司印行，1991，序言。
④ （明）王夫之：《船山全书》（第四册），岳麓书社，2011，第580页。

义上的"（人）道"只能是"礼"。如果这里的暗示还不是很明确的话，我们可以考察一下这一则材料：

> 命本于天，效于地，而天地之间兴有作，以变化生成万物，则唯山川之兴云雨以承天地而起德业也，故因其理而制山川之祀以通幽明。于是天子遍海内名川大山，诸侯祭其境内山川，而大夫不得祭，盖有其土者斯有兴作之事，功相配而情相逮，故差等以之立也。①

此处的"命"应该是狭义上的"命"，与"性"相对，皆以"人"而言，如前所述："人则有天道（船山自注"命"），而抑有人道（船山自注"性"）。"所以，这样的"命"也就是他一直所说的"（人）道"。此外，还需要引起注意的便是其最后所说的"差等以之立"，以"差等性"言"礼"可以说是古代思想的共性，船山当然也不例外。综上所述，船山最终将人（道）—（天）道的关系转化为"礼"—（天）道的关系。

（二）礼道本于天地

我们在讨论船山的理欲观时曾有过对礼—理关系的疏解，其实对这一关系的论述也可以看作是船山对礼与天地关系的不完全表达，只不过考虑到"理"这一范畴所具有的层次性与复杂性，未必仅仅是在天地这个意义上而言；此外，把握这一关系对"礼"—（天）道这一思路的展开也是非常关键的，所以我们在这里也就有必要把船山对礼与天地关系的相关论述作一专门性的疏解。对礼与天地关系的表达，早在《礼记》中就有记载：

> 大乐与天地同和，大礼与天地同节。和，故百物不失；节，故祀天祭地。②
>
> 是故夫礼，必本于天，殽于地，列于鬼神，达于丧、祭、射、御、冠、昏、朝、聘。故圣人以礼示之，故天下国家可得而正也。③

---

① （明）王夫之：《船山全书》（第四册），岳麓书社，2011，第555页。
② （东汉）郑玄注，（唐）孔颖达疏，吕友仁整理：《礼记正义》，上海古籍出版社，2008，第1474页。
③ （东汉）郑玄注，（唐）孔颖达疏，吕友仁整理：《礼记正义》，上海古籍出版社，2008，第882页。

前一则材料实质上仍然是在表达"礼"与"理"的关系，后一则才是讨论人道之"礼""本于天，殽于地"的属性。

> 礼所以治政安君，故政之所自立，必原于礼之所自生。礼本于天，殽于地，列于鬼神，莫不有自然之理，而高卑奠位，秩序章焉。得其理以顺其序，则鬼神以之僾，制度以之考，仁义以之别矣。①

船山这里已经有所暗示，他之所以要揭示出"礼"的这一属性，实是为其人道的展开做铺垫，这一点稍后将会论及，我们接着再看一则他有关礼与天之关系的论述：

> 阴阳交动，变化之合，天之教也。礼交动，乐交应，则圣人体天之变化以为德也。此言先王之礼法天以成乎分合之节，皆载至德以与天道相称也。间尝论之，天地阴阳之撰，分合而已矣。不知其分则道无由定，不知其合则方体判立而变化不神。故君子之学，析之以极乎万殊，而经纬相参，必会通以行其典礼，知分知合，而后可穷神而知化。天之教，圣人之德，未有不妙其分合者也。②

船山将天道阴阳的神化作用总结为"分合"，并指明"礼"最后得以形成就是与此"分合之节"相契合，或者也可以说是"（圣人之）德"与"（天之）教"的契合，因为"德"就是言"分"（"君子之学，析之以极乎万殊"），而"教"便是言"合"（"变化之合，天之教也"）。需要注意的是，与十一则材料一样，船山这里也是在暗示要以"人道"为依归（"〔君子〕知分知合，而后可穷神而知化"），作为"变合"的"天（道）"永远处于一种或隐或显的周流的过程之中，只有"人（道）"才会存在"不知其分则道无由定"的状态。

（三）天人之道一也

船山从"礼"本于天地的角度阐释了"人（道）以显（天）道"，除了要强调我们所提到的在价值上要以"人（道）"为依归这一点之外，就是他在存在论意义上对天人关系所作的考察。这种考察的重要性在于为前者所说的价值实现提供逻辑上的可能，也就是我们所说的"外在超

---

① （明）王夫之：《船山全书》（第四册），岳麓书社，2011，第554页。
② （明）王夫之：《船山全书》（第四册），岳麓书社，2011，第609—610页。

越"与"内在超越"具有某种贯通性;不仅如此,"内在超越"的不断展开还需要以"外在超越"为基点才有可能进一步深入地拓宽其超越的视阈,船山非常重视这一点,这体现在他对天道的侧重。"人之于天,无一间之离者也。"① "人之所为、天之所命,以天道视之,一而已矣。"② 天人之间"无一间之离",从存有论上来讲,两者不是一种实体与实体的关系,当然也就不存在对立互斥的属性;"人"对于"天(道)"是时时刻刻在领悟与体认着的,而非像希腊哲学所追求的那样,要凭借逻各斯在本原上去把握。船山对天人关系的这种认识在根本上是由其气本论的哲学形态所决定的,这一点我们曾在"气化流行"部分有过详细的讨论,这里就只简单涉及一下:

> 阴阳二气充满太虚,此外更无他物,亦无间隙,天之象,地之形,皆其所范围也。散入无形而适得气之体,聚为有形而不失气之常,通乎生死犹昼夜也。昼夜者,岂阴阳之或有或无哉!日出而人能见物,则谓之昼,日入而人不见物,则谓之夜;阴阳之运行,则通一无二也。在天而天以为象,在地而地以为形,在人而人以为性,性在气中,屈伸通于一,而裁成变化存焉,此不可踰之中道也。③

不仅对于天人而言,对于宇宙中的万象而言,都是"通一无二"之气(化)的体现,都是对这同一大道的不同分殊而已。在所有分殊着的"道"中,人所分殊的"道"又有其独特性,即"人道"可以涵摄"天道",即我们提到的"超越性",这里主要是指"内在超越性"。然而"超越性"除了"内在的"之外,还有"外在的",表明这种"涵摄"不只是单向的进路,而具有双向的要求。

(四)以人道贞天道

> 有物也,必有则也。利于物者,皆贞也。④
> 非时而生,阴阳之变,非天德也。不于其地而长,人为所强,非地道也,非君子之所用,亦知鬼神之不飨矣。鬼神者,天地之贞

---

① (明)王夫之:《船山全书》(第十三册),岳麓书社,2011,第387页。
② (明)王夫之:《船山全书》(第十三册),岳麓书社,2011,第316页。
③ (明)王夫之:《船山全书》(第十二册),岳麓书社,2011,第26页。
④ (明)王夫之:《船山全书》(第一册),岳麓书社,2011,第53页。

气,君子以天地之贞为正也。①

"利"与"贞"都是《周易》中的重要概念:"利,和也。贞,正也。""以义协和万物,使物各得其理而为'利'也。以贞固干事,使物各得其正而为'贞'也。"② 可见船山的解读与此处的表达相一致,或者也可以理解为,《易经》重视天—人的这一传统为船山所继承。只不过在船山的脉络中,他是有意识地将"天(道)"置于前提性的地位,而这一点在《易经》的表达中还不是很明确,起码不是一种有意识的论述。"诚,实也,至也,有其实而用之至也。故质,诚也;文,亦诚也。质之诚,天道也,以天治人者;文之诚,人道也,以人尽天者也。"③ 这里就能够很清晰地看出,船山重视并推崇天道之"诚",一方面对"天道"而言要"以天治人",另一方面对"人道"而言则是要"以人尽天"。这说明"超越"的"外在性"始终是其"内在性"的前提条件与必要的制约因素。我们再选择性看一下他对"天道""人情"的论述,就会很明确这一点。

> 天道人情虽无异致,而于天道之承征礼之体,人情之治著礼之用,则本末供效之间亦已别矣。④
>
> 人之有情皆性所发生之机,而性之所受则天地、阴阳、鬼神、五行之灵所降于形而充之以为用者,是人情天道从其原而言之,合一不间,而治人之情即以承天之道,固不得歧本末而二之矣。⑤

船山对待人之情的态度不是完全否定,而是以"礼"顺承,这其实是其以"理"节文"欲"的理欲观的体现,这一点我们已经于之前指出并作过分析;与之相一致,当然要主张以"天道"治"人情",以"人情"承"天道"。船山因此指明,在践履"礼"的过程中,应该"于天道之承徵礼之体,(于)人情之治著礼之用"。天道、人情固然来于同一本原,这是就二者同的方面讲;就异的方面讲,则表现为二者在"礼"的功能中所处地位的悬殊性,即天道为"本",人情为

---

① (明)王夫之:《船山全书》(第四册),岳麓书社,2011,第582页。
② 李学勤主编:《十三经注疏·周易正义》,北京大学出版社,1999,第1页。
③ (明)王夫之:《船山全书》(第六册),岳麓书社,2011,第951—952页。
④ (明)王夫之:《船山全书》(第四册),岳麓书社,2011,第558页。
⑤ (明)王夫之:《船山全书》(第四册),岳麓书社,2011,第561页。

"末"。而且天—人这种存在性的本—末结构,在船山看来是不允许被忽视的("固不得歧本末而二之"),否则就会与其整个思想体系发生冲突。之所以不仅要坚持"同归性",而且更要重视"殊途性",是因为只有存在这样的差别,才能够使得人在"礼"的践履过程中唤醒其对"天道"的诉求并进一步达到直观的体认。"礼所自立,原于天德,故非修德者不足以治人情而符天道,依于仁而本立,成于乐而用行,斯修德之极至,而后礼非虚行也。"①"礼"能够与"天道"建立某种呼应关系,这就体现了礼"原于天德"的属性;再者,在与之呼应的过程中逐渐实现着对沉睡生命本身的不断觉醒,表明了礼在价值功能上的实在性即有效性。

> 自火化熟食以来,人情所至,则天道开焉。故导其美利,防其险诈,诚先王合天顺人之大用,而为意深远,非徒具其文而无其实。以见后之行礼者,苟修文具而又或踰越也,则不能承天之祜,而天下国家无由而正矣。②

因此,想要发挥礼对人(道)之德性的敦厚崇养,而这同时也是礼本身生命力不断彰显的过程,就必须做到"文""实(质)"兼备,我们再联系一下之前所引用过的一则材料:"质之诚,天道也,以天治人者;文之诚,人道也,以人尽天者也。"就会发现,这无非是对"天(道)"的重视。可以说,在船山的整个礼学思想中,天(道)是其重要的维度之一,因为只有真正地"贞天道",才能实在地"尽人道",无论是在理论构建上还是在现实践履中,天(道)都是一个不可或缺的环节。

三 先立其大以尽人道

对"天(道)"重要性的强调只是为了凸显其作为"人(道)"的前件,这是船山"乾坤并建"易学思想的体现。正如在讨论理欲观时所指出的那样,他同时重视理欲,但"理"是伦理层面的价值,"欲"是实践层面的载体,价值的逐渐实现就是载体的不断运行,整个过程是双层面的互动。这种思维模式体现在对待天道、人道上,必然要求承认天道的逻辑优先性,同时又对人道的努力抱有坚定的希望,就这一点而言,

---

① (明)王夫之:《船山全书》(第四册),岳麓书社,2011,第572页。
② (明)王夫之:《船山全书》(第四册),岳麓书社,2011,第548页。

船山的态度比宋儒的态度要积极乐观得多。① "夫礼，先王以承天之道，以治人之情，故失之者死，得之者生。"这是《礼记》中的话，船山将其解读为：

> "天之道"，顺也；"人之情"，和也。理顺则气亦顺，情和则体亦和，失之而生，幸而免尔。此甚言礼之为急也。按天道人情乃一篇之大指，盖所谓大道者，即天道之流行，而人情之治忽则同异康危之所自分，斯以为礼之所自运而运行天下者也。②

可以清楚地看出，无论是在《礼记》的叙述中，还是在船山思想的脉络中，天道—人道得以沟通的一个重要媒介就是"礼"，所以，对二者关系的阐释其实就反映了对船山遵礼必要性的考察。既然双方同处于一个互动的整体过程中，如何在天（道）对人（道）限定制约的基础上也彰显人（道）对天（道）的影响也就显得很有必要了。接下来我们看一下他在人道方面的相关论述。

(一)"全归"以尽人道

船山晚年自题墓石铭："抱刘越石之孤愤，而命无从致；希张横渠之正学，而力不能企。幸全归于兹丘，固衔恤以永世。"③ 前半句反映了他自己的学术路径，这一点已经为学界所关注熟知；后半句则指明了他通过学术的探索而希望达到的效果，即我们所说的价值关怀——"全归"。这种考虑从一开始就体现在他的气学思想中：

> 道之流行于人也，始于合，中于分，终于合，以始终为同时同撰者也。始者生也，终者死也，中者今日是也。
>
> 君子以人事天，小人以鬼治人。以人事天者，统乎大始，理一而已。理气一也，性命一也，其继也，合于一善而无与为偶。故君子奉一以为本，原始以建中，万目从纲，有条不紊，分之秩之，两端审而功满天下。一念之诚，一心之健，推而准之于无穷，皆是物也。若其所终，则无事逆挽以求合。言满天下，行满天下，斯以为

---

① 宋儒的整体气味呈现出一种对人（道）的消极与不信任，尽管如此，但丝毫不影响其对人道的积极高扬。值得注意的是，即使表现出了对人道高扬，但其内在的理路有其自身不可克服的矛盾，这种内在张力的存在其实是反映了根本哲学形态的不同趣向。此处我们只是在学理上通过整体上把握船山与宋儒的同异，得出了这一看法。

② （明）王夫之：《船山全书》（第四册），岳麓书社，2011，第540—541页。

③ 阳建雄：《姜斋文集校注》，湘潭大学出版社，2013，第295—296页。

> 全归而已矣。故谨于知生，略于知死。①

这里说得很清楚，对于人而言，天道之"合"有双重意蕴，即"始于合"，"终于合"，其实就是对生死的安顿；反过来讲，对人之外的万物则不存在这样的考虑，从这里也更能理解船山"道专对人而言"的深刻意蕴。正如我们已经疏解过的，"始于合"是天道大化流行的过程，这是一个人与万物都必须要被动地参与其中的整全；"终于合"则不同，需要人的不断努力才能实现。所以我们才说"天道"只是作为"人道"的前件，为"人道"的实现提供了一个大的生命场域，至于能否最终完满这一任重而道远的意义寄托，则要靠人自身的奋斗（"谨于知生，略于知死"）。

> 人道绍天道，而异于草木之无知，禽虫之无恒，故唯人能自立命，而神之存于精气者，独立于天地之间而与天通理。是故万物之死，气上升，精下降，折绝而失其合体，不能自成以有所归，唯人之死，则魂升魄降，而神未顿失其故，依于阴阳之良能以为归。②

而且，能够做到对人道生死的"全归"安顿，这本身也是对天道的承继与显发，其中最为关键的一个因素就是船山这里所说的"与天通理"。"与天通理"就是要人努力地实现"礼"—"理"相贯，因为二者相互贯通的实现过程便是人道的逐渐展开与显现，这不由得让我们想起朱子"对镜写真"里的两句话："从容乎礼法之场，沉潜乎仁义之府。"在思考的归宿点与思路的进程上，两人确有其相近之处。

（二）行事理以尽人道

首先，我们来看一下他对行事理以尽人道的论述。

> 阴阳之撰具焉，絪缊不息，必无止机。故一物去而一物生，一事已而一事兴，一念息而一念起，以生生无穷，而尽天下之理，皆太虚之和气必动之几也。③
> 天地人物消长死生自然之数，皆太和必有之几。④

---

① （明）王夫之：《船山全书》（第一册），岳麓书社，2011，第1041页。
② （明）王夫之：《船山全书》（第四册），岳麓书社，2011，第1092页。
③ （明）王夫之：《船山全书》（第十二册），岳麓书社，2011，第364页。
④ （明）王夫之：《船山全书》（第十二册），岳麓书社，2011，第16页。

整个自然界都是实实在在的阴阳二气神化作用的体现,船山将这一根本性的气化根源称之为"几",这一点在他的气学思想中有很明确的表述。但这种意义上的"尽理"只是局限的、浅层次的,更为周普的、深层次的"尽理"则是就人而言的。"天化之神妙,在天即为理;人事之推移,唯人之所造也。""以体天化,以尽物理,以日新而富有。"① "人之所造"是说人事之理不像万物的众理那样自然地有其必然的运行法则,类似于西方哲学所说的因果律,而是需要靠人不断自觉地深入阐幽与发显,所以《中庸》才说"君子之道费而隐"。朱注:"君子之道,其大无外,其小无内,可谓费矣。然其理之所以然,则隐而莫之见也。"② 只有经过这样孜孜矻矻地努力,才能够参悟天道("体天化"),进而丰富人道("日新而富有"),正如《易·系辞》所表达的:"富有之谓大业,日新之谓盛德。"③

  天理未忘于人,则有欲善而善者矣,有不知为善而天机之自动者善矣。
  夫人终日而与斯人为群,终日而与斯理之存亡为昭察,何患乎无所观感哉? 此吾之以不远人为道,而日与道遇也。④

"天理未忘于人"也就是船山所说的"道专以人而言",表明人对于"天理"或"道"始终处于一种半开放、半封闭的状态,并不能随时随刻地将"道"显示出来,船山这里用"遇"字来形容这种情状是很恰当的;但不可否定的是,人完全具备彰显"理"的能力,船山称之为:"终日而与斯理之存亡为昭察。"只有在特定的方式中才可以实现二者的相契,即治万物,行事理,尽道用,立人极。

  道所以治物,而物皆以行吾道。众人见物而不见道,有志者见道而不见物;不见物则不见物之有道,而抑不足以见道。故于物见重,于物见轻,皆以物为重轻,而非于道见重轻也。圣人以道处物,

---

① (明)王夫之:《船山全书》(第一册),岳麓书社,2011,第605—606页。
② (南宋)朱熹:《朱子全书》(第六册),上海古籍出版社,2010,第38页。
③ 李学勤主编:《十三经注疏·周易正义》,北京大学出版社,1999,第271页。
④ (明)王夫之:《船山全书》(第七册),岳麓书社,2011,第503页。

而即物以尽道，岂其然哉！①

以用万物而统万物之灵。②

（三）尽人道以立人极

行事理的目的不是为了拓展外在的视野，增加知识的空间，而是要通过与万物之间的交流来体认万物之后的所以然的天道，进而为人本身德性的提升准备条件。"人者，道之所自存；道者，圣人之与共存没者也。"③ "道""自存"于人，也就说明"道"不是"自存"于万物的，其运行方式完全是对天道运行的一种复制与模仿，也就是说从天道到万物的这一线索是必然会贯彻的，不会中断；人之道则不然，具有很强的创生性，不是一成不变的已然规定，但其是否能够处于一种连续的状态，则是完全需要靠人自身来维系，也就是《中庸》所说的"文武之政，布在方策。其人存，则其政举；其人亡，则其政息"，孔颖达疏为："若得其人道德存在，则能兴行政教。""其人若亡，谓道德灭亡，不能兴举于政教，若位无贤臣，政所以灭绝也。"④ 此处虽然说的是人与政，但若将"政"转化成"人道"，就会发现两者所揭示的内涵是颇为一致的。而且船山本人也有类似的表述："人道之大，与天道互相为功。人以此存，而政以此举，亦在乎自尽其道而已矣。"⑤ 此处的"道"显然包括"人"与"政"两个内涵，这是从"分"的角度来说，但如果从"合"的角度来讲的话，它们又全都是"人道"的体现。船山一直强调人自身要"日尽人之所以为人"⑥。孟子将"人之所以为人"落实到"性善说"上，而性的逐渐成长又要从心之端生发，所以他有时又将"人之所以为人"落实到"心"上来说："心之官则思，思则得之，不思则不得也。此天之所与我者，先立乎其大者，则其小者弗能夺也。此为大人而已矣。"⑦ 与孟子稍有差异的是，船山更多地从人道的角度来把握人的本质，他说："先立其大者以尽人道。"⑧ 这就比孟子更深入了一层。在

---

① （明）王夫之：《船山全书》（第七册），岳麓书社，2011，第444页。
② （明）王夫之：《船山全书》（第七册），岳麓书社，2011，第780页。
③ （明）王夫之：《船山全书》（第七册），岳麓书社，2011，第643页。
④ （东汉）郑玄注，（唐）孔颖达疏，吕友仁整理：《礼记正义》，上海古籍出版社，2008，第2012—2013页。
⑤ （明）王夫之：《船山全书》（第七册），岳麓书社，2011，第184—185页。
⑥ （明）王夫之：《船山全书》（第八册），岳麓书社，2011，第511页。
⑦ （南宋）朱熹：《朱子全书》（第六册），上海古籍出版社，2010，第407页。
⑧ （明）王夫之：《船山全书》（第十二册），岳麓书社，2011，第405页。

孟子的思考当中，似乎只要"先立其大者，则其小者弗能夺"，这就暗示了"大者"与"小者"彼此处于一种不对等甚至对立的状态，所以朱子注为："凡事物之来，心得其职，则得其理，而物不能蔽；失其职，则不得其理，而物来蔽之。"① 船山的思考却不是如此，而是将"人道"预设为"人之所以为人"的根据，这样在处理"大者"与"小者"的关系时，便没有采用孟子、朱子的解决思路，而是提出了他自己的独特看法，即用"大者"涵摄"小者"，再用"人道"涵摄"大者"，这样逐级的涵摄，也就不是对立地否定，而是对等地提升。只有这样的"道"才是真正意义上的能够与"天道"相匹配的"人道"，同时也是人能够践行的最终价值之所在，船山称其为"立人极"。"人外无道，道外无人。然人心有觉，而道体无为，故人能大其道，道不能大其人也。"② "道不能大其人"是说"道"在万物之中的贯彻及流行方式与在人（这一特殊的"气体质料"）之中的方式不同，所以需要人反过来"大其道"；尽管如此，但"人能大其道"并不就是说在实体意义上的"大"，而是在道德境界上的"大"，或者说，不是在天道层面上的"大"，而是在人道层面上的"大"。"人不能与天同其大，而可与天同其善，只缘者（引者案，"者"字当作"这"字来理解）气一向是纯善无恶，配道义而塞于天地之间故也。"③ 天道周普，网罗万象，人道不可能也达到这样的"大"，但却有其自身的"善"，便是因"气之善"而显发出的"理之善"以及由"性"而生发出来的"人道（之礼）"。这种自"天"而"人"整条思路的相贯以及对"尽人道"的强调，反映出了船山对"人道"的高度重视，他有时也用"立人极"的表达来凸显这种重要性：

> "裁成"地者，天也。"辅相"天者，地也。天道下济，以用地之实，而成之以道。地气上升，以效用于天，而辅其所宣。"后"则兼言裁、辅者：于天亦有所裁，而酌其阴阳之和；于地亦有所辅，而善其柔刚之用；教养斯民，佐其德而佑之以利，参而赞之，函三于一，所以立人极也。④

---

① （南宋）朱熹：《朱子全书》（第六册），上海古籍出版社，2010，第407页。
② （明）王夫之：《船山全书》（第七册），岳麓书社，2011，第857页。
③ （明）王夫之：《船山全书》（第六册），岳麓书社，2011，第1061页。
④ （明）王夫之：《船山全书》（第一册），岳麓书社，2011，第143页。

受命于太极以立人极。①

(四) 尽人道以显"礼"

由上可知,船山重视"人道",而且这种重视并没有脱离开对"天道"的关照,然而这与其"遵礼"思想有何明显的关联,这是我们最后需要点出的。其实在考察人禽之辨与夷夏之别时,我们就已经注意到船山明确了"礼"对于"人道"的价值,我们再回过头来作一简单的疏解。"(礼)以维系人道而别于禽狄者也。"②"人之独而禽兽不得与,人之道也。"③ 以"礼"言人道是在人与禽狄相互对比的语境中提出的。

> 人之所以为人,中国之所以为中国,君子之所以为君子,盖将舍是而无以立人之本,是《易》、《诗》、《书》、《春秋》之实蕴也。
> 人之所以异于禽兽,仁而已矣;中国之所以异于夷狄,仁而已矣;君子之所以异于小人,仁而已矣。而禽狄之威明,小人之夜气,仁未尝不存焉;唯其无礼也,故虽有存焉者而不能显,虽有显焉者而无所藏。故子曰:"复礼为仁。"大哉礼乎!天道之所藏而人道之所显。④

进而又在天人对列关系的考察中把"礼"直接提升为"立人之本"与"人道之所显"的重要方式。对此船山有更为明确的表达:"夫自修身以至于为天下,不可一日而无礼。天叙天秩,人所共由,礼之本也。"⑤ 早在《大学》中就有"自天子以至于庶人,壹是皆以修身为本"的说法。⑥《大学》作为"四书"之一,并经朱子一生的阐扬,对南宋之后的中华文化产生了巨大的影响,这对于遍注群经的船山来讲,其作用当然不可忽视;然而值得注意的是,船山将"礼"与"修身"的关系更为密切化了,通过所引的这一条材料就可以看出。此外,这里还涉及船山对"礼"与"六经"关系的看法:

> 《六经》皆圣人之教而尤莫尚于《礼》,以使人之实践于行,则

---

① (明) 王夫之:《船山全书》(第一册),岳麓书社,2011,第563—564页。
② (明) 王夫之:《船山全书》(第四册),岳麓书社,2011,第1238页。
③ (明) 王夫之:《船山全书》(第十二册),岳麓书社,2011,第402页。
④ (明) 王夫之:《船山全书》(第四册),岳麓书社,2011,第9页。
⑤ (明) 王夫之:《船山全书》(第七册),岳麓书社,2011,第313页。
⑥ (南宋) 朱熹:《朱子全书》(第六册),上海古籍出版社,2010,第17页。

善日崇而恶自远,盖易知简能,而化民成俗之妙,至于迁善而不知为之者,则圣神功化之极,不舍下学而得之矣。①

六经之教,化民成俗之大,而归之于《礼》,以明其安上治民之功而必不可废。盖《易》、《诗》、《书》、《乐》、《春秋》皆著其理,而《礼》则实见于事,则《五经》者礼之精意,而《礼》者《五经》之法象也。故不通于《五经》之微言,不知《礼》之所自起;而非秉《礼》以为实,则虽达于性情之旨,审于治乱之故,而高者驰于玄虚;卑者趋于功利,此过不及者之所以鲜能知味而道不行也。②

很明显,船山将"六经"之教最后都归之于《礼》,并指出要以"礼"作为人道治乱的根本:"一合而一离,一治而一乱,于此可以知道焉,于此可以知人治焉。"③ "以人道为己任而治之也,乃一治矣。"④ 如此便可实现天下大治。

四 小结

综上所论,船山认为,"道"必因人而显,表明"道"的开向状态多是就人而言的,不仅仅天理要靠人来实现,人礼也要由人来践履。实际上,天理、人礼在人这一主体面前,已经合二为一;但这并不是说二者之间不再有区别,而是说,这一区分在其各自的实现过程中转化成了同一进路的不同面向。这种转化的根据首先就在于船山对"礼"的高扬,既具有一种"通天地"的属性,又是"尽人道"的必由途径。这也就自然要求在"先立其大者"之前有必要进行"贞天道"的形上探讨,在此基础之上接着再展开对"立人极"的论述。由天而人,又由人而天,虽然表面上重新实现了"天道"的回归,其实却包含了"人道"这一维度,而且"人道"也在这种关系的定位之中得到了其能够挺立的根据,为遵礼的必要性作了在人道方面的探讨。

---

① (明)王夫之:《船山全书》(第四册),岳麓书社,2011,第1177页。
② (明)王夫之:《船山全书》(第四册),岳麓书社,2011,第1171页。
③ (明)王夫之:《船山全书》(第十册),岳麓书社,2011,第611页。
④ (明)王夫之:《船山全书》(第八册),岳麓书社,2011,第392页。

本章小结

　　船山对遵礼之理的论述，主要是从三个层次来展开。首先是对人禽、夷夏的分辨，这可以说是"礼"对维系人道所提出的最基本的要求；其次就是对"理（礼）"与"欲"二者关系的处理，这也是"礼"的题中应有之意；最后便是对天人关系的考察，可以看作是"礼"的价值指向问题，当然，就船山的遵礼旨归我们还会再专门讨论。可以看出，这三个层次之间不是处于一种简单的并列关系之中，而是一种逐层深入的考察。礼辨禽狄还只是属于"礼"外在的节文方面，既然呈现出了这种外在的表征，必然就有其内在的规范与约束，即落实到对人自身内在的"理""欲"关系的审视上。对内外这两种层次的考察，只是为了能够实现一个目的。无论是作出对禽狄的分别，还是对"理""欲"的调节，这本身还不是船山论述的最终指向，"贞天道""立人极"才是他的终极追求，也就是他一直强调的"弘扬人道"。既然遵礼的必要性体现在这三个层次上，表明"礼"发挥的功效自然就不可能是单方向的，而是一个包含有多面向、多层次的完整的"生态"系统；反过来讲，人道若在"礼"这一"生态"系统的某一方面有过分或欠缺之处，都是不具有有效性的生命行为，这对人道本身将是一种巨大的挑战与威胁，所以船山提出了他独特的"遵礼"思想。至此，我们便完成了对船山遵礼之理即遵礼必要性思想的论述。不过，紧接着这一思路，同时又出现了另一个问题，即可能性的依据问题，也就是我们接下来所要讨论的遵礼德性问题。

第四章　遵礼原则：船山遵礼推行之原则

为了确保礼在现实践履过程中的有效性，船山对遵礼原则进行了讨论。对遵礼原则这一问题的讨论即是要揭示出在遵礼系统中一以贯之的精神本质。遵礼系统作为一个整体，其功能与效果必然体现在多个层面。如何使得遵礼在容纳多层面的同时还能保持其整体的统一性，就需要有一贯的原则贯彻其始终，以作为遵礼运作进程中的指导方针。

第一节　中道原则：遵礼之道展开的价值规约

中国传统文化中所强调的"中道"范畴的意义，显然不同于西方文化中几何学上所强调的"中道"。几何数学意义上的"中道"具有浓厚的抽象思辨色彩，其所强调的是要在理论上寻求一个固定不变的点；与之不同，中国传统文化中的"中道"则注重在伦理实践的工夫层面随所处实际境遇的不同而追求变与不变的统一。李泽厚先生称其为一种最高的"恰当"，并认为这是中国哲学自身所具备的不同于西方哲学的"辩证思维"的最好体现，他说道：

> "恰到好处"即"恰当"。"恰当"为"和"、为"美"，这也就是"度"。我以为，"度"是中国哲学特别是中国辩证法的特点和主要范畴。所谓"过犹不及"，$A \neq A \pm$，《左传》中的"直而不倨，曲而不屈"、"哀而不愁，乐而不荒"，《论语》中的"威而不猛"、"恭而安"等等，都是讲这一范畴。今日讲的"分寸感"，同此。艺术或任何成功的创造都有赖于掌握这个"度"——"分寸感"，这也就是美，"增之一分则太长，减之一分则太短"。这是行动中掌握火候的能耐，而大不同于仅供思辨的抽象（如"质"、"量"）。这是中国辩证思维的要点，也就是"中庸"："中庸之为

德也，其至矣乎！"①

从李泽厚先生的论述中可以清晰地看出，"中道"既然先在地预设了其在伦理实践过程中所呈现的背景，就意味着"中道"的贯彻，其本身并不能够构成有效合理的目的，而是为了凸显深层的价值理念——"和"。所以，有时也称"中（道）"为"（中）和"。船山在遵礼体系中拈出"中和"作为一种原则贯穿始终便包含有这一深层的考虑。

一　遵礼之用须以中和为贵

船山主张在遵礼之大用的过程中以"中和"为贵（即原则、标准、法度），这在经典及经典阐释方面都有确切根据。《论语·学而篇》中就明确记载有孔子弟子有子的话："礼之用，和为贵。先王之道，斯为美，小大由之。有所不行，知和而和，不以礼节之，亦不可行也。"对于这句话应该如何解释，众说纷纭，莫衷一是。其中有一种观点便认为，"和为贵"是针对"乐"而论。比如，据朱子记载，程子曰："礼胜则离，故礼之用和为贵，先王之道斯为美，而小大由之，乐胜则流，故有所不行者，知和而和，不以礼节之，亦不可行。"范氏曰："凡礼之体主于敬，而其用则以和为贵。敬者，礼之所以立也；和者，乐之所由生也。"② "乐"这一因素的出现，造成了以"和"言"乐"的倾向，这是否意味着直接否定了以"和"言"礼"的可能呢？其实不然。即使提出了"乐"，但"音乐的'和'也不是目的，而仍服务于'礼'"。因为"在氏族社会和远古传统中，'礼'即人文，涵盖一切，包括'乐'在内。'礼'、'乐'虽并提，'乐'毕竟仍是礼制的一个方面，'乐'的'和'也仍是实现、辅助、从属和服从于'礼'的"。③ 而且原文"知和而和，不以礼节之，亦不可行也"也清晰地表明，落脚点应该以"礼"（非以"乐"）为重。

与程子、范氏的解读不同，朱子并没有引入"乐"这一因素，而是从"礼"之全体加以把握，阐明"和"对于"礼"的重要性。他说："严而泰，和而节，此理之自然，礼之全体也。毫厘有差，则失其中正，而各倚于一偏，其不可行均矣。"④ 沿着朱子的解释理路，我们或许可以这样来理解"和"与"礼"之间的复杂关系。"和"对于"礼"的意义

---

① 李泽厚：《论语今读》，中华书局，2015，第16页。
② （南宋）朱熹：《朱子全书》（第六册），上海古籍出版社，2010，第72页。
③ 李泽厚：《论语今读》，中华书局，2015，第16页。
④ （南宋）朱熹：《朱子全书》（第六册），上海古籍出版社，2010，第72页。

在于,"礼"在运行和实践过程中,各方面都能恰到好处。换句话来讲,"礼"的实践性需要体现在两个方面:一是合理性或者合法性,一是有效性或价值性。"礼"的"合理性"即是,"礼"必须对生活各个方面都有一定的关照,在"礼"的境遇之中,不允许出现无法规约到"礼"范围内的行为,任何一种行为都应该在"礼"的运行过程中得到检视。"礼"之所以会有如此广泛的约束作用,就在于"礼"—"理"—"气"三者之间的贯通,正如《礼记·乐记》所言:"大乐与天地同和,大礼与天地同节。"① "礼"之"有效性"即意味着各种行为在"礼"之规约下能够被充分肯定。也就是说,普遍性之"礼"在贯彻过程中,作为差异性的个体能够得到恰当的安顿,不仅在群体中得到了认可,而且在整个天地之间也取得了某种契合。"合理性"强调的是"礼"之"严"与"节"的层面,"价值性"则强调的是"礼"之"泰"与"和"的层面,只有综合这两个层面,才构成了朱子所说的"理之自然,礼之全体"。若从另一角度阐释,所谓"理之自然,礼之全体"即是要求在"礼"的践履进程中始终坚持"中和"的原则,以保证"礼"之合理性与有效性;否则,一旦偏离"中和"的原则,行为各方面就会"毫厘有差,失其中正,各倚于一偏",而不可行。社会层面伦理实践方式之混乱与无序反过来也说明了礼之无效。出于"礼"能够更稳固地维系社会秩序这一考虑,船山着重讨论了"礼"之遵行与在遵行过程中所坚持的"中和"原则二者之间的关联。

二 遵礼以求人心之和而允

船山言"和"并没有与"乐"相提并论,这一点是非常明确的。然而也没有仅仅停留在朱子以"和"言"礼"之全体的层面,而是有了更为深入的考察,即把二者之间的关联放到了"心"的层面来进行把握。若继续依循朱子的解读思路,并不能够确切地凸显"中和"原则在"礼"之运行过程中的准则性、法度性与原则性;若从新的层面来理解,"中和"的准则性、法度性与原则性会得到更好的说明与体现。可以说,在对"和"—"礼"两者关联的讨论上,船山既没有背离朱子的思路,但也并未囿于朱子之认识。

在船山的理路中,"礼"与"心"之间有着非常密切的联系,从"礼"的产生原点到"礼"的实践运行,无不显示着"心"的作用。就

---

① (清)孙希旦:《礼记集解》,中华书局,1989,第988页。

"礼"之产生而言,他说道:"未有礼之先,则人心固有之节文,礼因之以生;既有礼之后,则人心固有之节文,必待礼而定。"① "礼"之所以产生,从心而言,在于"心"自身就具备着"节文"的要素;换言之,将"心"自身具备的"节文"进行提升并准则化、规范化之后就出现了"礼"。"礼"之于"心"并非外在的非关联的强制,而是一种内在的贴切心灵自身的规约,所以,"中和"才能作为"礼"的原则真正得到贯彻。从"礼"—"心"的关系之中便可以直接衍申出"礼"—"和"的关系,最终返归"心"—"和"之关联。然而这种"返归"并不是单线式的递进与深入,而是双向式的交叉,这一点从船山对"节文"与"和"的解读中便可以得到印证。他说道:

> 惟其为人心固有之节文也,则行之也,不容于固有之外而有所强增;无所强增而使人安之者,所谓和也。抑惟其为人心固有之节文也,则求其和也,亦不容于固有之中而有所或忽;无所或忽而使事得其宜者,所谓节也。不知两者之相倚以成用,则皆失矣。②

如前文所言,"礼"之于"心"并非外在的非关联的强制,而是一种内在的贴切心灵自身的规约,所以才会有"和"的出现,即船山所谓"不容于固有之外而有所强增;无所强增而使人安之"。在"心"实现"和"的过程之中必须充分地发挥"节文"的功效,"和"若没有规约,则只是"伪和",不具有现实实践性,即有子所谓"知和而和,不以礼节之,亦不可行也",也即船山所强调的"不容于固有之中而有所或忽;无所或忽而使事得其宜"。前者意在说明"和"于"节文"之"礼"之重要性,即"礼"的价值性或效果性;后者则强调"节文"之"礼"于"和"之必要性,即"礼"的合法性或合理性,最后这两方面共同统一于"心",缺一不可("不知两者之相倚以成用,则皆失矣")。

"中和"的重要性不只体现在"礼"的产生方面,还体现在"礼"的运行践履过程中。而船山所强调的"礼"之践履,主要针对的是"礼"于"心"有"(中)和"的功能,他说:"先王之制礼,唯以求人心之和而允矣。用礼而和,则用礼可也;不必用礼,亦唯求和而已矣。"③ 制礼作乐之所以必要,在于通过礼乐的涵咏可以达到"心"之中

---

① (明)王夫之:《船山全书》(第七册),岳麓书社,2011,第267页。
② (明)王夫之:《船山全书》(第七册),岳麓书社,2011,第267页。
③ (明)王夫之:《船山全书》(第七册),岳麓书社,2011,第268页。

和,反言之,用礼过程必须贯彻"中和"的原则,否则"礼"无法对"心"实现其引导的功能。可以明显地看出,船山这里所强调的正是"礼"的践履性以及在践履过程中所须坚持的原则性。关于这一点,他曾专门论述:

> 此"用"字即下"行"字。言行礼者以求遂其心之所安,而无拘牵苦难之意,贵礼者贵此礼也;若矫强以违其情之所顺,则先王之道亦不美,而大小可不由矣,故行礼者不可不知其本和也;然知和之为贵,便废礼之节,则和非其和,而不可必行矣。
>
> 以异端弃礼而自谓和,不知礼文具在,特在用礼者根心而行,则和自有节,不须舍礼求和也。吃紧在行礼者身上讲,非谓先王制作有体有用之别。①

船山明确指出,礼之"用"即是礼之"行",以此反对礼之"用"是与礼之"体"相对而言的观点。若以"用"对"体"而言,意味着"和"不是在"用"的层面上说,而是就"体"的层面上说;换而言之,"和"是"礼"之先或"礼"之后的一种体现,具有了某种神秘的先验性,即不证自明的普遍性。船山于这一点是不能接受的,因为这关系到他对体—用的认识。反过来讲,如果礼之"用"即礼之"行",则意味着"和"不是游离于"礼"之外,这样也就消除了其体—用范畴中所出现的先验性;故"礼"之践履过程应该贯彻"中和"的原则。这样便可以解构掉"和"的本体性,而予以工夫层面上的认可,即"和"成为礼之运行过程中的一种指导性原则,同时又实现了对心的疏导与协调。船山于另一处有更直接的表达,他说:

> 有子说"礼之用,和为贵",言"为贵",则非以其体言,而亦不即以用言也。"用"只当"行"字说,故可云"贵"。若"和"竟是用,则不须捡出说"贵"矣。"用"者,用之于天下也。故曰"先王之道",曰"小大由之",全在以礼施之于人而人用之上立论。此"用"字不与"体"字对。
>
> 用之中有和,而和非用礼者也。②

---

① (明)王夫之:《船山全书》(第六册),岳麓书社,2011,第166页。
② (明)王夫之:《船山全书》(第六册),岳麓书社,2011,第592页。

"用之中有和",是说在礼的运用过程有"和"的参与与体现;"和非用礼",是说"和"不是就礼的"用"上而言,或者说,"和"不仅仅只是"礼"的运用而已。因为"和"与礼之用是分别在两个层面上的侧重,"和"侧重于对"礼"进行原则性的把握与指导,"用"则侧重于对"礼"之践履的强调。

无论是就"礼"之产生而言,还是就"礼"之运用而言,都显示出"礼"—"心"之间的紧密关联。一方面,"心"所具有的"和"在"礼"的产生阶段就已经预示着其将会投射到"礼"之运行过程中,船山称"礼"的这种"和"为"本和"("行礼者不可不知其本和");另一方面,"心"所要求的"和"还只是一种潜在的可能性,想要实现真正的"和"之状态,就必须依靠"他者"(然而这种"他者"却具有内在的关联性)的介入,即要通过规约的工夫实现对"心"的和谐调节,而"礼"正具有这样的品质。"礼"由"心"生,表明"礼"具备了对"心"发生影响的基本条件,关键在于"礼"之于"心"能够达到并持续保持"和"的状态。而这最终又不得不归结为在"礼"之践履过程中对"中和"原则的贯彻,而且在中国传统文化之中,"礼"与"中和"二者之间本身就有着某种贯通性。关于"中和"这一范畴,李泽厚先生曾鲜明地指出:"'和'的前提是承认、赞成、允许彼此有差异、有区别、有分歧,然后使这些差异、区别、分歧调整、配置、处理到某种适当的地位、情况、结构中,于是各得其所,而后整体便有'和'——和谐或发展。中国哲学一直强调'和',也即是强调'度'(处理各种差异、多元的适度),强调'过犹不及'和'中庸',其道理是一致的,此即所谓'吾道一以贯之'。这就是中国的辩证法(中庸、和、度、过犹不及)。"① 可以看出,"中和"的精神或者精髓就是要在多元境遇促成一元的完善,并且完善后的一元反过来又增强了多元的整体效果;必须将普遍性寓于特殊性之中,才能进一步充实普遍性,"即保持个体的特殊性和独立性才有社会和人际的和谐"②。

与"中和"的精神旨趣相一致,"礼"亦如此。"礼"首先也是对多元性、普遍性的肯定,直接表现为对整个社会秩序的构建,船山就此说道:

---

① 李泽厚:《论语今读》,中华书局,2015,第256页。
② 李泽厚:《论语今读》,中华书局,2015,第256页。

齐以礼,则上必动以礼,而制为吉凶之礼,使贵贱贤愚各得以自尽,民自相率循行。①

胥万民而戴一君,盖天下风俗之邪正,责之于一人。民愚而不知所由,则必有以道之;民情不一而无所裁,则必有以齐之。道之,齐之,皆以使民之为善去恶而成乎治耳。②

有不齐焉,则齐之以礼乎!未尝不有画一之法,而上之所裁定者,酌大中至正之规,乃以此而纳民于饮、射、冠、昏,而咸使率从。

观礼于邦国,行礼于乡党,有礼者人敬之,而无礼者人慢之;于是而自念善之不勉而恶之不去,出无以对君长,而入无以对闾里,有耻必矣。既耻焉,则勉其力之不及,抑其情之甚便,而皆格于善矣。至于格,而为善之实已习,则为善之乐自生;居其上而为之君者,可以无负于天作元后之任矣。③

在"礼"的视阈中,多样性、层次性、差异性都可以被蕴含于其中,故"礼"于个人层面的道德提升和社会层面的秩序构建都有了普遍的保证。然而只是强调多样性、层次性、差异性还不足以成为现实的伦理矩矱,重要的还在于能够于多样性、层次性、差异性中见出统一性、整体性、同一性与永恒性,即于"礼"之践履中坚持"中和"的原则,达到个体道德之提升与社会秩序之构建。

今夫礼文具在,皆使人用之者也。其用之也,有分焉,有时焉,有情焉,有势焉。循其分,因其时,称其情,顺其势,而以酌乎多寡繁简之数以行之,则备之也无难,为之也不倦,而人皆欢欣顺畅以行焉,斯为贵也。盖顺人心固有之节文,原非以强世者。强世焉,则不足以为礼,而亦何贵有此繁缛之文哉?故先王之制礼也,备乎多寡繁简之数,以听天下后世自因其心之所必安而行之者为道,此其所以移风易俗,而人无不安焉者,洵为美也,盖使用之者无不适得其和也,而凡大而纲常伦纪,小而名物度数,粲然具备,苟有欲由之者,未有不可由者也。④

---

① (明)王夫之:《船山全书》(第六册),岳麓书社,2011,第169页。
② (明)王夫之:《船山全书》(第七册),岳麓书社,2011,第280页。
③ (明)王夫之:《船山全书》(第七册),岳麓书社,2011,第281页。
④ (明)王夫之:《船山全书》(第七册),岳麓书社,2011,第267页。

"礼"之运行所蕴涵的多样性、层次性、差异性也即船山所谓"其用之也，有分焉，有时焉，有情焉，有势焉"。"分"就是分殊、差异、等级，"时"就是时节、场合，"情"就是情感，"势"就是限制、规约、不可更改的必然性。而"礼"在运行过程中所坚持的"中和"原则，也就是船山此处所说的"循其分，因其时，称其情，顺其势"，即遵循固有的等级、差异与分殊，随不同的时节、场合而能有所改变与适应，但并不触犯其所固有的限制、规约与不可更改的必然性以实现与人之内心情感相称合，正因为"礼"在运行过程中能够自始至终贯彻"中和"原则，故"礼"之遵循并非外在强迫（"顺人心固有之节文，原非以强世者"），而是内在本性的自然流露（"备之也无难，为之也不倦，而人皆欢欣顺畅以行焉"）。在这整个的过程中，"礼"本身所具备的节文、度数不能不说是起着一定的重要作用，但其所遵守的"中和"原则才是"礼"之有效性的关键所在。若"礼"之践履无"中和"原则的贯彻，"礼"就不免成为人生的一种附赘，就会产生一种"强世"之感，其节文、度数自然会有"繁缛之文"之嫌（"强世焉，则不足以为礼，而亦何贵有此繁缛之文哉？"）；反之，在"中和"原则的贯穿过程中，"礼"之节文、度数不仅会免于附赘、"强世"之嫌，反而更会发挥出特殊的效用，"纲常伦纪"与"名物度数"会得到充分的肯定，风俗会得到改善，人心也会得到恰当的价值安顿（"故先王之制礼也，备乎多寡繁简之数，以听天下后世自因其心之所必安而行之者为道，此其所以移风易俗，而人无不安焉者，洵为美也，盖使用之者无不适得其和也，而凡大而纲常伦纪，小而名物度数，粲然具备，苟有欲由之者，未有不可由者也"）。

"中和"之所以能够作为"礼"之原则贯彻始终，不只是出于其对"礼"之节文、度数之效用具有决定作用，更在于其通过对"礼"的作用而关联着社会、人生的方方面面。船山指出：

> 盖礼之有节，所以养人心之和，而使无一往而尽之忧，则唯其节也，是以和也。先王知和而全其和，彼乃知和而究以失其和，则较之拘于礼文而不知者，其失更甚。而抑知不善用礼者，违人心之和，以行其非礼之礼，故使高明之士激而叛道之教，此君子所为大惧也。
>
> 因不以礼为之节，而任情之流焉，则情有余者未必其能余，情

不足者且终于不足。衣冠玉帛燕享之文废，而父子君臣宾主之道亦毁矣。①

若"礼"在运行过程中忽略"中和"原则，"礼"本身之有效性也会遭到否定，这比一味地拘守于礼文度数的行为对社会造成的危害还要大。失"（中）和"之"礼"乃是"非礼之礼"，表现为"衣冠玉帛燕享之文废"；其直接违背"人心之和"，即放任情感的流泻而不知节欲（"任情之流焉，则情有余者未必其能余，情不足者且终于不足"）；进而危害人道，使得父子、君臣、宾主之间丧失了最基本的人伦规范，这不能不说是对人道的一种背离。另外，李泽厚先生曾就灵活性与客观标准二者之间的关系说道："灵活性太大，而失去遵守之客观标准。这就是少宗教信仰之实用理性的流弊所在，没有由上帝立法因而绝对不可违背的教义传统。正因为是此实用理性，也才发生'五四'以来彻底反传统的巨大思潮。"② 隐去李泽厚先生在表达此观点的语境问题，这里所说的"灵活性"就是要强调多样性、层次性、特殊性，"客观标准"则是要强调统一性、整体性、普遍性。过于重视"灵活性"的运用而忽视了"客观标准"的遵循，其所造成的危害便是使得传统与现代之间出现了一条无法跨越的代际鸿沟。反观"中和"原则与"礼"二者之间的关系，"中和"原则犹如强调统一性、整体性与普遍性的"客观标准"，"礼"则如强调多样性、层次性与特殊性的"灵活性"。偏重于后者，看似循礼而为，实际上则是一种使"君子（都）所为大惧"的"叛道之教"的行为，"礼"作为一种引导规范则不再具有价值寄托。因此，强调"礼"之践履要特别注意加强"中和"原则的贯彻，不仅能够维护和调整"礼"，更能彰显"礼"之品质。

三 小结

在经典的表述中，"（中）和"与"礼"之间虽然存在着一定的关联，但似乎还没有上升到"原则"与"系统"的关系，将这种关系明确化并加以进一步有效、系统地论证，则是船山所关注并完成的。正如我们所阐述的，他分别从"礼"产生于"心"以及"礼"在现实层面的运行两个方面予以了说明。就原点而言，"礼"自身中就已经蕴含着"中

---

① （明）王夫之：《船山全书》（第七册），岳麓书社，2011，第268页。
② 李泽厚：《论语今读》，中华书局，2015，第306页。

和"的可能性，反过来也说明了"中和"对于"礼"的重要性，为其作为"礼"之原则提供了先决条件；就"礼"之践履运行而言，必须以"中和"作为原则，这一点对于"礼"本身存在的合法性以及维系社会秩序的有效性具有关键性的作用，换言之，正是因为"礼"具有"中和"的可贵品质，能在个体与社会层面发挥其功效的同时贯彻着"中和"的原则，才使得"礼"成为传统士大夫修身、齐家、治国、平天下的首要选择。

第二节 "经""权"原则：遵礼之道展开的灵活变宜

在"礼"之践履的展开过程中，必然要面临一个问题，即如何让"礼"之规约性转化为现实层面的行为指导。"礼"固然对个体德性之修养及社会秩序之维系有巨大作用，但是要将这种作用发挥出来并为历史所接受，即不仅仅只是现成地为当世所遵循，还需能够经过改造为后世所遵循，从而作为历史中的合理存在，则会面临着极为艰巨的挑战。《论语》中载："子张问：'十世可知也？'子曰：'殷因于夏礼，所损益，可知也；周因于殷礼，所损益，可知也。其或继周者，虽百世，可知也。'"朱子引胡氏之言曰：

> 夫自修身以至于为天下，不可一日而无礼。天叙天秩，人所共由，礼之本也。商不能改乎夏，周不能改乎商，所谓天地之常经也。若乃制度文为，或太过则当损，或不足则当益。益之损之，与时宜之，而所因者不坏，是古今之通义也。因往推来，虽百世之远，不过如此而已矣。①

孔子重"礼"无足为怪，然而他所重视的"礼"乃是一种能损益于时代、能面对历史、能贯通古今的"礼"。这就意味着，与孔子所言相对，自然就有一种不能损益于时代的变化革新、不能面对历史而只能适合于一时、不能贯通古今而只能局限于一世的"礼"。就"礼"本身而言，之所以会出现这样的分殊，就在于"礼"（自然也包含有"乐"）作为一种制度规范，其对个体及社会的作用仅仅只是一种潜在的功能。这种潜在的功能能否转化以及在何种程度上进行转化，归根到底，则在于

---

① （南宋）朱熹：《朱子全书》（第六册），上海古籍出版社，2010，第81页。

"礼"在面对历史演化之进程、现实变化之格局、社会秩序之重建时所作出的回应。正是在这一回应中，才能见出"礼"之精义与"礼"之宽容的精神。而这正是接下来所要讨论的"礼"之经权问题。

一　"经""权"之提出

在"四书"中，"经""权"这一对范畴虽然从未两者并言，但却有分别的论述，尽管也只是很少的次数。"经"在《论语》中只出现了一次，即《宪问第十四》中的"岂若匹夫匹妇之为谅也，自经于沟渎而莫之知也"①。朱子注"经"曰："缢也。"②皇侃也注为："自经，自缢也。谓经死于沟渎中也。"③在《孟子》中一共出现了十次，大体可被分为四类。第一类，出现于《梁惠王章句上》第二章中所引《诗经》，"经"字出现了三次："经始灵台，经之营之。""经始勿亟。"赵岐注"经"曰："经营规度。"焦循疏为："经，度之也。"④朱子注曰："量度也。"⑤第二类，皆出现于《滕文公章句上》第三章中的"经界"之"经"，一共出现了四次，赵岐注曰："经，界也。"焦循疏曰："赵氏以此经界，即各国之疆界。"又曰："郑氏以小司徒所经即井田之界，经土地之经为'经始灵台'之经，谓小司徒经度之，与赵氏说异。"⑥就前者赵岐解释为"疆界"而言，自然就包含有不可违背之意；后者郑氏的解释则可以归为第一类之意。朱子注曰："经界，谓治地分田，经画其沟途封植之界也。"⑦此与赵岐之注解相类。第三类，为《尽心章句下》第三十三章中"经德不回，非以干禄也"的"经"。赵岐注曰："经，行也。"焦循疏曰："刘逵注云：'直行为经。'《灵枢经》云：'脉之所行为经。'"⑧赵岐以"行"言"经"。杨伯峻先生亦遵循赵解，将此句译为："依据道德而行。"⑨朱子则注曰："经，常也。"⑩第四类，出现于《尽心章句下》

---

① 可参看杨伯峻先生对《论语》及《孟子》两书中字词的统计与李泽厚先生对《论语》中字词的统计（杨伯峻：《论语译注》，中华书局，2015。杨伯峻：《孟子译注》，中华书局，2010。李泽厚：《论语今读》，中华书局，2015）。
② （南宋）朱熹：《朱子全书》（第六册），上海古籍出版社，2010，第192页。
③ （魏）皇侃：《论语义疏》，中华书局，2013，第369页。
④ （清）焦循：《孟子正义》，中华书局，1987，第45—46页。
⑤ （南宋）朱熹：《朱子全书》（第六册），上海古籍出版社，2010，第248页。
⑥ （清）焦循：《孟子正义》，中华书局，1987，第348—349页。
⑦ （南宋）朱熹：《朱子全书》（第六册），上海古籍出版社，2010，第311页。
⑧ （清）焦循：《孟子正义》，中华书局，1987，第1012—1013页。
⑨ 杨伯峻：《孟子译注》，中华书局，2010，第314页。
⑩ （南宋）朱熹：《朱子全书》（第六册），上海古籍出版社，2010，第454页。

第三十七章:"君子反经而已矣。经正则庶民兴,庶民兴,斯无邪慝矣。"赵岐注曰:"经,常也。反,归也。"并接着进一步将"经"的内涵落实了,他说:"君子治国家,归其常经,谓以仁义礼智道化之。"焦循之疏亦曰:"经,常也。""五常是仁义礼智信,经正是以仁义礼智道化之,谓经正之也。"① 朱子注曰:"经,常也,万世不易之常道。"② 与赵氏之解相比,朱注仅仅点出了"常道",而没有更为具体的落实。杨伯峻先生亦如朱子所言,指出:"经"是"正道,经常之理。"③ "'归于经常'便叫'反经'。"④ 故将此句译为:"君子使一切事物回到经常正道便行了。"⑤ "经"字在《大学》中没有出现,但在《中庸》中出现了四次。其中,有两次皆以"凡为天下国家有九经"出现于第二十章,朱子注曰:"经,常也。"⑥ 另外两次则出现于第三十二章:"唯天下至诚,为能经纶天下之大经,立天下之大本,知天地之化育。"朱子注曰:

> 经、纶,皆治丝之事。经者,理其绪而分之;纶者,比其类而合之也。经,常也。大经者,五品之人伦。大本者,所性之全体也。惟圣人之德极诚无妄,故于人伦各尽其当然之实,而皆可以为天下后世法,所谓经纶之也。⑦

朱子于此注中,暗示了作为常道之"经"所指的方向乃为人伦道德之准则。综上文本梳理,可以很清晰地看出,以"常"释"经"出现于儒者对《孟子》《中庸》的诠释中,而且最早可追溯到汉代儒者的注解中。

梳理完"经"的诠释后,就可以进一步继续讨论"权"的问题了。在"四书"中,"权"字只出现于《论语》《孟子》中,而没有出现于《大学》《中庸》中。综合考虑"权"在《论语》中所出现的三次语境,杨伯峻先生认为一共有两种基本的释义,一种是"权衡,铢、两、斤、钩、石等重量的总名";一种是"权变,为着更求切合当前现实而违反

---

① (清)焦循:《孟子正义》,中华书局,1987,第1033—1034页。
② (南宋)朱熹:《朱子全书》(第六册),上海古籍出版社,2010,第458页。
③ 杨伯峻:《孟子译注》,中华书局,2010,第423页。
④ 杨伯峻:《孟子译注》,中华书局,2010,第320页。
⑤ 杨伯峻:《孟子译注》,中华书局,2010,第319页。
⑥ (南宋)朱熹:《朱子全书》(第六册),上海古籍出版社,2010,第46—47页。
⑦ (南宋)朱熹:《朱子全书》(第六册),上海古籍出版社,2010,第57页。

平常的法规的措施"。① 第一次出现于《子罕第九》中:"可与共学,未可与适道;可与适道,未可与立;可与立,未可与权。"皇侃疏曰:

> 权者,反常而合于道者也。自非通变达理,则所不能。故虽可共立于正事,而未可便与之为权也。故王弼曰:"权者道之变。"
>
> 虽能有所立,未必能权量其轻重之极也。能权量轻重,即是晓权也。②

以"量轻重"来解释"权"几乎为后世学者所接受认可。朱子所引程子之言便是如此:"权,秤锤也,所以称物而知轻重者也。可与权,谓能权轻重,使合义也。"③ 刘宝楠亦注曰:"虽能有所立,未必能权量其轻重之极。"④ 钱穆先生解说道:"《论语》曰'立于礼',然处非常变局,则待权其事之轻重,而后始得道义之正。但非义精仁熟者,亦不能权。"⑤ 钱解与朱注及刘注不同在于:尽管仍然被译为"权衡轻重",但钱解开始拈出了"礼",并从仁、义、礼的角度来把握"权"。与钱穆先生理路相同,但杨伯峻先生表达更为明确:"《论语》的'立'经常包含着'立于礼'的意思。"所以将其译为:"可以同他一道事事依礼而行的人,未必可以同他一道通权达变。"⑥ 杨伯峻先生将"权"的地位、功能与效用放到了"礼"的视阈中加以阐释,这一点是极为关键的。"权"第二次出现于《微子第十八》中:"身中清,废中权。"皇侃疏曰:"身不仕乱朝,是中清洁也。废事免于世患,是合于权智也。故江熙云:'超然出于埃尘之表,身中清也。晦明以远害,发动中权也。'"并引马融之言:"清,洁也。遭世乱,自废弃以免患,合于权也。"⑦ 面对人世之治乱而对处世原则作出相应的改变,这便是"权"的内在要求;反之,无论治乱与否,都以同一种行为方式来处世,则不符合"权"的内涵。朱子注曰:"放言自废,合乎道之权。"⑧ 钱穆先生亦持朱子之论。所以应该引起注意的是,这里"道"的指向性。虽然中国传统文化一直追求"天人

---

① 杨伯峻:《论语译注》,中华书局,2015,第342页。
② (魏) 皇侃:《论语义疏》,中华书局,2013,第231—232页。
③ (南宋) 朱熹:《朱子全书》(第六册),上海古籍出版社,2010,第147页。
④ (清) 刘宝楠:《论语正义》,中华书局,1990,第358页。
⑤ 钱穆:《论语新解》,九州出版社,2011,第279页。
⑥ 杨伯峻:《论语译注》,中华书局,2015,第141页。
⑦ (魏) 皇侃:《论语义疏》,中华书局,2013,第489页。
⑧ (南宋) 朱熹:《朱子全书》(第六册),上海古籍出版社,2010,第230页。

之际"的境界,但从《论语》上一条记载看,"道"显然是指向人道之礼,即人生在礼的践履过程中应该变通以合乎人道,进而再合乎天道。"权"第三次出现于《尧曰第二十》中:"谨权量,审法度。"皇侃疏引包咸之言曰:"权,秤也。量,斗、斛也。"① 朱子注曰:"权,秤锤也。量,斗斛也。"② "权量"并言,"权"与"量"二者两义相近,正是杨伯峻先生所说的"重量总名"之统称,即度量衡(杨译此句为:"检验并审定度量衡。"),这是原始之意,后来又有所延伸,成为"权衡""考量""考虑"的代名词。

"权"在《孟子》文本中亦出现了三次,而且杨伯峻先生对这三次也进行了总结,认为有两种基本的释义:一种是"秤",即在《论语》中所说的"度量衡"之意;一种是"权宜,违反经常规定而合宜的临时措施"③。第一次出现于《梁惠王章句上》中的第七章:"权,然后知轻重。"赵岐注"权"曰:"铨衡也,可以称轻重。"焦循又为之作疏曰:

> 《汉书·律历志》云:"衡,平也。权,重也。衡所以任权而均物,平轻重也。"《广雅·释器》云:"锤谓之权。"又云:"秤谓之铨。"《吕氏春秋·仲秋纪》"平权衡",高诱注云:"权,秤衡也。"《说文》金部云:"铨,衡也。"韦昭注《国语》云:"铨,秤也。"是铨衡即秤,衡权谓锤衡之轻重,视乎锤之进退,而所以铨衡轻重,全视乎锤。④

朱子直接将"权"解为"秤锤也"⑤。对人而言,作为秤锤的"权"之所以能够起到知晓物之轻重的媒介作用,就在于秤在运用过程中正是通过秤锤的往返移动得以实现对物的铨衡,即朱子与杨伯峻先生分别所说的:"称物轻重而往来以取中者也。"⑥ "秤一秤,才晓得轻重。"⑦ 在动态的过程中实现对物的把握与知晓,这是"权"的延伸之义。"权"第二次出现于《离娄章句上》的第十七章中:"男女授受不亲,礼也;嫂溺援之以手者,权也。"赵岐注曰:"权者,反经而善者也。"焦循为之

---

① (魏)皇侃:《论语义疏》,中华书局,2013,第520页。
② (南宋)朱熹:《朱子全书》(第六册),上海古籍出版社,2010,第240页。
③ 杨伯峻:《孟子译注》,中华书局,2010,第456页。
④ (清)焦循:《孟子正义》,中华书局,1987,第87页。
⑤ (南宋)朱熹:《朱子全书》(第六册),上海古籍出版社,2010,第256页。
⑥ (南宋)朱熹:《朱子全书》(第六册),上海古籍出版社,2010,第346页。
⑦ 杨伯峻:《孟子译注》,中华书局,2010,第19页。

疏曰：

> 桓公十一年《公羊传》云："权者何？权者，反于经然后有善者也。权之所设，舍死亡无所设。行权有道，自贬损以行权，不害人以行权。杀人以自生，亡人以自存，君子不为也。"疏云："权之设，所以扶危济溺，舍死亡无所设也。若使君父临溺河井，岂不执其发乎？是其义也。"
>
> 夫经者，法也。制而用之谓之法，法久不变则弊生，故反其法以通之。不变则不善，故反而后有善。不变则道不顺，故反而后至于大顺。
>
> 礼灭而不进则消，乐盈而不反则放，礼有报而乐有反，此反经所以为权也。①

朱子注曰："权而得中，是乃礼也。"② 能够随生活场景的变化而恰如其分地作出反应，这是"礼"对"权"内在的必然要求。"权"第三次出现在《尽心章句上》的第二十六章中："执中无权，犹执一也。"赵岐注曰："执中和，近圣人之道，然不权圣人之重权，执中而不知权，犹执一介之人，不得时变也。"焦循为之疏曰：

> 圣人之道，以时为中，趋时则能变通，知变通则权也。文公十二年《公羊传》云"惟一介断断焉无他技"，注云："一介，犹一概。"此云执一介即执一概也。不知权宜，一概如此，所以犹执一也。③

综上对《孟子》文本中"权"之释义的考察，无论是其原初的"秤锤"、度量衡之义，还是其后的权衡、权变、权宜、变通的衍伸之义，所预设的前提都是就人道而言，尤其作为准则、规约的礼法更是如此。值得指出的是，"权"在《大学》《中庸》中并没有被提及，当然，这并不是说有关"权"的思想在其中没有出现过。然而，通过以上对"四书"等儒学重要原典中"经""权"内涵的考察，可以发现，"经权"思想中所蕴含的丰富内涵在儒学原典"四书"中并未得到充分展开与体现。而这正

---

① （清）焦循：《孟子正义》，中华书局，1987，第521—522页。
② （南宋）朱熹：《朱子全书》（第六册），上海古籍出版社，2010，第346页。
③ （清）焦循：《孟子正义》，中华书局，1987，第918页。

好为船山对"经""权"的重新诠释提供了必要的理论空间条件。

二 船山之"经""权"观——遵礼须贯彻"经""权"原则

船山对"经""权"的阐释与理解,一方面体现在他对传统已有认识的继承上,一方面也是他本人的特色之处,体现在将"经""权"二者之间的关系更为明确地作为一种原则放到"遵礼"的体系中来加以解释,可见,"权"绝非为了"经",亦不再强调"经"必须显现于"权"中,而是出现了新的落脚点即"礼"。船山"即用见体"或"于用中言体"的思维方式使得他对"经""权"有了不一样的认识,无论是"经"还是"权",就原则性而言,二者都是作为"体"隐蔽于幽暗之中,而有待进一步呈现的只能是"用",即"礼"上。即船山所谓"循礼之经,行礼之权"①。

(一)"经""权"一体

船山首先指明了"经""权"的一体性、非断裂性,单就"经""权"二者而言,又有体—用之分,即经体权用。因为,不变的原则并不能够直接指导行为方式,而是需要创造地转化为能够面对变化现实的应对方式,正是在这种转化的过程中,原则与灵活实现了本来的统一。所谓"本来的统一",就是说二者是一体的,不是被打断两橛之后,再进行统一。但是,在本来统一的"经""权"一体之中,可以被把握的只能是"权"。这一点从船山的表达中可以看得更清晰。

在船山对"经""权"的表达中,相比较而言,出现更多的是对"权"的论述,"经"就好像老子所说的"道":无体无名、无形无状、无色无味,正因为无法把捉,自然也难以言及,即使要言及,也只能是若有所比。他说:

> 秤锤移上移下,各得其平,无所往而不合于经谓之"权"。此在学问上说,精义处说,勿及事功。②
>
> 权者,以铢两而定无方之重轻,一以贯之之象,随时移易而皆得其平也。③

以"秤锤"言"权","权"即是在秤锤的往返移动过程中实现对物的知

---

① (明)王夫之:《船山全书》(第八册),岳麓书社,2011,第650页。
② (明)王夫之:《船山全书》(第六册),岳麓书社,2011,第216页。
③ (明)王夫之:《船山全书》(第十二册),岳麓书社,2011,第172页。

晓，这是"权"的原始含义，即《论语》中的第三义与《孟子》中的第一义。将此原始义稍加引申，便是朱子《集注》中所引程子与杨氏之意："'权，秤锤也，所以称物而知轻重者也。可与权，为能权轻重，使合义也。'（程子）'知时措之宜，然后可与权。'（杨氏）"① 紧接着"权"的基本内涵之后，他又说道："权者，善恶之审、轻重之准则。"② 在船山看来，"权"同时又是作为善恶、轻重的一种不变准则而出现。强调"权"也具有某种原则性，这一点与"经"本来就具有原则性并不冲突；相反，船山正是要通过这样的强调来凸显"权"与"经"的统一性、一体性、不可断裂性，并借以反对认为"权""经"可以分开来起作用、是两个层面上的功能的观点。他说："夫礼，经也；因事变之不齐而斟酌以中节者，权也。唯圣人而后可与权，则下此者不得与矣。"③ 以"礼"言"经"我们稍后再加以分疏。船山认为，只有圣人才可以对"礼"进行必要的变革与损益，这也即他所说的"权"；对一般人而言，并不具备运用"权"的能力，这便是他所强调的"权"之原则性。另一方面就是船山对"朱子"的辩驳。朱子先引程子之言曰："汉儒以反经合道为权，故有权变、权术之论，皆非也。权只是经也。自汉以下，无人识权字。"稍后又加案语曰："先儒误以此章连下文偏其反而为一章，固有反经合道之说。程子非之，是矣。然以孟子嫂溺，援之以手之义推之，则权与经，亦当有辨。"④ 朱子所考虑的"权""经"当有所辨，似有将二者打为两橛之嫌。船山则没有这样的考虑，他说道：

> "经"字与"权"为对。古云："处经事而不知宜，遭变事而不知权。"就天下之事而言之，"经"字自与"变"字对。以吾之所以处事物者言之，则在经曰"宜"，在变曰"权"，权亦宜也。于天下之事言经，则未该乎曲折，如云"天下之大经"，经疏而纬密也。于学问心德言经，则"经"字自该一切，如云"君子以经纶"，凡理其绪而分之者，不容有曲折之或差，则经固有权，非经疏而权密也。⑤

---

① （南宋）朱熹：《朱子全书》（第六册），上海古籍出版社，2010，第147页。
② （明）王夫之：《船山全书》（第四册），岳麓书社，2011，第258页。
③ （明）王夫之：《船山全书》（第四册），岳麓书社，2011，第131页。
④ （南宋）朱熹：《朱子全书》（第六册），上海古籍出版社，2010，第147页。
⑤ （明）王夫之：《船山全书》（第六册），岳麓书社，2011，第741页。

一般所认为的"经""权"（即"变"）两者有对，是从事的角度来看，然而这个观点存在一个不足，即船山这里所说的"经疏而纬密"，这样原则总是很模糊，而权变又总是很琐碎。若从"学问心德"的角度来看，就不会出现"经""权"相对，因为这种意义上的"经"本就具备"权"的维度，"反经合道，就事上说。此由'共学'、'适道'进于'立'、'权'而言，则就心德学问言之。学问心德，岂容有反经者哉？"① 当然也就更不会出现"经疏而纬密"或"经疏而权密"的不足。所以，船山认为"经""权"二者之间不应当有朱子所言的"辨"，于此他说道："以实求之，轻重不审，而何以经乎？经非疏而权非密，则权不与经为对。既不与经为对，亦不可云经、权有辨矣。"② 二者之间是一种一而二、二而一的关系，不可以"对"相分，自然也就无从有"辨"的必要。此外，船山又从体—用的角度对二者作了进一步的说明：

> 以已成之经言之，则经者天下之体也，权者吾心之用也。如以"经纶"之经言之，则非权不足以经，而经外亦无权也。经外无权，而况可反乎？在治丝曰"经"，在称物曰"权"；其为分析微密，挈持要妙，一也。特经以分厚薄、定长短，权以审轻重，为稍异耳。物之轻重既审，而后吾之厚薄长短得施焉。是又权先而经后矣。③

他将"经"看作"体"，"权"看作"用"。就体—用而言，船山力主二者是相统一的，而且"体"显于、成于"用"，所以要即"用"见（现）"体"。落实到经—权关系上，便是强调要让"经"显于、成于"权"，即"经外无权"，即"权"见（现）"经"，即"非权不足以经"。为了更加说明"权"（"用"）的重要性，他甚至提出"权先而经后"的说法，而这与他重视"用"即工夫修养而坚决反对实体之"体"的理路又是相一致的。所以，船山最后作出总结：

> 易云："巽以行权。"巽，入也，谓以巽入之德，极深研几而权乃定也。如风达物，无微不彻，和顺于义理而发以光辉，焉有不得已而反经以行者乎？故权之义，自当以程子为正。④

---

① （明）王夫之：《船山全书》（第六册），岳麓书社，2011，第741页。
② （明）王夫之：《船山全书》（第六册），岳麓书社，2011，第741页。
③ （明）王夫之：《船山全书》（第六册），岳麓书社，2011，第741页。
④ （明）王夫之：《船山全书》（第六册），岳麓书社，2011，第743页。

对于"经""权"二者之间关系的界定,应该以程子的主张为正,即"权只是经"。此种主张并非取消"经""权"双方各自在学问精进与心德涵养方面的价值功能及其之间的界限,而是强调,不应在"经"之外再寻找权变的可能性或者说在"权"之外寻找不变的永恒性。

(二)"经""权"乃礼之损益

船山对"经""权"一体性的强调,是为了让其能够作为原则落实到"遵礼"的体系中。因为能够维系个体与社会平衡的"礼"所重视的也正是变与不变的统一,这与其所具有的浓厚的践履品格之间有很大的关联。"道无定,而人各有其道;礼无定,而因人以行礼。"① 与"天道"之"理"("礼")一样,人道之"礼"的最大特征也是要面对千差万别的个体,依据对象个体的变化而作出相应的改变。

> 故礼不可不及也,亦不可过也。惟其过,则毁性伤生。礼崩乐坏,于是而仁孝衰薄者,乃以心不可尽、礼不可行为说,而荡闲逾节,无所不行矣。故礼缘人情而宰制,行焉所以达乎万世。②

"过"与"不及"都没有把握住个体的恰当分寸,换言之,也就是没有将"经"—"权"相统一的原则贯彻到礼的运行过程中。此意义上的礼只能是一种不具备功能与价值寄托的"礼"而已。"礼有制,用有恒,人心素定而不以不足为忧,则虽有所减损而终不废礼,盖顺天地民物之数以为大常,义理得而忠信不匮也。"③ 相反,能对礼有所减损或增益,都体现了"礼"的权变性。正是在变化的过程中,实现着对个体差异性的把握,进而也就更好地实现了礼的功能。"常不碍变,变不失常,常变因乎时,而行之者一揆。"④ "礼"只有在不断的变化中才能保持其深厚的生命力,强化自身的更新能力,更好地适应个体的差异性,反过来又加深了个体对礼的重视程度与"礼"本身的持续性。将"经"—"权"原则贯穿于"礼"之中,"礼"与历史便实现了统一,从而成为一种超越时代局限的本体性存在而为人们所遵循,即船山所说的"礼缘人情而宰制,行焉所以达乎万世"。"夫礼,经也;因事变之不齐而斟酌以中节

---

① (明)王夫之:《船山全书》(第七册),岳麓书社,2011,第521页。
② (明)王夫之:《船山全书》(第八册),岳麓书社,2011,第960页。
③ (明)王夫之:《船山全书》(第四册),岳麓书社,2011,第583页。
④ (明)王夫之:《船山全书》(第七册),岳麓书社,2011,第378页。

者，权也。唯圣人而后可与权，则下此者不得与矣。"① 前文分析此则材料时曾有言，船山以"礼"言"经"。严格地讲，是以"礼之损益"言"经"（其中包含"经""权"二者的统一）。"礼随时为损益，义之所以精也，中道也，大经也。"② "大经"也就是指同时有"经""权"包含于内的"经"，而非只有"经"之维度的"经"。因此，船山就把在遵礼的过程中应如何贯通"经"—"权"原则的讨论转化为"礼"随情势、时代的演进而如何进行自身损益的讨论上来，因为"礼"在面对历史进程时所作出的损与益，从根本上讲，即是"经"—"权"原则在"礼"中的体现。

船山对"礼"之损益问题的讨论建立在他对人道之"礼"重视的基础之上，他说："要以历不可听人之损益，而损益者，人治之先后详略也。故经礼、仪礼，治法毕具，而独不及历，历非礼之所摄也明矣。"③ "历"即指历法，诸如阴历（夏历）、阳历、二十四节气等等，这些体现着天道的运行规律与法则，在这些客观因素很浓厚的历法面前人是无能为力的，所以，损益的对象应当是"人治之先后详略"，诸如礼节、仪文、法律等有浓厚色彩的人文创造。又说道："理势之自然，各适其时而已。故先王制礼，因、革、损、益，应天以顺人而无所让也。"④ "礼"的损益不是随意而为，而是有其限制因素与损益的范围。首先必须适应时势，其次是要以顺人为本。违理悖势，"礼"就会失去其合法性（合理性）的依据；不以人道为最终的依据，"礼"就会失去其价值性的寄托，成为一种徒劳的改作。正如船山所说的"三代之王者，率乎人心之实然，求其宜称以制为典礼，虽有损益，其致一尔，非出于三王之私意以为沿革，故天下乐用而不违"⑤。"礼"正是具备了这两方面的规定，故对其加以损益之工夫自然合情合理。因此，船山直接指明损益工夫即是针对维系人道的"礼"而发，他说："礼有损益，义有变通，运而不滞，而皆协于至一，故任让、进退、质文、刑赏，随施而可。"⑥ "礼"之践履是一个动态的运行过程，就有可能出现滞碍不通的情况，这就需要从"任让、进退、质文、刑赏"等各方面施以损益工夫，使其"协于至一""运而不滞"。而最根本的损益工夫则体现在作为"礼"之"体"

---

① （明）王夫之：《船山全书》（第四册），岳麓书社，2011，第131页。
② （明）王夫之：《船山全书》（第十二册），岳麓书社，2011，第236页。
③ （明）王夫之：《船山全书》（第六册），岳麓书社，2011，第614页。
④ （明）王夫之：《船山全书》（第四册），岳麓书社，2011，第584页。
⑤ （明）王夫之：《船山全书》（第四册），岳麓书社，2011，第600页。
⑥ （明）王夫之：《船山全书》（第十二册），岳麓书社，2011，第195页。

的三纲五常上,关于这一类的表述船山不乏其论。

> 裁前代之所已有余者而节去之,曰损;补前代之所不及防者而加密焉,曰益。有忠质文之递兴也,五德三统之相禅也,君子之所以异于野人,诸侯之所以奉若天子也,所损益也。①

从船山对"损""益"内涵的界定中就可以看出,并不存在可超越损益原则之上而能指导何者当损、何者当益的原则。对于人道的"礼"而言,损益原则就是最高的原则。

> 古帝王治天下之大经大法,统谓之礼,故六官谓之周礼。三纲五常,是礼之本原。忠、质、文之异尚,即此三纲五常见诸行事者品节之详略耳。所损所益,即损益此礼也。②

这就暗含着,在"礼"的损益中也包含着对其本原的三纲五常的变革,即要把这种变革进一步落实到忠、质、文上。对此意之表达,船山曾多次论及。"损益乃就三纲五常之内调剂,以因时而合道。"③ 损益的工夫说到底是礼之三纲五常内的自我调整,以合乎人道的历史进程。"'所损益'包括甚大,兵农礼乐,庆赏刑威,以至车服器皿之小者,皆有损益。忠、质、文是大纲,而文之于质,质之于忠,皆有益而无损。"④ 以前者的损益作为基础,再进而涉及忠、质、文,并推广到"兵农礼乐""庆赏刑威""以至车服器皿",无微不至地贯彻着损益的原则。

> 夫三纲五常者,礼之体也;忠、质、文者,礼之用也。所损益者固在用,而用即体之用,要不可分。况如先赏后罚,则损义之有余,益仁之不足;先罚后赏,则损仁之有余,益义之不足:是五常亦有损益也。商道亲亲,舍孙而立子,则损君臣之义,益父子之恩;周道尊尊,舍子而立孙,则损父子之恩,益君臣之义:是三纲亦有损益也,岂但品物文章之小者哉?⑤

---

① (明)王夫之:《船山全书》(第七册),岳麓书社,2011,第314页。
② (明)王夫之:《船山全书》(第六册),岳麓书社,2011,第613页。
③ (明)王夫之:《船山全书》(第六册),岳麓书社,2011,第174页。
④ (明)王夫之:《船山全书》(第六册),岳麓书社,2011,第173—174页。
⑤ (明)王夫之:《船山全书》(第六册),岳麓书社,2011,第613页。

从损益"忠、质、文"到损益"三纲五常",整体上都体现了"礼"自身的损益,船山在此对这一理路的继承性与合法性给出了最终的解释。在他看来,前者作为礼之"用",后者作为礼之"体";既然是礼的损益,就应该体现在体—用两个层面上,而且只有从"用"上着手才可能对"体"产生效果。这里颇为值得注意的是,现代学者李泽厚先生变"天地君亲师"为"天地国亲师"的提法①,从逻辑理论的线索思路上来看,似乎就是以船山此处所论为张本。

此外,还需要进一步指出的是,船山强调作为"礼"之主干的三纲五常也完全可以加以损益工夫,或许可以看作是他对朱子之论的纠偏。换言之,他对礼之体—用进行损益的整体构建,是以朱子之论为其理论的"前件"。"三纲五常,礼之大体,三代相继,皆因之而不能变。其所损益,不过文章制度小过不及之间。"② 朱子认为,作为"礼之大体"的三纲五常,只能因循不能革变,所能革变的只是"文章制度小过不及之间"。这与其在哲学上强调"理"的优越性有着必然的关联。船山通过对三代之礼沿革过程的考察,从历史的角度对朱子的观点给出了否定的回应:

> 夫不见夏衰而殷兴,殷之大伦大法犹夫夏乎?殷之改制度以立政教者,非因夏后末代之迁流以成乎敝,则夏道不可复行而必损益者乎?亦既即夏之所以治与之所以乱者,而有可知者矣。抑不见殷衰而周兴,周之大伦大法犹之殷乎?周之改制度以立政教者,非因殷人末代之迁流以成乎敝,则殷道不可复行而必损益者乎?亦既即殷之所以治所以乱者,而有可知者矣。在今日而考之,其知者皆实有可知者也。则在夏之世,可以知殷,在殷之世,可以知周。其不容紊者,必知其不容紊;其敝不可复者,必知其不复。③

并进一步明确指出:

> 以此准之,后之视今,亦犹今之视昔。其或有继周而王者乎,

---

① 李泽厚:《论语今读》,中华书局,2015,第 7 页。据余英时的说法,"天地国亲师"乃民国之后所改。参见《学思答问》(余英时著,彭国翔编,北京大学出版社,2013)第 53—54 页。
② (南宋)朱熹:《朱子全书》(第六册),上海古籍出版社,2010,第 81 页。
③ (明)王夫之:《船山全书》(第七册),岳麓书社,2011,第 314—315 页。

必其能承周先王之统，而革周后代之敝者也。虽或兴或亡至于百世，而所因者必因也，所损益者必损其不得不损、益其不得不益者也。①

"礼"之施用不得不考虑其历史境遇，必须对自身从"体"到"用"加以损益，才能因时合义。

三 小结

船山对礼之"经""权"问题的讨论，并未从如何在遵礼过程中凸显"经""权"重要性这样的角度来论述，而是从礼在社会变迁、历史演进的进程中需要因时损益来适应外在的变化以保持自身功能价值之有效性的角度来展开，将"经""权"问题转化为损益问题来阐释，更能够体现出"经""权"在整个遵礼体系中的原则性地位。

第三节 于俭原则：遵礼之道展开的内在持守

"礼"作为一种仪文，具有很浓厚的人文色彩。就其产生的源头而言，乃是一种提升并彰显人道价值的媒介；而且又因为"礼"具有很强的践履性，使得它的价值旨归最终指向了有效提升个人道德修养和维系社会秩序上。无论是从理论还是实践层面而言，都必然要求"礼"需要具备俭（简）约的性质。对于重视"礼"的船山而言，这一点是通过他将俭作为遵礼体系中的原则加以把握所体现出来的。

一 遵礼需以守俭为尚

将"礼"的践履性与"礼"的俭约性直接加以讨论，这在儒学经典中早有表述，而船山对二者关系的把握也正是建立在他诠释经典的基础上。

（一）俭者见礼而不见俭

对于遵礼与俭约二者之间的关系，船山说："弃礼以为俭戚，则又不足名为俭戚，而但名为无礼。业已有礼矣，由俭流奢，由戚生易，故俭戚可以云本。"② 脱离了"礼"之预设的实践"前件"，仅仅单纯地去追求"俭戚"，犹如无本之木、无源之水。没有"礼"所提供的践履场域，

---

① （明）王夫之：《船山全书》（第七册），岳麓书社，2011，第315页。
② （明）王夫之：《船山全书》（第六册），岳麓书社，2011，第616页。

"俭戚"也就失去了其本身的价值意义。"以礼所行乎俭戚者为本,而不可径云俭戚为本。"① 因此,必须在遵礼的化用过程中体现"俭戚"的属性;也就是说,"俭戚"与"礼"二者之间具有内在的一致性与关联性。"俭""戚"并言,来源于儒学经典中的表达;"俭戚"与"礼"并言,则是船山对朱子所立之论的辩驳。

《论语·八佾》中记载:"林放问礼之本。子曰:'大哉问!礼,与其奢也,宁俭;丧,与其易也,宁戚。'"朱子注曰:

> 在丧礼,则节文习熟,而无哀痛惨怛之实者也。戚则一于哀,而文不足耳。礼贵得中,奢、易则过于文,俭、戚则不及而质,二者皆未合礼。然凡物之理,必先有质而后有文,则质乃礼之本也。范氏曰:"夫祭,与其敬不足而礼有余,不若礼不足而敬有余。丧,与其哀不足而礼有余,不若礼不足而哀有余也。礼失之奢,丧失之易,皆不能返本而随其末故也。礼奢而备,不若俭而不备之愈也。丧易而文,不若戚而不文之愈也。俭者物之质,戚者心之诚,故为礼之本。"②

朱子认为,无论"奢"与"易",还是"俭"与"戚",都不是"礼"的恰当表达;但相对而言,"俭"与"戚"更接近于"礼"的根本。朱子所列范氏之言,杨伯峻先生指出其出自《礼记·檀弓上》③,其文曰:"子路曰:'吾闻诸夫子:丧礼,与其哀不足而礼有余也,不若礼不足而哀有余也。祭礼,与其敬不足而礼有余也,不若礼不足而敬有余也。'"孙希旦引孔氏之言曰:"丧礼有余,谓明器衣衾之属多也。祭礼有余,谓俎豆牲牢之属多也。"又引陈澔之言曰:"有其礼,无其财,则礼或有所不足,哀敬则可自尽也。"他自己也加案语说道:

> 礼有余,谓财物之繁多,仪节之详尽也。丧、祭之礼,固有一定,然第务于礼而哀敬不足以称之,则见为有余矣。此于礼之末虽举,而其本则有所未尽也。若哀敬有余而于仪物或有所未尽,此虽

---

① (明)王夫之:《船山全书》(第六册),岳麓书社,2011,第616—617页。
② (南宋)朱熹:《朱子全书》(第六册),上海古籍出版社,2010,第84页。
③ 杨伯峻先生在《论语译注》的注释中指出:《礼记·檀弓上》云:"子路曰:'吾闻诸夫子:丧礼,与其哀不足而礼有余也,不若礼不足而哀有余也。'"可以看作"与其易也,宁戚"的最早的解释。(《论语译注》,中华书局,2015,第35页)

未足以言礼备，而其本则已得矣。行礼固以本末兼尽者为至，若就其偏者而较其得失，则又以得其本者为贵也。①

对于具体的丧礼与哀礼，都存在着一个相同的问题，即"礼有余"。而所谓的"礼有余"，就是指超出了"礼"本来所要求的外在仪节，即可理解为"繁文缛节"，从而导致了对"礼"通过外在仪节传达其内涵宗旨的忽略。"礼"之恰当的表达应该是，既有其内在的本质实现，又不失其外在的仪文节度；若不能兼而尽之，则应以内在本质的实现为根本。皇侃在《论语义疏》中亦表达了类似的观点："夫礼之本贵（"贵"，误，堂本正误表以"意"为正），在奢俭之中，不得中者皆为失也。然为失虽同，而成败则异。奢则不逊，俭则固陋。俱是致失，奢不如俭，故云'礼与其奢，宁俭'也。郑玄（"郑玄"，斋本、库本作"苞氏"。陆德明《经典释文》作"包云"，正平版何解、邢疏、刘氏正义皆作"包曰"）曰：'言礼之本意失于奢，不如俭也；丧失于和易，不如哀戚也。'"② 综合考察以上观点，可以得出两点结论：一，都认为"礼"有其内在独立的价值；二，但是在这一价值不断彰显的外化过程中，难免会出现有过与不及的缺陷，这似乎就蕴含了两种缺陷相互对立的可能。其中，"过"表现为"奢"与"易"，"不及"表现为"俭"与"戚"，而且相比较而言，"俭"与"戚"比"奢"与"易"更接近于礼的"根本"。所以，"礼"需要"守俭"，需要"含戚"。

与上述观点稍有不同，船山认为："俭戚原不与奢易为对。使俭戚而与奢易为对，则礼有两端，古人仅有本，而今人亦得其末矣。（船山自注曰〔下同〕：无本则并不得有末。）"③ "奢易"与"俭戚"并不为对，也就是说，若认为礼在运行过程中会出现"奢易"与"俭戚"两种相互对立的缺陷，这似乎预设了"礼"本身就有"两端"（即本末），而且是古人执本、今人执末。这一点对于坚持体—用并举思维模式的船山来说显然不能接受。与体—用观类似，无本即无末；反之亦然，无末也就无本。本—末双方也应该是一种互用、互显的并存关系。体—用观落实到"礼"上，也应该是一种体—用并举的共存关系。所以他又说道："若徒奢与易，则既离乎本，而末亦非礼。故奢与吝对，易与苟且对，而不可

---

① （清）孙希旦：《礼记集解》，中华书局，1989，第202页。
② （魏）皇侃：《论语义疏》，中华书局，2013，第51—52页。
③ （明）王夫之：《船山全书》（第六册），岳麓书社，2011，第616页。

与俭戚对。"① 因此，船山给出了"奢易"与"俭戚"不能对立的根本原因在于：

> "奢"非礼，"俭"亦非礼。"戚"是礼，"易"亦是礼。其云"易"者，谓易而不戚；云"戚"者，谓戚而不易。然奢则必不俭，俭则必不奢。若易则自不碍戚，戚则且求其易。此处须分别。盖俭与戚俱依著天理之在人心者而发，特不能推而行之以中礼。若奢与徒易者，则务末而失本也。②

船山此处所说的"'奢'非礼，'俭'亦非礼"并不是说，"奢"与"俭"对于遵礼而言是无关紧要的；而是说，二者不能被视作本—末式的关系。"奢"对遵礼而言，固然处于仪文的末节地位；但也并不能将与其相对的"俭"作为本；否则，这种本—末关系无法统一于整个遵礼过程中，正如船山所说的"奢则必不俭，俭则必不奢"。与"奢""俭"不同，"戚""易"二者并不存在着前者之间的对立性，双方可以互涵互显，构成一种本—末式的结构，也就是船山所说的"易则自不碍戚，戚则且求其易"。在遵礼的体系中，"俭"虽然不与"奢"相对立，构成一种本—末结构，但却与"礼"之间有着根本性的关联。因为与"戚"一样，"俭"也是天理在人心之中的体现，只要善加引导，就能达到使行为遵循礼法而为的目的（"俭与戚俱依著天理之在人心者而发，特不能推而行之以中礼"）。钱穆先生于《论语新解》一书中之注解虽以朱注为主，然于此条之注却能发明船山此处的精蕴：

> 礼有内心，有外物，有文有质。内心为质为本，外物为文为末。林放殆鉴于世之为礼者，竞务虚文，灭实质，故问礼之本。然礼贵得中，本末兼尽。若孔子径以何者为礼之本答之，又恐林放执本贱末，其敝将如后世之庄老。故孔子仍举两端以告，与彼宁此，则本之何在自见，而中之可贵亦见。抑且所告者，具体著实，可使林放自加体悟。事若偏指，义实圆通。语虽卑近，意自远到。③

据钱穆先生解读，其所说的礼之"本"不是别的，正是与内在相关联的

---

① （明）王夫之：《船山全书》（第六册），岳麓书社，2011，第616页。
② （明）王夫之：《船山全书》（第六册），岳麓书社，2011，第175页。
③ 钱穆：《论语新解》，九州出版社，2011，第62页。

心性，这一点也是船山所认可的。更为关键的是，"俭"在沟通内在心性与外在仪文、则度方面具有无可比拟的优越性，对此，船山认为：

> 俭与戚有所不极而尚因于性之不容已，用皆载体而天下之大本亦立。此古道之不离于本也。奢则有意为奢，易则有意为易；俭则无意为俭而见礼之备于俭，（自注：有意则为吝而非俭。）戚则无意为戚而但戚以尽其哀。（自注：有意则非戚。）故俭不至于废礼而戚之非以偷安于不易者，此自性生情，自情生文者也。①

"俭"与"戚"都是内心情感的自然流露，二者都是作为人道大本之礼所以立的根据所在。"戚"以启发礼之源头，"俭"则维持礼之源流，使遵礼始终按照其内在的理路而被个体及社会所接受。然而，从礼的最初产生阶段来看，船山又认为：

> 故但从夫人所行之礼上较量先后，则始为礼者，于俭行礼，以戚居丧，虽俭而已有仪文，但戚而已有丧纪，本未有奢，而不能极乎其易，然而礼已行焉，是礼之初也。②

"戚"是保证礼一直得以持续的必要条件，因为"戚"与"易"之间没有对立性，可以"双水并流"；"俭"与"奢"之间则不同，正因为二者存在对立性，所以"俭"在遵礼过程中的效用与功能经常被"奢"所遮蔽，甚至危及"礼"本身的合理（法）性与有效性。因此，在遵礼的践履运用中，关键是要能贯彻"俭"的效用。也正是出于这样的考虑，船山才将"俭"提升为遵礼原则。

（二）守俭能回归礼之本

在明确了"俭"能够彰显礼之本后，船山便接着讨论了"俭"是如何体现礼之价值的。对此问题的理解即要考察，在遵礼的过程中，如何依循"俭"的原则实现礼内在本性的价值寄托。为了清晰地呈现这一线索，船山进一步在"俭"的基础上讨论了礼之本。他说：

> 在古人未有奢、未尽易者既然；而后人既从乎奢、既务为易之

---

① （明）王夫之：《船山全书》（第六册），岳麓书社，2011，第616页。
② （明）王夫之：《船山全书》（第六册），岳麓书社，2011，第615页。

后，亦岂遂迷其本哉？苟其用意于礼，而不但以奢、易诳人之耳目，则夫人之情固有其量，与其取之奢与易而情不给也，无宁取之俭与戚而量适盈也。将由俭与戚而因文之相称者以观乎情之正，由此而天则之本不远焉。（小字自注：情之正者，已发之节。天则之本，未发之中。）迨其得之，则充乎俭之有余，而不终于俭，极乎戚之所不忍不尽，而易之事又起，则不必守俭而专乎戚，而礼之本固不离也。①

即认为坚守"俭"与"戚"，使其效用得到恰当的发挥，就能保持天则而不迷失；反之，如果只是追求"奢"与"易"，不仅会迷失礼之本，更会扰乱性情的发展。按照船山的理解思路，一味地放纵"奢"与"易"，人就会沉沦其间，心也就失去了其本身的虚灵不昧性，从而导致出现极端的原子个人主义，即船山所说的"今夫人贸贸然役己劳人以为礼，莫知其将以何为也，则唯奢之有以侈其心也"②。"侈其心"也就即孟子所谓"放其心""失其心"，对强调人禽壁立万仞的船山而言，是要坚决予以反对的。若以"俭"与"戚"为正，不仅不会陷溺其中，反而能超越"俭"与"戚"，始终保持心的灵明性与开放性，从而将古今融为一体，实现伦理与历史的有效统一。"礼之所自为本者，原于天，率于性，达于百物，通于万行。故推之天下而皆可行，一理之所推也；达之古今而不可易，一心之所贵也。"③ 因为，真正的礼之本只能来源于一。从横向空间的自然万物看，就是"理"；而从纵向时间的人文历史看，则是"心"。理—心共同统一于"礼"中，从这里便能够看出船山对宋明理学与心学的继承和超越。

此外，船山又从持俭能使心恒于敬的角度阐明了俭与礼之本之间的关系。他说："若其但为奢也，则将谓物已备而可以为敬，敬心弛矣；但求其易，则将谓事已治而可以无悔，慕心释矣。则无怪乎终日为礼而愈离其本也。"④ 此处所说的"敬心弛"，正是之前所提及的"侈其心""放其心""失其心"。重新关注"敬"的重要性，这是宋儒自程子至朱子的一贯表达，船山也是如此。只不过船山重视的"敬"，需要放到遵礼体系中与"俭"相互参考，才能得到更好的理解。

---

① （明）王夫之：《船山全书》（第六册），岳麓书社，2011，第615—616页。
② （明）王夫之：《船山全书》（第七册），岳麓书社，2011，第322页。
③ （明）王夫之：《船山全书》（第七册），岳麓书社，2011，第321页。
④ （明）王夫之：《船山全书》（第七册），岳麓书社，2011，第322页。

第四章 遵礼原则：船山遵礼推行之原则

  故今日者而欲知礼之本乎，则与其奢而不知俭也，无宁俭而不期于奢也。有是心则备是物，万一物不足而心有余，则即此有余之心，歉然若不足而因愧以生敬者，于此而求之，礼之所为必备物以将敬者可见矣。夫先王之制礼，亦唯是惟恐其敬之不伸而为尽之耳；故可礼也，可啬也，皆自此而酌之也。①

遵礼即要维持"辞让""恭敬"的本心，如何实现这一目的，则需要"守俭"的工夫。因为，心—物并非能时刻保持恰当的协调状态，二者反而经常处于对立、不平衡状态，故需以"心"成"物"，关键便是能够做到"俭"，实现"物不足而心有余"，在心的优饫涵养中来保持"敬意"（"则即此有余之心，歉然若不足而因愧以生敬者"）。

船山强调行"俭"以遵礼并以此来成就礼，这一思想主旨在儒学经典中曾有所表达。《论语·阳货》中载："礼云礼云，玉帛云乎哉？乐云乐云，钟鼓云乎哉？"皇侃引汉儒之言曰：

  夫礼所贵，在安上治民，但安上治民不因于玉帛而不达，故行礼必用玉帛耳。当乎周季末之君，唯知崇尚玉帛，而不能安上治民，故孔子叹之云也。郑玄曰："言礼非但崇此玉帛而已，所贵者乃贵其安上治民也。"

  乐之所贵，在移风易俗，因于钟鼓而宜（"宜"，库本作"宣"），故行乐必假钟鼓耳。当浇季之主，唯知崇尚钟鼓，而不能移风易俗，孔子重言"乐云乐云，钟鼓云乎哉"，明乐之所云不在钟鼓也。马融曰："乐之所贵者，移风易俗也，非谓钟鼓而已也。"②

汉儒重"经世致用"之学，隐去这一时代色彩，他们认为："礼"的真正内涵并非只停留在所谓的礼之"玉帛"与乐之"钟鼓"上。船山也反对将"礼"固胶于"将玉帛""鸣钟鼓"之上的做法，他说：

  夫不仁之人所以不得与于礼乐者，唯其无敬、和之心也。若天道之自然有此必相总属之序、必相听顺之和，则固流行而不息，人

---

① （明）王夫之：《船山全书》（第七册），岳麓书社，2011，第 322 页。
② （魏）皇侃：《论语义疏》，中华书局，2013，第 457—458 页。

虽不仁，而亦不能违之。而凡人之将玉帛、鸣钟鼓者，正恃此以为礼乐也。①

船山将此处与"人而不仁，如礼何？人而不仁，如乐何？"相提并论，进一步说明了礼乐的真正功能在于促发人之内在之仁（即灵明觉醒之意），反对固守礼之节文的做法；也即不能依靠繁缛的礼乐来达到扩充内在之仁的目的。反过来讲，"礼"之本的真正彰显应建立在坚守俭原则的基础上，并在此种坚守的基础上，在历史中实现"礼"之脉脉温情。船山的这种观点，十分类似于后来李泽厚先生所主张的"历史情感本体论"了：

> 远古巫史文化使中国未能发展出独立的宗教和独立的政治，而形成以具有神圣巫术——宗教品格性能的礼制（亦即氏族父家长制下的伦理血缘关系和秩序）为基础的伦理、宗教、政治三合一的上层建筑和意识形态。正因为此，伦常、政治均笼罩和渗透在神圣的宗教情感之下。由畏（殷）而敬（周）而爱（孔子），这种培育着理性化的情感成为儒学的主要特征。它不断发展并普泛化为宇宙规律（汉儒："仁，天心也"）和道德律令（宋儒："仁者，爱之理，心之德也"），情感（仁、爱）成了"天心"、"天理"的本体所在。无论是"儒道互补"或"儒法互用"，不管是"内圣"或"外王"，这一本体或特征始终是其内在的魂灵。所以，不是天本体、气本体、理本体、心本体、性本体，而是"情本体"才是儒学要点所在。②

（三）奢则非礼犯乱

守俭能够实现涵礼之本的目的，与之相反，追求奢华不仅不合礼法的规约，而且在儒家学者看来，也不符合历史发展的内在理路。此处就暗含了伦理与历史相统一的倾向。这一点可以从《论语·八佾》所载孔子对管仲的评价中看出："子曰：'管仲之器小哉！'或曰：'管仲俭乎？'曰：'管仲有三归，官事不摄，焉得俭？''然则管仲知礼乎？'曰：'邦君树塞门，管氏亦树塞门；邦君为两君之好，有反坫，管氏亦有反坫。管氏而知礼，孰不知礼？'"皇侃引汉儒郑玄之言曰："今管氏（"氏"，

---

① （明）王夫之：《船山全书》（第六册），岳麓书社，2011，第869页。
② 李泽厚：《论语今读》，中华书局，2015，第48页。

斋本、库本作"仲"。正平版何解、邢疏亦作"仲")皆僭为之如是,是不知礼也。"并自作疏解:"卑者滥用尊者之物曰僭也。"又曰:"季末奢淫,恣违礼则。圣人明经常之训,塞奢侈之源,故不得不贬以为少("少",斋本、库本作"小",是)也。"① 朱注曰:

> 孔子讥管仲之器小,其旨深矣。或人不知而疑其俭,故斥其奢以明其非俭。或又疑其知礼,故又斥其僭以明其不知礼。盖虽不复明言小器之所以然,而其所以小者,于此亦可见矣。故程子曰:"奢而犯礼,其器之小可知。盖器大,则自知礼而无此失矣。"②

综观这两则注解,管仲之所以被夫子评价为"器小",一则因为其奢僭非俭,一则因为其不知礼。正如朱子所言,夫子虽然"不复明言(管仲)小器之所以然",然而这两者之间却有其内在的必然关联。因为船山曾指出,从广义上来讲,奢俭是一种对立的结构关系,奢则必不能俭,俭则必不会奢。而且将其放到遵礼体系的视域中,"俭"对于礼来说,又具有某种原则性的价值指向。顺着这一思路来看,管仲之所以被认为气量褊狭,就在于不知礼,尤其不能持守俭约。但奢并不是礼的反面,甚至不是礼,这一点船山曾指出过,他说:"'奢'非礼,'俭'亦非礼。"③ 可见,"奢"并不影响遵礼,如夫子所说的"富而好礼",只是必须持守"于俭"的原则性。船山对管仲的评价也是遵循了这样的一条思路,他说道:

> 乃当春秋之世、流俗惑人,以约己自守者为小,而以崇奢逞志者为大;以节于自外者为无礼,而以忘分备物者为礼:则道之不明而成乎乱者滋甚。故或人闻器小之言而问曰:管仲俭乎?盖以侈于用物者为大,而以慎于自持者为小。夫子曰:居室无游观之美,家臣有兼摄之职,此俭以服躬者之所守也,而管氏有三归之台矣。有治台之费,而抑有游台之乐,官事则不摄矣,事则寡而人则众,有其官则食其禄,侈以自尊,焉得俭也?或乃更言曰:然则管仲知礼乎?盖以奢以美观之为礼,而谓节以循分者之非礼也。夫子曰:礼严于君臣之辨,而著于制度之经,知之者不敢逾也。管仲人臣,而

---

① (魏) 皇侃:《论语义疏》,中华书局,2013,第76页。
② (南宋) 朱熹:《朱子全书》(第六册),上海古籍出版社,2010,第90页。
③ (明) 王夫之:《船山全书》(第六册),岳麓书社,2011,第175页。

非邦君矣。大夫之门以帘，邦君则树屏以塞门，以养尊也，而管氏之塞门也亦以树。大夫之献酢也，反爵于篚，唯邦君以邻国来朝，而设坫于两楹之间以反爵，而管仲之堂亦有反坫。子乃曰：管氏而知礼也。唯忘分修文以鸣侈肆之为礼也，则今之大夫，居非其室，服非其制，行非其礼，奏非其乐，皆不俭者，皆可谓之知礼也，而礼果然乎哉？呜呼！齐俗之陋也，以俭为小，以奢为大，以侈肆为礼，以节省为不知礼，而成乎无道之世，久矣！乃其失之始，则在赫然立功立名之士，不知正己以正物，而以清心寡欲为本，以辨上下、定民志为务，故王道废于天下，而始于功名者，终于犯乱。①

"礼"能够成为君子修身与圣王立法的主要媒介，就在于礼具有普遍性的价值寄托，可以为每一个个体提供精神涵养。这就必然要求礼既具有通性又具有别性，才能被广为遵循。通性即强调礼的开放性，并非只适用某一部分人；别性则是强调礼的践履性，为每一个个体所依循。综合这两方面因素的考虑，决定了礼之"于俭"的原则性。可以说，能否对这一原则进行恰当的把握，将直接决定遵礼的成败，无论从个体的修养，还是从整个社会秩序的维系上来说，皆是如此。

二　于俭当守情理之正

"于俭"虽然作为遵礼过程中的原则，但想要真正地发挥它的功能，则需要落实到现实的实践中。但在现实实践中，"于俭"原则有可能会失效，这是任何理论在现实化中都将会面临的问题。因此，船山在讨论了"于俭"对礼之践履的作用后，紧接着又讨论了"于俭"可能在现实中被"异化"的情况。

（一）过俭易流于骄泰

"于俭"作为一种原则在现实中可能被"异化"，如为了在遵礼过程中更好地体现"于俭"的功能，可能会出现为了追求"于俭"却反使"于俭"有所偏颇的情况。从某种意义上讲，这样的"于俭"原则已经不再具备对"礼"的指导功能，因为它与"礼"已经失去了内在的关联。就像"富"只是为了"富"而不再受到"礼"的规约从而变为"奢"一样，只是固执地持守"俭（简）约"，甚至将"礼"也化归至"俭约"之中，就会走向它的反面，成为一种僭越礼法的行为。

---

① （明）王夫之：《船山全书》（第七册），岳麓书社，2011，第349—350页。

《论语·子罕》中记载孔子的话说:"麻冕,礼也;今也纯,俭。吾从众。拜下,礼也;今拜乎上,泰也。虽违众,吾从下。"朱子注曰:

> 麻冕,缁布冠也。纯,丝也。缁布冠,以三十升布为之,升八十缕,则其经二千四百缕矣。细密难成,不如用丝之为省约。君与臣行礼,当拜于堂下。君辞之,乃升成拜。程子曰:"君子处世,事之无害于义者,从俗可也;害于义,则不可从也。"①

皇侃疏解曰:"三十升布,用功巨多,难得,难得则为奢华。而织丝易成,易成则为俭约。所以从之者,周末每事奢华,孔子宁欲抑奢就俭。今幸得众共用俭,故孔子从之也。"② 对于借外在实体性的媒介之物表达礼之规范,只要能够实现其启示性的作用,便可随时代与社会的习俗的变迁而加以损益,故夫子主张在"冠"的材质上可以以"纯"("丝")代"麻"("布"),这就体现了"俭约"的原则性,反映出对民生物力的一种尊重。若一味地固守旧的制作方法,则难免有迂腐之嫌,也并不符合"礼"因时审势的精神特质。然而,在君臣相互敬拜的礼仪上,夫子却不主张遵循这样的"于俭"原则。因为礼仪一旦经过(不合理地)简化,就会使行为在表现形式上呈现心骄气泰的意味,这本身就不符合礼"和合"的主旨。比较前后对礼的两种处理方式,不难看出,"冠"的材质的改变之所以不影响"冠礼"的表达,就在于其作为媒介性的实体之物并没有被取消掉,正如"告朔之羊"不可以被取消一样,这一点稍后将会论及。君臣相互敬拜礼仪的改变之所以影响了"君臣之礼"的表达,则在于这一改变已经触及了礼本身的实践品质。这即表明:若实践性表达受阻,将直接导致外在之"礼"与内在"性情"相互联络贯通的中断。关于这一点,船山说道:

> 夫子曰:君子斟酌于古今而行典礼,非以苟合乎众,非以过徇乎古,因情理之安而已。情之顺而于礼无嫌,则近情而即为理;理之正而于情有必安,则守理而无任其情。今之礼,较古而日增矣,而不知其苟简之实异于古之慎密也。简以近情,而或以背理;慎以守礼,而或以矫情。可弗辨乎哉?③

---

① (南宋)朱熹:《朱子全书》(第六册),上海古籍出版社,2010,第139—140页。
② (魏)皇侃:《论语义疏》,中华书局,2013,第207页。
③ (明)王夫之:《船山全书》(第七册),岳麓书社,2011,第562页。

"礼"是否应该持守"于俭"原则，以及在何种程度上去持守，最根本的制约因素要归到"情理"的安与否，应以此作为依循俭道的标准。

> 丝之密，较麻易矣，人无过劳，俭道也。如是以为简，从之可矣。等之乎密，而丝尤为贵焉。事虽俭，而尊贵之义不失，情所便也，未尝非理所宜也。吾所为因乎时而不必矫附于古也。①

变"麻"为"丝"，"人无过劳"，自然情安理得；既依循了俭道而行，又保持了"冠"原有的尊贵之义。因此，就可以因时而变。

> 今也，就堂上而拜，事趋便易，而以处己则矫，事上则慢，是泰然而无忌也。如是以为简，其可从乎？正其为臣，而以宾礼自居焉，尊卑无别，而伦纪以之斁，理所不可也，即情所不能安。虽违众而或讥其谄乎，而不敢不行古之道也。②

简化堂上的敬拜之礼，也就失去了君臣尊卑的差异性，于臣则"处己而矫，事上而慢，泰然而无忌"，于君则"处己而卑，使下而狎，斁之以伦纪"。

> 求之情，求之理，致其慎，而未尝不有可简者。惟夫天经地义之不可废，则古人尽其质而文必详。今人谓之尚文，而实苟简以丧其质。诚斟酌于从违，不可以不审也，而岂执古以求异于今哉！③

人之情理，乃是天经地义的准则，古今一致。这方面的"礼"不应因为追求简（俭）约而有所改变，即使要有所改变，也应该顺情安理。违背这一根本宗旨，就是对礼之精神的背离。李泽厚先生后来说："孔子对传统礼制，有坚持有不坚持。涉及原则性而必须坚持的，大都属于直接联系内心情感的行为活动；可以不必坚持的，大多是纯外在的仪文规矩。"④ 李先生此处虽是评价孔子对传统礼制的态度，但这一思路也颇符

---

① （明）王夫之：《船山全书》（第七册），岳麓书社，2011，第562页。
② （明）王夫之：《船山全书》（第七册），岳麓书社，2011，第562页。
③ （明）王夫之：《船山全书》（第七册），岳麓书社，2011，第562—563页。
④ 李泽厚：《论语今读》，中华书局，2015，第166页。

合船山此处的表述。

（二）过俭则背于义理

继过于简化礼可能造成礼之内外沟通受阻的讨论后，船山又进一步论述了过于简化还可能造成古礼传统的中断。前者侧重从内在的情理来阐释，后者则侧重从礼的传统延续来说明。

《论语·八佾》中载："子贡欲去告朔之饩羊。子曰：'赐也！尔爱其羊，我爱其礼。'"朱子注曰：

> 爱，犹惜也。子贡盖惜其无实而妄费。然礼虽废，羊存，犹得以识之而可复焉。若并去其羊，则此礼遂亡矣。孔子所以惜之。杨氏曰："告朔，诸侯所以禀命于君亲，礼之大者。鲁不视朔矣，然羊存则告朔之名未泯，而其实因可举。此夫子所以惜之也。"①

皇侃疏解曰：

> 孔子不许子贡去羊也。言子贡欲去羊之意，政言既不告朔，徒进羊为费，故云"爱羊"也。而我不欲去羊者，君虽不告朔，而后人见有告朔之羊，犹识旧有告朔之礼。今既已不告，若又去羊，则后人无复知有告朔之礼者，是告朔礼都亡已。我今犹欲使人见羊，知其有礼，故云"我爱其礼也"。苞氏曰："羊在，犹所以识其礼也；羊亡，礼遂废也。"②

子贡认为，"告朔"这种古礼已经不再流传，所以用来祭祀的羊也没有必要再被当作献祭品。出于仁爱之心与简约之则的考虑，献祭的羊也应该被取消掉。孔子却不主张如此。因为"告朔"之礼的废弃，并非礼本身无法适应现实需要，而是由于社会"礼坏乐崩"这一风气冲击所导致。所以，在孔子看来，将来一旦出现了继承周礼的传统，"告朔"之礼的恢复也将是必然性的。而在恢复之前，正是依靠献祭之羊的存在，"告朔"这种古礼的传统才没有被完全废弃。

显然，在关乎古礼存亡的境况下，不能出于简约性的考虑而放弃对礼之传统的维系。船山在讨论到这一点时也说道：

---

① （南宋）朱熹：《朱子全书》（第六册），上海古籍出版社，2010，第89页。
② （魏）皇侃：《论语义疏》，中华书局，2013，第68—69页。

> 朔之必告,崇天时以授民,以奉天也;定天下于一统,以尊主也;受成命于先公,以敬祖也;其为礼也大矣!鲁秉周礼,累世行之,文公以后乃废之,君之怠荒而不君尔,非敢以为礼之可变者而革之也。故有司犹具其羊,饩之于牢以待。此鲁所以为秉礼之国,君虽无礼,而官不废事,则犹可复于他日焉。乃历百年而徒为有司之累,时有裁冗费以节国用之说,而子贡议欲去之,去之则竟不复知有告朔之名。夫子乃呼子贡而告之曰:赐也,以羊为无用而欲去之,为刍饩省也,为供亿省也,爱此一羊之费也,于事便矣,而我则异是。斯告朔之礼,何礼乎?上天对时育物之至仁在焉,先王一道同风之精意存焉,先公垂统无穷之盛德归焉。吾君以此饬其侯度,一国之臣民以此而奉若王章。良法美意,诚可慕也;实去名存,诚可惜也。慕之惜之,而爱此一羊以存此礼者,吾有厚望焉。而赐也,何弗之思也?处衰晚而想盛治,情之不忘,圣人之意念深矣。举一羊,而鲁君臣上下之际,其可变而之道者不乏。故夫子极欲用鲁,而甚恶夫欲变而之于苟且者也。①

船山指出了践履"告朔"之礼所具有的意义:"崇天时以授民,以奉天也;定天下于一统,以尊主也;受成命于先公,以敬祖也。"以及具备的重大功能:"上天对时育物之至仁在焉,先王一道同风之精意存焉,先公垂统无穷之盛德归焉。"因此,就不可以因为目前一时"裁冗费以节国用"的节省考虑而废弃。

持守俭(简)约原则,即是为了使礼之遵循更好地适应现实的变化,而不是为了俭约而持守。如果因为持守俭约而使礼被废弃,这样的原则本身也是无法贯彻的。因此,原则应该体现于遵礼的过程中,二者合则两存,分则俱失。

三 小结

于俭原则在现实生活中的逻辑展开,实际上是遵礼实践展开的基石。遵礼需守俭,惟其如此,才能真正贯彻执行遵礼之道。于俭原则的遵从,可使俭者见礼而不显俭,礼之自然,此乃回归礼之本然也。因为礼者宁俭而不容奢,此乃遵礼之本质所在。为此,遵礼须以俭为尚,持俭则可维系遵礼之正。过俭易流于骄泰,过俭则背于义理,均不利于遵礼;反

---

① (明)王夫之:《船山全书》(第七册),岳麓书社,2011,第340—341页。

之,持俭可防骄,持俭可守住社会正义,持俭能有效推行遵礼,因此,在遵礼实践的逻辑展开中,遵礼须持俭,把持中道,维系于俭原则之中道。

本章小结

综上所述,船山主要从三个方面对遵礼原则进行了阐释:一是"中和原则(中道原则)",主要是就遵礼的功效层面与价值层面作出的规约。遵礼体系的提出,有其自身的现实践履与价值寄托。"中和"("中道")便是为现实践履提供一种准则以及为价值寄托提供一种保障。二是"经权原则",表明了在面对外在境遇的不同转换时为保证遵礼的贯彻所应该具有的态度。遵礼是否讲究"经""权"性,将会直接决定其效果性与可行性。遵礼作为一种实践的活动,必然要面对不同的境遇,如何随境遇而行、随境遇而安,便需要"经"与"权"的灵活运用。三是"于俭原则",侧重于遵礼主体在道德践履的过程中所应该具备的内在持守。这一原则与船山下一章所论的遵礼德性之间有着紧密的关联。"于俭"原则始终强调的是一种收持,一种内敛,一种重视内在德性的要求。"于俭"所具备的这些基本特征,使其与遵礼的基本精神之间有着某种内在的契合,可以作为一种原则对其加以指导。三种原则之间相互贯通、彼此推进,共同为遵礼的践履提供了方向上的指导与保障。

第五章　守德遵礼：遵礼主体的德性要求

遵礼的可能性与必要性在于以内在的德性为基础；换句话说，只有具备一定道德自觉感与道德意识的人，才会主动地践履"礼"所包含的行为规范与准则，以此终身自守，用"礼"来充实生命的每个环节，完成生命的本来状态。所以，对于"礼"的践履而言，内在的德性条件就具有了关键性的作用。

第一节　仁者爱人：守德遵礼的道德内蕴

为了进一步奠定遵礼的德性基础，船山首先从"仁"出发来阐释遵礼所具有的现实必然性，即具有仁德的人才会循礼。其主要体现在三个方面，以"爱"为主要内涵的"仁"本身就是"（天）理（礼）"的体现，意味着"仁"—"礼"有着内在的关联性；这种内在关联性又进一步决定了"礼"之功能与效用的发挥必须以"仁"作为前提基础；不仅仅对于具体的"仁"德是如此，对于其他与之相并列的"义""智""信"也是如此，只有对内蕴的"仁""义"有所持守与涵养，才可以再循蹈外在之规矩的"礼"。否则，就会使"礼"成为一种束缚。

一　全心德之仁以遵礼

以"爱（人）"言"仁"，这在经典中有明确的表达："樊迟问仁，子曰：'爱人。'"朱子注解为："爱人，仁之施。"[①] "爱人之心"实际上乃是一种"不忍人之心"。从这个角度来看，"仁"又是"心之德"，行"仁"之施的同时也就是在全"心"之德。综合这两方面，即"仁"能爱，又尽心，便可以上达于"（天）理"，对人道而言，就是"礼"或"礼"化后的"理"。

（一）"仁主于爱"

船山对"仁主于爱"的阐释，依旧遵循他一贯的思维习惯，在天—

---

① （南宋）朱熹：《朱子全书》（第六册），上海古籍出版社，2010，第175页。

人的关系中加以把握。

> "仁"者，天地生物之心。①
>
> 三者皆性之德也。知、仁、勇，天德也；天德者，天之道也。此三者人之性也，性之德者，人之道也。②
>
> 天之使人甘食悦色，天之仁也。天之仁，非人之仁也。天有以仁人，人亦有以仁天仁万物。恃天之仁而违其仁，去禽兽不远矣。③

把"仁"看作天地之所以能够产生万物的"心"，这是一种具有浓厚伦理色彩的表述。紧接着船山指出，"知""仁""勇"三者既是天之德，又是人性之德；三种德性既然已经内化于天、人的"性"中，那么实现此三者既是天道的体现，又是人道的要求。所以，人应该效法天，以天之仁作为人之仁，由此出发展开其自身以及与万物之间的伦理关系。否则，"不知""不仁""不勇"就是对人性的否定，船山称之为"拂人之性"："好善而恶恶，人之性也。至于拂人之性，则不仁之甚者也。"④ 这里只是提到了"拂人之性"，没有提到"拂天之性"。是因为天之性与天之道的呈现一样，是一种自然的流露。也就是说，"知""仁""勇"三者乃是针对有可能不仁的人而言的。于此程颢曾说道：

> 医书言手足痿痹为不仁，此言最善名状。仁者，以天地万物为一体，莫非己也。认得为己，何所不至？若不有诸己，自不与己相干。如手足不仁，气已不贯，皆不属己。⑤

从医书上来讲，"不仁"就是单对人而言的。"仁"，便是一种具有感知能力的存在；"不仁"，则意味着感知能力的丧失。"仁者散财以得民，不仁者亡身以殖货。"⑥ 能感知体贴的人就是"仁者"；反之，无法感知的人便是麻木的"不仁者"。仁与不仁不仅关乎个体的生存状态，还是为政得民的必需因素。"惟遏欲可以养亲，可以奉天；惟与人为善，则广

---

① （明）王夫之：《船山全书》（第七册），岳麓书社，2011，第163页。
② （明）王夫之：《船山全书》（第四册），岳麓书社，2011，第1283页。
③ （明）王夫之：《船山全书》（第十二册），岳麓书社，2011，第406页。
④ （明）王夫之：《船山全书》（第四册），岳麓书社，2011，第1501页。
⑤ （南宋）朱熹：《朱子全书》（第十三册），上海古籍出版社，2010，第170页。
⑥ （明）王夫之：《船山全书》（第四册），岳麓书社，2011，第1502页。

吾爱而弘天地之仁。"① 因此，无论是对于个人的德性彰显还是对于国家的治理存亡，都要求弘大"天地之仁"，具体的做法就是要唤起并推广自我生命主体对万物的爱的自觉意识。虽然"仁"不局限于也更不等于"爱"，但"爱"却是"仁"的应有内涵。船山对于这点有明确的表达："'仁'，敦爱而无私之谓。"②"仁主于爱，而爱莫切于事亲。"③"果仁矣，爱之曲体之矣。"④ 再联系前面所引，可以看出一条明晰的线索：从最基本的"爱"（包括"自觉的意识"与"自觉的行为"）出发，克制自我的私欲（"遏欲""无私"），从而做到"事亲""养亲"，至此也就可以推广为"与人为善"，达到"奉天"的境界。而"奉天"就是指能效法天所具有的"仁德"并发挥出来。整个过程固然要以"爱"为出发点与逻辑前提（这里强调主体人的有所作为），然而其完成仍是要回归到"爱"，即"仁"（这里强调天—人的一体自然）。

船山通过对天—人关系的把握，对"仁"何以能够"主爱"做了阐述。除此之外，还从"仁"—"心"的角度做了进一步的检讨。

> 仁则必根心之惨怛以立爱，而后可以任重而行远。⑤
>
> 故制民之行，不期其即仁，而特敦仁于躬，任重致远，使民见上之所为，根心达外，因以感发兴起，耻为不仁，则教令大行而坊不逾矣。⑥
>
> 仁义之施，所及各有量。惟根心以出，则立之有原，行之委曲详尽，斯所及者广而可久。若资成法勉强而率循之，则不能远及矣。⑦

之所以"仁主于爱"，或者说人为了实现仁德必须而且能够落实到"爱"上（包括"自觉意识"与"自觉行为"），其中的根本就在于："仁"除了是天之德的体现，还是人心之灵的体现。船山称之为"根心"。仁所主的"爱"便是以"根心"为基础（"根心之惨怛以立爱"）；实践仁，归根到底，就是要让那"根心"通达于外，始终保持感知内外的敏锐能

---

① （明）王夫之：《船山全书》（第十二册），岳麓书社，2011，第356页。
② （明）王夫之：《船山全书》（第四册），岳麓书社，2011，第230页。
③ （明）王夫之：《船山全书》（第八册），岳麓书社，2011，第477页。
④ （明）王夫之：《船山全书》（第八册），岳麓书社，2011，第538页。
⑤ （明）王夫之：《船山全书》（第四册），岳麓书社，2011，第1328页。
⑥ （明）王夫之：《船山全书》（第四册），岳麓书社，2011，第1331—1332页。
⑦ （明）王夫之：《船山全书》（第四册），岳麓书社，2011，第1326—1327页。

力。这样就会既使得仁（义）的树立有本有原，又让仁（义）的施行有所主宰，不落入空虚之境，也就杜绝了那种只依据"成法勉强而率循之"的弊端。其实这里所说的"根心"，就是孟子一直强调的"恻隐之心"。孟子之所以十分重视心的恻隐功能，就在于其发用乃是必然性与偶然性的统一。"必然性"指它是人的根本性，"无恻隐之心，非人也"。既然是根本性，就不可能被完全泯灭掉，只是不同程度的残害，"有是四端而自谓不能者，自贼者也"。因为有残害，所以才又说"偶然性"，即并不处于一种自然的发用状态，只在某种特定的状态下才会显现，"今人乍见孺子将入于井，皆有怵惕恻隐之心"①。因此就需要加以保存、涵养的工夫。

> 人之为人，心之为人之心，类可推矣。草木有气而无情，禽兽有情而无理，兼情与理而合为一致，乃成乎人之生（引者案，此"生"亦可理解为"性"）。故遇物之危而恻然动，见人之哀而隐然恤，虽残忍习成，而当可恻可隐之时，则心必动，如其悍然而恝忘之，则必非人而后然矣。②

船山也主张"心"的"恻隐"之动体现了"人之为人，心之为人之心"。但是这一"可恻可隐"的"心"并不是时时"可恻可隐"，也可能出现"悍然而恝忘之"的情况。

> 而人君推其不忍之心，以休养其民者，曰仁。③
> 仁者，人所固有不忍之心也。因此不忍之心而推之以及于事，则为仁政。④
> 大仁者，所以通人己之志而互相保者也。能保人则人亦保之，人保之而后能自保。⑤

所以对于人君来讲，就需要加以"推"的工夫，让"心"时时处于它"可恻可隐"的本来状态。这样就可以通人、通己，实现"仁"的理想。

---

① （南宋）朱熹：《朱子全书》（第六册），上海古籍出版社，2010，第289页。
② （明）王夫之：《船山全书》（第八册），岳麓书社，2011，第218页。
③ （明）王夫之：《船山全书》（第八册），岳麓书社，2011，第795页。
④ （明）王夫之：《船山全书》（第八册），岳麓书社，2011，第67页。
⑤ （明）王夫之：《船山全书》（第八册），岳麓书社，2011，第422页。

后来谭嗣同主张"仁"有"通"义,并在此基础之上提出新的仁学思想,船山此处以"通"言"仁"可谓是其先声。① 接着船山又说道:"教训斯民以正其俗者,以为善去恶为大纲,而非示之以礼,则不能随事而授之秩序,以备乎善也。"② 结合之前曾征引过的一条材料:"好善而恶恶,人之性也。至于拂人之性,则不仁之甚者也。""为善去恶"与"好善而恶恶"都是人性的发显之用,既然"拂人之性"是"不仁"的举动,那么顺人之性就自然是"仁"的行为。因此,船山这里所说的"以为善去恶为大纲",就是指首先要具备"仁爱"的德性,然后才能示之以"礼",最后达到"善"的完备。值得注意的是,对于"好善恶恶",阳明也颇为重视。他说道:"良知只是个是非之心。是非只是个好恶,只好恶就尽了是非,只是非就尽了万事万变。""是非两字,是个大规矩,巧处则存乎其人。"③ 与阳明之学不同,船山强调内在的"好善恶恶"与外在的礼法"双水并流"、内外兼顾,这本身可能就是对阳明后学的纠偏。阳明后学之所以流为狂禅,与其重视内在而忽略外在的理路不能说没有关联。

(二) 仁全心德

船山对"仁主爱"思想的阐发最后之所以要落到"心"上,以上只是进行了简单的论述。其实在他对"仁"进行解读的这条线索中,以"主爱"言仁只是其中的一个方面,另一个方面就是以"心(之全)德"言仁。"仁者心之德,学以精义,而不存仁以为之本,则无以会通而合于天德也。"④"仁礼存乎心,吾之所不可有一念之违仁礼者,吾心之本体也。"⑤ 前面曾提到,"知""仁""勇"三者是性之德,既是天德、天道,又是人德、人道;而这里却从"性"转说到了"心"。这是因为从"性"上言天—人本合,是在本体的层面立说;而从"心"上言天—人本合,则落在了工夫层面,即船山这里所说的"存仁""存乎心""(不可)违仁(礼)"。这里的"本体"并不是指如西方哲学一直所追寻的实

---

① 谭嗣同以"通"言"仁":"仁以通为第一义。以太也,电也,心力也,皆指出所以通之具。"接着又疏解"通"为四个方面:"通有四义:中外通,多取其义于《春秋》,以太平世远近大小若一故也;上下通,男女内外通,多取其义于《易》,以阳下阴吉,阴下阳吝,《泰》《否》之类故也;人我通,多取其义于佛经,以'无人相,无我相'故也。"(〔清〕谭嗣同:《仁学》,辽宁人民出版社,1994,第7页。)
② (明)王夫之:《船山全书》(第四册),岳麓书社,2011,第16页。
③ (明)王守仁:《王阳明全集》,上海古籍出版社,1992,第111页。
④ (明)王夫之:《船山全书》(第四册),岳麓书社,2011,第572页。
⑤ (明)王夫之:《船山全书》(第八册),岳麓书社,2011,第538页。

体，而是就一种状态而言。"仁者，心之纯也。"① "纯"是心的状态，也就是心的本体。朱子注解："纯，和也。""五音合矣，清浊高下，如五味之相济而后和，故曰纯如。"② 心之"德"就是心之"和"，心之"和"也就是心能够时时感知他者的能力，即"爱"的能力。正因为"仁"关系到心的灵明醒觉，是心的本体，所以船山认为其不仅只是心之德，有时也是心之全德：

> "仁"者，人心之全德。③
> "仁"则心德之全而人道之备也。④
> "仁"者，私欲尽去而心之德全也。⑤
> "仁"者，本心之全德。⑥
> 自其本心而言之，人之所以为人者，仁而已矣。⑦

"仁"从作为心之德，上升至心之全德，又进而成为"人之所以为人者"及"人道之备"。这其中的内在理路在于"仁"本身就可以统"四德"，成为"四德"的代表。"仁者，天地生物之心，得之最先，而兼统四者，所谓元者善之长也。"⑧ "仁以函载万物而无有间断，统四端，兼万善，是以难也。"⑨ "仁"作为"天地生物之心"，在逻辑性上当然是作为前提而存在，即"元者"，所以能成为"善之长"；既然"得之最先"，也就能够贯通于其后的"四德"之中，在时间的维度上一以贯统，而非空间维度上的"包统"。这样的思维模式乃是一种强调"涵摄"的思维模式，不同于西方的"否定之否定"的思维模式。先于船山的程颐曾说过："四德之元，犹五常之仁。偏言则一事，专言则包四者。"⑩ 虽然两人在表达上有所不同，但并没有影响双方在"四德"或"五常"的关系中强调"仁"的重要性。

---

① （明）王夫之：《船山全书》（第七册），岳麓书社，2011，第519页。
② （南宋）朱熹：《朱子全书》（第六册），上海古籍出版社，2010，第91页。
③ （明）王夫之：《船山全书》（第七册），岳麓书社，2011，第537页。
④ （明）王夫之：《船山全书》（第七册），岳麓书社，2011，第518页。
⑤ （明）王夫之：《船山全书》（第七册），岳麓书社，2011，第483页。
⑥ （明）王夫之：《船山全书》（第七册），岳麓书社，2011，第679页。
⑦ （明）王夫之：《船山全书》（第八册），岳麓书社，2011，第223页。
⑧ （明）王夫之：《船山全书》（第八册），岳麓书社，2011，第221页。
⑨ （明）王夫之：《船山全书》（第四册），岳麓书社，2011，第1328页。
⑩ （南宋）朱熹：《朱子全书》（第十三册），上海古籍出版社，2010，第168页。

> 且一物有一物之始，即为一物之元，非天地定以何时为元而资之始生，因次亨、次利，待贞已竟而后复起元也。在人之成德而言，则仁义礼信初无定次。故求仁为本，而当其精义，则义以成仁；当其复礼，则礼以行仁；当其主信，则信以敦仁；四德互相为缘起。此惟明于大化之浑沦与心源之寂感者，乃知元亨利贞统于《乾》、《坤》之妙，而四德分配之滞说，贞下起元之偏辞，不足以立矣。《彖》之以《乾》元《坤》元言资始资生者，就物之生，借端而言之尔。①

"元亨利贞统于《乾》《坤》之妙"，落实到具体的万物上则呈现为不等齐的功效，这一点完全符合天道；与此相对应的仁义礼信之"四德"落实到人道上也当然存在差异性，然而这与以"求仁"为本并不冲突。相反，船山所极力反对的是那种认为"四德"有固定分配的"滞说"与"贞已竟而后复起元"及"贞下起元"的"偏辞"，这是不明"大化之浑沦与心源之寂感"的表现，强调"心"的感知与"仁"的通彻。"德至而教自行，仁所以为天下之表也。"②因此他把"仁德"看作天下教化的准则（"表"）。

> 从其已知而言之，则仁守之诣入，较庄、礼而深。乃从入德之从事者言之，则不重不威，非礼而动，固无从以望仁之能守。从其事成而观之，则知及者至动以礼而德始全。③

船山在强调仁德的同时又重视"礼法"的作用，从而达到存全心之德的目的。这与强调仁主爱的同时又示之以"礼"才能"（完）备乎善"的做法异曲同工。

（三）仁以顺礼

船山每于强调"仁"之德性的同时必然又要重视"礼"的功效，说明"礼"对"仁"的完善是必不可缺的范导因素，然而这一规约作用得以具备有效性的前提乃是"仁"—"理"之间的贯通。"'仁'者，心

---

① （明）王夫之：《船山全书》（第十二册），岳麓书社，2011，第286—287页。
② （明）王夫之：《船山全书》（第四册），岳麓书社，2011，第1343页。
③ （明）王夫之：《船山全书》（第六册），岳麓书社，2011，第837页。

之德，爱之理。"① "仁者，吾心存去之几。"② "仁"作为心之德且主于爱，就是一种能够感知的能力。但并不是时时可以感知的，所以感知与否就是"心"之存去，船山称其为"几"。这"几"也就同时是"（天）理"，即他所说的"人之为人之理"："仁者，人之所以为人之理也。"③ 这一点从他解读"仁"的内涵时总是将"心""理"并言的表达中就可以得到证实："仁者，存心即以合天理。"④ "仁者，人之心，天之理也。"⑤ "仁者，顺乎人心、顺乎天理者也，而不仁则逆。"⑥ "'仁'者，无私心而合天理之谓。"⑦ "仁"虽然是一种德性的体现，但可以分疏为两个方面，一是其本身作为心之德，主于爱；一是还需有"理（礼）"范围之。这一意思在《论语》中就曾有过表达："好仁不好学，其蔽也愚。"朱子注解为：

> 六言（引者案，"六言"即"六字"，如诗有五言、六言、七言之类，此"六言"是指"仁""知""信""直""勇""刚"）皆美德，然徒好之而不学以明其理，则各有所蔽。愚，若可陷可罔之类。⑧

然而对于具体的所学对象朱子并没有指明，很有可能是"礼"，因为在"六言"之中并没有提及"礼"，这也就意味着"好（学）礼"是不会有"蔽"的。再联系另一则记载："恭而无礼则劳；慎而无礼则葸；勇而无礼则乱；直而无礼则绞。"朱注："无礼则无节文，故有四者之弊。"⑨ 可以看出，对于全德象征的"仁"而言，必须有一种制约因素与之相配合，即礼。船山为了从根本上对这一合理性作出论证，所以才要提出"仁"—"理"贯通。

> 安仁则私欲净尽，天理流行，中心恻怛，自行乎其所不容已，

---

① （明）王夫之：《船山全书》（第八册），岳麓书社，2011，第 25 页。
② （明）王夫之：《船山全书》（第七册），岳麓书社，2011，第 684 页。
③ （明）王夫之：《船山全书》（第八册），岳麓书社，2011，第 920 页。
④ （明）王夫之：《船山全书》（第七册），岳麓书社，2011，第 559 页。
⑤ （明）王夫之：《船山全书》（第七册），岳麓书社，2011，第 786 页。
⑥ （明）王夫之：《船山全书》（第八册），岳麓书社，2011，第 900 页。
⑦ （明）王夫之：《船山全书》（第八册），岳麓书社，2011，第 778 页。
⑧ （南宋）朱熹：《朱子全书》（第六册），上海古籍出版社，2010，第 221 页。
⑨ （南宋）朱熹：《朱子全书》（第六册），上海古籍出版社，2010，第 131 页。

圣人仁覆天下之本也。①

言有此媢疾之人妨贤而病国，则仁人必深恶而痛绝之，以其至公无私，故能得好恶之正如此也。②

用"理"来对"仁"进行范导，从根本上来讲，就是为了防止"私（欲）"的出现。"仁爱"的泛滥而没有节制与其麻木不能感知，都是"私"的表现，即一种自我封闭，切断与他者沟通的媒介的行为。"私"这种本来的原初含义在《韩非子》中还可以得到佐证：

古者仓颉之作书也，自环者谓之私，背私谓之公。卢文弨曰：《说文》引作："自营为厶。""营"、"环"本通用。"私"当作"厶"。顾广圻曰：《说文》又云："公，从八，从厶。八犹背也。"引此曰："背厶曰公。"③

"私"与"公"相对而言，船山"私欲净尽，天理流行""至公无私"的表达就是要回归于"公"，回归到一种群体的秩序中。他虽然一再地以"理"或"天理"言"仁"，但是因为这里的"理"经过"礼化"之后而具有了浓厚的伦理色彩，所以"仁"—"理"贯通背后所折射出的乃是"仁"—"礼"之间的关系。作为心之全德的"仁"具有主爱的感知能力，从根本上来讲是其与"理"在脉络上具有一致性的结果，这也同时奠定了生命主体遵礼守德的伦理基础。

二 本仁乃可行之于礼

"仁主爱"及"仁全心德"的工夫涵养与"仁"—"理"贯通原则的展开必然要转化到对"仁"—"礼"理路的考察。"仁"—"理"贯通作为原则固然有其逻辑前提性，但作为修身持守的旨归却又要求首先具备仁德，即本诸仁德才能真正地践履礼法。

（一）"行礼之本而极之于仁"

船山是通过将"仁"—"礼"放到体—用的脉络中来加以考察把握的。对此他有很多的表述：

---

① （明）王夫之：《船山全书》（第四册），岳麓书社，2011，第1329页。
② （明）王夫之：《船山全书》（第四册），岳麓书社，2011，第1501页。
③ （清）王先慎：《韩非子集解》，中华书局，2003，第450页。

第五章 守德遵礼：遵礼主体的德性要求

> "礼"者仁之用。①
>
> 礼，仁之用，义之体，知之所征，信之所守也。复礼则仁矣，故可教而学者无如礼也。②
>
> 缘仁制礼，则仁体也，礼用也；仁以行礼，则礼体也，仁用也。体用之错行而仁义之互藏，其宅固矣。③

"礼"是"仁"之用，"仁"是"礼"之体，这是他的常规说法；但有时他也反过来将"仁"说成是"礼"之用，他称"仁"—"礼"的这种关系为"体用之错行""仁义之互藏"。尽管出现了这种"双向式"的表述，但依然有理由相信船山的理路乃是就他的常规说法而言的，因为除此之外他还提到要"缘仁制礼""本仁行礼"。

> 天之德、仁之藏也。仁者顺之体，故体信而达顺矣。天道人情，凝于仁，著于礼，本仁行礼而施之无不顺，皆其实然之德也。④
>
> "仁让有常"者，大道之归而礼之本也，以礼体之，使民有所率循而行于大道者也。⑤
>
> 圣王修德以行礼之本而极之于仁。盖仁者大一（引者注："大"即"太"字，故"大一"即"太一"）之蕴，天地阴阳之和，人情大顺之则，而为礼之所自运。⑥

"仁体礼用"不仅是人道常情的表达，同时也符合天道的要求。能发挥礼法的功能，使其有所归本，这就依循了"大道"的运行。所以对于圣王而言，完全能够通过践履礼法来达到修德的目的，因为"礼"虽是践履的对象，但并不是最终的工夫指向。那么反过来讲，"礼"的运行也一定是要建立在仁德的基础之上。"礼所自立，原于天德，故非修德者不足以治人情而符天道，依于仁而本立，成于乐而用行，斯修德之极至，而后礼非虚行也。"⑦ 合理性或合法性的问题在这里便转化成了有效性的问题。是否"缘仁""本仁""依仁"将会直接影响到能否"制礼""行

---

① （明）王夫之：《船山全书》（第四册），岳麓书社，2011，第1330页。
② （明）王夫之：《船山全书》（第四册），岳麓书社，2011，第718页。
③ （明）王夫之：《船山全书》（第四册），岳麓书社，2011，第9页。
④ （明）王夫之：《船山全书》（第四册），岳麓书社，2011，第577页。
⑤ （明）王夫之：《船山全书》（第四册），岳麓书社，2011，第539—540页。
⑥ （明）王夫之：《船山全书》（第四册），岳麓书社，2011，第573页。
⑦ （明）王夫之：《船山全书》（第四册），岳麓书社，2011，第572页。

礼"以及"制礼""行礼"的效果。"天理之存为发用之本,忠信与礼相为体而不可离,故待忠信以行,《易》所谓'显诸仁'也。"① "礼以显其用,而道德仁义乃成乎事矣。"② 以仁为"体"或以仁为"本"将使得礼之"立"或礼之"用"、礼之"行"要以"仁"为归依。船山将此作为宗旨贯彻到了他的礼学思想中,在《礼记章句序》中他就明确说道:

> 故自始制而言之,则《记》所推论者体也,《周官》、《仪礼》用也;自修行而言之,则《周官》、《仪礼》体也,而《记》用也。《记》之与《礼》相倚以显天下之仁。③
>
> 子曰:"人而不仁,如礼何!"明乎此,则三代之英所以治政安君,而后世习其仪者之流于倍逆僭窃,其得失皆缘于此,所谓"道二,仁与不仁而已"也。④

在此基础之上,船山对经典中"人而不仁,如礼何!"的表达作出了他自己的丰富解读,依于仁德方能践行礼道;而践礼之本又需返归于仁道。

(二)"为仁之极致乃复礼"

接着体用关系的讨论,船山又从另一个角度阐发了具备仁德对践履礼法的重要性。

> "仁"者,礼乐之实也。⑤
>
> 其序也,显之于仪文度数而礼行焉;其和也,发之于咏歌舞蹈而乐作焉。夫真爱真敬者,人心恻怛自动之生理,则仁是矣。故礼乐皆仁之所生,而以昭著其中心之仁者也。⑥
>
> 仁者顺之体,体立于至足,举而措之以尽其用,则仁之利薄矣。仁为礼乐之合而天道人情之会也。⑦

需要指出的是,船山这里虽"礼""乐"并言,但可以确定的是,二者

---

① (明)王夫之:《船山全书》(第四册),岳麓书社,2011,第617页。
② (明)王夫之:《船山全书》(第四册),岳麓书社,2011,第16页。
③ (明)王夫之:《船山全书》(第四册),岳麓书社,2011,第9页。
④ (明)王夫之:《船山全书》(第四册),岳麓书社,2011,第573页。
⑤ (明)王夫之:《船山全书》(第四册),岳麓书社,2011,第154页。
⑥ (明)王夫之:《船山全书》(第七册),岳麓书社,2011,第320页。
⑦ (明)王夫之:《船山全书》(第四册),岳麓书社,2011,第574页。

都在"礼"的维度之内。关于这一点李泽厚先生曾指出:"在氏族社会和远古传统中,'礼'即人文,涵盖一切,包括'乐'在内。'礼'、'乐'虽并提,'乐'毕竟仍是礼制的一个方面(着重号为引者所加),'乐'的'和'也仍是实现、辅助、从属和服从于'礼'的。"① 作为"仪文度数"的"礼"与作为"咏歌舞蹈"的"乐"仅是一套表现出来的形式,即"虚",其作为寄托者乃是为了彰显产生它们的"恻怛自动之生理"与"中心之仁",即"实"。只有"顺仁之体",方能"措(礼乐)以尽其用"。因此,船山也将仁—礼、乐的关系直接表达为仁—礼的关系:

> 礼者,仁之实也,而成乎虚。②
> 仁著于酬酢之蕃变之谓礼。礼行而五德备矣。③
> 仁之经纬斯为礼,日生于人心之不容已,而圣人显之。逮其制为定体而待人以其仁行之,则其体显而用固藏焉。④

从某种意义上说,仁"实"礼"虚"的表达几乎成为仁"体"礼"用"思维的一种继续与延伸。"反仁,反礼而已。"⑤ 同时我们也可以说:"反礼,反仁而已。""反礼"乃是"即用见体"的"即用","反仁"则是"(所)见(之)体"。所以就要重视复礼之用的工夫,因为它是仁体显现的唯一途径。这一点在他的《礼记章句序》中就有所暗示:

> 人之所以异于禽兽,仁而已矣;中国之所以异于夷狄,仁而已矣;君子之所以异于小人,仁而已矣。而禽狄之咸明,小人之夜气,仁未尝不存焉;唯其无礼也,故虽有存焉者而不能显,虽有显焉者而无所藏。故子曰:"复礼为仁。"大哉礼乎!天道之所藏而人道之所显。⑥

人禽、夷夏、君子小人得以区分的标志固然是"礼",对于重"礼"的

---

① 李泽厚:《论语今读》,中华书局,2015,第16页。
② (明)王夫之:《船山全书》(第一册),岳麓书社,2011,第876页。
③ (明)王夫之:《船山全书》(第十二册),岳麓书社,2011,第466页。
④ (明)王夫之:《船山全书》(第四册),岳麓书社,2011,第9页。
⑤ (明)王夫之:《船山全书》(第十二册),岳麓书社,2011,第257页。
⑥ (明)王夫之:《船山全书》(第四册),岳麓书社,2011,第9页。

船山而言这一点无疑是非常明确的，但"复礼"的逻辑前提与现实归趣却指向了礼背后的"仁"。

> 敛情自约以顺爱敬之节，心之不容已而礼行焉；不崇己以替天下，仁爱之心至矣。故复礼为为仁之极致，心之德，即爱之理也。①
> 礼之所自运而运于天下则顺者也。故天子答颜子问仁而曰"复礼"，学者由是而体察之，则天德王道体用合符之理，可不昧其要归矣。②

"爱敬之节"的"礼"要发挥出"顺"的作用就必须以"敛情自约"为前提。因为颜子已经具备了这种内在的仁爱德性，所以夫子径以"复礼"对答。后来钱穆先生在对朱子思想进行解读时也指出了这一点：

> 孔子告仲弓，出门如见大宾，使民如承大祭，己所不欲，勿施于人，在邦无怨，在家无怨，当时理学界，似乎特地喜欢那气象与境界。至孔子告颜渊乃曰，非礼勿视，勿听，勿言，勿动。似乎落在琐碎处、枝枝节节，似乎处处有窒碍，要着手脚。不如仲弓，大体和粹无事。而且颜渊像从外面做，仲弓乃从内部做。当时理学界，都喜欢内部，能较无事，不用力，不着手脚，不犯做作相，能浑然识得此体。因此，一般意见反而觉得颜子不如仲弓，即陆象山亦如此。象山又说，颜子不似他人样有偏处要克。又说颜子不如仲弓。朱子则是更进一层，直入内心深处，直透到人心内在力量方面来欣赏颜子。

并引朱子之语：

> 孔子答颜子处，是就心上说工夫，较深密为难。
> 颜子克己，如红垆上一点雪。
> 夫子告颜渊之言，非大段刚明者，不足以当之。③

---

① （明）王夫之：《船山全书》（第十二册），岳麓书社，2011，第215页。
② （明）王夫之：《船山全书》（第四册），岳麓书社，2011，第577页。
③ 钱穆：《朱子学提纲》，生活·读书·新知三联书店，2014，第124—125页。

于朱子,船山可谓继其卓见;于钱穆,船山可谓发其先声。

> 礼之一本于天,而唯体天德者,为能备大顺之实,以治政安君而天人无不顺焉,三代之英所由绍大道之公而继天立极也,乃推求其本,则一言以蔽之曰仁。①
> 故为仁者以心治身,以身应天下,必存不过之则以自惬其心而惬天下之心,实有其功焉。②

从"继天道立极"到"绍人道之公",从"治政安君而顺天人"到"惬身心而惬天下之心"的实现,都需要建立在"体天德""推其本"的基础之上。"身心内外无非善道,以为之涵养而无杂也。君子仁成于己,而推致仁道之用以熏陶涵泳其民,则虽不急责以心德之事,而默移潜化,必世之仁自此而臻矣。"③ 君子秉仁德于己,再加以礼("仁道之用")的熏陶涵泳,便能实现从个人身心修养到万世之仁的臻善。

三 达仁义之德方行礼

船山言"仁"有时与"义"相合。与"礼"一样,"仁义"也关乎着人道的挺立,然而要贯彻"礼"的原则,必须先发挥仁义之用。④

(一)"仁义相得立人道"

船山尽管曾有以"礼"挺立人道的思想,但与此处"仁义立人道"的表达并不冲突。因为前者是就必要性而言,后者则是就充分性而言,即具备仁义方可立人道。船山言人道,总是与言天道相对应:比如,所言的人道之"礼"就是与与其相通的天道之"理"相对应的。与此相仿,人道之"仁义"则是与大道之"阴阳"相应。

> "德"者,理之凝而化之本也。"立天之道曰阴与阳,立地之道曰柔与刚,立人之道曰仁与义",三者一也。仁义者,阴阳刚柔之理以起化者也,人道于是而立,以别于万物之生,是"天地之德"也。⑤

---

① (明)王夫之:《船山全书》(第四册),岳麓书社,2011,第 577 页。
② (明)王夫之:《船山全书》(第七册),岳麓书社,2011,第 681 页。
③ (明)王夫之:《船山全书》(第四册),岳麓书社,2011,第 1332 页。
④ 船山对于"义"的内涵及其与"礼"的关系虽也有专门的阐发,但因为其中的一部分是与"仁"相并言,所以在这里先专门讨论一下仁、义与礼的关系就显得尤为有必要。
⑤ (明)王夫之:《船山全书》(第四册),岳麓书社,2011,第 561 页。

> 阴阳，气也，而谓之天；刚柔，质也，而谓之地；仁义，德也，而谓之人。①

首先是在天—地—人"三材（才）"的体系中来说明"阴阳""刚柔""仁义"三者的并立性，其次又将其转化为对天道—人道的把握。

> 天不能无生，生则必于变合，变合而不善者或成。其在人也，性不能无动，动则必效于情才，情才而无必善之势矣。在天为阴阳者，在人为仁义，皆二气之实也。在天之气以变合生，在人之气于情才用，皆二气之动也。②
>
> 仁义，善者也，性之德也。心含性而效动，故曰仁义之心也。仁义者，心之实也。若天之有阴阳也。③

《周易》中明确说"一阴一阳之谓道"，意味着天道的展开最终乃是阴阳二气相互摩荡、变合神化的结果。与之类似，人道的挺立却是要靠善性之德的仁义来维系。所以船山才有"仁义之相得以立人道，犹阴阳之并行立天道"这样的直接表达。④

除了在天—人的对应关系中来说明这个问题之外，船山还有专门的表述。"立人之道曰仁与义，于亲亲而备矣。"⑤ 前半句是《周易》的表达，上文已经做过分析；后半句则是《中庸》的表达："仁者，人也，亲亲为大。义者，宜也，尊贤为大。亲亲之杀，尊贤之等，礼所生也。"从《中庸》的文本中可以看出，船山还只是关注了其中的仁义，礼乃仁义之所生，这一点并没有进入到他的视野中。

> 仁主爱，爱以远而渐轻；义主敬，敬以尊而愈重。推原一本之理一也，而爱敬之情，轻重之差，出于自然，则道异而并行不悖矣。仁以远而渐轻，故爱有所杀，非天子不禘而庙有迁毁。义以尊而愈重，故敬有常伸，继祖者为大宗百世不迁，继祢者为小宗五世而迁也。⑥

---

① （明）王夫之：《船山全书》（第十二册），岳麓书社，2011，第273页。
② （明）王夫之：《船山全书》（第六册），岳麓书社，2011，第1055页。
③ （明）王夫之：《船山全书》（第六册），岳麓书社，2011，第895页。
④ （明）王夫之：《船山全书》（第六册），岳麓书社，2011，第518页。
⑤ （明）王夫之：《船山全书》（第四册），岳麓书社，2011，第835页。
⑥ （明）王夫之：《船山全书》（第四册），岳麓书社，2011，第832页。

第五章 守德遵礼：遵礼主体的德性要求

仁义作为人道挺立的关键，其现实性的维持必须具备差等性与结构性。①这也就是《礼记》中所说的"表"（《表记》）与"坊"（《坊记》）。

> 名曰《表记》者，以其记君子之德见于仪表。②
>
> 名曰《坊记》者，以其记《六艺》之义，所以坊（引者注，"坊"即"防"字）人之失者也。③
>
> 仁者君道之极而为天下之表，义则犹近乎坊之事也。④

近于"仁"的"表"是一种范围性的引导，《大学》中讲："为人君，止于仁；为人臣，止于敬；为人子，止于孝；为人父，止于慈；与国人交，止于信。"朱子注"止"为"无非至善"。⑤ 说明德性的具备对于秩序（"礼"）的建立起着非常重要的作用，即他所说的"盖上之所好唯仁，则用人行政莫匪德教，而为民表者在是矣"⑥。近于"义"的"坊"也是限制性的规约，即对"愧耻之心"的引导：

> 人君能动民愧耻之心，则即其衣服言动之间，皆有以反躬自省而远于不仁，则可进于君子之道矣。然必躬行于上者根心仁爱而德孚于下，乃足以入之深而感之至；不然，则虽衣服容止辞令授之以制，而民之不称者多矣。⑦

"愧耻之心"也就是"羞恶之心"，而"羞恶之心"乃是"义"之端。"表""坊"之用后面所显示的正是"仁""义"之德。"宜民之道必体民情，故仁以绥之，义以裁之，而尤敦报施之义以达人情而使获为善之

---

① 儒家仁爱的差等性这一点已为学界所重视，即区别于墨家的"兼爱"、杨朱的"自爱"、佛教的"众生之爱"；但将其伦理范畴发挥作用的范围各有其限的这一结构性作为其差等性的表现似乎还很少被重视。

② （东汉）郑玄注，（唐）孔颖达疏，吕友仁整理：《礼记正义》，上海古籍出版社，2008，第2052页。

③ （东汉）郑玄注，（唐）孔颖达疏，吕友仁整理：《礼记正义》，上海古籍出版社，2008，第1953页。

④ （明）王夫之：《船山全书》（第四册），岳麓书社，2011，第1328页。

⑤ （南宋）朱熹：《朱子全书》（第六册），上海古籍出版社，2010，第19页。

⑥ （明）王夫之：《船山全书》（第四册），岳麓书社，2011，第1363页。

⑦ （明）王夫之：《船山全书》（第四册），岳麓书社，2011，第1333页。

利，斯王道之所以易从而教无不行也。"① "以至仁大义立千古之人极。"② 所以必须表坊并施，仁义兼具，才能挺立人道，建立人极。而表、坊与仁、义的这种格局性无疑正是礼之功能得以施行的基础。

（二）起仁义之用以贯礼

为了进一步说明仁、义是礼得以施行的基础，船山又从另一个角度作了新的阐发，即通达仁义之用以后才可能更好地践行礼的各项原则。"仁义礼是善，善者一诚之显道也，天之道也。唯人为有仁义礼之必修，在人之天道也，则亦人道也。"③ "以敬为本，以仁义为纲，修身以立民极之道尽矣。"④ 从合一的层面而言，仁、义、礼都是天道气化之善的显现。所以，修养德性虽然只是一种工夫，但应该也必须从两个维度来观照，即"人道"及"在人之天道"。从疏解的层面而言，作为君子修身的内容以及立民之极的途径，仁、义、礼三者又有其内在的秩序要求，即应当先具备仁义的德目，然后再施行礼法的运用。

> 要其出于天而显于日用者，曰礼而已矣。故礼生仁义之用，而君子不可以不知天，亦明夫此为中庸之极至也。⑤
>
> 仁义之用，因于礼之体，则礼为仁义之所会通，而天所以其自然之品节以立人道者也。礼生仁义，而仁义以修道，取人为政，咸此具焉，故曰"人道敏政"也。⑥

船山这里指出，三者之间之所以有一种秩序的要求乃是源于它们的生成关系，即"礼生仁义""礼生仁义之用"，礼是后起的，是被产生的，子夏因夫子言"绘事后素"而敏悟到"礼后"并因此得到夫子"起予者商也，始可与言《诗》已矣"的赞许便证明了这一点，同时也就直接破除了那种认为儒学具有本体外在化倾向即"礼"比"仁义"诸德更为本体性的谬误观点。"礼"之效用的真正发挥乃是针对德性而言，即这里所说的"礼"是为"会通仁义"所设，也间接性地回答了何以皆在礼法原则的指导下进行修养但结果却会呈现出差异性的疑难。

---

① （明）王夫之：《船山全书》（第四册），岳麓书社，2011，第1322页。
② （明）王夫之：《船山全书》（第十册），岳麓书社，2011，第728页。
③ （明）王夫之：《船山全书》（第六册），岳麓书社，2011，第533页。
④ （明）王夫之：《船山全书》（第四册），岳麓书社，2011，第1359页。
⑤ （明）王夫之：《船山全书》（第六册），岳麓书社，2011，第462页。
⑥ （明）王夫之：《船山全书》（第六册），岳麓书社，2011，第519页。

> 夫仁、义、礼之交尽，则身无不修；身无不修，则人无不可取，而政无不举。①
>
> 仁义礼皆天所立人之道，而人得以为道，是自然之辞也。而又何此云知仁勇为天性之德，而仁义礼非以心德言耶？然而有不碍者。则以仁也，义也，仁之亲亲，义之尊贤也，亲亲之杀，尊贤之等也，皆就君子之修而言也。②
>
> 人道中既有仁，则义自显也。而仁义之施，有其必不容不为之等杀者，则礼所以贯仁义而生起此仁义之大用也（引者案，"等""杀"即"礼"）。③

因此，在修身的整个过程中，应该让强调等、杀之"礼"贯穿在亲亲之"仁"与尊贤之"义"中，一方面凸显礼的大化功用，一方面又能使得仁、义、礼三者交互尽德，进而实现理想的修养效果。

此外，船山还阐述道，仁义的德性根基一旦被奠定，不仅是能为礼的运行准备条件，还可以使诸德也得到涵养。这一点在其整个的礼学思想中也是不可被忽略的重要内容。

> 以仁敦亲，而兄弟之谊准此矣；以义彰别，而君臣朋友之道准此矣。仁义立而五伦叙，礼以之序，乐以之和，故立人之道，仁与义而已。④
>
> 五行之神不相悖害，木神仁，火神礼，土神信，金神义，水神知。充塞乎天地之间，人心其尤著者也。⑤

与天地自然间的"五行之神不相悖害"相仿，仁义大纲一旦被确立，其他五伦也就秩序井然，这种结构性的条理当然也是"礼"的题中应有之义。正如《乐记》中所言的："大乐与天地同和，大礼与天地同节。"⑥

---

① （明）王夫之：《船山全书》（第七册），岳麓书社，2011，第174页。
② （明）王夫之：《船山全书》（第六册），岳麓书社，2011，第518页。
③ （明）王夫之：《船山全书》（第六册），岳麓书社，2011，第516页。
④ （明）王夫之：《船山全书》（第四册），岳麓书社，2011，第681页。
⑤ （明）王夫之：《船山全书》（第十二册），岳麓书社，2011，第426页。
⑥ （东汉）郑玄注，（唐）孔颖达疏，吕友仁整理：《礼记正义》，上海古籍出版社，2008，第1474页。

> 仁以容其所待容之众，义以执其所必执之宜，礼以敬其所用敬之事物，知以别其所当别之是非。①
> 物与物并生，而此物不能明彼物，且并不能自明也，而人则汇万物以达其情理，故于庶物之宜，以上哲之聪而必勤问察。凡庶物之长育裁成，皆悉其攸当，以成万事。物与物为伦，而乍然而合其伦，且乍然而判其伦也；而人则相与为伦而有其爱敬，故于人伦之叙，以忠孝之至而尤竭其心思，凡人伦之贞常达变，皆审其所安，以定大经。则其知也，果尽乎人之知也。由是而行焉，本其心之无欲以溥其慈爱者，仁也，异于禽兽呴呴之爱也；本其心之忘利以制其中正者，义也，异于禽兽一往之气也；而大仁讫乎四海，至义著于万几，性焉，安焉，自顺乎仁义以行，而非遇物而始发其恻隐，以勉致于仁，见利而始思其可否，以勉趋乎义。②
> 夫三纲五常者，礼之体也；忠、质、文者，礼之用也。所损益者固在用，而用即体之用，要不可分。况如先赏后罚，则损义之有余，益仁之不足；先罚后赏，则损仁之有余，益义之不足：是五常亦有损益也。③

船山在分别阐发具体德性的基础之上，结合"仁体礼用"的思维模式，又提出了"五常乃礼之体""忠、质、文乃礼之用"的观点，表明礼用对五常之体的必要性："礼行而五德备矣。"④ 也进一步肯定了德性对遵礼的重要性："五德备而礼用行。"

四 小结

"仁"得以作为心德之全的整体象征，是从其与气本论层面之"理"的逻辑关系推演而来。理—礼的内在一贯性，又使得仁—礼之间的联系不仅是表现为五常之间的关系，更表现在整个礼学的践履体系中。作为五常之一的"仁"与"礼"构成的体用关系，要求本于仁德才可以行之于礼用。同时，作为五常之总称的"仁"因为涵摄了诸德，所以直接构成了挺立人道的德性基础，也就为礼法的展开提供了现实的可能性。

---

① （明）王夫之：《船山全书》（第六册），岳麓书社，2011，第573页。
② （明）王夫之：《船山全书》（第八册），岳麓书社，2011，第512页。
③ （明）王夫之：《船山全书》（第六册），岳麓书社，2011，第613页。
④ （明）王夫之：《船山全书》（第十二册），岳麓书社，2011，第466页。

第二节 崇尚道义：守德遵礼的道德正义

船山在讨论"仁"这一伦理范畴时曾与"义"相连并提，而且"仁"本身作为全德的象征，也理所当然地表明了对"义"应有所关照，这样就不仅可以明确"义"的地位，也可以进一步丰富"仁"的内涵。船山对"义"的阐释，先点出其本身作为"心之制、事之宜"的应有之意，并在此基础上指出对遵礼的重要性，即树立义德方能行礼。

一 "义"乃心之制、事之宜

船山继承了孟子"仁义皆内"的思路，反对仁义的外在性。但与孟子有所不同，他是在遵礼的体系中来把握这一点的。因为德性之"义"只有于内在化之后，才有可能与外在的准则（"礼"）相契合，也就是说，在德性的积淀（"集义"）过程中就存在着遵礼的可能与倾向。

（一）"'义'者，心之制"

船山分别从两个方面对"义"进行了检讨，首先是从"心"的角度。他说：

> 义之全体精矣，以制事物而无不宜，而其不为之心，则此乍然之羞恶，无异心也。吾性之礼，节文无不具焉，而不僭之则，即此不容已之辞让之心也。①
>
> 义者，吾性之不容已，即天下之所自立。②

船山继承着孟子以"羞恶之心"言"义"的观点，指出"义"并不是外在的肯定与约束，而是"心"在面对事物时本身就具备的一种不变的可以当作参照的制衡标准，也就是他这里所说的"不容已之性"；在对不作为之"心"进行节文的过程中，"羞恶之心"便转化成了一种"辞让之心"，从而产生不可僭越的社会法则，即"礼"。可以清晰地看到，在"前—遵礼"的准备阶段，是需要"义德"作为铺垫的，而这又不能不归因于它是"心"的自觉裁制。关于这一点，船山有更为明确的表述：

---

① （明）王夫之：《船山全书》（第八册），岳麓书社，2011，第218—219页。
② （明）王夫之：《船山全书》（第七册），岳麓书社，2011，第893页。

"'义'者,人心之裁制。"① "义者,心之制也。"② "制"就是"宰制",也即"裁制"。"裁制"就是裁度加以平衡,规制加以检束。船山如此重视"心"的重要作用,可以说正是他对张载"心能尽性""性不知检其心"③思想的进一步阐发。然而需要注意的是,"心"的这种"宰制"与"裁制"并不具有本体性的状态,也就是说其是一种工夫作用的积累过程,是与"(人)道"及"理(礼)"的不断契合与彰显。在这一契合与彰显之中来体现"义",即船山所说的:

> 天下固有之理谓之道,吾心所以宰制乎天下者谓之义。道自在天地之间,人且合将去,义则正所以合者也。均自人而言之,则现成之理,因事物而著于心者道也;事之至前,其道隐而不可见,乃以吾心之制,裁度以求道之中者义也。④

"道"与"理"虽在天地之间而无处不发显其妙用,但这样的"道"与"理"还只能是就"天道"与"天理"意义上来说的,需要进一步转化为"人道"与"礼(理)"。在这一转化的过程中,"义"无疑起着相当关键性的作用,也就是船山这里所说的"道自在天地之间,人且合将去,义则正所以合者也"。"义"的效用既然需要体现在一个转化的过程中,那么于人而言,"义"的具备也需要长期性的积淀。所以船山又从"集义"的角度阐发了"义者,心之制"的观点。

> 义,日生者也。日生,则一事之义,止了一事之用;必须集合义,而后所行之无非义。⑤
> 义不可袭者也,君子验之于心,小人验之于天……义不义,决于心而即征于外,验之天而益信,岂可掩哉!⑥

所谓的"义,日之生也",就是表明"义"的获取不具有本体性,需要不断地培养,也就是"集(合)义"。"集义"的思想来于孟子:"是集义所生者,非义袭而取之也。行有不慊于心,则馁矣。我故曰,告子未

---

① (明)王夫之:《船山全书》(第八册),岳麓书社,2011,第175页。
② (明)王夫之:《船山全书》(第八册),岳麓书社,2011,第289页。
③ (北宋)张载:《张载集》,中华书局,1978,第22页。
④ (明)王夫之:《船山全书》(第六册),岳麓书社,2011,第931页。
⑤ (明)王夫之:《船山全书》(第六册),岳麓书社,2011,第931页。
⑥ (明)王夫之:《船山全书》(第十册),岳麓书社,2011,第600—601页。

尝知义，以其外之也。"朱子注解为：

> 集义，犹言积善，盖欲事事皆合于义也。袭，掩取也。言气虽可以配乎道义，而其养之之功，乃由事皆合义，自反常直，是以无所愧怍，而此气自然发生于中，非由只行一事偶合于义，便可掩袭于外而得之也。①

孟子之所以提出"集义"，根本上乃是为了反对告子"仁内义外"的观点（"告子曰：'食色，性也。仁，内也，非外也；义，外也，非内也。'"），从而坚定"仁义皆内"的主张。与孟子的理路一致，船山也主张因"集义"而言"义内"，"集义"就是要"决于心而即征于外"，使"所行之无非义"，并以此"验之于心""验之于天"。然而需要明确的是，两人所言"集义"的落脚点存在着一定的差异：孟子是以此作为其"性善"的论证，船山则是以此来作为其遵礼的内在依据。

（二）"'义'者，事之宜"

船山对"义"进行检讨的另一个角度便是"事"，这也就是他所主张之"集义"的一个方面。他说："'义'者，心之制，事之宜也。"②"'义'之体，敬也；其用，宜也。"③"义主于敬，而敬莫先于从兄。"④使日常伦理之事得到恰当的、合乎分寸的把握便是"义之用"的体现，注重分寸、恰当、合宜的"度"就是"义"的原始本质。然而，这又何尝不是"礼"的应有之义。而且船山这里又以"敬"言"义"，因为"敬"也同时是"礼"的内涵。关于"义""礼"的这一流变演化过程李泽厚先生曾有过简略的考察，他说：

> "义"与"仪"、"舞"相关，源出于饰羽毛（"羊"）之人首（"我"）舞蹈，乃巫术礼仪中之正确无误的合宜理则、规矩，此"仪"、"义"后理性化而为"礼"之具体言语、举止形式（"威仪三千"等），再变而为抽象化之"合宜"、"适度"、"理则"、"应当"、"正义"等范畴，并具有某种外在强制性、权威性或客观性，再引申为"理"（合理、公理、理则等）或"当"（正当、适当、

---

① （南宋）朱熹：《朱子全书》（第六册），上海古籍出版社，2010，第282—283页。
② （明）王夫之：《船山全书》（第八册），岳麓书社，2011，第25页。
③ （明）王夫之：《船山全书》（第四册），岳麓书社，2011，第1333页。
④ （明）王夫之：《船山全书》（第八册），岳麓书社，2011，第477页。

应当等等）。就个体说，便成为行为的准则、规范、义务、责任。它基本上是某种供实用的理性原则或范畴。①

可以看出，"义""礼"之间的界限从一开始就很难有明确、清晰的划分。或者说，二者乃是"同出一源"，因此才可能"双水并流"，亦可以说成是"义"对"礼"的直接催生。所以他接着说道："与'仁'相对应，'义'作为行为准则规范，是儒学的道德伦理的最高范畴（'仁'则超道德），它既是绝对律令又是自律要求。"② 作为行为准则、规范的"义"所具有的范导功能使得其与"礼"具有很强的比拟性。正是由于"义"在"事"这一维度上的体现，才为"礼"在整个社会的运行以及个体遵礼之可能提供了非常有利的条件。

船山在言"仁德"时，曾对仁—理（礼）之间的关系作了细密的分析。与之相同，在对"义德"就"事之宜"这个层面进行阐发时，他虽然也讨论了与"（天）理"之间的关联，但更多地则是从"（天）理"的对立面即"私利"或"私欲"的角度来进行阐述。"'义'者，天理之所宜；'利'者，人情之所欲。""义者天理之公，利者人欲之私。"③ 船山此处乃是"义"—"利"对言，说明这是就原则上立论。相互对比，这一点就可以非常清晰地得到呈现：义—天理—宜—公，利—人情—欲—私。孟子见梁惠王时被问到"亦将有以利吾国乎"，也是以"何必曰利？亦有仁义而已矣"式的仁义—利对言来作回应。这说明在原则上对（仁）义—利作出泾渭分明的区别乃是儒家所一贯强调的主张。但是这并不意味着在具体的操作层面对基本的物质生活是持否定的态度。接着义—利对言的思路，船山又将其引入到"是—非"的视阈中来加以讨论：

> 君子之应天下，归于至是者而已。是与非原无定形，而其大别也，则在义利。义者，是之主；利者，非之门也。义不系于物之重轻，而在心之安否。名可安焉，实可安焉，义协于心，而成乎天下之至是。若见物而不见义，此天下所以汙君子者，而断然去之久矣。义利之辨莫切于取舍辞受；推之于进退存亡，亦此而已。④

---

① 李泽厚：《论语今读》，中华书局，2015，第17—18页。
② 李泽厚：《论语今读》，中华书局，2015，第17—18页。
③ （明）王夫之：《船山全书》（第七册），岳麓书社，2011，第381—382页。
④ （明）王夫之：《船山全书》（第八册），岳麓书社，2011，第249—250页。

"义—利"观同时又是一种"是—非"观,于此可见"义德"—"知德"两者相通。不仅如此,仁—义—礼—知—信"五德"之间也是相通的。这就能够解释"仁涵四德"这一主张之所以可能,正在于彼此能够相通、相感。即使如此,但原则意义上的"义—利"就如"是—非"一样,作为对立的双方,两者之间是不允许也不可能相互转化,否则就没有了大是大非,甚至要消解掉维系整个社会运转的伦理纲常。而且就人道的挺立而言,这种"择义固执"式的界定也是非常有必要的。"立人之道曰义,生人之用曰利。出义入利,人道不立;出利入害,人用不生。"①"出"就是违背,"入"就是陷溺。所以依照船山的说法,应该是"出利入义,人道乃立;出害入利,人用乃生"。"出利入义"是在原则上的界定,"出害入利"则是对具体实事的要求。

将"义"放在"义—利"的对立关系中从反面来加以讨论,其实质是要暗示另一组关系的重要性,即"义—理"一致。尽管船山并没有对其进行正面的展开与论述,但从之前他的两条并列的对立线索中(义—天理—宜—公,利—人情—欲—私)可以确定这一点。而且更为肯定的是,"义—理一致"这一原则体现在了他对"宜"的讨论上。同时,"出害入利"的"宜"能够作为对具体实事、实功得以进行调节并成就之的重要范导因素,这本身也是对在义—利关系中"择义固执"原则的更好贯彻。"行焉而各适其宜之谓'义'。"② 将"义"直接与"宜"相关联,这就直接指向了行为之事的层面;即"义"的规约作用在于使行为能够在一定准则的参照坐标系中展开,在这一展开过程中使事符合其固有的理则。为了充分地说明这一点,船山作了更为详尽的阐述。"义者心之制,而心通众理以为制,非一念之为定制也;义者事之宜,而事协时会以为宜,非一端之为咸宜也。"③ "义在事,则谓之宜;方其未有事,则亦未有所宜。"④ "义"作为"心"的裁制,要求一种不断的修养工夫,即他所说的"集合义"或孟子所说的"集义";而非那种凭借偶然的、短暂的一念所袭取得来的固定僵化的"义"。与之相对应,作为"事"之宜的"义",首先是对"事"而言的原则,其对"事"的指向性非常强,也就是说,没有"事"就没有"宜"。在此基础上,"事""宜"两

---

① (明)王夫之:《船山全书》(第二册),岳麓书社,2011,第277页。
② (明)王夫之:《船山全书》(第四册),岳麓书社,2011,第1164页。
③ (明)王夫之:《船山全书》(第八册),岳麓书社,2011,第500页。
④ (明)王夫之:《船山全书》(第六册),岳麓书社,2011,第833页。

者所形成的契合才构成"义"的真正内涵。这也就暗示了"宜"并不是"事"之外的某种本体,而就在"事"本身之中;但尽管如此,也并不意味着"事"会时时刻刻对"宜"都依循,相反,二者相互背离与断裂的状态要更多于其相互契合与承接的状态。也正是出于这样的考虑,才更加能够凸显出"义"在"事""宜"两者契合过程中所具有的光泽性。如此我们也就无疑于船山要把"义"—"(天)理"—"宜"放在一条线索中来加以论述。

> 事之所宜然者曰义;义者,一定不易之矩则也。乃万事之变迁,皆不逾于当然之定理,而一事之当前,则一因其所固然之准则。
>
> 知此事之所宜者在此,彼事之所宜者在彼,义初其常而守其常,义当其变而随其变,与义相依,无之有间焉耳已。①
>
> 义者,一事有一事之宜,因乎时位者也。②

"义"使"事"合"宜",也就是要使"事"合"理",在伦理的行为中,则是要合"礼"。从根本上来讲,这是其气本论中气—理关系的反映;从现实层面而言,要想达到事事皆合于"宜",就必须从根本上立一个原则作为标准,而这个原则只能是由基本之"理"所演化而来的"礼"而不能是别的。因为"理"想要从"天"转入到"人",就必须经过"礼"的程序化,即道德伦理化;那种追求客观物理的思维在中国文化中向来只能居于次要的地位。如此,在"事"上的义—理关联就被转化成了义—礼之间的关联,也就再一次表明,"义德"的具备对遵循礼法的行为起着必然的催生与规约作用。故而船山最后总结道:

> 夫所谓义者,唯推而广之,通人己、大小、常变以酌其所宜,然则于事无不安,情无不顺。③
>
> 本心固有曰"忠",用情不疑曰"信",处事得宜曰"义",因物不逆曰"理"。固有其情而无所疑,则发之于外,事皆得宜而物理顺矣。非己所固有而不信于心,则虽外托义理,而持之也不固。既固而信诸心矣,苟不度事物之当然,使内外合符而不爽,则亦不

---

① (明)王夫之:《船山全书》(第七册),岳麓书社,2011,第371页。
② (明)王夫之:《船山全书》(第十二册),岳麓书社,2011,第172页。
③ (明)王夫之:《船山全书》(第七册),岳麓书社,2011,第382页。

足以达其忠信也。①

所谓的"义"同时也就是要贯彻"仁"的"感"与"通",推广义—理的原则,使事合于"宜",即"义";使本心得其固有之安,即"忠";使情顺其和,即"信";使物不悖逆其"理"。仁、义、忠、信四者共同成就了人道的大秩序,让礼的运行成为一种必然的趋势。

二 守"义"德以遵礼:义立方行礼

从根本上来讲,作为"心"之自我裁制的"义"能够使"事"合于"宜",是因为其与"理"的关联;与"理"之脉络的延伸必然提出对"礼"的要求。而且在船山对"义"的阐述当中,就有不少明显是对义—礼并重的表达。

> 义是心中见得宜处,以之制事;礼乃事物当然之节文,以之制心:此是内外交相养之道。固不可云以义制心,以礼制事。以礼制事,则礼外矣;以义制心,则义又外矣。若但于可食、不可食上,分得天理、人欲分明,则以礼制事之谓,饮食亦在外而非内矣。②

"义"乃"事之宜",这是由其作为"心之制"所决定的;然而船山这里又说要以"礼制心",但这与其之前的表达并不存在理路上的不一致。"义"固然是作为"心之制",但并不是说,用一种外在于心的"义"来对"心"进行规约、制衡、指导,就好像日常生活中为了防止水的泛滥我们需要用容器来盛之以更好地利用一样。而是说,要依循心本身内在的理则、线索、脉络来进行引导与疏通,这样一种意义上的"义"也是对心的制裁,但绝对不是外在的约束与扼杀,而是衍变为"理—礼"的化身,是一种内化的外在性,一种理则的内化。同时,之所以要以"理—礼"制心的另外一个重要原因就是,对船山而言,"义"本身的获得并不是对于某种外物一样瞬间的袭取,而是体现在整个的"集合"过程当中,正是在这一"集义"的涵养工夫中,"礼"才有了其恰当的位置与必要的理由。恰是出于这样的考虑,他一方面不主张"义""礼(—理)"的外在性("以礼制事,则礼外矣;以义制心,则义又外矣"),一

---

① (明)王夫之:《船山全书》(第四册),岳麓书社,2011,第581—582页。
② (明)王夫之:《船山全书》(第六册),岳麓书社,2011,第747页。

方面又说这是一种"内外交相养之道","内外"就是在说"心"能否依循自身的理则,仍然是一种内在性意义上的讨论。"义者天地利物之理,而人得以宜;礼者天地秩物之文,而人得以立。"① "义""礼"二者只有"双水并流"才能起到对人道的范导意义;只有内外兼养,才能起到对人道的建构作用。这也就从某种意义上提出了"立义以行礼"的伦理要求,而实质上则是要解答"行礼"如何成为"立义"的必要。

(一) 义为礼本,礼缘义起

在船山的思想理路与脉络中,"行礼"之所以是"立义"的必然要求,原因就在于"义"乃是"礼"的根本,"礼"是"义"的节文与彰显。

> 君子则酌乎事之所宜,而裁以其心之制,不谋利,不计功,执其当然而不可扰,惟义而已矣。所主者义,则无不可行矣;而恃其心之无私,或有直情径行之失。乃君子之行也,又以礼焉,备乎文以传其质,彬彬乎中度矣。盖礼者义之节,而义以礼而始著其必然之则也。②

船山在这里将"礼"得以行的因素具体化为对"义"的节制,而实际上则是要防止因"其心之无私"("义")所导致的"直情径行"("非义")的偏颇与弊端;换句话来讲,就是说只是单纯依靠"义"并不能实现真正的"义"的原则,必须要有"礼"的参与。真正的道义应该包含有两个维度,原则上要强调社会层面的正义,现实中则是要尊重个体的权利,即保证正义得以践履的可能;前者是维系整个社会稳定的前提,后者则是落实前者的有力基础。相反,那种忽视"私""己""个体"而一味地高扬"公""共""集体"的行为,表面上看起来是在宣扬、践履"义"的原则,而实际上却必然走向它的反面。因为一旦被认为"所主者乃义",便会"无不可行",便会没有节制,没有约束,而一种行为的泛滥肯定会对他者造成伤害,甚至伤害其自身以及社会的公义,这一点是不能不引起注意的。船山除了在"义"之外又拈出了"礼",不能不说是一种完备的考虑。

---

① (明) 王夫之:《船山全书》(第六册),岳麓书社,2011,第 520 页。
② (明) 王夫之:《船山全书》(第七册),岳麓书社,2011,第 847 页。

第五章　守德遵礼：遵礼主体的德性要求　　185

"礼"者，义之文；"义"者，礼之干。①

礼之斟酌于天地民物之宜。②

义为礼之制，"柄"也；礼为义之章，"序"也。义之柄，礼之序，盖天道之著于人情者。圣王本仁达顺，修其德以凝其道，则人情治而人之大端立矣。③

"礼之斟酌于宜"，也就是"礼之斟酌于义"，这一要求来源于"义"是"礼"的"干"，"礼"是"义"的文。"干"也就是"柄"，即裁制，孔颖达疏解为："柄，操也，谓执持而用者。""文"也就是"序"，即有章可循。两者合起来便是"谓修理义之要柄，修理礼之次序，以治正人情，使去其瑕秽之恶，养其菁华之善也"④。只具有"义"，还仅仅停留在可执持以用的阶段；只有再配合着"礼"的作用，才可能"去瑕秽之恶""治人情之正""养菁华之善"，达到船山所说的"修其德以凝其道""治人情而立大端"的目的。

"义"—"礼"两者之间的这种紧密关联，使得"礼"的运行一定要以"义"为基础与前提，而且综上所讨论，也可以很清晰地看出"义"本身就已经蕴含着对"礼"之催生的可能。在《礼记》中有一个关于"义"—"礼"先后作用、功能、功效与工夫的比喻："故人情者，圣王之田也，修礼以耕之，陈义以种之，讲学以耨之，本仁以聚之，播乐以安之。故礼也者，义之实也。"虽然这里涉及了"情""礼""义""学""仁""乐"诸多范畴，但我们只关心其中礼—义二者之间的关联。对于"修礼以耕之，陈义以种之"孔颖达分别疏解为："农夫之田，用耒耜以耕之，和其刚柔；圣人以礼耕人情，正其上下。""农夫耕田既毕，以美善种子而种之；圣王以礼正人情既毕，用此善道而教之。"⑤ 孔颖达的解读似乎并没有凸显义 礼二者之间的关联，然而《礼记》在整个譬喻以后作了一个概括："礼也者，义之实。"船山的解读则不然："'田'，谓礼所自植。'耕之'，修治使淳美也。'陈'，分别其宜也。'种之'者，义为礼本，犹种之生苗也。义非学不精，'耨之'者，去其

---

① （明）王夫之：《船山全书》（第四册），岳麓书社，2011，第1505—1506页。
② （明）王夫之：《船山全书》（第四册），岳麓书社，2011，第582页。
③ （明）王夫之：《船山全书》（第四册），岳麓书社，2011，第572页。
④ （东汉）郑玄注，（唐）孔颖达疏，吕友仁整理：《礼记正义》，上海古籍出版社，2008，第944页。
⑤ （东汉）郑玄注，（唐）孔颖达疏，吕友仁整理：《礼记正义》，上海古籍出版社，2008，第943—944页。

似义而非者也。"① 他明确点出"义为礼本"。可以分别从两个方面进行疏解，一个方面是，"修礼以耕之"并不是最后的目的，而是为了"陈义以种之"，就此而言，"义"在逻辑性上明显要先于"礼"；另一个方面则是，"礼"既然并不能成为目的本身，意味着其仅仅只是为了彰显"义"而存在，所以才有"礼也者，义之实"的表达，即"礼"是"义"这一目的得以展开与完成的真实过程的体现。因为考虑到义—礼双方的这种内在关联，所以船山也就理所当然地要认为"礼"的制定完全应该以"义"为根基，这其实仍然是在为"礼法"的有效性还是应该回归到"义理（—礼）"的合法性张本。"礼之所自出，义之当然也，精之，则尽变矣。"② "礼"的使然性与实然性就是对"义"的当然性与应然性的呈现，"义"的原则虽然不会有大的改变，但因"义"所制定的"礼法"却具有很强的灵活性，会有多方面的应变。正是在应变的多样性中"义"的永恒价值才体现，即船山所说的："'礼义'者，因义制礼，而礼各有义也。"③

"因义制礼"所暗涵的逻辑就是，"礼法"的孕育与产生是以"义"的原则为基础与前提，反过来讲，在"义"的范畴中本身就对"礼法"有着必然的要求。"祭祀之义修，而制度官礼之良法美意皆函于此也。"④ 从广义的角度来讲，作为一代良法美制的官礼是被蕴涵在祭天祀祖之道义的修养过程中的。船山多次表达了"礼法"之制定要依靠"道义"这一层意思。"'义'者，人心之宜，礼之所自建者也。存于中则为义，天之则也；施于行则为礼，动之文也。"⑤ "礼由义起，义根于心，而礼行焉。"⑥ "义"是心的自我裁制，这是船山的一贯表述，虽然这里用了"心之宜"的说法；"心"自身无法达到自身的合宜与恰当，必须依靠一个内在性的他者即"礼"来实现。因此就可以看出，"义"与"心"是直接相关联的，即船山这里所说的"义根于心""存于中则为义"；再者，作为"天之则"的"义"只能是起到裁制的作用，至于对分寸感的把握，则要依靠"礼"的运用。所以，"礼"也是与"心"相关联的，即船山所主张的"义、礼皆内而非外"，但礼—心的关联是建立在义—

---

① （明）王夫之：《船山全书》（第四册），岳麓书社，2011，第572页。
② （明）王夫之：《船山全书》（第十二册），岳麓书社，2011，第231页。
③ （明）王夫之：《船山全书》（第四册），岳麓书社，2011，第565页。
④ （明）王夫之：《船山全书》（第四册），岳麓书社，2011，第568—569页。
⑤ （明）王夫之：《船山全书》（第四册），岳麓书社，2011，第570—571页。
⑥ （明）王夫之：《船山全书》（第八册），岳麓书社，2011，第754页。

心关联之基础上的。"'义'者,礼之所自立也。"① "所谓礼以义起也。"② "义"为"礼"的可能奠定了基础,所以说,"礼"是因"义"而兴起的。

> 礼者义之实,修礼而义达矣。③
> 礼为义之实,而礼抑缘义以起,义礼合一而不可离,故必陈义以为种也。④
> 朝贱事尸于堂之礼,以神为用,以质为敬,皆原本朔初以起义也。⑤

同时,"礼"所强调的践履工夫本身又是对"义"的贯彻与落实;二者虽然在"心"的系统中所处的地位与功能有一定的差异,但就整体的修养过程而言,两者则又是"车之双轮""鸟之两翼"的关系。"礼"虽"以神为用,以敬为质"(案,船山此处"以神为用,以质为敬"的表述似有不妥),但最终目的乃是为了"原本朔初以起义"。综上所论,船山从产生的逻辑顺序上明确了"义"乃"礼"的产生根本与基础,"礼法"的制定一定要以"道义"为铺垫。换而言之,乃是说遵礼的践履工夫应该以道义德性的培养为前提。

(二) 礼以行义

船山论"仁爱"时曾与"义"并论,反过来,他对"义"的某些界定以及对"义—礼"的阐发亦与"仁"相关。"礼以章之,非礼而不合,则确然一本而父子亲矣。仁不昧而后义生,礼以行义者也。""仁无自以生而义亦不立矣。"⑥ "夫人之所不可昧者,义也。"⑦ 与"仁"相比,"义"显然要后产生。"仁""义"所对应的伦理关系是"君—臣""父—子","仁"又是"义"的基础。所以,以"君—臣"为代表的国应该立足于以"父—子"为代表的家,这也正是中国古代政治理念中所一直强调的"家国同构"。这在经典《大学》中就已经被表达为:"所谓治国必先齐其家者,其家不可教而能教人者,无之。故君子不出家而

---

① (明) 王夫之:《船山全书》(第四册),岳麓书社,2011,第1101页。
② (明) 王夫之:《船山全书》(第四册),岳麓书社,2011,第265页。
③ (明) 王夫之:《船山全书》(第四册),岳麓书社,2011,第577页。
④ (明) 王夫之:《船山全书》(第四册),岳麓书社,2011,第572页。
⑤ (明) 王夫之:《船山全书》(第四册),岳麓书社,2011,第547页。
⑥ (明) 王夫之:《船山全书》(第四册),岳麓书社,2011,第657页。
⑦ (明) 王夫之:《船山全书》(第八册),岳麓书社,2011,第721页。

成教于国：孝者，所以事君也；弟者，所以事长也；慈者，所以使众也。……一家仁，一国兴仁；一家让，一国兴让。"朱子注解为："孝、弟、慈，所以修身而教于家者也；然而国之所以事君、事长、使众之道，不外乎此。"① 同是一套伦理准则，在不断呈现的过程中形成了不同领域的效果，所以"治国"必须先"齐家"，可以将此看作其伦理文化上的深层原因。家所体现的"仁"是一种脉脉温馨的亲情伦理，群体—社会—国家得以维系的"义"则要建立在这种亲情的关系之上。中国传统伦理文化一直认为，任何一种社会关系的建立都无法完全脱离开人的自然情感，而任何一种自然情感的实现也将最终落实到各种伦理秩序的展开，双方都是一个社会整体得以构建的必不或缺的因素。所以船山才说道："义有可尊，情有可亲，则引而进之加厚也。"② "人子不忍去其亲，君以义夺其情也。"③ "夺其情"并不是代替、取消，而是对情的适当处理以更好地表达出"不忍去其亲"的情感。而船山对"义"—"情"的讨论在深层意味上则指向了对"仁"—"义"的关注。固然因为"仁德"对其他诸德（当然也包括"义"在内）具有统帅的功能，但更为重要的考虑则是，"仁"既然比"义"更具有根本性，而且"仁"—"礼"之间又具有紧密的关联，这也就直接决定了"义"—"礼"之间存在着必然的联系。一方面从"仁"—"礼"可推出"义"—"礼"，另一方面，从"义"本身也可以推出"义"—"礼"。"'义'者，礼之质；'礼'者，义之实也。""'义'者，礼之精意。"④ "'义'乃'礼'之质"与"'义'乃'礼'之精意"其实都是要表达"'义'能蕴'礼'"的意思。"义立而礼行矣。"⑤ "义以礼伸，而有礼则无伤于义也。"⑥ 在"义"中涵"礼"的前提与预设下，"义"对于"礼"的推动与促进就具有了根本性的作用，而且"义"的存在使得"礼"并不是一种虚无的没有任何意义与价值的寄托的形式；相反，正是所其演化出来的"礼"的存在让"义"本身的实现有了一层更为可靠的保障，意味着只追求"大公（无私）"的"义"其实是对"义"本身的伤害，因为这种意义上的"公义"脱离了"仁"—"礼"与"义"—"礼"的架构，是一种失去了真正内在根基的伪公义。

---

① （南宋）朱熹：《朱子全书》（第六册），上海古籍出版社，2010，第 23 页。
② （明）王夫之：《船山全书》（第四册），岳麓书社，2011，第 598 页。
③ （明）王夫之：《船山全书》（第四册），岳麓书社，2011，第 220 页。
④ （明）王夫之：《船山全书》（第四册），岳麓书社，2011，第 539 页。
⑤ （明）王夫之：《船山全书》（第四册），岳麓书社，2011，第 13 页。
⑥ （明）王夫之：《船山全书》（第八册），岳麓书社，2011，第 382 页。

此外,"礼以行义"的主张想要在现实中得到进一步的落实(包括个体的修身与国家的治理)就将必然转变为对灵活性与同一性之统合的考察,也就是船山所讨论的"义有成制"与"礼有时而变"的问题。"义之所在,礼有时而变。"① "义者,因时大正之谓;终其义,历险而成乎易也。"② "义"是顺时不变的方向与原则,"礼"却是能够随时随势而改变的具体行为。为了说明两者之间的这种关系,船山作了一个譬喻:"夫义为直行而不可曲之常经,犹人之路也;礼为万事相见之通理,犹室之有门也。"③ "义"如"路",这一点孟子就曾提及过:"仁,人之安宅也;义,人之正路也。"④ "路"是大家共同依行的通道,不能随便改变;"礼"如"室之门",为了相互之间的连通,所以应该因"路"而建,但并不妨碍其在选择上的多样性。"义有成制,考道者可以不失。"⑤ "循义以行,不枉道以速获也。"⑥ 所以,应该坚守"义(一路)"的原则,保证不会背道以行而迷失方向;然后"礼"再依循着"义"而行,防止追逐"枉道速获"的侥幸心理的弊端。这不仅是修身,同时也是立国的要求。"礼以养之,义以裁之,不期然而自然。"⑦ "夫言必以义,行必以礼,所与者必正,乃君子立身之道。"⑧ 修身必须"义""礼"并重,才能达到"正"的效果;只有修身以正,才能进一步自觉地将"义""礼"内化为自身的德性,成为一种不期然而自然的行为方式。"礼义所以辨上下,定民志。"⑨ "先王示其所贵尚,使勇敢有行义者皆必以礼为贵,则恃力袭义而矜独行者,无不变化气质以勉于礼矣。"⑩ 与修身类似,立国也需要以"礼"辨上下,形成一种秩序;以"义"定民志,为上、下秩序的展开准备条件。所以,船山将"义"作为安邦治乱的大道也是有其内在理路的一种见解:"'义',睦邻定乱之道也。"⑪ "凡争之起率由财兴,财轻则自勉于礼矣。"⑫ 国家出现争斗祸乱的根源就在于"重财",

---

① (明)王夫之:《船山全书》(第八册),岳麓书社,2011,第289页。
② (明)王夫之:《船山全书》(第十二册),岳麓书社,2011,第295页。
③ (明)王夫之:《船山全书》(第八册),岳麓书社,2011,第666页。
④ (南宋)朱熹:《朱子全书》(第六册),上海古籍出版社,2010,第343页。
⑤ (明)王夫之:《船山全书》(第四册),岳麓书社,2011,第1328页。
⑥ (明)王夫之:《船山全书》(第四册),岳麓书社,2011,第849页。
⑦ (明)王夫之:《船山全书》(第七册),岳麓书社,2011,第751页。
⑧ (明)王夫之:《船山全书》(第七册),岳麓书社,2011,第270页。
⑨ (明)王夫之:《船山全书》(第八册),岳麓书社,2011,第913页。
⑩ (明)王夫之:《船山全书》(第四册),岳麓书社,2011,第1553页。
⑪ (明)王夫之:《船山全书》(第四册),岳麓书社,2011,第229页。
⑫ (明)王夫之:《船山全书》(第四册),岳麓书社,2011,第1550页。

"财兴"则义灭；如果能由"重财"转而为"轻财"，整个社会自然能形成彬彬于礼法的风尚。因为"轻财"就意味着"国不以利为利，以义为利"，而"以义为利"就是"以财发身"的仁者，"以利为利"则是"以身发财"的不仁之人；① 仁者自然能散财聚民以礼，不仁者只能是聚财散民以乱，使国家处于一种无序的混乱状态。综上分析，船山从"财兴""财轻"谈到了"礼法"，这条线索其实应该放到其对"仁""义""礼"所作疏解的脉络中来把握才会变得更为清晰，这也正是他之所以"仁义礼"三者并言的真正缘由。

> 义由学而精，而受则于仁，故必讲学存仁，而义礼乃坚固也。②
> 道以制天下，义之事也。然义之至者仁亦至焉，则顺民之情而法在其中，斯仁义兼至矣，如报施顺情而劝惩寓焉是已。若道壹于义，则名为义而不得为道之至矣。既专于义，则有率义而行者，亦有不能喻义而依仿考据以立法者，道愈降矣。王者以仁行义，并行不悖。伯者声义正物，以义为道而已。其下者考于义以为道，几以寡过而过卒不可免，故坊民而民犹踰之矣。③
> 仁者君道之极而为天下之表，义则犹近乎坊之事也。④

要使防民有效而不逾越界限，在于能以"礼"规制而范围之，这是一种积极的引导而非消极的防御；而能够遵行礼法又要回归于"义"的原则。因为"义"只是近于"坊（防）"而并不就是"坊（防）"本身，"礼"才是真正的"坊"。但仅仅有"义"，"礼"得以运行的条件还不成熟，还需要有"仁"，恰如船山此处所说的，"仁"是"义""礼"在巩固、成就过程中所汲取的源泉之所在（"存仁，而义礼乃坚固"）。

三 小结

"义"作为遵礼的原则，可以从两个方面来理解：一是作为"心之制"，进一步成为"礼以制心"的铺垫；一是作为"事之宜"，是社会在"礼法"的格局中得以有序推进的前提与宗旨。"礼"所强调的践履性，无论是就心的操守层面，还是在事的指向层面，想要完成伦理秩序上的

---

① （南宋）朱熹：《朱子全书》（第六册），上海古籍出版社，2010，第25页。
② （明）王夫之：《船山全书》（第四册），岳麓书社，2011，第573页。
③ （明）王夫之：《船山全书》（第四册），岳麓书社，2011，第1326页。
④ （明）王夫之：《船山全书》（第四册），岳麓书社，2011，第1328页。

建构就不能够脱离固有的"义"之德性的范导作用,即遵礼的完善乃要依托于"义"方能实现。

第三节　虔敬恭让:遵德守礼的道德情操

船山对"敬"—"礼"关系的考察,在理路上是遵循着孟子"恭敬之心,礼之端也"或"辞让之心,礼之端也"的说法而展开的。但孟子仅只是点出了"恭敬(之心)"或"辞让(之心)"与"礼"之间的关联,至于二者之间的内在联系并没有给出详细的说明。正是在这一点上,船山丰富发展了儒学原典思想中的内蕴,并因此在德性方面使得其遵礼实现之可能具备了一定的条件。"礼"之大用发挥的所以然在于"恭敬"或"辞让"的确立,因为,一方面"礼"的产生乃是以"敬"为根基,另一方面"礼"所具有的秩序属性也是来源于"敬"。因此,对"恭敬"的推广在逻辑上自然便可以导出对"礼法"的遵循。此外,"礼"之所以能成为关乎挺立人道的关键性因素也在于有"敬"作为其内蕴的源泉。

一　恭敬乃礼用之所以然

船山分别从两个方面阐述了"恭敬"乃"礼"得以确立的前提与基础:从"恭敬"的角度讲,其是"礼"产生的根本因素;从"礼"的角度讲,其又是"序"的直接来源。这两方面可以更清晰地呈现出如何从"恭敬"衍生出"礼"的逻辑脉络,即"恭敬"是"礼"的基础、前提、根本与可能。

船山一直强调"礼"的非外在性,即"礼"是因人内在的德性而可能。所以,作为"礼"之根本的"敬"在学理上也自然不能是外在的。其实关于"敬"之内外属性的问题,早在经典《孟子》中就曾讨论过:

> 孟季子问公都子曰:"何以谓义内也?"曰:"行吾敬,故谓之内也。""乡人长于伯兄一岁,则谁敬?"曰:"敬兄。""酌则谁先?"曰:"先酌乡人。""所敬在此,所长在彼,果在外,非由内也。"公都子不能答,以告孟子。孟子曰:"敬叔父乎?敬弟乎?彼将曰'敬叔父'。曰:'弟为尸,则谁敬?'彼将曰'敬弟'。子曰:'恶在其敬叔父也?'彼将曰:'在位故也。'子亦曰:'在位故也。庸敬在兄,斯须之敬在乡人。'"(引者案,朱子注解为:"庸,常

也。斯须，暂时也。言因时制宜，皆由中出也。"）季子闻之曰："敬叔父则敬，敬弟则敬，果在外，非由内也。"公都子曰："冬日则饮汤，夏日则饮水，然则饮食亦在外也？"

朱子于此章之首注解为："（孟季子）盖闻孟子之言而未达，故私论之。"并于章尾引范氏之言曰："反覆譬喻以晓当世，使明仁义之在内。"① 可见，这组讨论是发生在孟子与告子的四组辩论之后，而且从讨论的主题来看仍然与之前的辩论一致，即"仁义"是否在人性中具有必然性的根基。但值得注意的则是，这里涉及了对"（恭）敬"这一范畴的论述，而且"义"之所以具有内在性的缘故就在于"敬"的内在性。只有自身具备了"恭敬之心"，才可以在行为的中规中矩（即"行礼"）的过程中实现"义"的原则。船山也明确地说道："所敬之人虽在外，然知其当敬而行吾心之敬以敬之，则不在外也。"② 所敬的"对象"与所敬的"态度"是两个层面的问题，因"对象"的差异而表现在"态度"上的转换并不能被认为是"态度"本身决定于"对象"；相反，在是否应当的问题上，"态度"始终居于第一性。"一事而各有节，或裼或袭，不偷徇其便而必中于礼，民不得而亵之矣。言君子之于敬，无斯须之或乱矣。"③ 把"态度"放在第一性的地位上来加以考察，并不意味着对"对象"的忽视；而是说，能否依照"对象"本身所具有的"节"来处理与对象之间的关系，必须体现在时时刻刻对此心即"态度"的提撕上，否则就会流于"偷徇其便""玩亵"的恶习并造成"悖乱"的危险。与他在讨论孟子"非义袭而取"的思想时一样，也反对"敬裼"或"敬袭"的主张。因为"义袭"表明"义"是由外所获取的，那么"敬裼"或"敬袭"也就表明"敬"是由外所获取的。将"仁""义""敬"诸德以及所践行的"礼"看作是一种强加于作为伦理主体之人的外在的钳制与约束，船山对这样的解读思路是持否定态度的。明确了这一点之后，便可以展开对"敬乃礼之本"观点的进一步论述。

（一）敬者礼之本

为了说明内在的"恭敬之心"是道德主体自由遵循礼法的保证，船山分别从两个层面作出了阐释：一是从"敬"的角度明确指出"敬是礼之本"；一是从"礼"的角度说明"礼是敬的节文"。前者是后者可能与

---

① （南宋）朱熹：《朱子全书》（第六册），上海古籍出版社，2010，第397—398页。
② （明）王夫之：《船山全书》（第八册），岳麓书社，2011，第689页。
③ （明）王夫之：《船山全书》（第四册），岳麓书社，2011，第1319页。

实现的前提与基础，后者是前者的进一步丰富与延伸。"夫敬者礼之本，恕者己私之反也。"① "敬"作为遵行礼法的根本原则，同时也就意味着"恕"的实现。朱子以"推己"或"推己及人"注解"恕"，② 这是在自我与他人之间建立一种积极的联系。既然涉及了自我与他人，所以"恕"就只能是一个方面，还应该有"忠"与之并言。"忠恕"连言这样的表达在儒学原典中并不少见，但论述完整的应该是《中庸》中的表达：

> 忠恕违道不远，施诸己而不愿，亦勿施於人。君子之道四，丘未能一焉：所求（朱注："求，犹责也。"）乎子，以事父，未能也；所求乎臣，以事君，未能也；所求乎弟，以事兄，未能也；所求乎朋友，先施之，未能也。庸德之行，庸言之谨，有所不足，不敢不勉，有馀不敢尽。言顾行，行顾言。君子胡不慥慥尔！

朱注："道不远人，凡己之所以责人者，皆道之所当然也，故反之以自责而自修焉。"③ 依《中庸》的思路，"忠恕"之所以能被看作是对"道"的贯彻，就在于在各种社会的人伦关系中都恰到好处地体现自我与他人之间的联系。而朱子所说的"反之以自责而自修"也正是船山所说的"己私之反"。只有在确立了自我主体的基础与前提之上（"忠"），才有可能进一步协调好与他人间的关联（"恕"），即由"忠"可以直接引发为"恕"。关于这一点冯友兰先生也曾指出过：

> 忠之为义，《论语》中未有确切明文，后人遂以忠为"尽己"之义。按《论语》云："为人谋而不忠乎？"又云："与人忠。"又云："臣事君以忠。"又云："孝慈则忠。"又云："忠焉能勿诲乎？"忠有积极为人之义；此则《论语》中有明文者。若尽己之义，则《论语》未有明文，似非必孔子言忠之义。④

冯先生不主张以"尽己"言"忠"，但有一点是需要加以明确的，即"积极为人"一定是建立在自我道德主体的基础之上，只有对自我的持

---

① （明）王夫之：《船山全书》（第七册），岳麓书社，2011，第686页。
② （南宋）朱熹：《朱子全书》（第六册），上海古籍出版社，2010，第96页。
③ （南宋）朱熹：《朱子全书》（第六册），上海古籍出版社，2010，第39页。
④ 冯友兰：《中国哲学史》，中华书局，2014，第90—91页。

守方能以敬待人。程子与朱子曾将"忠—恕"的这种关系譬喻为"体—用"的关系:"忠者无妄,恕者所以行乎忠也;忠者体,恕者用,大本达道也。"(程子语)"夫子之一理浑然而泛应曲当,譬则天地之至诚无息,而万物各得其所也。"又:"至诚无息者,道之体也,万殊之所以一本也;万物各得其所者,道之用也,一本之所以万殊也。"(朱子语)① 作为"体"与"本"的"忠",如果需要用另一个范畴来加以说明的话,只能是"敬";而作为"用"的"恕",为了保证其实现的可能性与周普性,只能靠"礼法"来维系。也就是说,从"恭敬之心"自然就能够生发出对自我的确立("忠"),然后再以此心"絜矩"他人之心("恕")。反之,不能以自己之此心忖度他人之彼心,便是"不恕",孔颖达疏解为:"恕者,外不欺物。恕,忖也,忖度其义于人。"② 此"义"即"宜",恰当、合适、合宜。"不恕"就是以欺诈的态度来对待人、对待事,这样便会出现横逆、悖理(礼)的行为。《论语》中的"仲弓问仁"章向来为理学家所称道就体现了这一点。③ 朱子注解为:"敬以持己,恕以及物。"并引程子之言:"出门如见大宾,使民如承大祭。看其气象,便须心广体胖,动容周旋中礼。"又:"观其出门、使民之时,其敬如此,则前乎此者敬可知矣。非因出门、使民,然后有此敬也。"朱子终又按为:"克己复礼,乾道也;主敬行恕,坤道也。"④ 在这里,"恕"—"敬"—"礼"明显地被呈现在了一条线索中。因此,从根本上来讲,就应该发明"敬心",发明"敬心"或许也就是陆子静所一直强调的要发明"本心",这也是船山将"敬"提升到本体地位的原因:"且使从本体而言之,则礼固以敬为本,而非以和。"⑤ "和"不是"礼"在发生学意义上的根本,只是效果意义上的归趣,"敬"才是"礼"得以出现的根本。"为礼有本,非但以敬人也,亦以束躬而不失其度也。若其媟越傲慢,有同于游戏,虽所为习仪者合乎制,亦优人之技耳。"⑥

---

① (南宋)朱熹:《朱子全书》(第六册),上海古籍出版社,2010,第96页。
② (东汉)郑玄注,(唐)孔颖达疏,吕友仁整理:《礼记正义》,上海古籍出版社,2008,第2001页。
③ 钱穆先生曾指出:"当时理学家似乎反看重了仲弓那下一截,他们要自然,要无事,要不犯手脚。孔子告仲弓,出门如见大宾,使民如承大祭,己所不欲,勿施于人,在邦无怨,在家无怨,当时理学界,似乎特地喜欢那气象与境界。"(钱穆:《朱子学提纲》,生活·读书·新知三联书店,2014,第124页。)
④ (南宋)朱熹:《朱子全书》(第六册),上海古籍出版社,2010,第168页。
⑤ (明)王夫之:《船山全书》(第六册),岳麓书社,2011,第595页。
⑥ (明)王夫之:《船山全书》(第七册),岳麓书社,2011,第355页。

"敬天下之德，礼也。"①"恭敬"作为一种内在的共通性的德性，本身就蕴含了"遵礼"也具有普遍性与必然性；"礼"的运行应该以承顺内在的"恭敬之心"为目的，否则就只能是一种没有任何意义与价值寄托的表演式的行为，即"优人之技"。

> 君子之修己应物，敬以为本，礼以为用，则外不失人，内不失己，而事物之变无逆于心，然后人道立而不失乎所由生之理，盖修己治人之统宗，而安身利用之枢机也。②

之所以要把"忠"—"恕"放到"体（本）—用"的视阈中来加以讨论，就在于"忠—恕"的关系已经发"敬—礼"关系之先声，而且双方之间有着理路上的一致性："忠"（"体"）是确立自己，"恕"（"用"）则是成就他人；"敬"（"本"）是"内不失己"，"礼"（"用"）则是"外不失人"。而且船山主张"即用言体"或"即用即体"，这固然是对理学家片面高谈玄妙之"体"的弊端的纠偏，但不应该忽视他之所以"即用"的根本仍然是要"言体""即体"。在"体"于逻辑层面要优先于"用"这一点上，他依然是继承了道学家的主张。这也就直接决定了"礼"的前提必须是"敬"，即建立在"恭敬"基础之上的"礼"才具有可践履性。

（二）礼者敬之文

对"敬"的确立，这是在"体"或"本"上所作的分析；然而"体"并不能单独地显现，要在"用"中来体现，这便要求从"礼"的角度对"敬"作进一步的疏解。所以，船山接着"敬为礼本"的思路，又讨论了"礼为敬之节文"的问题。他明确地说道："'礼'者，爱敬之节文。"③"爱而不狎，有礼而非虚文，则敬其至矣。"④"礼"作为一种"节文"并不能被认为是其自身的赋予，换句话说，"礼"并不具有本体性与独立性的属性，它自身就是作为一种属性而存在的，它需要"被产生""被抛入"。产生"礼"的孕育者就是"敬"。这里虽然也提到"爱"，但绝对不是"仁爱"之意，而是"敬爱"之意。因为"爱"而不至于流为"狎昵"是与"恭敬"相对而言的。"恭敬辞让，人性固有

---

① （明）王夫之：《船山全书》（第七册），岳麓书社，2011，第227页。
② （明）王夫之：《船山全书》（第四册），岳麓书社，2011，第1188页。
③ （明）王夫之：《船山全书》（第四册），岳麓书社，2011，第1133页。
④ （明）王夫之：《船山全书》（第四册），岳麓书社，2011，第1184页。

之德，而礼以宣著其节文以见之行者也。敬让之用行而道达于天下矣。"① 所谓"人性固有"，是为了说明"恭敬（辞让）之德"的第一性、根本性、本体性、独立性，是不需要依赖于他者就具有合法性的地位；以此作为始基，才进一步衍化出以"节文"为特点的"礼"。"敬者，礼之神也，神运乎仪文之中，然后安以敏而天下孚之。"② 而且，"敬"作为"礼"的内在动力，在其整个外化的运行过程中一直充当着具有主宰性之"神"的角色。

> 礼行乎表，而威仪即以定命；礼谨于内，而庄敬成乎节文。畅于四肢，发于事业，历乎变而不失，则唯礼以为之干也。③
> "君子之于礼也，有直而行也。"哀敬之至，不为仪文。④

"礼"由内而发显于外，始于庄敬之心，成于威仪之命，能够不因外在万事之变化而丧失其对修身、治国的功能就在于有"庄敬""哀敬""恭敬"作为其内在的支撑。可以看出，仪文之"礼"成了"敬"得以表达的一种媒介而又被涵摄于其中。"礼"是作为一种形式而存在的，但却不仅是为了形式而存在，而是为了更好地呈现"敬"，以保证人与人之间的相处："礼行而兴让，则争怨无自起。"⑤ 这里的"让"是指"辞让"，而"辞让（之心）"就是"恭敬（之心）"，二者在孟子的话语体系中都被认为是"礼之端"。"然人能尽其哀敬之实，则礼之以节文其哀敬者自无不足，非礼为外而哀敬为内，可略外以专致于内也。"⑥ 刘宝楠对"能以礼让为国乎"中"礼"与"让"的解读亦主张此说："'让'者，礼之实；'礼'者，让之文。"⑦ 与"（恭）敬"—"礼"的关系相一致，"（辞）让"也是"礼"的根本与实在，"礼"则是"（辞）让"的"文"。而且"（辞）让"作为"礼"的根本这一点在《左传》中也不乏表述："让，礼之主也。"⑧ "忠信，礼之器也。"杨伯峻注曰："无

---

① （明）王夫之：《船山全书》（第四册），岳麓书社，2011，第1176页。
② （明）王夫之：《船山全书》（第十二册），岳麓书社，2011，第215页。
③ （明）王夫之：《船山全书》（第四册），岳麓书社，2011，第580页。
④ （明）王夫之：《船山全书》（第四册），岳麓书社，2011，第597—598页。
⑤ （明）王夫之：《船山全书》（第四册），岳麓书社，2011，第1550页。
⑥ （明）王夫之：《船山全书》（第四册），岳麓书社，2011，第173页。
⑦ （清）刘宝楠：《论语正义》，中华书局，1990，第149页。
⑧ 杨伯峻：《春秋左传注》，中华书局，1981，第999页。

忠无信，礼无所载。""卑让，礼之宗也。"杨引杜注曰："宗犹主也。"①"让，德之主也。让之谓懿德。"②"主""宗"即意味着"礼有所载"，是说"礼"就不再是一种空虚的形式，而是有了所承载的价值。

延续把"礼"看作是"恭敬"或"辞让"之节文的思路，船山还将"礼"本身所固有的秩序性也归之于"敬""让"，而"序"也不过是"节文"的另一种表达而已。

> 礼之所以然者敬也，乐之所以然者和也。以序配和，乃就礼乐之已成而赞其德。礼行而序著，乐备而和昭。③
> 礼所谓以仁率亲、以义率祖、等上顺下，皆为至敬言也。然则礼之所以为礼者，以敬言而不以序言，审矣。④

从广义的角度来说，"乐"所追求的"和"就是对"礼"之"序"的继承与转化。所以统而言之，礼、乐都是为了实现一个"序"。从某种意义上来讲，"序"就是"礼"的本质。但也并不意味着"礼"就具有了某种独立性。相反，"礼"之所以是被产生的，就在于作为其本质的"序"是被产生的。"且言序者，亦因敬而生其序也。若不敬，则亦无以为序。"⑤"（天）理"在向"礼"进行转化的过程中，或者说，"（天）理"经过"礼化"的过程，就意味着普遍性向特殊性的转化；当普遍性落实到特殊性上，也就意味着差异性的出现，而差异性正是秩序性得以必要的前提。所以对"序"把握的程度直接就成为对"（天）理"体味深度的标准。可以看出，秩序性所针对的乃是具体性，同时这也与"礼"的实践品格相关联，而对"礼"之合法性与有效性具有关键性作用的因素乃是"敬"。因此，"序"来源于"敬"，并且只有在"恭敬"与"敬畏"之中才能体认"礼"——"理"的一致性，也即天——人的一体性。

综上，船山已经分别从"敬"与"礼"两个角度阐述了"敬"为"礼"之本即"礼"乃"敬"之文的观点。明确了这一点，也就意味着内心一旦呈现出"恭敬"的状态，外在的行为就更为自然地容易遵循礼

---

① 杨伯峻：《春秋左传注》，中华书局，1981，第1229页。
② 杨伯峻：《春秋左传注》，中华书局，1981，第1317页。
③ （明）王夫之：《船山全书》（第六册），岳麓书社，2011，第868页。
④ （明）王夫之：《船山全书》（第六册），岳麓书社，2011，第869页。
⑤ （明）王夫之：《船山全书》（第六册），岳麓书社，2011，第869页。

法的原则。

二 致恭敬则能率礼而行

从体—用、本—用、实—节文、实—序的角度来说明"敬乃礼之本"固然重要，但更为重要的则是需要指出在行为方式上"敬"如何对"礼"产生重要的影响，这一点是由中国文化重"行"的特色所决定的。或者也可以反过来说，"敬"对范导行为方式的"礼"具有重要的建构功能，这本身就是对"敬乃礼之本"的更为充分的表达与说明。

张载曾说："'敬，礼之舆也'，不敬则礼不行。""恭敬撙节退让以明礼。"① 可以看出，"敬"在遵礼过程中的重要作用。船山对于持守内心之"恭敬"便自然可以循礼而行也有不少的明确论述。"果有礼焉，敬之极致之矣。"② "敬者礼之所以立也，和者乐之所由生也。"③ 因为"敬"是"礼"得以行立的根据，所以"礼"便是由"敬"的极致所发挥而来；而且当"礼"用呈现为"和"时，"乐"也就自然产生了。

> 礼者因人心之敬，而节文具焉，乃备夫仪文物采之各得其宜，以达其敬。以其敬行其礼，唯无所不用其慎，而后礼非虚设也。在圣人之自然中礼，宜若无所容其慎，而实不然。圣人之至慎，即圣人至敬之所昭也。④
>
> 夫不仁之人之所以不得与于礼乐者，唯其无敬、和之心也。若天道之自然有此必相总属之序、必相听顺之和。则固流行而不息，人虽不仁，而亦不能违之。⑤

人在行为方式上能否有所遵循而不至于流为放荡，根本上并不取决于所遵循之"礼法"的完备程度，当然这也并非没有一点关联，而是取决于内心的恭敬程度；心灵一旦丧失那份本来就有的恭敬状态，即使外在的礼法再完善，也不能达到真正的遵循。因为遵循礼法这并不构成目的本身，最终的目的是要通过对礼法的遵循来展现出内心所固有的敬畏之情，在敬畏的心灵情感中提升自我的道德涵养与道德境界并以此体认出一种

---

① （北宋）张载：《张载集》，中华书局，1978，第36页。
② （明）王夫之：《船山全书》（第八册），岳麓书社，2011，第538页。
③ （明）王夫之：《船山全书》（第七册），岳麓书社，2011，第267页。
④ （明）王夫之：《船山全书》（第七册），岳麓书社，2011，第338页。
⑤ （明）王夫之：《船山全书》（第六册），岳麓书社，2011，第869页。

天—人相即的理想情怀。这一点在《论语》中是有所提及的:"巧言、令色、足恭,左丘明耻之,丘亦耻之。"朱注:"足,过也。"① 这是说恭敬过度而没有节制为夫子所不取。"恭而无礼则劳。"朱注:"无礼则无节文,故有四者之弊。"并引张子之言:"人道知所先后,则恭不劳。"② 如果一味地恭敬而没有礼作为恰当的调节,就会"劳"。朱子将"劳"看作是一种弊端,其实也可以理解为因"礼法"的缺失而导致德性发展的不充分与道德涵养的不持久。总而言之,是要表达"敬""礼"二者应该相承相接,而且是以"敬"为本。正如船山所说:"礼所以行其敬之道也。"③"礼之所为必备物以将敬者可见矣。"④"礼"对行为具有范导作用,所以要遵循礼法的理则;而"敬"又是成就礼这种范导作用的重要因素;因此,在遵循礼法原则之前,应该首先奠定"敬"的建构作用以在行礼的践履中得到积极的发挥。

> 内无爱敬之实,而外修其礼,固是里不诚;内有爱敬之实,而外略其礼,则是表不诚。事亲之礼,皆爱敬之实所形;而爱敬之实,必于事亲之礼而著。爱敬之实,不可见、不可闻者也。事亲之礼,体物而不可遗也。⑤
>
> 敬所当敬焉,敬必尽其礼焉。⑥

最为理想的状态固然应该是"内有爱敬之实"且"外修其礼",但在践履的过程中总是会出现或者"内无爱敬之实"或者"外略其礼"的不足。两相比较,"内无爱敬之实"的不足其危害更为严重。因为即使"外略其礼",只要"内有爱敬之实"也会"必于事亲之礼而著",这是由于只要"敬所当敬",便自然能"敬必尽其礼";若只是"外修其礼"而"内无爱敬之实",其礼也不过徒具形式而已。

> 得而尤失,民敬之而极于至善,然后知君子之学,谨于礼以为节文,修之于言动容色以定威仪,而知行并进,不但用于其聪明以

---

① (南宋)朱熹:《朱子全书》(第六册),上海古籍出版社,2010,第107页。
② (南宋)朱熹:《朱子全书》(第六册),上海古籍出版社,2010,第131页。
③ (明)王夫之:《船山全书》(第四册),岳麓书社,2011,第1186页。
④ (明)王夫之:《船山全书》(第七册),岳麓书社,2011,第322页。
⑤ (明)王夫之:《船山全书》(第六册),岳麓书社,2011,第530页。
⑥ (明)王夫之:《船山全书》(第七册),岳麓书社,2011,第889页。

>几觉悟者，其用益显而取效益深也。①
>
>敬慎于中，故礼无不至。非圣人而能必其不失如此哉！②
>
>君子行礼，无所不用其敬。③
>
>故礼所必有者，不可不及；礼之所必然者，不可或过。于大臣而敬之，有敬之之礼焉；于群臣而体之，有体之之礼焉。以是而使之，任之专而不疑其权之分，授之劳而不忧其心之怨。夫礼自在方策，唯人君以恭肃慎重之心行之尔。④

因此，最基本且最重要的因素是能持守内心的敬畏，船山称之为"君子之学"；然后在此基础之上再对"言动容色"等各方面处以礼之节文与威仪。只要能够对这种内外交相养的工夫加以涵养，遵照这种修养的程序，即使不是圣人，一般能够自守的普通人也一定会有其必然的涵养效果，即首先是"能必其不失礼"，其次是"其用益显而取效益深"。提升到一国之君在以"礼"治国时，更是强调要能够自觉地"以其恭肃慎重之心行礼"，也就自然可以避免"（于）礼所必有者不及；（于）礼之所必然者或过"的差池与过失。

"敬"对于"（行）礼"的重要作用还体现在"敬"与作为礼之用的"和"之间有着密切的关联，也就是说，"敬"对"礼"所强调的秩序之展开起着重要的作用。"内敬则外必和，心乎敬则行必以礼。"⑤ 这里的"和"乃是就"礼"的层面而言，《论语》载有子之言曰："礼之用，和为贵。"朱子注："和者，从容不迫之意。"并引程子之言："礼胜则离，故礼之用和为贵。"又引范氏之言："凡礼之体主于敬，而其用则以和为贵。敬者，礼之所以立也。"⑥ 而且船山自己也说："以和用礼，而礼必行矣。"⑦ 可以看出，对敬—和的讨论归根到底还是对敬—礼所作的发挥。此外需要指明的是，船山这里所说的"外和"乃是就人与人之间关系的展开而言。他说道："敬尽于己，则人自敬信之。"⑧ 自我与他人之间想要以"敬"相维系，就必须首先建立在对自身的"敬"上；这

---

① （明）王夫之：《船山全书》（第六册），岳麓书社，2011，第837页。
② （明）王夫之：《船山全书》（第七册），岳麓书社，2011，第627页。
③ （明）王夫之：《船山全书》（第四册），岳麓书社，2011，第1184页。
④ （明）王夫之：《船山全书》（第七册），岳麓书社，2011，第343页。
⑤ （明）王夫之：《船山全书》（第六册），岳麓书社，2011，第609页。
⑥ （南宋）朱熹：《朱子全书》（第六册），上海古籍出版社，2010，第72页。
⑦ （明）王夫之：《船山全书》（第七册），岳麓书社，2011，第268页。
⑧ （明）王夫之：《船山全书》（第四册），岳麓书社，2011，第1319页。

一点与夫子品评论人的标准颇为一致:"子谓子产:'有君子之道四焉:其行己也恭,其事上也敬,其养民也惠,其使民也义。'""晏平仲善与人交,久而敬之。"①"恭敬"自然就会"有礼";反之,"无礼"的行为则是"恭敬"不足的表现:"有礼则人恒敬之,而待我以逆者,必我之无礼而未致其敬也。"② 对于行为是否合乎"礼法"的讨论,不应该仅仅停留在"礼法"的层面,而是应该深入到其内在的恭敬层面,正如孟子所说:"爱人不亲,反其仁;治人不治,反其智;礼人不答,反其敬。行有不得者,皆反求诸己,其身正而天下归之。"朱子注解"不得"为:"不得其所欲。"③ 其实这里的"不得"可以更为宽泛地理解为没有实现对外在礼法的遵循,即"爱人不亲""治人不治""礼人不答";之所以会导致这样的结果,最终的根源在于内在的德性不充足,所以应该"反其仁""反其智""反其敬"。接着对由"失礼"应该反归于"敬"的观点的论述,船山还进一步讨论了"失礼"行为对于"敬"的伤害。"非礼无以将敬,非敬则不能率礼,而何辞于不敬乎!"④ 虽然从"敬"中的确可以自然地生发出"礼",但对"敬"的涵存与持守则要在对"礼法"的遵循中才能得到进一步的巩固;一旦有非礼行为的出现,就意味着对"恭敬之心"的戕害。"敬之未笃,则礼必有所未尽;礼之未至,则其敬亦由之而衰。圣人为人伦之至,唯敬与礼之交至,无微不谨,在变如常,在迫益严,斯以不可及已。"⑤ 船山在这里所表达的正是这一层意思:愈是充分地具备"恭敬",愈是能自觉地遵循"礼法";反之亦然,愈是能自觉地遵循"礼法",也就愈是能对内在的"恭敬"进行很好的保养。这一点《管子》一书也曾提及:

> 夫人必知礼然后恭敬,恭敬然后尊让,尊让然后少长贵贱不相逾越,少长贵贱而不相逾越,故乱不生而患不作,故曰:礼不可不谨也。⑥

> 然有未能敬而简者矣,未有不简而敬者也。⑦

---

① (南宋)朱熹:《朱子全书》(第六册),上海古籍出版社,2010,第104页。
② (明)王夫之:《船山全书》(第八册),岳麓书社,2011,第538页。
③ (南宋)朱熹:《朱子全书》(第六册),上海古籍出版社,2010,第339页。
④ (明)王夫之:《船山全书》(第八册),岳麓书社,2011,第244页。
⑤ (明)王夫之:《船山全书》(第七册),岳麓书社,2011,第626页。
⑥ (清)黎翔凤:《管子校注》,中华书局,2004,第198页。
⑦ (明)王夫之:《船山全书》(第七册),岳麓书社,2011,第438—439页。

不能恭敬，也就不能持守礼的简约；而不能持守礼的简约，对敬又会造成一种伤害，以致丧失掉。

综上所论，船山对恭敬则能守礼既有正面的展开，也有反面的论述，最终都是为了阐明致恭敬对于守礼有着必然的联系。接着这一思路，他又将这种必然性分疏式地落实到了对人道挺立的阐述上。

三 遵礼需敦敬

敬—礼并重能够挺立人道，从思路上来讲还是对之前"恭敬则能行礼"的继续与延伸。只不过前者是在讨论恭敬—行礼的直接关联，而挺立人道则是分别从修身、立政两方面对这种关联所作的进一步疏解。具备恭敬之心，才能守礼之简，守礼之简才能达到修身、治国、挺立人道的目的。《论语》中载仲弓对子桑伯子的评价就体现了这一点："居敬而行简，以临其民，不亦可乎？居简而行简，无乃大简乎？"朱子注解为：

> 自处以敬，则中有主而自治严，如是而行简以临民，则事不烦而民不扰，所以为可。若先自处以简，则中无主而自治疏矣，而所行又简，岂不失之大简，而无法度之可守乎？①

顺着朱子的思路，船山更为明确地指出，"简"是就"礼法"而言；从"居敬"到"行简"再到"临民"体现的是人道挺立的整个过程。

> 唯发乎情、止乎礼以敦其敬，而后可以立人道之本，故尤为敬之至大者也。②
>
> 周子曰："圣王以敬为修身立政之本。"此之谓也。③

他主张由"敬"而"礼"的这条原则应该贯穿于修身、立政的整个脉络之中。

（一）敬以修身

持敬首先是对个体修身所提出的要求，因为"敬"是"根于恻怛忠恕之心"而发的，"仁敬孝慈，其根于恻怛忠恕之心则一也"。④ 船

---

① （南宋）朱熹：《朱子全书》（第六册），上海古籍出版社，2010，第108—109页。
② （明）王夫之：《船山全书》（第四册），岳麓书社，2011，第1184页。
③ （明）王夫之：《船山全书》（第四册），岳麓书社，2011，第1322页。
④ （明）王夫之：《船山全书》（第四册），岳麓书社，2011，第518页。

山明确说道:"故敬者,王者以之祈天永命,君子以之修身立命,学者能体验而有得焉,则近世儒者窃道士胎息之说以言学,其陋见矣。"①可以看出,他之所以主张"敬以修身立命",一方面是出于其自身遵礼必然的考虑,一方面则是针对当时儒者因受道士的影响而有消除敬之工夫的观点而立论。所以他特别地提升了"敬"在涵养工夫中的地位,他说道:

> 德一而纯,则无不敬而皆止于至善矣。②
> 立志敦笃,所行皆实,直行而无盖藏以辟讥非也。君子于祸患毁谤耻辱之至,无规避之术,唯尽其诚敬而已,盖处变而唯不失其敬也。③

在不断达到"至善"境界的过程中,"敬"是必不可少的重要因素;所以,"敬"也就成为了衡量君子人格的一个重要标准,也就是说,在变幻莫测的现实处境中能否持守"诚敬"之德是君子得以实现心安身泰的关键。船山于"敬"如此重视,但值得注意的是,这种重视仍然与"礼"之间有着密切的联系。他说:

> 日月运行,循环不舍,而光辉不逮,久而不渝;生成万物,无有作辍,而功用昭著:此二者皆天体无息之大端,君子之法天者,法此而已。敬以成身,而不已其敬,则自强不息之实也。盖成身之理,敬以践形,取之人道而已足,唯其存敬之功,则法天之健,斯以为天人之合德,而非躐等希天,舍其必尽之物则,以弃礼而妄托于无为,卒至辱身捐亲,如异端之所为也。④

持敬成身乃是对"天之健"的效法,这一立足点乃是建立在对主张"舍必尽之物则以弃礼"的异端行为之批判的基础之上。其实这里已经凸显出了"敬"对"礼"的必然催生与关联。

> 动不以礼,则辱身以及其亲,而人道不立,动罹凶咎矣。敬身

---

① (明)王夫之:《船山全书》(第四册),岳麓书社,2011,第1320页。
② (明)王夫之:《船山全书》(第四册),岳麓书社,2011,第1365页。
③ (明)王夫之:《船山全书》(第四册),岳麓书社,2011,第1320页。
④ (明)王夫之:《船山全书》(第四册),岳麓书社,2011,第1189页。

为敬妻子之本,故莫大焉。身不行道,不行于妻子,虽尽其礼,徒为虚文,而况以身徇欲,则其于妻子必狎昵慢易,疑礼之为过情而欲去之,求其接妻子以敬,亦必不可得矣。①

盖常人所易亵者,莫甚于男女居室之际,于此必尽敬以合爱,则宗庙朝廷之大,其率礼弗违愈可知矣。②

首先需要指出的是,将修身落实到是否能够行道于妻子,这个表述的直接来源应该是孟子:"身不行道,不行于妻子;使人不以道,不能行于妻子。"③ 但比孟子更为深入的是,船山指出,既然"敬"于修身甚为重要,当然也就应该体现在与妻子之间的关系上,即他所说的"敬身为敬妻子之本""尽敬以合(男女居室之)爱"。然而从他的表达中可以看出,这种体现并不仅是对"敬"有要求,同时还包含着对"礼"的要求。综上所论,船山阐释了由"敬"而"礼"对修身所具有的重要作用。将这种作用进一步加以推广,便会体现在立政之上。

(二) 敬乃立政

作为立政之本的"敬"与作为修身之本的"敬"二者在工夫层面其实是相一致的,只不过修身之敬是就一般人而言,具有很强的普遍性;立政之敬则是就君主而言,具有很强的针对性。从德性涵养的修身到治国、平天下的立政,这一理路在儒学经典中向来被认为是理所当然,④船山当然更不例外。

君子主敬以敦行仁义,用为民表,其道既尽,而王者父天母地

---

① (明) 王夫之:《船山全书》(第四册),岳麓书社,2011,第1187页。
② (明) 王夫之:《船山全书》(第四册),岳麓书社,2011,第1186页。
③ (南宋) 朱熹:《朱子全书》(第六册),上海古籍出版社,2010,第446页。
④ 《大学》在"经"部分就已经指出,"修身"之功可以向外不断地延伸至"治国""平天下",所以应该以"修身"为重。当然,这里的"修身"明显所针对的是治理国家的以君主为中心的整个士大夫阶层。"古之欲明明德于天下者,先治其国;欲治其国者,先齐其家;欲齐其家者,先修其身;欲修其身者,先正其心;欲正其心者,先诚其意;欲诚其意者,先致其知;致知在格物。物格而后知至,知至而后意诚,意诚而后心正,心正而后身修,身修而后家齐,家齐而后国治,国治而后天下平。自天子以至于庶人,壹是皆以修身为本。"(〔南宋〕朱熹:《朱子全书》(第六册),上海古籍出版社,2010,第17页)《中庸》《孟子》中记载相同的一段话:"在下位不获乎上,民不可得而治矣;获乎上有道,不信乎朋友,不获乎上矣;信乎朋友有道,不顺乎亲,不信乎朋友矣;顺乎亲有道,反者身不诚,不顺乎亲矣;诚身有道,不明乎善,不诚乎身矣。"(〔南宋〕朱熹:《朱子全书》(第六册),上海古籍出版社,2010,第48、344页)也表明从"诚身"(即"修身")便可以推加至君臣上下。

以为天下君，大观在上，神道设教，幽明之治，初无二理。①

存敬以立本，则函德于中，而仁义忠信之大用逢原而日生，君子建极以为民表之道备矣。②

尽其职分之所当为以敬其所尊，乃所以为天下之制也。人君以义制天下，必先自修其义于上，故天子、诸侯各尽敬于所尊以为民极，而非徒立法制以坊民也。③

与单纯地以立法来"坊民"（即治民）不同，船山更为强调的是用仁、义来作为"民表"，即坊民、治民；而重视仁义在国家治理层面的作用，又要同时具备"敬"的功效。船山的这种主张应该是对夫子治国之道的进一步发挥："道千乘之国，敬事而信，节用而爱人，使民以时。""节用而爱人"就是"仁"，"使民以时"则是"义"。在治理国家之时固然需要具备仁、义的品德，但在强调二者之前还应该先持有"敬"的态度，即"敬事而信"。因为只是"节用爱人"便可能流为"妇人之仁"，只是"使民以时"便可能使所为之事过于琐碎，无关乎生民，所以必须要有"敬"来提供践行大仁大义的准则，其实也就是要使仁、义符合理—礼，进而对本有的仁、义、敬都能起到一种保护与巩固作用。反之，即使是具备恭敬之德，但"妇人之仁"与无关乎生民则会使得为政立国难以继续展开，不仅会伤害到"敬"，最后还可能会丧失掉仁、义。可见，不仅"敬"需要"礼"的协调，仁、义也需要有"礼"的制衡。因此，在强调了"敬"的重要性之后，船山接着明确指出了"礼"的作用。"君子尽礼以相敬于上，民乃尊严而不敢玩。""下习玩之，则虽杀人立威而人亦不畏之，言御下之必以敬也。""'渎'则接神不以礼而神厌之，言神人一理，不可不敬也。"④ 将内在的"恭敬之心"恰如其分地表达出来，不仅仅可以维系君臣之间的忠，还有利于进一步奠定君民之间的和。否则，无论是君臣之间还是君民之间，亵玩行为的出现本身就是对固有礼法的一种悖乱与僭越，而这也正是其内心不恭敬的表现。可以很清晰地看出，恭敬则会范导行为以循礼，反过来行为循礼又能对内在的恭敬之心起到升华的作用；反之亦然，丧失恭敬之心必然不能循礼以行，而悖礼逆行又必然导致对恭敬之德的戕贼坏乱。二者似乎处于一

---

① （明）王夫之：《船山全书》（第四册），岳麓书社，2011，第1353—1354页。
② （明）王夫之：《船山全书》（第四册），岳麓书社，2011，第1322页。
③ （明）王夫之：《船山全书》（第四册），岳麓书社，2011，第1333页。
④ （明）王夫之：《船山全书》（第四册），岳麓书社，2011，第1321页。

种交相影响又交相生用的关系之中,尽管如此,但船山又极为重视"敬"的功能:

> 祭虽献酬交错而意不在欢,朝廷之事虽烦劳而威仪必整,皆笃敬以厚其终也。①
>
> 盖百官之治,岁有恒考,而天子躬敬于上以使莫不敬,则治统一而道统亦一。一岁之成,又莫非八政之绩,一质于王,则守法趋事,政不乱而俗不淫矣。②

这是说礼所重视的献祭形式与礼所强调的威仪之态在目的上乃是为了深化内心中的"敬";而在各种礼法的遵循过程中只要能够时时刻刻秉持着恭敬的态度,便既可以使道统、治统一于天子之位,又可以使国政平和、风俗淳美,进而实现天下大治的王政理想。

四 小结

船山对恭敬方能守礼的阐释首先是建立在对二者之间关系的讨论之上。"恭敬"是循礼的根本与依据,礼之序则是恭敬的节文;在此基础上,又将二者的关系落实到了现实的行为过程中,进一步明确敬对于礼的催生作用;最后又分别从修身、立政的角度阐明了在挺立人道的过程中恭敬对于循礼的重要作用。

本章小结

综上所述,船山检视了遵礼主体所需要具备的三种德性。"仁"德的具备是主体能够遵礼的关键性因素。因为"仁"德是一种基本的综合性德目,可以涵括其他诸德,是产生其他德性的心理根源。"仁"德是否具备,将会首先直接决定遵礼的主体性,也是衡量心灵状态的一种标准,是"心"灵知灵觉的象征。在这种意义上,船山继承了宋明道学的"仁"德观。朱子曾说:"仁"是"心之德,爱之理"。程子也说:"仁包诸德。""义"德在船山看来,主要体现在遵礼过程中主—客体之间的关系上。遵礼不是一种思想上的抽象思辨活动,而是一种必须落实到现

---

① (明)王夫之:《船山全书》(第四册),岳麓书社,2011,第1319页。
② (明)王夫之:《船山全书》(第四册),岳麓书社,2011,第353页。

实中的具体的践履活动。这就引出一个问题，即如何使实践主体与实践对象二者之间保持一种恰当的分寸。换句话来讲，"义"德的具备就能够使遵礼既符合客观的理则又契合内在的心灵状态。"敬"德，直接为遵礼提供了先决条件；或者说，只要自始至终能够持守"敬"德，在某种程度上就可以说已经做到了遵礼。因为礼最基本的一个要素就是能够保持"敬"，用孟子的话来说，就是"恭敬之心，礼之端也"。礼的运作就是心收敛以保持敬畏的一种状态。三种德性，共同构成了主体遵礼的基本内涵。

第六章 遵礼策略：船山遵礼之实践路径

船山对遵礼策略的讨论，其实就是要解决遵礼实践路径的问题。"礼"具有很强的践履要求，这就直接决定了遵礼的实践诉求。船山对于这一诉求的回应既有基于传统资源的考虑，又有他在面对时代问题时所作出的积极创新，主要体现在以下四个方面。首先是"神道设教"，这一思想源于《周易》，本来是为了探讨天—人之际而提出，后来为重视教化作用的儒者所吸收，发展到船山这里，便成为他促进遵礼的一个重要方面。其次是"垂范劝喻"，这一点主要体现在船山对《礼记·坊记》所作的考察中，突出了要官方与民间相互配合，共同促成遵礼的形成。再次是"教育熏习"，从学校教育与师长教化这个层面来引导社会主体循礼而为。最后是"礼乐并进"，这是船山为了突出"乐"对"礼"的促进作用而提出的重要举措，从另一侧面显示出他的遵礼所具有的审美与艺术境界。

第一节 神道设教：因幽明之道而信仰

我们在讨论船山对"神道设教"的阐释之前，有必要对"神道设教"自身的渊源、内涵、对后世的影响及其与礼制之间的关系作一简略的考察。

一 "神道设教"的传统

按照《国学词典》中的解释，"神道设教"是"儒教的基本教义之一。所谓'神道设教'，就是以鬼神之道立教，语出《周易·观卦》：'（引者加：观天之神道，而四时不忒。）圣人以神道设教，而天下服矣。'古人信仰鬼神，所以设教施政要以鬼神为本，才能使天下信服"[①]。可见，这一范畴最终确定于《周易》。然而其所蕴含的观念却是由来有自，有其一脉的渊源传统。据《史记·天官书》的记载：

---

① 谢谦编著：《国学词典》，中国人民大学出版社，2011，第12页。

> 昔之传天数者：高辛之前，重、黎；于唐、虞，羲、和；有夏，昆吾；殷商巫咸；周室，史佚、苌宏；于宋，子韦；郑则裨灶；在齐，甘公；楚，唐昧；赵，尹皋；魏，石申。①

司马迁这里所说的"传天数"，也就是经过后来发展演变为"神道设教"的雏形。按照司马迁的说法，这一观念出现于人类产生之初，而且没有被中断。近代学者金景芳先生说：

> 殷代同鬼神经常打交道的已成为一种专门职业，这就是巫。祝宗卜史等一些名目，则是自巫派生的。我们不要简单地说巫都是骗子，实际上当时的知识分子都是巫。②

说明"传天数"发展至殷商已经成熟，而且被专业化。周朝取代商朝之后，"殷代上帝的神性与权能，后来基本上被保留在周代的天命观中。所不同的是，周代的天命观把上帝的权能进一步扩大，并建立了体系化的天命观"③。而在周朝体系化的"天命观"中，"神道设教"的思想无疑具有重要的地位。所以，这一范畴最后确定于《周易》一书中。可以说，"神道设教"的思想至周朝已经完备成形，并对后来的中华文明尤其是礼乐文化产生了极为深刻的影响。

结合上引《国学词典》对"神道设教"的解释，可以看出"神道设教"所包含的两层含义："一是尊崇神道，祭天地、祀鬼神；二是推行教化，明礼义、善风俗。"④ 两者比较，后者更处于重要的地位。"儒家先贤尽管重视祭神的宗教仪式，但对鬼神的有无却持一种'存而不论'的折中主义态度。'神道'是一种策略，一种工具，'设教'才是目的。"⑤ 这种重视"教化"的思想就体现在后来各家对《易经》的注释中。汉代的虞翻解释为："'圣人'谓乾。'退藏于密'而'齐于巽'，以神明其德教，故圣人设教，坤民顺从，'而天下服矣'。"⑥ 曹魏时期的王弼注曰："神则无形者也。不见天之使四时，而四时不忒；不见圣人使

---

① （西汉）司马迁：《史记》，中华书局，1959，第1343页。
② 金景芳：《中国奴隶社会史》，上海人民出版社，1983，第98页。
③ 赖永海、王月清编著：《宗教与道德劝善》，江苏古籍出版社，2002，第31页。
④ 郑万耕：《"神道设教"说考释》，《周易研究》，2006年第2期，第47页。
⑤ 谢谦编著：《国学词典》，中国人民大学出版社，2011，第12页。
⑥ 李道平：《周易集解纂疏》，中华书局，1994，第231页。

百姓，而百姓自服也。"① 唐代的孔颖达疏曰：

> "神道"者，微妙无方，理不可知，目不可见，不知所以然而然，谓之"神道"。圣人用此天之神道，以"观"设教而天下服矣。天既不言而行，不为而成，圣人法则天之神道，本身自行善，垂化于人，不假言语教戒，不须威刑恐逼，在下自然观化服从。②

明代儒者丘濬也说：

> 教必以祭祀为主者，以神道设之，使民知畏敬故也。由是观之，则圣人制为祭祀之礼者，非但以致吾之诚、报神之德而已也。而实因之以设民之教，使咸安其分，尽其职以报乎上焉。（《大学衍义补》卷五十五）

综观以上所引历代注家对"神道设教"思想的注解，重视教化已经成为其重要的内涵之一。

除教化方面之外，"神道设教"内涵的另一个重要方面便是重视祭天、祀鬼的礼仪与仪式。卢国龙先生在对道教哲学进行研究时曾指出：

> 秦汉时，祭祀鬼神的活动是由两方面组成的，一方面是礼仪，另一方面是信仰。祭祀活动作为一种礼仪，以诏承礼乐文明的儒家为主体，姑不分是"驳儒"还是"醇儒"，礼仪形式主要来自儒家，是不辩的事实。
>
> 春秋战国之前礼乐文明为一浑然整体，祭祀礼仪、风尚习俗、政治制度等，统合在礼乐文明之中；由春秋战国延及秦汉，则分而为既有联系又有差异的两支，即作为经学的礼学与流行朝野的祭祀礼仪之实际。③

在先秦乃至更早，礼仪、祭祀、习俗、政治都融合于礼乐的整体中。秦汉时期，便开始由祭祀逐渐地过渡为一种专门的礼仪，这一仪式化空间的展开使得礼仪与祭祀相伴相随，而且作为一种传统文化一直延续下来，

---

① （魏）王弼著，楼宇烈校释：《王弼集校释》，中华书局，1980，第315页。
② 李学勤主编：《十三经注疏·周易正义》，北京大学出版社，1999，第97—98页。
③ 卢国龙：《道教哲学》，华夏出版社，1997，第57页。

为历代统治者所肯定。

历代王朝以儒家礼乐教化为正统之学,培养忠君孝亲的伦理道德,从而达到大一统王朝社会政治的稳定,这也使宗教与郊庙礼乐始终是古代中国的正统国典,并奠定了两千年封建王朝"神道设教"的基本格局。①

这一点从历代所修正史关于"礼乐志"的记载中便可以看出。《隋书·礼仪志》记载:"隋制,行幸所过名山大川,则有司致祭。岳渎以牢,山川以少牢。亲征及巡狩,则类上帝,宜社、造庙,还礼亦如之。将发轫,则郊祭。"《新唐书·礼乐志》记载:

天子巡狩将发,告于圆丘。前一日,皇帝斋,如郊祀。告昊天上帝,又告于太庙、社稷。具大驾卤簿。所过州县……祭古帝王、名臣、烈士。既至,刺史、令皆先奉见。将作筑告至圆丘于岳下,四出陛,设昊天上帝、配帝位。天子至,执事皆斋一日。明日,望于岳、镇、海、渎、山、川、林、泽、丘、陵、坟、衍、原、隰、所司为坛……

《明史·礼志》载巡狩礼:

车驾将发,奏告天地、社稷、太庙、孝陵,祭大江、旗纛等神,较祭于承天门。涂当祭者,遣官祭。将至北京,设坛祭北京山川等神。车驾至,奏告天地,祭境内山川。

综上所论,"神道设教"所包含的两方面内涵从其产生之初就一直对中国文化有着深刻的影响,只不过这种影响在不断地转化。

春秋战国时期有几部重要的经典,那就是《周易》、《山海经》、《楚辞》。当我们慢慢品味这几部经典时,不难发现它们都是代表巫文化的经典,体现了巫文化理论的集大成,标志着先秦时期巫文化

---

① 何平立:《天命、仪礼与秩序演绎:中国文化史要论》,山东人民出版社,2011,第12页。

理论的终结。①

作为"神道设教"之内涵的"巫",虽然其理论形态在先秦终结了,然而其作为内在的文化因素却一直被保留延续下来。这也就是李泽厚先生所一直强调的中国式的"巫术、伦理、政治合一":

> 将政治、伦理、宗教三者交融混合在道德之中。从而在后世使意识形态、宗教激情、专制政体、家族威权、个人修养融合混同,形成中国式的政教合一。
> 远古的宗教、伦理、政治三合一,便演进为一种泛道德主义而成为思想主流,延续两千余年。泛道德主义将宗教性的人格追求、心灵完善与政治性的秩序规范、行为法则混同、融合、统一、组织在一个系统里。在这里,形式原理即是实质原理。②

而"实质原理"具有浓厚的实践品格,也就是"礼"。所以,马克斯·韦伯指出:

> 皇权是由巫术的神性中发展出来,世俗的权威与神灵的权威统一于一人之手——皇帝为了获得神性必须具有的个人品质,被仪式主义者与哲学家加以仪式化,继而加以伦理化。皇帝必须依据古典经书上的仪式和伦理规则生活与行事。这样,中国的君主首先是一位大祭司。③

祭祀与礼仪的相伴相随以及礼仪与教化的结合,使得"神道设教"具有浓厚的礼仪色彩,这就为进一步礼仪化提供了可能。

二 "神道设教"的展开

船山对"神道设教"的理解,便是继承了礼仪化的传统,这其实也就是他所主张的"遵礼"。不过他所肯定的礼仪化,已经去掉了迷信式的"愚昧",具有了理性式的"启蒙"意义。

---

① 王玉德:《中华文明史稿》,崇文书局,2008,第157页。
② 李泽厚:《论语今读》,中华书局,2015,第17页(《前言》),第23页。
③ 马克斯·韦伯著,洪天富译:《儒教与道教》,江苏人民出版社,1995,第40页。

（一）原神鬼以存礼意

船山反对礼仪中迷信式的鬼神之说，即把鬼神之说附会于礼仪之用上，他说：

> 魏、晋以下，佛、老盛，而鬼神之说托佛、老以行，非佛、老也，巫之依附于佛、老者也。东汉以前，佛未入中国，老未淫巫者，鬼神之说，依附于先王之礼乐诗书以惑天下。儒之驳者，屈君子之道以证之。故驳儒之妄，同于缁黄之末徒，天下之愚不肖者，有所凭借于道，而妖遂由人以兴而不可息。汉之初为符瑞，其后为谶纬，驳儒以此诱愚不肖而使信先王之道。呜呼！陋矣。①

"鬼神之说"对遵礼体系的维系具有一定的作用，但并不意味着所有的"鬼神之说"都是如此。比如，那些依附于儒学礼乐文明之上的佛老淫辞、巫鬼神说，不仅不符合君子以礼治天下的正道，反而还会误导社会、混淆视听，使天下大乱。正如在他之前的王廷相所指出的那样："正道湮塞，邪说横行，多由于在上之势致之。汉光武好图谶，故当时纬候之流，顺风趣附，遂使道之所妄，强以为真；命之所无，的以为有。"② 在迷信的这个层面上，船山认为天人难以沟通，他说：

> 天人之际难言矣！饥馑讹言、日月震电、百川山冢之变，《诗》详举而深忧之；日食、地震、雪雹、星孛、石陨、鹢飞之异，《春秋》备纪而不遗；皆以纳人君于忧惧也。乃其弊也，或失之诬，或失之鬼。其诬也，则如刘子政父子分析五行以配五事，区分而凿证之，变复不惟其德而唯其占，有所倚而多所贷，宽猛徇其臆说，而政愈淫。其鬼也，依附经义以乱祀典，如董仲舒土龙祈雨之术，徒以亵天而导淫祀，长巫风，败风教，则惧以增迷，人事废而天固不可格也。③

凡是以自然现象附会于人事的行为指导与预兆，或者以人事行为来附会于自然现象的出现与发生，在船山看来，不仅不能客观地认识自然，也会导致人事的废弃，都不是对"天道"及"人道"的正确认识。关于这

---

① （明）王夫之：《船山全书》（第十册），岳麓书社，2011，第144页。
② （明）王廷相：《王廷相集》（三），中华书局，1989，第814页。
③ （明）王夫之：《船山全书》（第十册），岳麓书社，2011，第1026页。

一点，王廷相也曾提到：

> 既可以推而知之，是天道一定之度当然，谓应人主之行政，岂不诬乎？……至于物怪灾异之来，尤为诬天之甚。①
> 求感应则渎神。……渎神则民大骇，骇久则诬矣，非圣人设教之本始也。后世事神，用礼之过也。②
> 略知文义，专务驳杂，以惑愚俗，每遇灾祥，即有窃议。幸君臣政化清平，无衅而起。但稍有颓隳，以侵纪纲。而庸愚之徒的然信之，遂生异谋，结扇窃发，纵事无成，亦能始祸。③

他指出，"物怪灾异""感应渎神"与"每遇灾祥，即有窃议"的这种行为，并不符合圣人原初设教的本意，而是一种用礼过度即悖礼（理）的行为，会导致"纪纲颓隳""异谋结党"的祸乱。船山接着说道：

> 擎拳为敬，箕踞为傲，民之礼也。若夫天，则寒慄非教以恭，暑析非导以慢矣。五服昭采，民之所欲而以命也。若于天，则彩云不偏覆尧都，黄雾不独冒跖里矣。五刑伤肌，民之所畏而以讨也。若于天，则蹒跚者非以其盗，不男者非以其淫矣。……乃欲舍赫赫明明，昭垂于民者，而用其测度比拟之术智，不亦陋乎！……是故吕不韦之《月令》、刘子政父子之《五行传》，其殆于九黎之"通地天"者与！④

他指出，人道之"礼"的出现，并不完全依托于天道。想仅仅通过观察天地之间的变化来通晓人事，没有其内在的根据，船山讥其为浅陋的"术智"。

综上所论，在反对迷信式的礼仪方面，尤其是通过仪式化空间来达到天人之间的相通，船山予以了批判。然而，船山"在把'天'理解为自然之天或客观规律的同时，又对传统的关于'天'的宗教意识有所继承，不肯将其完全舍弃。……也就是说，只有宗教意识中的'天'，赏善罚恶、报应不爽的'天'，才能使人有所戒惧，特别是使那些在人世

---

① （明）王廷相：《王廷相集》（二），中华书局，1989，第663页。
② （明）王廷相：《王廷相集》（三），中华书局，1989，第784页。
③ （明）王廷相：《王廷相集》（三），中华书局，1989，第865页。
④ （明）王夫之：《船山全书》（第二册），岳麓书社，2011，第272页。

间谁也不怕的君主们有所畏惧。在这一意义上,王夫之肯定'圣人神道设教'的必要性"①。

由此看来,船山既不同于传统的"神道设教",又不同于传统的"明天人之分"。他所肯定的"神道设教",有"天人之分"的基础,避免了过于强调"天人感应"的偏颇;而他所认可的"天人之分",又有"神道设教"作为其内在的意蕴。

(二) 明神持敬以待礼

《荀子·天论》篇中记载:"日月食而救之,天旱而雩,卜筮然后决大事,非以为得求也,以文之也。故君子以为文,而百姓以为神。以为文则吉,以为神则凶也。"② 船山也认为,单纯地追求鬼神祭祀,既不符合"神道设教"的主旨,也对人道的挺立没有效用,他主张将其纳入遵礼的体系中,从而把强调鬼神之说的"神道设教"用来促进遵礼在现实中的实现。

船山认为,"神道设教"中的鬼神之说虽然不能客观地反映人道与天道之间的关联,但是如果能够正确地加以利用,却有利于促进人道的维系。换句话来讲,鬼神之说能够让人始终保持一种"敬畏"的心理状态,而这对遵循礼法无疑是非常有必要的。《礼记·祭义》中说:"合鬼与神,教之至也。"船山于此说道:

> "合鬼与神"者,谓合鬼神于人也。人之所以生即鬼神之盛,则体验于身而鬼神在我矣。故诚明而鬼神之理著,仁孝而鬼神之几通,由此以立教,则穷本知化,而教之密藏于是而极矣。③

这里所说的"合鬼与神"也就是"神道设教"所包含的两层含义中有关"鬼神祭祀"的方面,在船山看来,是立教的基础。正如《周礼·地官》中所说:"施十有二教焉:一曰以祀礼教敬,则民不苟;二曰以阳礼教让,则民不争……"④ 祭祀的功效就在于感发心灵中的"敬畏之意"。船山又说:"故明主之于天下,无不惧也。况灾异有凋伤之实,讹言乃播乱之媒,饥馑系生民之命,而可云不足惧乎?"⑤ "敬畏之心"的保持对于

---

① 萧萐父、许苏民:《王夫之评传》,南京大学出版社,2002,第511页。
② (清) 王先谦:《荀子集解》,中华书局,1988,第316页。
③ (明) 王夫之:《船山全书》(第四册),岳麓书社,2011,第1119页。
④ (清) 孙诒让:《周礼正义》,中华书局,1987,第709页。
⑤ (明) 王夫之:《船山全书》(第十册),岳麓书社,2011,第1127页。

君主具有特别的意义，其关乎生民之命与天下的治理。正如孟子所说，"恭敬之心（辞让之心）"乃是以礼的根本，更是以礼治国的关键。关于这一点，王廷相也曾说道：

> 上古圣人敬天畏天，以人生自天地之气，安得不敬而畏之？尊本原始之道也。然天命幽微，罔可察识，故论天人之际，浑不以迫，正不以诬，观于仲尼之言可测矣。①
>
> 古之先王敬天事神，小心率众，不敢自命，敬而远之，其义直，故君子由之。后世矫天假神，若影响酬酢，其道诬，故君子正之。②

从王廷相到船山，他们强调要时刻保持"敬畏之心"，甚至提出要"敬天事神"，看似又回到了迷信的思考方式，实则不然。因为"敬"的保持乃是对人事的侧重，不同于那种将人完全沉没于鬼神之中的思考方式。船山接着说道："所资以息其敖辟而纳于檠括者，惟惧之一念耳。"③能够平息整个社会中的混乱并使其得到有效改观的关键就在于"畏惧"之念的持存。当然，这并不是说只要持存"畏惧"的信念就可以治理国家天下，而是说，"畏惧"的信念在某种程度上奠定了一种心理基础。这无疑是他肯定"神道设教"的真正原因所在。

综上所述，在船山看来，"神道设教"中所包含的鬼神祭祀之所以具有一定的合理性，并不在于通过祭祀可以达到通天地人鬼的迷信目的，而在于通过祭祀活动可以为人提供一种心理上的"敬畏"状态，为遵循礼法准备条件。可以说，礼法产生的源头，从其心理结构的层面来讲，就在于保持这种敬畏状态。

（三）设教导民以循礼

通过鬼神祭祀借以产生的这种心理上的敬畏状态，还不是最终的目的，最终的目的是要通过敬畏感的保持来促使人们更好地遵循礼法的规约与范导。这也就是"神道设教"内涵的另一个方面，即教化的功效。

> 教化必借助鬼神，民众才能信服，这就是所谓神道设教。因此，教，也是一种人与神的关系。在教化中，神是人的指导者。

---

① （明）王廷相：《王廷相集》（二），中华书局，1989，第663页。
② （明）王廷相：《王廷相集》（三），中华书局，1989，第801页。
③ （明）王夫之：《船山全书》（第十册），岳麓书社，2011，第1127页。

第六章 遵礼策略：船山遵礼之实践路径

一面是人对神的尊敬和崇拜，一面是借助神的权威进行教化，神道设教。①

可以说，传统意义上"神道设教"的两层内涵在船山这里都已经转化到一个共同的实践视阈中来，即他一直强调的遵礼体系。一方面是，重视鬼神祭祀为循礼而行提供了必要的心理基础；另一方面是，依托于这一心理基础之上的教化又为礼制所继承。关于前者已经有所讨论，接下来将着重考察船山关于"神道设教"如何促使循礼达到教化之目的。

在船山之前的王廷相曾说道：

《易》曰："精气为物，游魂为变。"魂而能游，是即死而不亡矣。尧、舜托生，虽无稽考，人生而犹记其前身者，世间往往有之；是死而神气不灭，亦不可诬，但不能人人尽如是耳。②

这是承认"神气不灭"的典型表达。船山也说："故曰'圣人以神道设教'。阴以鬼来，我以神往，设之不妄，教之不勤，功无俄顷而萌消积害。"③ 比王廷相更进一步，船山指出，在强调鬼神不灭的同时，不应该忽视"教化"的作用，否则就会"功消积害"。他接着说道：

圣人曙乎此，存人道以配天地，保天心以立人极者，科以为教，则有同功而异用者焉。④
敷五教，防淫辟，必随俗施正，俾民咸喻而不迷。观以因时广化。而设教者，必审民俗之刚柔朴巧而顺导之。⑤

承认"鬼神"对于人道具有一定的合理性，乃在于其是教化过程中必不可少的一个阶段。如果仅仅停留在"鬼神"的阶段，就会陷溺其中。因此，建立在这一基础之上的教化阶段就显得尤为必要。

《礼记·祭统》中记载："夫祭之为物大矣，其兴物备矣，顺以备者也，其教之本与！"郑玄注曰："为物，犹为礼也。"孔颖达疏曰："祭必

---

① 李申：《中国儒教论》，河南人民出版社，2005，第136—137页。
② （明）王廷相：《王廷相集》（三），中华书局，1989，第864页。
③ （明）王夫之：《船山全书》（第一册），岳麓书社，2011，第873页。
④ （明）王夫之：《船山全书》（第一册），岳麓书社，2011，第883页。
⑤ （明）王夫之：《船山全书》（第一册），岳麓书社，2011，第709页。

依礼。若能上下和顺，物皆备具，是为教之本。"①"祭礼"或者说"祭祀"是教化的根本。不仅如此，其还是整个礼制系统的根本。《祭统》中说："凡治人之道，莫急于礼。礼有五经，莫重于祭。"孔颖达疏曰："祭祀于礼中最重，唯贤者能尽祭义。""五经之中，于祭更急。"② 无论是从教化的角度，还是从循礼的角度，祭祀都显示出其自身的优越性。《祭统》中还说：

> 夫祭有十伦焉：见事鬼神之道焉，见君臣之义焉，见父子之伦焉，见贵贱之等焉，见亲疏之杀焉，见爵赏之施焉，见夫妇之别焉，见政事之均焉，见长幼之序焉，见上下之际焉。

郑玄注曰："伦，犹义也。"孔颖达疏曰："祭含十义，以显教之本于伦义也。"③ 所以，只要能够对祭祀之礼有所依循，便会从根本上决定对礼制的遵循与维护。显然，这里的祭祀不再泛指一切礼仪，而是有其特定的内涵。因此，船山说道："圣人法此，以身设教，愚贱顽冥之嗜欲风气杂然繁兴，而'颙若'之诚，但盥而不轻荐，自令巧者无所施其辩，悍者无所施其争，而天下服矣。"④ 船山认为，祭礼乃是指"盥礼"。马融说（《周易集解》引）："国之大事，唯祀与戎。王道可观，在于祭祀。祭祀之盛，莫过初盥降神。故孔子禘自既灌而往者，吾不欲观之矣。"⑤ 可见，祭祀之礼得以作为教化与礼制的根本，乃在于它的外在形式采取了一种"禘礼"的方式。

《论语·八佾》中记载："子曰：'禘，自既灌而往者，吾不欲观之矣。'"

> 禘，是祭族姓所出的祖先。西周金文中的"禘"，或作"帝"，或作"啻"，和"帝"是同一个字。"帝"，是祖神，它与"根蒂"之"蒂"和"嫡庶"之"嫡"有关，是老祖宗的老祖宗。禘就是祭

---

① （东汉）郑玄注，（唐）孔颖达疏，吕友仁整理：《礼记正义》，上海古籍出版社，2008，第1877—1878页。
② （东汉）郑玄注，（唐）孔颖达疏，吕友仁整理：《礼记正义》，上海古籍出版社，2008，第1865页。
③ （东汉）郑玄注，（唐）孔颖达疏，吕友仁整理：《礼记正义》，上海古籍出版社，2008，第1879页。
④ （明）王夫之：《船山全书》（第一册），岳麓书社，2011，第201页。
⑤ （唐）李鼎祚：《周易集解》，巴蜀书社，1991，第93页。

帝,属于古礼中的郊祀。古书说,禘是配天而祭,原因是帝住在天上,古人把天叫"帝廷"。①

"禘礼"作为"神道设教"的祭祀形式之所以具有异常的重要性,就在于它是通过一种理性式的礼仪方式来把握最严肃的天人关系。通过礼的形式来表达人所具有的神圣性,因此,其对人道的彰显具有深刻的意义,这或许就是孔子之所以对鲁侯的非礼行为表达非常不满的原因所在。朱子注曰:"鲁之君臣,当此之时,诚意未散,犹有可观,自此以后,则浸以懈怠而无足观矣。"②"禘"作为一种礼仪所具有的教化功能就蕴含在其形式之中。然而,作为礼之最基本要素的"敬畏"的心理状态一旦丧失,便意味着礼的失效与其功能的中止。徒具形式的礼是为船山所极力反对的,他说:

> 夫子观于鲁之禘祀而叹曰,祭重于禘(引者案,原校勘记:"'祭重于禘':王孝鱼于王星贤点校稿上增'莫'字,句作'祭莫重于禘'。"),而其为礼亦极大矣哉!以后世无穷之子孙而欲享其无可闻无可见所自出之远祖,岂易用其孝敬而相为感通者乎?即惬合于人心,而犹恐其不能逮也。若不足以惬合乎人心,而曾望其勿欺于幽远乎?乃吾观于禘,而甚有不安者。③

因此,为了能够将礼的教化功效发挥,船山主张重新重视作为祭祀之基础的"禘",也就是要通过"神道设教"中的祭祀环节来为教化的遵礼行为培育良好的心理情感基础。

"神道设教"除了对个体遵循礼法的心理情感具有一定的培育作用,还对推进整个社会、国家乃至天下的礼制化有着重要的作用。《中庸》第十九章说:"郊社之礼,所以事上帝也,宗庙之礼,所以祀乎其先也。明乎郊社之礼、禘尝之义,治国其如示诸掌乎!"④ 类似的话在《论语·八佾》中也有体现:"或问禘之说。子曰:'不知也。知其说者之于天下也,其如示诸斯乎!'指其掌。"朱子注曰:"先王报本追远之意,莫深

---

① 李零:《丧家狗——我读〈论语〉》,山西人民出版社,2007,第94页。
② (南宋)朱熹:《朱子全书》(第六册),上海古籍出版社,2010,第86页。
③ (明)王夫之:《船山全书》(第七册),岳麓书社,2011,第331页。
④ (南宋)朱熹:《朱子全书》(第六册),上海古籍出版社,2010,第44页。

于禘。"① 朱子这里所说的"报本追远"也就是之前李零所说的"祭族姓所出的祖先",属于最初的原始含义。船山在这一原始含义的基础之上,又有所发挥。他说:

> 夫人之报本亲始,理之所可格者,诚之所能至;诚之所可至者,礼之所可行。所用出之帝远矣。
> 唯圣人为能深达其义,而知行礼奏乐之际,无一不与承天治人之精理相符。②

于船山看来,在这一对先祖"报本追远"的表达之中,还蕴含着继承天道、阐扬人道的意味。王廷相就说:"圣王神道设教,所以辅政也。"③"神道设教"包含有辅助政治的功效。关于这一点,船山也说:

> 幽以通乎至远,而明以达于无外,以一人治天下,而以万国受治于一人,其理之可相感,其分之可相临,其情之可相及,虽远而若迩也,虽散而固聚也,虽隐而实显也。
> 圣人之治天下也,有不劳察识而民物之情理各得,故以其视幽如明、视远如近之情,而禘礼设焉。无其德,无其位,理不足以通,诚不足以至。④

他认为,"禘礼"作为重要祭祀仪式的设置,是通理、至诚的一种体现,以此便可以实现幽明之道通达于内外、远近之情交融于一心,进而达到圣人以礼治天下的教化目的。

教化功能的成就需要依托于"鬼神之说",而"鬼神之说"又来自于祭祀之礼,两者合起来共同构成了"神道设教"的基本内涵。关于这一点,船山说道:

> 以明临幽,以人事鬼之道,故取象于祭焉。⑤
> 忾乎若闻其声,俨乎若见其形,以一理合之,以一诚动之,非

---

① (南宋)朱熹:《朱子全书》(第六册),上海古籍出版社,2010,第87页。
② (明)王夫之:《船山全书》(第七册),岳麓书社,2011,第332页。
③ (明)王廷相:《王廷相集》(三),中华书局,1989,第782页。
④ (明)王夫之:《船山全书》(第七册),岳麓书社,2011,第333页。
⑤ (明)王夫之:《船山全书》(第一册),岳麓书社,2011,第200页。

徒孝敬之谓也,而一孝敬之实,所深喻于幽明之故者也。①

从最初的祭祀礼仪,通过"鬼神之说"将其提升,进而实现教化的最终功效。可以明显地看出,"鬼神之说"在促进礼以教化的过程中所起的重要作用。此外,《礼记·祭义》中也记载:

> 宰我曰:"吾闻鬼神之名,不知其所谓。"子曰:"气也者,神之盛也。魄也者,鬼之盛也。合鬼与神,教之至也。众生必死,死必归土,此之谓鬼。骨肉毙于下,阴为野土。其气发扬于上为昭明。焄蒿悽怆,此百物之精也,神之著也。因物之精,制为之极,明命鬼神,以为黔首则,百众以畏,万民以服。"②

"合鬼与神"能够成为教化的重要组成部分("教之至也"),就在于它可以使"百众以畏,万民以服"。王廷相也说:"愚直以仲尼'敬鬼神而远之'以为至论,而祭祀之道以为设教,非谓其无知无觉而不神也。"③"敬鬼神"乃是祭祀发挥设教功能的关键。《说苑·辨物》中记载:

> 子贡问孔子"死人有知无知也?"孔子曰:"吾欲言死者有知也,恐孝子顺孙妨生以送死也;欲言无知,恐不孝子孙弃不葬也。赐欲知死人有知将无知也,死徐自知之,犹未晚也。"④

孔子与子贡对"生死"问题的讨论也就是对"鬼神之说"的讨论。对其不置可否、存而不论的态度其实也就是一种审慎、敬畏的态度。《管子·牧民》中记载:"守国之度,在饰四维,顺民之经,在明鬼神,祗山川,敬宗庙,恭祖旧。"⑤ 祭祀之礼尤其是如"禘礼"对于顺导百姓、维持国家正常运转方面具有不可替代的作用。

---

① (明)王夫之:《船山全书》(第七册),岳麓书社,2011,第335页。
② (东汉)郑玄注,(唐)孔颖达疏,吕友仁整理:《礼记正义》,上海古籍出版社,2008,第1831—1834页。
③ (明)王廷相:《王廷相集》(三),中华书局,1989,第969页。
④ 向宗鲁:《说苑校正》,中华书局,1987,第474—475页。
⑤ (清)黎翔凤:《管子校注》,中华书局,2004,第2—3页。

三 "神道设教"的归趣

"神道设教"除了在实践层面上能够推进遵礼的进程之外,在价值取向上也与遵礼的追求颇为一致。卢国龙先生曾指出:

> "神道设教"中的人文精神,概略地讲就是将人性人情与社会的"人文化成"看作一个因果互动的连环整体,人性人情的基本内涵既由社会的文化生活所创造,社会文化的建构又必须符合人性人情的要求。顾念人性人情的要求而探索"人文化成"之路,可以看作是人文精神的体现。①

"神道设教"的目的就在于顺民淳俗与人文化成,这其实就可以看成是一种人文精神的体现。而作为人文精神的恰当表达形式,"礼"无疑具有明显的优越性,如有的学者所指出的那样:

> 无论政治性、还是宗教性典礼,都是一种信念和精神的外化,是政治抑或宗教精神的模式化和行为化。其彰显的意义是使政治统治抑或宗教精神得到强化和宣泄,使信仰变成看得见的行为和秩序,并使政治、宗教角色不断得以表达和确认。这就是仪式行为的文化内核与本质。②

而儒家的道德教化却明显具有这样的特征:

> 通过祭神祈福的宗教仪式,能体现人伦关系的方方面面,让百姓在无形之中被儒家道德潜移默化。儒家道德之所以能深入人心,成为华夏民族代代相传的行为准则,就在于其道德教化以鬼神信仰为基础。③

一方面具备仪式化的"礼",一方面又具备文化内核的精神本质,这两方面的特质都可以为"神道设教"所表达,这或许就是历代大儒对其重

---

① 卢国龙:《道教哲学》,华夏出版社,1997,第42页。
② 何平立:《天命、仪礼与秩序演绎:中国文化史要论》,山东人民出版社,2011,第100页。
③ 谢谦编著:《国学词典》,中国人民大学出版社,2011,第6页。

视的原因所在。南宋学者赵彦卫在《云麓漫钞》（卷十四）中指出：

> 董仲舒、刘向于五行灾异，凡一虫一木之异，皆推其事以著验。二子汉之大儒，惓惓爱君之心，以为人主无所畏，惟畏天畏祖宗，故委屈推类而言之，庶有警悟。学者未可遵少之也。

清代学者皮锡瑞在《经学历史·经学极盛时代》中也指出：

> 当时儒者以为人主至尊，无所畏惮，借天象以儆，庶使其君有失德者犹知恐惧修省。此《春秋》以元统天，以天统君之义，亦《易》神道设教之旨。汉儒借此以匡正其主。……孔子《春秋》所书日食、星变，岂无意乎？言非一端，义各有当。不得以今人之所见轻议古人也。①

四 小结

综上所论，船山认为，"神道设教"对于遵礼展开具有两个主要方面的作用。一方面，其所具有的祭祀仪式对于践履主体的心理情感具有重要的培养功能，尤其是对"敬畏心"的激发，而这又恰恰是"礼"之所以产生的心理依据；另一方面，"鬼神祭祀"在仪式化之后对于社会、国家、天下具有重要的教化效用，而这一点正是遵礼的价值归趣所在。

第二节 垂范劝喻：官方垂训与坊间劝善
——以《坊记》为中心

无论是从个体德性修养的层面，还是从社会群体秩序维系的层面来看，"礼"都是一种必不可缺的媒介与途径；然而，遵礼的实现并不是一个自然的过程。所以，为了更好地促进遵礼的展开，就需要有实践上的保证。能够起到这种保证作用的两种方式分别是官方的垂训与坊间的劝善，而且两种方式交织并举、相互影响。

一 官方垂训

官方垂训的一个重要表现就是，对国家有重大意义的祭祀活动一般

---

① （清）皮锡瑞：《经学历史》，中华书局，1959，第106页。

是以来自社会上层的官方系统作为主体去承担，而非一般民众所能参与。《左传》中记载："君子勤礼，小人尽力。勤礼莫如致敬，尽力莫如笃焉。敬在养神，笃在守业。国之大事，在祀与戎。祀有执膰，戎有受脤，神之大节也。"杨伯峻注："执膰与受脤均为与鬼神交际之大节。"① 在位的君子通过重大祭祀活动来凸显"礼"对人道的重要作用，以此促进普通民众的循礼守业。《礼记·王制》中记载：

> 山川神祇，有不举祭者为不敬，不敬者，君削以地。宗庙有不顺者为不孝，不孝者，君绌以爵。变礼易乐者为不从，不从者君流。革制度衣服者为畔，畔者君讨。

郑玄注："流，放也。"孔颖达疏："宗庙可以表明爵等。""制度、衣服，是政治之急，故以为畔君须诛讨。"② 可以看出，祭祀活动除了促使一般民众行为循礼之外，还是为了社会上层"礼制"系统的维系。对祭祀活动的不敬与亵渎，就是对"礼制"的破坏。为了保障整个"礼制"的合法性与有效性，也就必须对不合乎礼的行为进行矫正，而矫正的实施者正是来于官方。《王制》中还记载："天子祭天地，诸侯祭社稷，大夫祭五祀。天子祭天下名山大川，五岳视三公，四渎视诸侯。诸侯祭名山大川之在其地者。"孔颖达疏："天子云祭天地，诸侯云祭社稷，大夫云祭五祀，既别为尊卑之差。"③ 这里就明确地表明，要通过祭祀活动来达到礼之秩序的构建。船山说："尊者统下，卑者不得逾上，天子兼统社稷、五祀，诸侯兼统五祀，举其重者以殊之也。"④ 一方面，祭祀活动本身所具有的礼仪、仪式可以促进"遵礼"的实现，因为祭祀活动的差异性与等级性就构成了"礼"的精神实质；另一方面，"礼"又反过来加强了祭祀主体身份的等级性。二者是一种双向的互动关系。其实，通过祭祀活动来保证"遵礼"的实现从某种程度上来说也是"神道设教"的思维体现。

官方垂训的另一个重要表现就是，为了进一步保证"遵礼"的现实展开，在官方系统中会有专职人员来制定一系列的具体规范以作为整个

---

① 杨伯峻：《春秋左传注》，中华书局，1981，第861页。
② （东汉）郑玄注，（唐）孔颖达疏，吕友仁整理：《礼记正义》，上海古籍出版社，2008，第492—495页。
③ （东汉）郑玄注，（唐）孔颖达疏，吕友仁整理：《礼记正义》，上海古籍出版社，2008，第521页。
④ （明）王夫之：《船山全书》（第四册），岳麓书社，2011，第327页。

社会循礼的指导。朱子在《大学章句序》中曾说道:"天必命之以为亿兆之君师,使之治而教之,以复其性。此伏羲、神农、黄帝、尧、舜所以继天立极,而司徒之职、典乐之官所由设也。"① 说明了教化的官方化与职业化。《王制》中也记载:"司徒修六礼以节民性,明七教以兴民德,齐八政以防淫,一道德以同俗,养耆老以致孝,恤孤独以逮不足,上贤以崇德,简不肖以绌恶。"郑玄注曰:"司徒,地官卿,掌邦教者。"② "六礼"也就是"冠""婚""丧""祭""乡""相见"。船山认为,"六礼"是"天子达于士庶之礼,故司徒设之,以教士而节民性也"。"七教"是"父子""兄弟""夫妇""君臣""长幼""朋友""宾客"。船山认为,"七教"是"性所具知具能而以为教者,盖修率性之道而即教也"。"八政"是"饮食""衣服""车马""异别""度""量""数""制"。船山认为,"八政""皆有画一之制,所谓'齐之以防淫'也"。③ 最后他总结说:

> "六礼"、"七教"、"八政",皆道德之所显,此立教之目也。"养老"、"恤孤",上所躬行,以化民于仁厚而为立教之本也。"上贤"、"节不肖",则以赏罚辅教而行者也。大司徒修明之,而乡师、乐正举行之,三代之德教备矣。④

这三者,都是官方立教的根本所在,想要化民成俗以遵礼,必须以此为立足点。后来,清学者孙希旦引徐师曾的话也说:

> 司徒掌六乡之政教,以民气质之性有过、不及也,于是修六礼以节之,使贤者俯而就,不肖者企而及焉。以人伦之德由物欲而薄也,于是明七教以兴之,感发其良心,鼓舞其德行焉。恐其溺于欲,则齐八政以防之,使知禁戒,而不敢放肆。恐其入于邪,则一道德以同之,使学术归一,而不敢异同。……身教既至,又恐资禀有厚薄,观感有浅深,不可无劝惩,故率教者上升之,以崇其德,所以示劝也;叛教者简去之,以绌其恶,所以示惩也。⑤

---

① (南宋)朱熹:《朱子全书》(第六册),上海古籍出版社,2010,第13页。
② (东汉)郑玄注,(唐)孔颖达疏,吕友仁整理:《礼记正义》,上海古籍出版社,2008,第545页。
③ (明)王夫之:《船山全书》(第四册),岳麓书社,2011,第368—369页。
④ (明)王夫之:《船山全书》(第四册),岳麓书社,2011,第336页。
⑤ (清)孙希旦:《礼记集解》,中华书局,1989,第362页。

官方力量保障遵礼的实现,这一点还体现在历代正史的记载中。比如,《隋书》中就记载:

> 建国重道莫先于学,尊主庇民莫先于礼,……有礼则阴阳合德,无礼则禽兽其心,治国立身非礼不可。①
> 若敦以学业,劝以经礼,自可家慕大道,人希至德,岂止知礼节、识廉耻、父慈子孝、兄恭弟顺者乎?②
> 儒学之道,训教生人,识父子君臣之义,知尊卑长幼之序,升之于朝,任之以职,故能赞理时务,弘益风范。③

综上,可以很清楚地看出,为了使"礼"在现实的践履过程中能够被遵循,需要官方设专职人员如司徒来制定一系列的规范加以指导,以此影响民俗风尚;并反过来加强这种规约范导的构建作用。其实,这一思路就集中体现在《礼记·坊记》中。

二 坊间劝善

《坊记》的主旨,于其开篇即有论述。"君子之道,辟则坊与!坊民之所不足者也。"清人孙希旦引张子之言,以为"辟"即"譬","譬如水之有坊,所以止水之放泆也",认为"此篇言先王以制度坊民"。④ 孔颖达也说:"名曰《坊记》者,以其记《六艺》之义,所以坊人之失者也。"⑤ 孙希旦认为是以制度"坊民",孔颖达认为是以《六艺》之义"坊民"。都主张"坊民",认为需要有一定的措施对民众加以规约与范导。船山说:"'道',正己率物之教,盖即礼也。民性至善,天理人情自有其节,唯不足于善斯恶矣。'坊'者,使足乎善以止恶也。"⑥ 他认为,"坊民"的措施是"礼",既包括制度的层面,又包括义理的层面。而且,"礼"不仅对民性至善的方面有促进作用,而且对民性之恶的方面也有遏制作用。因此,他接着说:

---

① (唐)魏征:《隋书》(第二卷),中华书局,1973,第19页。
② (唐)魏征:《隋书》(第二卷),中华书局,1973,第20页。
③ (唐)魏征:《隋书》(第二卷),中华书局,1973,第46页。
④ (清)孙希旦:《礼记集解》,中华书局,1989,第1280页。
⑤ (东汉)郑玄注,(唐)孔颖达疏,吕友仁整理:《礼记正义》,上海古籍出版社,2008,第1953页。
⑥ (明)王夫之:《船山全书》(第四册),岳麓书社,2011,第1214页。

> 修己治人之实,礼而已矣。性之所由失者,习迁之也。坊习之流则反归于善,而情欲之发皆合乎天理自然之则矣。习俗泛滥以利其情欲者,为凡民之所乐趋,故坊之也不容不严。①

船山认为"性日生日成",所以,对于"性"之坊的作用并不能像一般的对于物之坊的作用,而是必须本身就具有合乎"性理"的属性与品质,从内在的理则出发去引导构建,而非只是一种外在的约束与防范。从这个层面上讲,对于人而言,"礼"比"法"具有先天的优越性,"礼"总是时时刻刻在对人的行为进行范导与构建,其本身就构成行为的内容。而"法"只是一种行为的提示与暗示,并不真正具备行为的准则性。船山的这个看法基本符合《坊记》的基本精神,因为《坊记》中就有这样的明确表达:"礼者,因人之情而为之节文,以为民坊者也。"又说:"大为之坊,民犹逾之。故君子礼以坊德,刑以坊淫,命以坊欲。"郑玄注说:"严其禁尚不能止,况不禁乎!"孔颖达疏说:"圣人在上,大设其坊坊之,而人犹尚逾越犯蹖,不可无坊。"② 船山说:"中人以下者不能自强于礼,徇情而淫泆,徇形而从欲,故为之刑法禁制以辅礼而行,盖因人情之下流,不得已而以维礼之穷者也。"③ 圣人所设之坊,应该以"遵礼"为主。换句话说,就是要在官方层面与坊间层面都形成并促进遵礼的实行;在这一基础之上,再施以刑法禁制的措施。因为对于人的性情而言,"礼"才能治其根本,刑法禁制只能治其流末。正如孙希旦所引应镛之言所说的:"性之善为德,礼以坊之而养其源;性之荡为淫,刑以坊之而遏其流。出德则入于淫,出礼则入于刑。""人之欲无穷,非防闲所可尽。"④ 对人之行为的规约,不应该只是重视消极性的预防,更应该强调积极性的建设,而"礼"在这一建设过程中无疑具有重要的地位。正如上义已经指出的,关于官方、坊间对于遵礼促进作用的讨论主要体现在《礼记·坊记》中。所以,想要更好地对船山的这一思想进行把握,就应该建立在分析他对《坊记》所作考察的基础之上。

(一)防民"争利忘义"以遵礼

《坊记》认为,对于礼制的悖乱,其中一个很重要的原因就是没有

---

① (明)王夫之:《船山全书》(第四册),岳麓书社,2011,第1213页。
② (东汉)郑玄注,(唐)孔颖达疏,吕友仁整理:《礼记正义》,上海古籍出版社,2008,第1954页。
③ (明)王夫之:《船山全书》(第四册),岳麓书社,2011,第1214页。
④ (清)孙希旦:《礼记集解》,中华书局,1989,第1280—1281页。

正确地对待"义利"的价值导向。因此，就要对民众趋利忘义的行为有所防范。

《论语·雍也》中记载："君子博学于文，约之以礼，亦可以弗畔矣夫。"朱子注说："畔，背也。"① 对于个体的君子而言，"礼"的一个重要作用就是要防其有悖乱人道的行为出现，因此要用"礼"来约束。同样，对于群体也需要有"礼"的约束。《坊记》中记载："制国不过千乘，都城不过百雉，家富不过百乘。"船山注说："'千乘'者，……卿、大夫之采地也。""'都城'，大夫之邑城。"② 孔颖达疏曰："以天下为恶者多，故为限节制，诸侯之国不得过千乘之赋，卿大夫都城不得过越百雉，卿大夫之富，采地不得过百乘。"③ 清人孙希旦在《礼记集解》中列举多家之说对此处基本单位进行详细考证，④ 虽众说纷纭，但有一点是非常明确的，即由"礼制"所规定的社会等级性之间有明确的界定，不允许僭越。这一思想在《大学》中也有体现，《传》第十章中引孟献子的话就说道："畜马乘，不察于鸡豚；伐冰之家，不畜牛羊；百乘之家，不畜聚敛之臣。与其有聚敛之臣，宁有盗臣。"《大学》的作者紧接着作了评论："此谓国不以利为利，以义为利也。"朱子注说："畜马乘，士初试为大夫者也。伐冰之家，卿大夫以上，丧祭用冰者也。百乘之家，有采地者也。"⑤ 船山也说：

> 畜马乘以有车者，则鸡豚之小利使民专之，而不自察其生养以擅利焉；进而为大夫，丧祭用冰，而有家矣，则宾祀所需之牛羊市之民间，使获利焉，而不自畜矣；至于有采邑、备兵车，而为百乘之家，则且受民之贡赋矣，奚可畜聚敛之臣，苛求以取盈乎？
>
> 有家者且惟恐专利而忘义，而况有国者乎？其不专利，非不知利也，上以养民为义，而即以养民为利，而不可屑屑然求财货之私己以为利，此其理然也。⑥

整个社会国家秩序性的建立，是奠定在礼制等级性的基础之上的。之所

---

① （南宋）朱熹：《朱子全书》（第六册），上海古籍出版社，2010，第117页。
② （明）王夫之：《船山全书》（第四册），岳麓书社，2011，第1215页。
③ （东汉）郑玄注，（唐）孔颖达疏，吕友仁整理：《礼记正义》，上海古籍出版社，2008，第1956页。
④ （清）孙希旦：《礼记集解》，中华书局，1989，第1282—1283页。
⑤ （南宋）朱熹：《朱子全书》（第六册），上海古籍出版社，2010，第27页。
⑥ （明）王夫之：《船山全书》（第七册），岳麓书社，2011，第97页。

以会出现违背礼制的现象，并不是礼制不足以维系这种秩序，而是在义利价值的导向性上出现了分歧。遵循礼制便合乎道义，贪求利欲便会忘义背礼。因此，遵礼的实质，就是要引导整个社会在义利之间能够"择善固执"。

《坊记》在谈到宾客之礼时也体现了这种价值导向。其文记载说："宾礼每进以礼。""敬则用祭器。"郑玄注说："祭器，笾、豆、簋、铏之属也。有敬事于宾客则用之，谓飨食也。"① 为了表达宾主之间的恭敬，就需要用具体的礼来体现，即这里所说的"祭器"。然而"祭器"的使用乃是为了"礼"的彰显，而非追求本身的华美奢侈，所以船山说："以祭器为重，不在华美也。"②《坊记》又记载道："君子不以菲废礼，不以美没礼。""君子苟无礼，虽美不食焉。"船山注解说"礼所必行，不以物为损益也"③。一切应该循礼而行，不能因祭物的菲薄或丰富对礼进行损益。这也就是郑玄所说的"不可以其薄而不及礼而不行礼，亦不可以其美过礼而去礼"。孔颖达疏解道："不以贫窭菲薄，废礼不行。""不可以财物丰多，华美其事，没过于礼也。"④ 后来孙希旦总结说：

> 食有宜于菲而薄者，有益于美而丰者，而莫不以礼为重焉。食薄而礼不行，则礼废而不存矣。食美而礼不逮，则礼没而不见矣。食者利之所在，礼者义之所在，君子于饮食之际，务于行礼，而不惟其物之厚薄，凡以重义而轻利而已。⑤

是否能够做到不因物之菲薄与丰美而改变遵礼的准则性，从根本上来讲，就是在讨论义利的价值取向。所以，反过来说，消解对于物之华美的追求，其实也就契合了遵礼的精神。

《坊记》中还有专门批评"尽利"行为的记载，其文曰："君子不尽利以遗民。"船山注曰："'遗'，忘也。"⑥ 郑玄注曰"不与民争利"。孔

---

① （东汉）郑玄注，（唐）孔颖达疏，吕友仁整理：《礼记正义》，上海古籍出版社，2008，第1969页。
② （明）王夫之：《船山全书》（第四册），岳麓书社，2011，第1230页。
③ （明）王夫之：《船山全书》（第四册），岳麓书社，2011，第1230页。
④ （东汉）郑玄注，（唐）孔颖达疏，吕友仁整理：《礼记正义》，上海古籍出版社，2008，第1969—1970页。
⑤ （清）孙希旦：《礼记集解》，中华书局，1989，第1289页。
⑥ （明）王夫之：《船山全书》（第四册），岳麓书社，2011，第1236页。

颖达疏曰:"君子不尽竭其利,当以余利遗与民也。"① 孔颖达训"遗"为"遗与",似乎不如船山训"忘"义更为确切。对于在位的君子而言,首先应该重义而不是重利,即上所引《大学》之言:"国不以利为利,以义为利也。"《坊记》接着说:"故君子仕则不稼,田则不渔。"船山注曰:"'不稼'、'不渔',不与民争利也。"② 孙希旦解释说:"仕则不稼者,仕而受禄,则不得复稼穑也。田则不渔者,田猎取禽,则不得复渔。"③ 董仲舒也说:

> 圣者则于众人之情,见乱之所从生。故其制人道而差上下也。使富者足以示贵而不至于骄,贫者足以养生而不至于忧。以此为度而调均之,是以财不匮而上下相安,故易治也。……故明圣者,象天所为,为制度,使诸有大奉禄,亦皆不得兼小利,与民争利业,乃天理也。④

《坊记》又说:"食时不力珍,大夫不坐羊,士不坐犬。"船山认为:"此句疑脱'故国君'三字。"⑤ 那么这句的完整表达应该是:"故国君食时不力珍,大夫不坐羊,士不坐犬。"之前的注家之解也印证了船山之意,郑玄注曰:"天子、诸侯有秩膳。古者杀牲,食其肉,坐其皮。不坐犬羊,是无故不杀之。"⑥ 孔颖达疏曰"人君食四时之膳,不更用力务求珍羞。""大夫无故不得杀羊坐其皮,士无故不得杀犬坐其皮,皆谓不贪其利以厚己也。"⑦ 这种解释固然有其合理性,然而不免也有狭隘处。就"食时不力珍"的对象而言,包括国君或天子在内自然是其题中应有之义,但也完全可以作为一种原则加以推广。比如,《论语·乡党》中就

---

① (东汉)郑玄注,(唐)孔颖达疏,吕友仁整理:《礼记正义》,上海古籍出版社,2008,第1977页。
② (明)王夫之:《船山全书》(第四册),岳麓书社,2011,第1237页。
③ (清)孙希旦:《礼记集解》,中华书局,1989,第1293页。
④ (清)苏舆:《春秋繁露义证》,中华书局,1992,第228—230页。
⑤ (明)王夫之:《船山全书》(第四册),岳麓书社,2011,第1237页。
⑥ (东汉)郑玄注,(唐)孔颖达疏,吕友仁整理:《礼记正义》,上海古籍出版社,2008,第1977页。
⑦ (东汉)郑玄注,(唐)孔颖达疏,吕友仁整理:《礼记正义》,上海古籍出版社,2008,第1978页。

记载，说孔子"不时不食"，朱子注曰："五谷不成，果实未熟之类。"①通过对饮食规格的等级设定，引导民众对贪欲专利的消解，促进对人道义理的追求，进而遵循礼法的规约，既实现人道的挺立，又实现天人之间的相感相参。

综上所论，船山在对《坊记》注解的基础之上，主张通过对义利辨正来达到去利趋义的效果，以此来实现遵循礼法的最终目的。船山以"义"从"礼"的这一遵礼实践路径，与其遵礼应该以道义作为德性基础的考虑有内在的一致性。

(二) 防民"贵禄贱人"以遵礼

与防民"争利忘义"的思路相一致，《坊记》又提出，还要防民"重禄位轻践行"的做法。通过矫正这种不合理的社会风俗，使民众相处以让、依礼而行，进而达到遵礼的目的。

《坊记》中记载："君子辞贵不辞贱，辞富不辞贫，则乱益亡。故君子与其使食浮于人也，宁使人浮于食。"郑玄注曰："食，谓禄也。在上曰浮。""禄胜己则近贪，己胜禄则近廉。"②船山说："'浮'，过也。'人'，谓己之才能品诣。"③"安卑处约，争怨不作，已乱之道。"④之所以要轻富贵、重贫贱，是因为这与遵礼之间存在着某种关联，正如清人孙希旦所指出的："人不甘于贫贱，而必求富贵，争乱之所由起也。富与贵，不以其道得之不处焉，贫与贱，不以其道得之不去焉，则退让之道著，而争乱之祸息矣。"⑤孙氏的解释也正是孔子在面对富贵贫贱时的态度，他说："富与贵，是人之所欲也，不以其道得之，不处也。贫与贱，是人之所恶也，不以其道得之，不去也。"⑥孔子对周礼十分推崇，而他处理富贵贫贱的这种态度正是礼法的表达，富贵的获得与贫贱的摆脱都应该依照一定的礼制，同时这也是重视人本身的价值的体现。与贵人贱

---

① （南宋）朱熹：《朱子全书》（第六册），上海古籍出版社，2010，第152页。关于"不时"有两种注解：一是就食物的节气而言，如朱注，李泽厚亦主此说（李泽厚：《论语今读》，中华书局，2015，第191页）；一是就吃饭的时间而言，李零主此说（李零：《丧家狗——我读〈论语〉》，山西人民出版社，2007，第197页）；钱穆、杨伯峻兼采，但钱译从朱注（钱穆：《论语新解》，九州出版社，2011，第295，297页）；杨译从后说（杨伯峻：《论语译注》，中华书局，2015，第151页）。

② （东汉）郑玄注，（唐）孔颖达疏，吕友仁整理：《礼记正义》，上海古籍出版社，2008，第1959页。

③ （明）王夫之：《船山全书》（第四册），岳麓书社，2011，第1219页。

④ （明）王夫之：《船山全书》（第四册），岳麓书社，2011，第1218页。

⑤ （清）孙希旦：《礼记集解》，中华书局，1989，第1284页。

⑥ （南宋）朱熹：《朱子全书》（第六册），上海古籍出版社，2010，第93页。

禄的思路相一致，在处理人己之间的关系时则需要重人轻己。《坊记》说："君子贵人而贱己，先人而后己，则民作让。""君子信让以莅百姓，则民之报礼重。"郑玄注曰："君子在上，用信让以临百姓，则民之报上之礼，心意厚重。"① 由在位者在社会上推进一种"贵人贱己"的风尚，其实就是在推进礼让的精神；官民之间如果能用礼让来沟通，上下之间就会形成一种良性的循环。整个社会就会通过遵礼而得到有效的治理。《坊记》又说："善则称人，过则称己，则民不争。善则称人，过则称己，则怨益亡。""善则称人，过则称己，则民让善。""善则称君，过则称己，则民作忠。"船山注解道："民化之，亦归美于君也。""臣能尽礼于君而民化之也。"② 由人与人之间所酝酿而产生的谦让精神以及人与禄之间所蕴含的务实精神，在船山看来，都是礼法化民成教的体现，这与他所提倡的遵礼体系的价值指向具有内在的一致性。

既能体现重人轻己，又能体现贵人贱禄，便是在对待"死者"与"亡者"时应有的态度。《坊记》说："利禄先死者而后生者，则民不偝；先亡者而后存者，则民可以托。"《广韵》说："偝，弃也。"③ 孙希旦注："亡，谓出在国外者。存，谓在国者。仕者之子孙，恒世其禄，先死而后生也。臣有故而去君，三年不收其田里，先亡而后存者也。"④ 船山注："'不偝'，谓不弃恩忘死。'亡者'，出疆在外。'存者'，在国者。'托'，如孟子'托其妻子而之楚游'。"⑤ 对生者与死者、存者与亡者分别对待，并且有其先后的选择，最终是为了使民有所"托"，可以"托"。《说文》："托，寄也。"《玉篇》："托，凭依也。"《增韵》："托，委也，信任也。"⑥ 可以看出，"托"是一种具有规范性的伦理价值。《论语·泰伯》中说："可以托六尺之孤，可以寄百里之命，临大节而不可夺也，君子人与？君子人也。"程子注曰："节操如是，可谓君子矣。"⑦ "托"是成德君子的一种象征。船山引孟子所说的"托"便具有"礼"的规范性。《梁惠王下》："王之臣有托其妻子于其友。"《万章下》："诸侯失国，而后托于诸侯，礼也；士之托于诸侯，非礼也。"利禄于不同人

---

① （东汉）郑玄注，（唐）孔颖达疏，吕友仁整理：《礼记正义》，上海古籍出版社，2008，第1963页。
② （明）王夫之：《船山全书》（第四册），岳麓书社，2011，第1223页。
③ 《康熙字典》，汉语大词典出版社，2002，第35页。
④ （清）孙希旦：《礼记集解》，中华书局，1989，第1285页。
⑤ （明）王夫之：《船山全书》（第四册），岳麓书社，2011，第1220页。
⑥ 《康熙字典》，汉语大词典出版社，2002，第1123页。
⑦ （南宋）朱熹：《朱子全书》（第六册），上海古籍出版社，2010，第132—133页。

而显示其差异性，一方面是为了培育民德民风，一方面又是促使行为合乎礼法。郑玄说："不偷于死亡，则于生存信。"① "偷"就是《论语·泰伯》中所说的"故旧不遗，则民不偷。"朱子注曰："偷，薄也。"② 看似是对死者与亡者的安顿，其实是对生者与存者在德性与行为方面的范导与构建。孔颖达便说：

> 财利荣禄之事，假令死之与生并合俱得，君上先与死者而后生者。若君有利禄，先与在外亡者而后与国内存者。以此化民，民皆仁厚，皆可以大事相付托也。③

最终的目的正如《坊记》所说：要"（坊）民犹偕死而号无告"。也即船山说的要"（坊）死者之子孙见虐而无所诉"④。这样就既可以让死者与亡者得到礼法所规定的应有的名位，又可以让生者与存者遵循礼法所规定的约束，从而促进遵礼的实行。

《坊记》还对贱禄、轻利作了进一步的明确说明："有国有家者，贵人而贱禄则民兴让，尚技而贱车则民兴艺。"郑玄注曰："人君贵尚贤者能者，而不吝于班禄赐车服，则让道兴。贤者能者，人所服也。"⑤ 对于禄位的轻视，是为了凸显对人的重视，这本身就是一种礼让的表现。船山也说：

> 以德才为贵而不以富贵相尚，则人皆退务进修而不争荣宠矣。
> 君子务进修而不急人知，故其言若不足。小人饰言以干禄，故行能未逮而先言之。有国家者贵德而不以爵禄为尚，则小人无所售而君子进矣。然以此立教，而先言之小人犹竞进不已，则亦大为之坊。⑥

---

① （东汉）郑玄注，（唐）孔颖达疏，吕友仁整理：《礼记正义》，上海古籍出版社，2008，第1961页。
② （南宋）朱熹：《朱子全书》（第六册），上海古籍出版社，2010，第131页。
③ （东汉）郑玄注，（唐）孔颖达疏，吕友仁整理：《礼记正义》，上海古籍出版社，2008，第1961—1962页。
④ （明）王夫之：《船山全书》（第四册），岳麓书社，2011，第1220页。
⑤ （东汉）郑玄注，（唐）孔颖达疏，吕友仁整理：《礼记正义》，上海古籍出版社，2008，第1962页。
⑥ （明）王夫之：《船山全书》（第四册），岳麓书社，2011，第1221页。

严分君子与小人之间的差别，正是"礼"之作用的体现。从而使民众得知"爵禄之不可以无德受也，皆兴起于礼让"①。促使人们致力于内在德性与能力的提升，而非慕于外在禄位的攫取，就会保证整个社会以一种秩序的方式得到构建，即循礼而遵，依礼而行。《坊记》又说："礼之先币帛也，欲民之先事而后禄也。"郑玄注："谓所执之挚以见者也。"② 船山注："相见之礼。既相见，乃奉币帛以修好。"③ 用恰当的实物作为"礼"的象征，是为了用之来表达双方之间的修好之意。《坊记》又说："先财而后礼则民利，无辞而行情则民争。故君子于有馈者，弗能见则不视其馈。"郑玄注："利，犹贪也。""辞，辞让也。情主利欲也。"孔颖达疏："先用财而后行礼，民则化之，贪于财也。""与人相见，无辞让之礼，直行己情，则有利欲，故民争。"④ 相反，如果仅只看重了"礼"的象征，忽视了"礼"的内蕴，不仅不能化民于礼让以崇德，反而会化民于贪利以纵欲，从根本上违背了礼制的精神。清人孙希旦就曾指出："先财而后礼，无辞而行情，则是不务行礼，而唯以贷财为尚，故民化之，而有贪利争夺之心也。君子于有馈者不能见，则不视其馈者，为其不能行礼，而徒取财也。"⑤ 只有遵循着礼法而为，才可能避免"贵禄贱行"的社会误区。"'贱'，轻也。"⑥"行，犹事也。务得其禄，不务其事。"⑦ 整个社会追求一种徒务虚名的风尚，这在船山看来，与他所提倡的"礼"以务实的精神大相径庭，所以他要用"礼"重新构建起社会的新秩序。也正是对经世、务实、致用这一精神的准确把握，才使他为后来的学者所推崇。⑧

（三）防民"薄孝忠厚慈"以遵礼

《坊记》还从孝、忠的层面阐释了遵礼的实践性。就"孝"的层面而言，是要在孝、慈之间进行一种伦理抉择以保持伦理平衡。《坊记》记载："善则称亲，过则称己，则民作孝。""君子弛〔其〕亲之过而敬

---

① （清）孙希旦：《礼记集解》，中华书局，1989，第1286页。
② （东汉）郑玄注，（唐）孔颖达疏，吕友仁整理：《礼记正义》，上海古籍出版社，2008，第1975页。
③ （明）王夫之：《船山全书》（第四册），岳麓书社，2011，第1235页。
④ （东汉）郑玄注，（唐）孔颖达疏，吕友仁整理：《礼记正义》，上海古籍出版社，2008，第1976页。
⑤ （清）孙希旦：《礼记集解》，中华书局，1989，第1293页。
⑥ （明）王夫之：《船山全书》（第四册），岳麓书社，2011，第1236页。
⑦ （东汉）郑玄注，（唐）孔颖达疏，吕友仁整理：《礼记正义》，上海古籍出版社，2008，第1976页。
⑧ 梁启超：《中国近三百年学术史》，商务印书馆，2011，第34—35页。

其美。"郑玄注曰:"弛,犹弃忘也。孝子不藏识父母之过。"① 不显父母之过,其实不仅仅只是"孝"的表现,还是礼法的要求。"孔子所认为的礼,其中有一条,就是子为父讳,臣为君讳。"② 这一点在《论语》中并不少见。③《坊记》又载:"于父之执,可以乘其车,不可以衣其衣,君子以广孝也。"陈澔注曰:"广孝,谓敬之同于父,亦锡类之义也。"④ 船山说:

> 与父执爵位相等者,时往见之,可以乘己所得乘之车而往,而必降服不敢与之相拟,盖车行于道路以章贵贱之别,而止于门外,不逼主人;衣则侍坐之顷两贵相临,非以崇敬也。⑤

为了更好地彰显"孝",在行为方面就必须有所约束。换句话说,正是在遵礼的过程中,才能显示出"孝"的真正精神,正如《坊记》所言:"小人皆能养其亲,君子不敬,何以辨?"船山也说:"小人之养,直情径行之爱,非所以爱其亲也。"⑥《坊记》又载:"父母在,不称老,言孝不言慈。闺门之内,戏而不叹。"郑玄注曰:"孝上施,言慈则嫌下流

---

① (东汉)郑玄注,(唐)孔颖达疏,吕友仁整理:《礼记正义》,上海古籍出版社,2008,第 1966 页。

② 李零:《丧家狗——我读〈论语〉》,山西人民出版社,2007,第 158 页。

③ 有两处比较著名的记载,一处是"昭公知礼"章,其文日:陈司败问:"昭公知礼乎?"孔子曰:"知礼。"孔子退,揖巫马期而进之,曰:"吾闻君子不党,君子亦党乎? 君取于吴为同姓,谓之吴孟子。君而知礼,孰不知礼?"巫马期以告,子曰:"丘也幸,苟有过,人必知之。"(《述而》)朱注:"孔子不可自谓讳君之恶,又不可以娶同姓为知礼,故受以为过而不辞。"(〔南宋〕朱熹:《朱子全书》〔第六册〕,上海古籍出版社,2010,第 128 页)另一处是有关"直"的讨论,其文曰:叶公语孔子曰:"吾党有直躬者,其父攘羊,而子证之。"孔子曰:"吾党之直者异于是:父为子隐,子为父隐,直在其中矣。"(《子路》)朱注:"父子相隐,天理人情之至也。"(〔南宋〕朱熹:《朱子全书》〔第六册〕,上海古籍出版社,2010,第 183 页)在《孟子》中亦有记载:孔子之去齐,接浙而行;去鲁,曰:"迟迟吾行也,去父母国之道也。"(《万章句下》)朱子引杨氏之言曰:"孔子欲去之意久矣,不欲苟去,故迟迟其行也。膰肉不至,则得以微罪行矣。"(〔南宋〕朱熹:《朱子全书》〔第六册〕,上海古籍出版社,2010,第 383 页)以上三条材料,都可以看作是孔子礼以讳的表现。

④ (清)孙希旦:《礼记集解》,中华书局,1989,第 1288 页。

⑤ (明)王夫之:《船山全书》(第四册),岳麓书社,2011,第 1226—1227 页。

⑥ (明)王夫之:《船山全书》(第四册),岳麓书社,2011,第 1227 页。这一点在《论语》中也有记载:子游问孝。子曰:"今之孝者,是谓能养。至于犬马,皆能有养;不敬,何以别乎?"(《为政》)朱注:"人畜犬马,皆能有以养之,若能养其亲而敬不至,则与养犬马者何异? 甚言不敬之罪,所以深警之也。"引胡氏之言:"圣人直恐其爱逾于敬,故以是深警发之也。"(〔南宋〕朱熹:《朱子全书》(第六册),上海古籍出版社,2010,第 77 页)

也。"① 即在"孝"与"慈"的伦理价值之间如果要有所选择，当以"孝"为本。船山也说：

> 父子虽各尽其道而子不敢以慈望其父，虽主于敬而真爱不忘，非矜庄严厉以为敬也。
>
> 厚于慈者必薄于孝也。夫父子之亲，其为天性之爱一也。而亲始者所以敦其本，逐爱者乃流于私，而善恶分矣。人之常情暱而骄，待养而期报，则唯知有子而忘其亲。《汉书》称匈奴虐老兽心，慈子嗜利，禽兽䲭卫其子，生死以之，而不知有父母。是盖中国夷狄之分而人禽之界，不但君子野人之别也。盖人之用爱也易而用敬也难，谋利者多而顾义者少，则于子不患其不慈，而非果恻隐之心真心所发见也。记者以厚慈为恶之大，其于天理人欲之辨严矣。②

在船山看来，一方面，以"孝"为重，是一个文明的标志；一方面，孝慈伦理价值的选择也是人禽之别与夷夏之分的关键。正如他所说，在《汉书·匈奴传》中就有记载：

> 利则进，不利则退，不羞遁走。苟利所在，不知礼义。自君王以下咸食畜肉，衣其皮革，被旃裘。壮者食肥美，老者饮食其余。贵壮健，贱老弱。父死，妻其后母；兄弟死，皆取其妻妻之。③

因此，无论是在个体层面，还是在社会层面，都要以"孝"为本。《坊记》记载："长民者朝廷敬老，则民作孝。"船山注曰："人君嗣立，无父可事，以老近于父而敬之，亦追孝之思也。"④ 又载："祭祀之有尸也，宗庙之有主也，示民有事也。修宗庙，敬祀事，教民追孝也。"孔颖达疏曰："祭祀有尸，宗庙有主者，下示于民，有所尊事。""人君修立宗庙，恭敬祀事者，下教于民，追孝于亲也。"⑤ 通过"孝"的价值导向，以实

---

① （东汉）郑玄注，（唐）孔颖达疏，吕友仁整理：《礼记正义》，上海古籍出版社，2008，第1968—1969页。
② （明）王夫之：《船山全书》（第四册），岳麓书社，2011，第1228页。
③ （东汉）班固：《汉书》，中华书局，1962，第3743页。这一段记载与《史记》相类。（〔西汉〕司马迁：《史记》，中华书局，1959，第2879页）
④ （明）王夫之：《船山全书》（第四册），岳麓书社，2011，第1229页。
⑤ （东汉）郑玄注，（唐）孔颖达疏，吕友仁整理：《礼记正义》，上海古籍出版社，2008，第1969页。

现遵循礼法的伦理秩序的教化目的。

将"孝"的原则加以推引，便构成了"忠"的价值取向。这也就是《大学》所说的："君子不出家而成教于国：孝者，所以事君也。"①《坊记》记载："丧父三年，丧君三年，示民不疑也。父母在，不敢有其身，不敢私其财，示民有上下也。故天子四海之内无客礼，莫敢主焉。故君适其臣，升自阼阶，即位于堂，示民不敢有其室也。父母在，馈献不及车马，示民不敢专也。"子于父以"孝"，也就不能以客礼相待；同样，臣于君以"忠"，当然也不能以客礼相待。也就是这里所说的"主"的内涵，即《孟子·万章上》所说的："孔子于卫主痈疽，于齐主侍人瘠环。"朱子注曰："主，谓舍于其家，以之为主人也。"②因此，船山说：

> 尊亲一致，忠孝一理，以明孝以事君之义。③
>
> 让善者，教让之本，以坊民之争者也。然臣子之于君亲，引咎推美，自其天性之不容已，而人君之取善于下，亦其好善之诚，初非以防民故而矫为之，但让道行而争自止，则亦有坊之道焉。④

父子、君臣之间不能再以客礼相待，是因为在孝、忠之中就已经蕴含了礼的敬与让；否则，只是孝心与忠心便难以达到天下教化的目的，必须有礼的约束。也就是说，维系伦理关系的价值理念如要提升为一种政治性的治国媒介，必须有外在的礼作为强制因素才可能实现。

（四）防民"厚色贪色"以遵礼

《坊记》又从"男女婚合"的角度来推进遵礼的实际性。《坊记》中记载："夫礼，坊民所淫，章民之别，使民无嫌，以为民纪者也。"郑玄注曰："淫，犹贪也。"孔颖达疏曰："非直是坊民淫泆而云贪者，以文云'所淫'，称'所'，是所贪也。若其淫泆，则当云'坊民淫'，不须云'所'也。"⑤"贪"也就是"贪于（美）色"。"男女无别，则族姓不明，故嫌疑生也。"⑥男女之合，如果只是出于美色才相互彼此之间有所追求，就会导致对人道大伦的破坏。如船山说的："男女之际，不大明

---

① （南宋）朱熹：《朱子全书》（第六册），上海古籍出版社，2010，第23页。
② （南宋）朱熹：《朱子全书》（第六册），上海古籍出版社，2010，第379页。
③ （明）王夫之：《船山全书》（第四册），岳麓书社，2011，第1235页。
④ （明）王夫之：《船山全书》（第四册），岳麓书社，2011，第1225页。
⑤ （东汉）郑玄注，（唐）孔颖达疏，吕友仁整理：《礼记正义》，上海古籍出版社，2008，第1979页。
⑥ （清）孙希旦：《礼记集解》，中华书局，1989，第1294页。

其别则无往恶非嫌，章其别则无嫌矣。父子君臣之所自正，以维系人道而别于禽狄者也。"① "一失则为夷狄，再失则为禽兽矣。"② 因此，对于严分人禽与夷夏之别的船山来说，作为奠定人伦之端的夫妇关系的建立必须以礼法为依。《坊记》又说："故男女无媒不交，无币不相见，恐男女之无别也。"③ 这一点在其他典籍中也曾被提及，《孟子·滕文公下》记载："丈夫生而愿为之有室，女子生而愿为之有家。父母之心，人皆有之。不待父母之命、媒妁之言，钻穴隙相窥，逾墙相从，则父母国人皆贱之。"④《礼记·昏义》中也记载：

> 昏礼者，将合二姓之好，上以事宗庙，而下以继后世也，故君子重之。是以昏礼纳采、问名、纳吉、纳徵、请期，皆主人筵几于庙，而拜迎于门外，入，揖让而升，听命于庙，所以敬慎重正昏礼也。⑤

与《昏义》所载相类，现代学者李零先生指出："古代士婚礼，有所谓六礼：纳彩、问名、纳吉、纳徵、请期、亲迎。"⑥

《坊记》又具体地记载："取妻不取同姓，以厚别也。故买妾不知其姓，则卜之。"郑玄注曰："厚，犹远也。"⑦ 船山也说："'厚'者，远而不忘之意。"⑧ 按照礼法规定，诸侯同姓之间不允许通婚，类似于现代所说的近亲不通婚。尽管有这样的约束，但仍有背礼行为的出现，如《坊记》中载："《鲁春秋》犹去夫人之姓曰吴，其死曰孟子卒。"郑玄注曰："吴，太伯之后，鲁同姓也，昭公取焉，去'姬'曰'吴'而已。至其死，亦略云'孟子卒'，不书'夫人某氏薨'。"孔颖达疏曰："若其不讳，当云'夫人姬氏薨'。以讳取同姓而云'孟子卒'。"⑨《春秋左

---

① （明）王夫之：《船山全书》（第四册），岳麓书社，2011，第1238页。
② （明）王夫之：《船山全书》（第四册），岳麓书社，2011，第1243页。
③ （明）王夫之：《船山全书》（第四册），岳麓书社，2011，第1238页。
④ （南宋）朱熹：《朱子全书》（第六册），上海古籍出版社，2010，第325页。
⑤ （东汉）郑玄注，（唐）孔颖达疏，吕友仁整理：《礼记正义》，上海古籍出版社，2008，第2274页。
⑥ 李零：《丧家狗——我读〈论语〉》，山西人民出版社，2007，第112页。
⑦ （东汉）郑玄注，（唐）孔颖达疏，吕友仁整理：《礼记正义》，上海古籍出版社，2008，第1980页。
⑧ （明）王夫之：《船山全书》（第四册），岳麓书社，2011，第1239页。
⑨ （东汉）郑玄注，（唐）孔颖达疏，吕友仁整理：《礼记正义》，上海古籍出版社，2008，第1980页。

传》也载:"昭夫人孟子卒。昭公娶于吴,故不书姓。死不赴,故不称夫人。不反哭,故不言葬小君。"杨伯峻注曰:"昭公夫人若称'吴姬'或'孟姬',显然违'同姓不婚'之礼,故改称'吴孟子'。"① 关于鲁昭公背礼取妻,在《论语》中也有讨论:陈司败问:"昭公知礼乎?"孔子曰:"知礼。"孔子退,揖巫马期而进之,曰:"吾闻君子不党,君子亦党乎?君取于吴为同姓,谓之吴孟子。君而知礼,孰不知礼?"巫马期以告,子曰:"丘也幸,苟有过,人必知之。"(《述而》)只不过孔子出于讳君之故没有直言。与娶妻不同姓的约束相类似,《坊记》又说:"诸侯不下渔色。"郑玄注曰:"昏礼始纳采,谓采择其可者也。国君而内取,象捕鱼然,中纲取之,是无所择也。"孔颖达疏曰:"渔色,谓渔人取鱼,中纲者皆取之,譬如取美色,中意者皆取之,若渔人求鱼,故云'渔色'。""诸侯当外取,不得下向国中取卿、大夫、士之女。若下向内取国中,似渔人之求鱼,无所择。"② 船山也说:"'渔色',内阃取于中国也。今制禁以部民子女为妻妾。"③ 以"礼"规约男女之合,是为了保证双方在昏合过程中彼此相互的自由与选择;如果像"渔色"一样,就违背了昏合的精神,更违背了礼的精神。

三 小结

综上所论,船山为了保证遵礼在现实世界中践履的有效性,对《坊记》作了新的考察,分别从四个方面来阐明遵礼的实践品质。首先是辨正义利的价值取向,通过选择道义进而在社会中形成一种崇尚礼让的风气;在此基础之上,促使民众培养一种务实的品格,这也就是礼的践履性。为了保证遵礼的贯彻性,通过提倡忠、孝式的伦理价值以进一步奠定遵礼的心理基础。最后通过对人伦大端之男女婚合的规定,以保证遵礼在五伦关系中的展开与推进。

第三节 教育熏习:学校教育与师长教化

为了保证遵礼的实现,船山认为,应该加强教育、教化的作用。也就是说,对于遵礼的主体——人——而言,尽管其内在的德性基础有循

---

① 杨伯峻:《春秋左传注》,中华书局,1981,第 1670 页。
② (东汉)郑玄注,(唐)孔颖达疏,吕友仁整理:《礼记正义》,上海古籍出版社,2008,第 1982 页。
③ (明)王夫之:《船山全书》(第四册),岳麓书社,2011,第 1241 页。

礼而行的外在可能与潜力，但为了更好地培育这种德性能力使其最终归礼而为，仍然需要有外在的因素加以引导和塑造。其中一个重要的因素就是在"学"与"教"的层面上来加强这种引导与塑造的作用。值得注意的是，船山重视"学"与"教"在遵礼过程中的作用的这一思想非常接近张载，林乐昌先生曾指出："张载的礼学不仅是以学理形态呈现的，而且还包含有一套教学实践系统。""在北宋理学家及其他儒者中，重视教育和通晓礼学者不乏其人，但作为教育家明确标示'以礼为教'，把'以礼教学者'作为自己教学实践宗旨和教育哲学主题的，则仅张载一人而已。"①

一 学教并行

"学"与"教"分属两个层面，同时从属于同一个整体。正如陈力祥在《王船山教育哲学思想新探》一文中所指出的那样："船山教育哲学的最终归宿是施教与受教的主客互动与辩证统一，这也是船山教育哲学思想体系的特色所在。施教与受教的主客互动与辩证统一，是船山教育哲学的最终归宿。"②"施教"与"受教"也就是"教"与"学"，二者处于一个动态的统一过程中。陈力祥在这里并没有对这一统一的过程作出进一步的说明，其实这一统一过程就是船山所说的"遵礼"系统。他提倡"学"与"教"的双向互动，就是为了能在互动中贯彻"礼"的实践，促进"遵礼"系统在现实中的实现与完善。所以船山才说："先王以礼齐民，学为之首，则系学于礼，道莫重焉。"③"学"与"教"只是一个阶段，一个过程，最终是要实现"以礼齐民"的目的；因此，要将"学"与"教"二者都统一到"礼"的过程中来，以"学"与"教"促进遵礼的实现，这是挺立人道的关键。

此外，"学"与"教"二者之所以最终能够被统一到"遵礼"的系统中，还有一个重要的因素，就是二者之间具有内在的关联性与一致性。《礼记·学记》中记载："教学相长。"并引《尚书·兑命》的话说："学学半。"船山于此注解说："'学'，《书》作'敩'，教也。敩以自强而研理益精，足以当学之半也。""学日益其所不足，则教不困。教以困而自强，则学益充。"④ 严格地说，"学"与"教"之间并没有一个清

---

① 林乐昌：《张载礼学三论》，《唐都学刊》2009年5月第3期，第36—37页。
② 陈力祥：《王船山教育哲学思想新探》，《船山学刊》2007年第2期，第19—20页。
③ （明）王夫之：《船山全书》（第四册），岳麓书社，2011，第869页。
④ （明）王夫之：《船山全书》（第四册），岳麓书社，2011，第871页。

第六章 遵礼策略：船山遵礼之实践路径

晰的界限。但是，从礼的系统来看，可以将"教"看作是对礼仪、规则与法度的谙习，将"学"看作是对礼仪、准则的践履；前者还只停留在外在的见闻之知的层面，后者已经深入到内在的德性所知的层面。唐代孔颖达也说："教能长学善也。学则道业成就，于教益善，是学能长也。但此礼本明教之长学。""从始至终习礼典于学也。"① 因为"学""教"二者最终都要统归于"礼"，这就决定了"学"比"教"更为重要，或者说，"教"是被涵摄于"学"中的。因此，"道业成就"一定是要落实到强调自身修养实践的"学"上，而非只是熟悉礼仪、法度的"教"上。这种教学理念也正是孔子所一直强调的"发"，②《论语·为政》中记载孔子对颜渊的评价："吾与回言终日，不违如愚。退而省其私，亦足以发，回也不愚。"朱子注曰："发，谓发明所言之理。"并引其师李侗的话说："颜子深潜淳粹，其于圣人体段已具。其闻夫子之言，默识心融，触处洞然，自有条理。……足以发明夫子之道，坦然由之而无疑。"③ 颜渊的聪明之处就在于能够通过践履夫子所言来提升自身的修养，进而在行为层面做到符合礼。正如后来夫子所回答颜渊的那样："克己复礼为仁。……非礼勿视，非礼勿听，非礼勿言，非礼勿动。""礼"能够让所学内化为自身的德性并通过行为的方式实践出来，这就直接决定了"学"与"礼"之间有着密不可分的关联。正是通过"学"与"教"的回环互动、往复交替才促进了"礼"的丰富与发展。

船山直接指出"学"与"礼"之间的联系，他说："志道强礼为学之始基。"④ 用"礼"来挺立人道并契合于天道，这是"学"与"教"的立足点。船山又说："学者之所以学，教者之所以教，皆有其当务焉，而于始教之日，早已定其生平之志行矣。"⑤ "学"与"教"的最后目的就是要塑造理想的人格，也就是船山此处所言的"志"。这种"志"不是别的，就是孟子一直强调的"圣人"。《滕文公》中说："学则三代共之，皆所以明人伦也。"朱子注曰："父子有亲，君臣有义，夫妇有别，

---

① （东汉）郑玄注，（唐）孔颖达疏，吕友仁整理：《礼记正义》，上海古籍出版社，2008，第1426页。
② 这一理念与苏格拉底所强调的"助产术"亦有其相似之处。然而，苏氏之法是通过严密的逻辑推理所实现的，虽然苏氏也强调"德性即知识"，但方法论已经决定了其只能是一种智力游戏；孔子所重视的"发"，却是要通过身体力行来获取，从实践的意义上奠定了伦理学的基础。双方在根本上还是有其显著的差异。
③ （南宋）朱熹：《朱子全书》（第六册），上海古籍出版社，2010，第77—78页。
④ （明）王夫之：《船山全书》（第十二册），岳麓书社，2011，第172页。
⑤ （明）王夫之：《船山全书》（第七册），岳麓书社，2011，第255页。

长幼有序，朋友有信。"①《离娄》中也说："人之所以异于禽兽者几希，庶民去之，君子存之。舜明于庶物，察于人伦，由仁义行，非行仁义也。"②"圣人，人伦之至也。"③ 朱子以父子、君臣、夫妇、长幼、朋友言人伦，相比较而言，不如《大学》所说的"为人君，止于仁；为人臣，止于敬；为人子，止于孝；为人父，止于慈；与国人交，止于信"为切。④ 与孟子的思路脉络相一致，船山也认为，"圣人"与"志"是区分人禽的重要标志，他说："人之所以异于禽者，唯志而已矣。不守其志，不充其量，则人何以异于禽哉！"⑤ 人禽之间的差异就是一个"志"。然而，严分人禽与夷夏又是他一直强调的"礼"的应有内涵。可以很清楚地看出，"学"与"教"的最终目的就是为了塑造圣人人格，也就是对人性的伦理引导，于此船山说道："玉质虽美而必待琢之以成，人性固善而必导之以学。"⑥ 人性中固有之"善"的潜能需要依靠"学"来扩充、发展与完成。一方面，在这一塑造的过程中，需要循礼而行；一方面，塑造的旨归也是为了能够循礼而行。船山说：

> 天之生人也，孩提之知识，惟不即发，异于雏犊之慧，故灵于万物；取精用物，资天地之和，渐启其明，而知乃通天之中也。圣人之教人，不能早喻以广大高明之极致，敷五教以在宽而黎民时变，徇文礼以善诱而高坚卓立，不使之迫于小成而养之以正，圣人之中也。⑦

人所具备的灵明从一开始就异于万物的聪明，然而，最终得以彰显出来却需要"学"与"教"的渐次工夫；在工夫涵养的积累过程中达到对圣人人格的实现。如果说，前者还只是一种对礼法的循规蹈矩，后者则已经提升为一种德性的涵养，即对礼法的从容把握。船山最后总结道："教之以正，制之在礼，固道也。"⑧ "学""教"并举固然重要，然而必须再以"礼"为范导，才能实现对人道的挺立与建构。换句话来讲，遵礼

---

① （南宋）朱熹：《朱子全书》（第六册），上海古籍出版社，2010，第 311 页。
② （南宋）朱熹：《朱子全书》（第六册），上海古籍出版社，2010，第 358 页。
③ （南宋）朱熹：《朱子全书》（第六册），上海古籍出版社，2010，第 338 页。
④ （南宋）朱熹：《朱子全书》（第六册），上海古籍出版社，2010，第 19 页。
⑤ （明）王夫之：《船山全书》（第十二册），岳麓书社，2011，第 451 页。
⑥ （明）王夫之：《船山全书》（第四册），岳麓书社，2011，第 870 页。
⑦ （明）王夫之：《船山全书》（第十二册），岳麓书社，2011，第 303 页。
⑧ （明）王夫之：《船山全书》（第八册），岳麓书社，2011，第 910 页。

的宗旨应该贯穿于"学"与"教"的过程之中；反过来说，"学""教"乃是为了遵礼体系的完成。

二 育德谦敬

按照《礼记·学记》中的记载，在古代大学教育或者说学校教育的过程中，非常重视恭敬、谦逊、礼让品德的培育。而这些品德，一方面本身就是礼的必然要求，一方面又是能够促进遵礼的德性基础。

（一）学以示敬

《学记》中说："大学始教，皮弁、祭菜，示敬道也。"孔颖达疏引崔氏的话说："著皮弁，祭菜蔬，并是质素，示学者以谦敬之道矣。"① 清人孙希旦也说："皮弁祭菜，所以示学者尊敬道德，使知所以仰慕而兴起也。"② 对于入大学接受教育的学人来说，首先需要通过一些仪式化的步骤使其内心兴起对"礼"的一种追求与仰慕。古代官学合一，③ 这样做的目的就是为了使学者熟知"君臣事使之礼"，"所以劝进学者，期之以莅官事上之道"。④《学记》又载："入学鼓箧，孙其业也。"孔颖达疏曰："恭顺其所持经业。"⑤ 船山也说："'鼓箧'者，将发箧授经，先鸣鼓整齐其威仪，使相孙让也。"⑥ 为了培育学者的虔敬之心，不仅有入学的仪式，而且在授业讲经开始的时候也有一定的仪式，即这里所说的"鸣鼓"。通过"鸣鼓"的方式，自然能够使人整齐其外在的威仪，这是成德之君子的固有特征。《论语》中便有这样的记载："君子不重则不威。"朱子注曰："轻乎外者，必不能坚乎内，故不厚重则无威严。"⑦ 内外交养，才是真正的"敬"。孔门中强调践履工夫的曾参也说："君子所贵乎道者三：动容貌，斯远暴慢矣；正颜色，斯近信矣；出辞气，斯远鄙倍矣。"朱子引程子之言曰："动容貌，举一身而言也。周旋中礼，暴

---

① （东汉）郑玄注，（唐）孔颖达疏，吕友仁整理：《礼记正义》，上海古籍出版社，2008，第1430页。
② （清）孙希旦：《礼记集解》，中华书局，1989，第961页。
③ 冯友兰：《三松堂全集》（第6卷），河南人民出版社，2001，第31—36页。此外，关于"官""学"之间的关系，在《论语》中也曾被提及，《子张》篇记载子夏的话说："仕而优则学，学而优则仕。"朱子注曰："仕与学，理同而事异。"（〔南宋〕朱熹：《朱子全书》（第六册），上海古籍出版社，2010，第236页）
④ （明）王夫之：《船山全书》（第四册），岳麓书社，2011，第874页。
⑤ （东汉）郑玄注，（唐）孔颖达疏，吕友仁整理：《礼记正义》，上海古籍出版社，2008，第1431页。
⑥ （明）王夫之：《船山全书》（第四册），岳麓书社，2011，第874页。
⑦ （南宋）朱熹：《朱子全书》（第六册），上海古籍出版社，2010，第70页。

慢斯远矣。"又引尹氏之言曰:"养于中则见于外。"① 正是通过外在一系列的修养工夫,使心不走失、不走作,时时处于一种醒觉的状态中,才可能在行为方面循礼而行。清儒孙希旦就指出:"提撕警觉,使之逊心于学业之中,而不至于外驰。"② 为了确保这种威仪的获得,学者需要加强自身的修养,同时也要有外在的强制性和约束性。如《学记》中所记载的:"夏、楚二物,收其威也。"船山注解说:"'夏',与'榎'同。'楚',荆条也。""入学则使人执扑杖巡警,以约束学者之威仪。"③ 综上所论,前者是在入学的准备阶段,需要有仪式化的规范;后者一方面是在讲经授业的开始阶段,需要"鸣鼓"仪式整齐其外在的威仪以保证内在的虔敬;一方面则是在求学的过程中,施以强制性的约束以持守其内在的谦敬之心。可以看出,在不同的阶段都要求有"礼"的作用,只不过其起作用的方式有所不同。

(二) 学有时序

学还要讲究"时"与"序",这也是在体现"礼"的作用。《学记》中载:"幼者听而弗问,学不躐等也。"孔颖达疏解说:"教此学者,令其谦退,不敢逾越等差。若其幼者辄问,不推长者,则与长者抗行,意有骄矜。"④ 在"学"与"教"的过程中推进"礼"的展开,一个重要的方面就是必须讲究时序性。换句话来讲,按照时序去推进"学""教"的活动,这本身就可以被看作是对"礼"的遵循。因为一旦躐等僭越,就是对德性的伤害。船山也说:"然下学上达,必徇其有迹以尽所得焉,而豁然贯通之后,以至诚合天德,固未可躐等求也。"⑤ 他认为,躐等以求,违背孔子"下学而上达"的宗旨。只有循序渐进,才能实有所得。这与他坚持"即用见体"的思维模式也是一以贯之的。重视"用",就是要在对"用"的把握中来呈现"体";而不是跨越"用",只孤求一个神秘的"体",那样只会导致"体用两橛"。在修养的层面上,只重视"体"而忽视"用"就会导致修养的虚伪性与无效性,只求圣人的灵明而忽视圣人的工夫,进而将儒学消解在禅学中,这也正是阳明后学的弊端。这在船山看来,是不能接受认可的。

与强调"序"一样,还要强调"时"。《学记》中载:"大学之教也

---

① (南宋) 朱熹:《朱子全书》(第六册),上海古籍出版社,2010,第132页。
② (清) 孙希旦:《礼记集解》,中华书局,1989,第962页。
③ (明) 王夫之:《船山全书》(第四册),岳麓书社,2011,第874页。
④ (东汉) 郑玄注,(唐) 孔颖达疏,吕友仁整理:《礼记正义》,上海古籍出版社,2008,第1432页。
⑤ (明) 王夫之:《船山全书》(第十二册),岳麓书社,2011,第63页。

时，教必有正业，退息必有居。"船山注解说："'时'者，有序而不息之谓。'居'，恒守也。教之必有正业，不因其易晓而躐等以授学者。退息必有恒守，持之勿失，不自谓已喻而置之也。"① "时"其实也是"序"的一种体现。二者之间的差异在于，"序"强调等差与阶段，"时"强调等差、阶段之间的连续性。需要指出的是，船山对《学记》此句的句读与后来清儒的句读有些不同，孙希旦句读为："大学之教也，时教必有正业，退息必有居学。"并引陆氏佃的话说："正业，时教之所教也，若春诵夏弦，春秋教以礼乐，冬夏教以诗书是也。"又引朱子的话说："时教，如春夏礼乐，秋冬诗书之类。"② 对比两种句读，不难看出，船山重视"序"与"时"的结合，即"差等性"与"连续性"的统一，既有阶段性又有贯通性；清人只是偏重了等差性与阶段性，忽略了连续性与贯通性。从船山重视"礼"的角度来看，这是他以学教推进遵礼系统的内在要求。《学记》又接着说："大时不齐。"船山注解说：

> "齐"，有恒期而无参差也。圣人之时，因时而处中，无画一之理而同归一致，如天之有四时寒暑，参差变化，无一定之期而自不爽，盖时为齐之本，而齐不可以为时也。③

与以上的分析相一致，船山既强调参差的变化性与阶段性，又强调时运往复、消息盈虚的恒一性、连续性，并以后者为根本。船山重视"学"的不间断性与连续性，也就是重视工夫的不间断性与连续性。这一点他应该是受到张载的影响。吕大临在为张载所作《行状》中曾说道："（先生）终日危坐一室，左右简编，俯而读，仰而思，有得则识之，或中夜起坐，取烛以书，其志道精思，未始须臾息，亦未尝须臾忘也。"④ 钱穆先生后来也曾说："他的工夫，一刹那也不放松，不间断。"⑤ 并指出："载讲学，以礼为先。"⑥ 孔颖达对《学记》此句则疏解说："天生杀不共在一时，犹春夏华卉自生，荞麦自死；秋冬草木自死，而荞麦自

---

① （明）王夫之：《船山全书》（第四册），岳麓书社，2011，第876页。
② （清）孙希旦：《礼记集解》，中华书局，1989，第963页。
③ （明）王夫之：《船山全书》（第四册），岳麓书社，2011，第886页。
④ （北宋）张载：《张载集》，中华书局，1978，第383页。
⑤ 钱穆：《宋明理学概述》，九州出版社，2011，第60页。
⑥ 钱穆：《宋明理学概述》，九州出版社，2011，第103页。

生。"① 仅仅只是偏重了差异性与间断性。后来清儒孙希旦的注解也是如此，他说："天之四时，寒暑错行，未尝齐一，而卒未尝有所违也。"② 对"齐一性"理解的差异，使得双方在对此句进行注解时出现了巨大的分殊。这里我们只需要明确一点，即船山对"时"与"序"的强调，与他重视"礼"之间有着密切的关联。

船山最后在综合"学"有时、序的基础上又指出：

> 诗、礼、乐之精微，非乐学者不能安意而曲体之，然形而上之道，即在形而下之器中，唯兴于艺以尽其条理，则即此名物象数之中，义味无穷，自能不已于学而道显矣。教之有业，退之有居，必循其序而勉之不息。③

"形上"寓于"形下"之中，也就是说"体"寓于"用"之中。按照这一思路，"道"也就寓于循序渐进的"学"与"教"之中。一方面，"学""教"要讲究时序性，这就是礼之规范性的体现；一方面，挺立人道又是礼的精神本质。因此，船山说道："故必约之以礼，皆以肃然之心临之，一节一目、一字一句，皆引归身心，求合于所志之大者，则博可弗畔，而礼无不在矣。"④ 以恭敬肃然之心接受"学"与"教"，又通过"学"与"教"来促进这种恭敬肃然之心，用船山的话来说，就是要引礼以约身归心。这一精神自北宋二程提倡以来就一直为儒者所重，成为儒学的一种精神气质。朱子在《读论语孟子法》中所引程子之言就体现了这一点：程子曰："学者须将《论语》中诸弟子问处便作自己问，圣人答处便作今日耳闻，自然有得。虽孔、孟复生，不过以此教人。若能于《语》、《孟》中深求玩味，将来涵养成甚生气质！"又："凡看《语》、《孟》，且须熟读玩味。须将圣人言语切己，不可只作一场话说。人只看得二书切己，终身尽多也。"⑤ 学问应该往身心处体贴，船山在这一基础之上又参入了礼的因素，进而使这一修养方法更为精湛完备。学从躐等则会与这一精神旨趣相背离，船山指出："乃有凌躐卤莽以谈性命

---

① （东汉）郑玄注，（唐）孔颖达疏，吕友仁整理：《礼记正义》，上海古籍出版社，2008，第1450页。
② （清）孙希旦：《礼记集解》，中华书局，1989，第972页。
③ （明）王夫之：《船山全书》（第四册），岳麓书社，2011，第876页。
④ （明）王夫之：《船山全书》（第十二册），岳麓书社，2011，第478页。
⑤ （南宋）朱熹：《朱子全书》（第六册），上海古籍出版社，2010，第61页。

而诡于佛、老者，为正学之大蠹，固君子所深惧也已。"① 一旦有所凌越，学便不关身心修养，从而陷溺到佛老之学的歧途中。用朱子的话说，就是：

> 俗儒记诵词章之习，其功倍于小学而无用；异端虚无寂灭之教，其高过于大学而无实。其他权谋术数，一切以就功名之说，与夫百家众技之流，所以惑世诬民、充塞仁义者，又纷然杂出乎其间。②

由"无用""无实"之学最后导致"惑世诬民""充塞仁义"，根源就在于躐等以学、躐等以教。这样的结果只能是"遽于问答，将强知其所未及者而忽于近矣"③；反之，强调"学积自通"，便能"善问善答，学日进"。④ 基于"学"的这一特征，"教"也应该循序而进，因材而施，即船山所说的："知道之序而尽人之材，则因机设教而人无不可喻者矣。"⑤ "圣贤施教，各因其材，小以成小，大以成大，无弃人也。"⑥

（三）学以存心

学、教从躐等，会使所学、所教无关乎身心修养；反过来说，学不躐等，就是为了涵泳所学、所教，为遵礼培育内在的心性基础。德性在学与教的过程中内化，借此来保证行为的循礼守约。

船山指出了学与教的最终宗旨与目的，他说："教思之无穷也，必知其人德性之长，而利导之；尤必知其人气质之偏，而变化之。"⑦ 变化气质是教育的价值所在与旨趣。显然，这是他对张载"变化气质"思想的继承。张载在《经学理窟·义理》中说道："为学大益，在自（能）〔求〕变化气质，不尔〔皆为人之弊〕，卒无所发明，不得见圣人之奥。故学者先须变化气质，变化气质与虚心相表里。"⑧ 因为"变化气质"与"虚心"直接相关，所以船山在论学与教时也是以自得于己、自得于心为主。他说："学能知本，则修之在躬，存之在心，虽未发见于事物，亟著于功效，而应事接物之道即此而具，盖明其德以修身，而齐家、治国、

---

① （明）王夫之：《船山全书》（第四册），岳麓书社，2011，第869页。
② （南宋）朱熹：《朱子全书》（第六册），上海古籍出版社，2010，第14页。
③ （明）王夫之：《船山全书》（第四册），岳麓书社，2011，第875页。
④ （明）王夫之：《船山全书》（第四册），岳麓书社，2011，第883页。
⑤ （明）王夫之：《船山全书》（第四册），岳麓书社，2011，第881页。
⑥ （明）王夫之：《船山全书》（第八册），岳麓书社，2011，第894页。
⑦ （明）王夫之：《船山全书》（第七册），岳麓书社，2011，第656—657页。
⑧ （北宋）张载：《张载集》，中华书局，1978，第274页。

平天下之理不外是矣。"① 为学的根本，就是要修之于身、存之于心。使外在事物之理的呈现与内在心性修养的提升相为一致，沿此而为，就进而可以扩充至齐家、治国、平天下。又说："弗哑语之，必使自得，则存诸心而不忘矣。"② 能使所学存诸心，才是真正意义上的自得之学，这也就是《论语》中以及后来儒者所一直重视的"为己之学"。船山也说：

> 故守约而施博，君子之学，求诸己而已矣。
> 所以见古人为学，求之己者，但尽其下学之事，而理明行笃，则天德王道即此而上达焉。盖与《大学》至善知本之旨相为符合，而后世窃佛、老之说以文取虚柯狂诞之恶者，亦鉴于此而可知其妄矣。③

君子人格的形成，是不断向内求之于己的过程。然而，强调求之于己并不意味着对外在的忽略与轻视。相反，内在的逐渐深化是建立在对外在不断积累的基础之上。正如朱子在《大学》"格物致知"补传中所说的："即凡天下之物，莫不因其已知之理而益穷之，以求至乎其极。至于用力之久，而一旦豁然贯通焉，则众物之表里精粗无不到，而吾心之全体大用无不明矣。"④ 格物明理与正心诚意相为表里。因此，学以自得为宗，教亦如之。船山说："师必因材而授，不可则止，以警学者之自勉。"⑤ 因时序而教，因材质而教，最终都要汇归于学者自身。又说："教者在养人以善，使之自得，而不在于详说。"⑥ 必以善而教之，是说教育的目的是为了塑造成德之君子，使其"诚于中，形于外"，不仅有德性涵养，还能够循礼而为。

学重为己，这一点在《礼记》中也有体现。《学记》中载："记问之学，不足以为人师。"孔颖达疏解说："教人之时，不善教学者，谓心未解其义，而但逆记他人杂问而谓之解。至临时为人解说，则先述其所记而示人。以其不解，无益学者。"⑦ "记问之学"，就是不关身心涵养的支

---

① （明）王夫之：《船山全书》（第四册），岳麓书社，2011，第886页。
② （明）王夫之：《船山全书》（第四册），岳麓书社，2011，第875页。
③ （明）王夫之：《船山全书》（第四册），岳麓书社，2011，第886页。
④ （南宋）朱熹：《朱子全书》（第六册），上海古籍出版社，2010，第20页。
⑤ （明）王夫之：《船山全书》（第四册），岳麓书社，2011，第884页。
⑥ （明）王夫之：《船山全书》（第十二册），岳麓书社，2011，第188页。
⑦ （东汉）郑玄注，（唐）孔颖达疏，吕友仁整理：《礼记正义》，上海古籍出版社，2008，第1447页。

离之学,即"为己之学"的反面——"为人之学"。"唯己学已明,则审知学者所至之浅深,听其所问之语而因量以善诱之也。"① 船山认为,只有"为己之学"才能对学者有所提诱。套用《学记》的话说,就是"为己之学,方足以为人师"。这正是《论语·学而》一开始所说的"温故而知新,可以为师矣"。朱子注曰:"言学能时习旧闻,而每有新得,则所学在我,而其应不穷,故可以为人师。"② "习,鸟数飞也。学之不已,如鸟数飞也。既学而又时时习之,则所学者熟,其进自不能已矣。程子曰:'习,重习也。时复思绎,浃洽于中。'又曰:'学者,将以行之也。'"③ 孔子把"学"与"教"看得如此重要,就在于通过"学"与"教"可以奠定君子人格,塑造行为方式。"学"之于人的意义反映了"礼"之于人的价值,就如"飞"之于鸟,必须经过反复不断的操持、实践与训练,才能真(实)有所成。船山也说道:"故学者之终,所以至于义精仁熟而自和顺于道德者,必于此而得之。是学之成也。"④ 真有所成,也就是这里所说的"义精仁熟而自和顺于道德"。

综上所论,学、教以敬让,可以直接促进对礼法的遵循,因为"恭敬之心"与"辞让之心"本身便是礼的固有内涵。学、教以时序,则是对礼的贯彻与实践,这是为了让所学与所教得到真正的转化,进而为遵礼系统的展开直接提供德性基础。

三 化民易俗

遵礼系统除了有学与教层面的保障措施之外,还有教化层面的推动。可以说,前者更倾向于个体的修养,后者则侧重于整个社会风俗的转变,正是在风俗的转化与变易中来促进民众的行为合乎礼法。

(一)化民成俗终归于礼

《学记》中载:"化民易俗,此大学之道也。"船山注解说:"广立学校而以时考其成为进退焉,则士勉于善而民知观感,风化行而天心归之。"⑤ 学与教的一个方面是促进个体涵养德性以遵礼守约,另一个方面就是促进社会风气的转变,这是政治教化的必要补充。船山说:"言人君饬法求贤,民悦其治而德不及远者,法未宜民而求之未必其用也;用贤

---

① (明)王夫之:《船山全书》(第四册),岳麓书社,2011,第883页。
② (南宋)朱熹:《朱子全书》(第六册),上海古籍出版社,2010,第78页。
③ (南宋)朱熹:《朱子全书》(第六册),上海古籍出版社,2010,第67页。
④ (明)王夫之:《船山全书》(第七册),岳麓书社,2011,第539页。
⑤ (明)王夫之:《船山全书》(第四册),岳麓书社,2011,第873页。

宜民，四方归之而民不向善者，政立而教未先，无以移民之志也。"① 对于国家治理与政道挺立而言，无论是从造就贤者还是从发挥贤者影响的角度来看，教化是培育民众德性的必不可少的措施。船山又说：

> 乐之为教，先王以为教国子之本业，学者自十三以上莫不习焉。盖以移易性情而鼓舞以迁于善者，其效最捷，而驯至大成，亦不能舍是而别有化成之妙也。推而用之，则燕飨、祭祀、饮射、军旅、人神、文武，咸受治焉，是其为用亦大矣。②

培育民德的根本目的就是要"移易性情而迁于善"，这一点在船山看来正是"礼"的功效之所在，尤其是礼中的"乐"。《学记》中又载："君子如欲化民成俗，其必由学乎！"孔颖达疏解说："天子诸侯及卿大夫，欲教化其民，成其美俗，非学不可。学则博识多闻，知古知今，既身有善行，示民轨仪，故可以化民成俗。"③ 通过教化来成就社会风俗，这也是"学"的延伸性功能。清儒孙希旦引朱子的话说："教学可以化民，使成美俗。"同时他自己也说："未知学，则所以化民者无其本也。唯由学，则明德以新民，而可以化民成俗矣。"④ 同样表达了这一层意思。船山也说："唯立学校以教其俊士，而德明于天下，则民日迁善而美俗成矣。"⑤ "学"具有变易社会习俗的功效，这最终还是来源于"学"所具有的培育德性的特质。朱子在《大学章句序》中曾说道：

> 夫以学校之设，其广如此，教之之术，其次第节目之详又如此，而其所以为教，则又皆本之人君躬行心得之余，不待求之民生日用彝伦之外，是以当世之人无不学。其学焉者，无不有以知其性分之所固有，职分之所当为，而各俛焉以尽其力。此古昔盛时所以治隆于上，俗美于下，而非后世之所能及也！⑥

正如之前所指出的，这里所强调的"学"是一种"为己之学"，即一种

---

① （明）王夫之：《船山全书》（第四册），岳麓书社，2011，第870页。
② （明）王夫之：《船山全书》（第四册），岳麓书社，2011，第887页。
③ （东汉）郑玄注，（唐）孔颖达疏，吕友仁整理：《礼记正义》，上海古籍出版社，2008，第1424页。
④ （清）孙希旦：《礼记集解》，中华书局，1989，第956页。
⑤ （明）王夫之：《船山全书》（第四册），岳麓书社，2011，第870页。
⑥ （南宋）朱熹：《朱子全书》（第六册），上海古籍出版社，2010，第13—14页。

"德性之学",具有浓厚的伦理色彩,可以同时在个体德性涵养与社会风俗教化之间都产生一定的功效。

明确了社会风俗的教化之后,船山接着指出:

> 《六经》之教,皆穷理尽性,本无有失,立教者得其精意以导学者于大中至正之矩,则人皆兴起于至善而风俗完美,盖经正而庶民兴,异端曲学不得窃而乱之矣。①

> 六经之教,化民成俗之大,而归之于《礼》,以明其安上治民之功而必不可废。盖《易》、《诗》、《书》、《乐》、《春秋》皆著其理,而《礼》则实见于事,则《五经》者礼之精意,而《礼》者《五经》之法象也。故不通于《五经》之微言,不知《礼》之所自起;而非秉《礼》以为实,则虽达于性情之旨,审于治乱之故,而高者驰于玄虚;卑者趋于功利,此过不及者之所以鲜能知味而道不行也。②

教化的根本是"六经",以此为根基,既可以辨异端,又可以兴庶民。而且在船山看来,"六经"之教又以"礼"为归。"《五经》者礼之精意",是说"五经"之中都贯彻着"礼"的精神;"《礼》者《五经》之法象","法象"是张载气学体系中的一个哲学范畴,也就是说,"礼"是"五经"得以表现出来的功用,意味着"五经"不能直接起作用,需要借助"礼"才能实现。这里又一次体现了船山"体—用"的思维模式。他接着说:

> 夫大学,则大全之教,兼众善而务其成。其在乡学,则各有所先,以示其适从之方焉:庠者,以养老为主,示民孝也;校者,以比德比艺为经,劝民行也;序者,以观德兴能为义,示民礼也。③

大学之教首重孝悌的培养,以此使民循礼而为。《学记》中载:"古之教者,家有塾,党有庠,术有序,国有学。"船山注解说:"门侧之堂谓之'塾'。五百家为'党'。万二千五百家为'术'。'国',国中。"④ 孔颖

---

① (明)王夫之:《船山全书》(第四册),岳麓书社,2011,第1173页。
② (明)王夫之:《船山全书》(第四册),岳麓书社,2011,第1171页。
③ (明)王夫之:《船山全书》(第八册),岳麓书社,2011,第316页。
④ (明)王夫之:《船山全书》(第四册),岳麓书社,2011,第872页。

达曰:"庠,学名也。序,亦学名也。"① 说明学校的设置是从"家"到"党"到"遂"到"国"的逐渐扩展。这里需要稍加说明的是,郑玄注曰:"术,当为'遂,声之误也'。"孔颖达疏曰:"术,遂也。"② 孙希旦引顾炎武的话说:"古'术''遂'二字通用。"③ 孝悌乃学校教育之根本,以此方能发挥教化的功效,《孟子》中也说:"谨庠序之教,申之以孝悌之义。"④

船山最后总结说:"立教之本从孝弟始也。'达于诸侯'者,诸侯养老之礼上均于天子,孝为德本,无贵贱一也。"⑤ 借用《大学》的说法,自天子以至于庶人,壹是以孝悌为本。船山又说:"孝弟之德统天下国家之治,而孝弟之实则爱敬是已。爱之推为贵老,慈幼以相亲睦,敬之推为贵德、贵贵、敬长以成顺治,皆立其本而教大备矣。"⑥ 孝悌既是立教的根本,又是推行教化的基本措施。他又说:"以孝悌为本,以礼乐为用。修之门内,诏之师傅者,孝悌之实;习之学宫者,礼乐之务。"⑦ "而以孝悌为立教之本,礼乐为成德之实,尤为宏深而切至。"⑧ 更进一步地讲,提倡孝悌乃是为了推广礼乐之用。对"孝悌"的培育就是对"礼"的一种前实践与前践履。"逊让之教立而天下化之,则风俗和美。"⑨ 风俗的转变,也就是遵礼的完成;那么,整个风俗的成就过程,说到底也就是"礼"的实现过程。

(二) 推教化然后礼兴行

船山在讨论了教化的功效最终要落实于礼上之后,以此为基础,又从另一个角度指出,教化的推行必然促进礼的践行。他说:"先明乎善而后能实其善者,贤人之学,由教而入者也,人道也。"⑩ 彰显人道的过程就是彰显人之善性的过程,人之善性的不断完成也就需要不间断的修养工夫。所以,挺立人道的关键,应该从培养修养工夫的教开始。他又说:

---

① (东汉)郑玄注,(唐)孔颖达疏,吕友仁整理:《礼记正义》,上海古籍出版社,2008,第1427页。
② (东汉)郑玄注,(唐)孔颖达疏,吕友仁整理:《礼记正义》,上海古籍出版社,2008,第1426—1427页。
③ (清)孙希旦:《礼记集解》,中华书局,1989,第958页。
④ (南宋)朱熹:《朱子全书》(第六册),上海古籍出版社,2010,第249页。
⑤ (明)王夫之:《船山全书》(第四册),岳麓书社,2011,第354页。
⑥ (明)王夫之:《船山全书》(第四册),岳麓书社,2011,第1113—1114页。
⑦ (明)王夫之:《船山全书》(第四册),岳麓书社,2011,第521页。
⑧ (明)王夫之:《船山全书》(第四册),岳麓书社,2011,第503页。
⑨ (明)王夫之:《船山全书》(第四册),岳麓书社,2011,第1141页。
⑩ (明)王夫之:《船山全书》(第四册),岳麓书社,2011,第1291页。

"教亦多术,而先王之所以尚者唯礼乐,其以正情而饬性者密矣。"①"教"的方法很多,但归根到底,是要以"礼(乐)"为宗。"行不足以尽教之理,而教必著于行。"② 以"礼"为教化的旨归,一方面固然是出于其对性情有功效的考虑;但更为重要的是,教化要发生效果,就必须凭借实践才可能得到实现,而"礼"恰恰提供了这样的媒介。这就意味着,"礼"所具有的践履品质正是在教化的过程中得到提升与保证的。船山接着说道:"动必以礼,故德盛配天地而为立教之本也。"③ 他指出,立教的根本就是为了循礼而行。"德立于上,为教之本,而后礼可兴也。"④"德盛位尊,建极于上以立其本,又能体察事物之宜以曲成万物,故创制显庸而为礼教之所自立也。"⑤ 以德立本来推行教化,礼自然可以兴起而为民所接受。"教训斯民以正其俗者,以为善去恶为大纲,而非示之以礼,则不能随事而授之秩序,以备乎善也。"⑥ "上不知礼,则无以教民;下不知学,则易与为乱。"⑦ 否则,只是推进教化而忽略了"礼"的作用,不仅秩序性的建构无法实现,范导性的教化也将最终失败。"礼为教之大体,而其所自制,本于圣王之德盛治隆,故以建中和之极,为化民成俗之至教,而人不可废也。"⑧ 因此,必须在教化的过程中灌注礼意,而且这本身也是教化的应有内涵,才可能实现风俗转化的最终目的。

四 小结

船山通过教育熏陶来促进遵礼系统的实现,主要体现在两大措施,即以"学"(其中包含"教")为主要内容的教育措施,以转变社会风俗为主要内容的教化措施。"学""教"并举,相互补充,共同促进学者对礼法的遵循。此外,在"学"过程中,都体现着"礼"所规定的秩序性与时节性;"学"以存心来提升德性,为遵礼主体提供了必要的德性基础。通过教化实现转变社会风俗的作用,最终需要落实到"礼"的践履层面;而且,实施教化也同时促进着礼的兴起与实行。可以说,在推进

---

① (明)王夫之:《船山全书》(第四册),岳麓书社,2011,第514页。
② (明)王夫之:《船山全书》(第四册),岳麓书社,2011,第1130页。
③ (明)王夫之:《船山全书》(第四册),岳麓书社,2011,第1174页。
④ (明)王夫之:《船山全书》(第四册),岳麓书社,2011,第1361页。
⑤ (明)王夫之:《船山全书》(第四册),岳麓书社,2011,第1174页。
⑥ (明)王夫之:《船山全书》(第四册),岳麓书社,2011,第16页。
⑦ (明)王夫之:《船山全书》(第八册),岳麓书社,2011,第408页。
⑧ (明)王夫之:《船山全书》(第四册),岳麓书社,2011,第1175页。

遵礼实践的过程中，教育与教化的作用必不可少。

第四节　礼乐并进：礼以规约与乐以浸润

"礼"对于无论是个体还是群体都具有一种范导性的功能，这是从广义上来讲的"礼制"（"礼治"）；从狭义上来讲，在遵循礼的践履过程中，单纯依靠"礼"的作用还不足以达到理想的目的，因为"礼"毕竟倾向于一种外在的规范。所以，为了更充足地将"礼"的功能状态完全地实现出来，还需要有其他方面的辅助与配合，这便是"乐"。李泽厚先生也曾就这一点指出："在氏族社会和远古传统中，'礼'即人文，涵盖一切，包括'乐'在内。'礼'、'乐'虽并提，'乐'毕竟仍是礼制的一个方面，'乐'的'和'也仍是实现、辅助、从属和服从于'礼'的。"① "礼"需要"乐"的辅助才能起作用，船山对于这一点也是认可的；但是，船山并没有将"乐"的作用附属到"礼"上，而是指出"乐"应该有其独特性的地位、功能与作用。所以，在具体的践履过程中，"礼"与"乐"应该是并举，相互辅助，相得相彰，而不是一方从属与服从于另一方。将"乐"的作用与功能凸显出来，并不与其整个的遵礼体系相冲突，反而恰恰是这一体系的内在规定与要求。

一　礼、乐何以并进

船山曾就"礼"与"乐"对《孟子》一书做过评价。关于"礼"，他说："《孟子》七篇不言礼，其言乐也，则云'今之乐犹古之乐'，（引者案，船山小字自注曰：此语大有瑕。）大率多主质家之言，是他不及孔子全体大德处。"② 关于"乐"，他说："《孟子》七篇不言乐，自其不逮处，故大而未化。"③《孟子》一书亦涉及孟子对"礼""乐"的看法，可见船山所说的"不言礼"与"不言乐"，乃是就他自身的思想主旨而言。冯友兰先生也曾指出：

> 孔子甚重乐，但关于乐之普通理论，如乐之起源及其对于人生之关系，孔子亦并未言及。荀子《乐论篇》及《礼记·乐记》，对此始有详细之讨论。

---

① 李泽厚：《论语今读》，中华书局，2015，第16页。
② （明）王夫之：《船山全书》（第六册），岳麓书社，2011，第897页。
③ （明）王夫之：《船山全书》（第六册），岳麓书社，2011，第625页。

《乐记》并以礼乐有形上学的根据。①

船山对"礼""乐"的思考便是对孔子关于乐论的丰富与发展；而且也如《乐记》一样，首先从形而上的层面进而至形而下的层面讨论了"礼""乐"的起源，这同时也是他之所以需要"礼""乐"并举的先决条件。

(一) 形上层面：礼乐合天

船山认为，礼、乐并举的要求并不是来自人为的特殊要求，而是有其天道的形上学依据。他说："天地以和生万物，以序别群品；其理命于人而为性情，则中和之体具，而礼乐由是以兴。"② 天地之间的阴阳二气在神化变合的过程中，产生了差异有别的万物；其中，阴阳二气之中所涵的理被禀赋为人的性情，这是产生礼、乐的直接决定性因素。"礼乐固以法阴阳之化，而亦可通鬼神于求之声、求之气之间矣。"③ 因为礼、乐最终是从气中而来，所以，礼、乐的功能与作用就应该效法阴阳二气的变合神化，使得音、气之间实现某种契合。因此，船山最后总结道：

> 乐之本，礼之诚，皆天地中和之德，止其变，革其伪，称中和之实而出之，则与天地之德相依而不离矣。神明之德，天地之撰也，达之则尽诚合漠而可以事鬼神矣。质文之体，中和之用也，凝之则因物昭敬而可以事人矣。人神各得，则幽明合一之理宣著流行而天地之藏显矣，言礼乐一本于诚而合天道也。④

从实体的层面来讲，天地万物最终不过是"气"的运行而已。所以，礼、乐的变化当然也就要契合于"气"的运行，双方之间共同遵行着一种深沉的"天道"。从功能的层面来讲，包括人在内的万物都是气往（"归"）、气来（"伸"）的作用，这也就是被称为阴阳二气之良能的"鬼"（"归"）"神"（"伸"）。所以，礼、乐产生于二气之神化，运行于人道之质文，最终又要契合于天道。

船山强调礼、乐流行于天、地、人三者之间的整体性，这一思路应该受到了《礼记》中相关思想的影响。《礼记·乐记》中说道："天高地

---

① 冯友兰：《中国哲学史》，中华书局，2014，第351、352页。
② （明）王夫之：《船山全书》（第四册），岳麓书社，2011，第906页。
③ （明）王夫之：《船山全书》（第六册），岳麓书社，2011，第569页。
④ （明）王夫之：《船山全书》（第四册），岳麓书社，2011，第933页。

下,万物散殊,而礼制行矣。流而不息,合同而化,而乐兴焉。故圣人作乐以应天,制礼以配地。礼乐明备,天地官矣。(郑玄注:官,犹事也。各得其事。)"① 这是从总的方面来说明礼、乐既是天道本身流行过程中就具备的,还是人道效法天道的体现,天人相契,是礼、乐实现的最终也是最高境界。接着又进一步从分的方面说道:

> 天尊地卑,君臣定矣。卑高已陈,贵贱位矣。动静有常,小大殊矣。方以类聚,物以群分,则性命不同矣。在天成象,在地成形。如此,则礼者,天地之别也。
> 地气上齐,(郑玄注:齐,读为'跻'。跻,升也。)天气下降,阴阳相摩,天地相荡,鼓之以雷霆,奋之以风雨,动之以四时,煖之以日月,而百化兴焉。如此,则乐者,天地之和也。②

再一次阐释了礼、乐所具有的形上学属性。

船山又说道:

> "天高地下",各定位也。"万物散殊",各成章也。体之不易,礼之象也。天气降,地气升,交流启化而不息,此天地之和也。万物生以相滋,克以相成,合同而效天地之化,此万物之和也。化之交感,乐之机也。此自天地之化体而言,以明礼乐之原所自生也。③

这里直接点出了礼、乐的来源就是天地之化。"自尽其节文之宜者则至乎礼矣,自其调万物之和者则至乎乐矣。"④ 天地之化强调的是阴阳二气的动态过程,在这种动态的过程之中实现着万物的孕育。由"气"中所化生的礼、乐也是如此。所以,"礼"的功能是把握节文的恰当分寸,强调个体之间所存在的不变的准则性、法度性、规范性与特殊性,在动态之中实现原则性,也就是船山所说的"体之不易,礼之象也"。"乐"的功能则是实现差异之间的协调统一,强调其中的会合性、浸润性、融通性与共存性,即船山此处所说的"化之交感,乐之机也"。船山对"礼"

---

① (东汉)郑玄注,(唐)孔颖达疏,吕友仁整理:《礼记正义》,上海古籍出版社,2008,第1482页。
② (东汉)郑玄注,(唐)孔颖达疏,吕友仁整理:《礼记正义》,上海古籍出版社,2008,第1483—1485页。
③ (明)王夫之:《船山全书》(第四册),岳麓书社,2011,第910—911页。
④ (明)王夫之:《船山全书》(第四册),岳麓书社,2011,第1204页。

与"乐"的这种界定,正是《乐记》中所说的:"大乐与天地同和,大礼与天地同节。"郑玄注曰:"顺天地之气与其数。"孔颖达疏曰:"天地气和而生万物,大乐之体,顺阴阳律吕,生养万物,是大乐与天地同和也。""天地之形,各有高下大小为限节,大礼辨尊卑贵贱,与天地相似,是大礼与天地同节也。"① 清人孙希旦亦注曰:"天地有自然之和,而大乐与天地同其和;天地有自然之节,而大礼与天地同其节。"② "乐者,天地之和也。礼者,天地之序也。"孔颖达疏曰:"礼乐从天地而来,王者必明于天地,然后能兴礼乐。乐者,调畅阴阳。礼明贵贱。"③ 天道运行有一定的节奏、规律和法则,这是"礼"的体现;在矛盾与差异中形成统合与协调,则是"乐"的体现。

(二) 形下层面:顺性饰情

船山在从形上层面阐释了礼、乐的必要性之后,接着从形下层面作了进一步的说明。船山说:"礼乐修之于身而必根之于心,得其主以尽其实,立其制以成其质,此先王所以议道自己,建中和之极而为制礼作乐之本也。"④ 先王制礼作乐的根本依据,除了天道之外,还有人道方面的因素,这便是对"(人)心"的考虑。《乐记》中说:"凡音之起,由人心生也。人心之动,物使之然也。感于物而动,故形于声。"孔颖达疏曰:"凡乐之音曲所起,本由人心而生也。""音之所以起于人心者,由人心动则音起,人心所以动者,外物使之然也。""人心既感外物而动,口以宣心,其心形见于声。"⑤ 又说:"乐者,音之所由生也,其本在人心之感于物也。"孔颖达疏曰:"本,犹初也。物,外境也。言乐初所起,在于人心之感外境也。"⑥ "乐"的和律是从"音声"的节奏而来,"音声"的产生又是"心"(之灵动)感于外物(境)的结果。船山也说:"乐生于心之动几,动而正则声和,动而邪则声淫,各象其所乐也。"⑦ "心之动几"即"心"感通于外境。因此,从"乐"之音声的

---

① (东汉)郑玄注,(唐)孔颖达疏,吕友仁整理:《礼记正义》,上海古籍出版社,2008,第1474页。
② (清)孙希旦:《礼记集解》,中华书局,1989,第988页。
③ (东汉)郑玄注,(唐)孔颖达疏,吕友仁整理:《礼记正义》,上海古籍出版社,2008,第1478页。
④ (明)王夫之:《船山全书》(第四册),岳麓书社,2011,第907—908页。
⑤ (东汉)郑玄注,(唐)孔颖达疏,吕友仁整理:《礼记正义》,上海古籍出版社,2008,第1460页。
⑥ (东汉)郑玄注,(唐)孔颖达疏,吕友仁整理:《礼记正义》,上海古籍出版社,2008,第1461页。
⑦ (明)王夫之:《船山全书》(第四册),岳麓书社,2011,第929页。

"和"与"淫"就可以判断出"心"之动的"正"与"邪"。反过来讲,对"心"的调理也就当然需要有"乐"的参与,如船山所说:"无乐以治心,则失心之真乐而缘于私欲,故鄙诈之习入主于中,以夺其心之本体。"①

《乐记》中说:"凡音者,生人心者也。情动于中,故形于声。声成文,谓之音。"孔颖达疏曰:"明君上之乐随人情而动。"②"心"感通于外境而有音声的发生,固然是"心"本身灵动的结果,还是情感的一种寄托。所以,船山除了从"心"的角度加以阐释之外,又从"性情"的角度作了进一步的说明。他说:"乐自和生而与礼相互成,故为'中和之纪'。性有其则而因其以发,情所必发,乐由之生,若其以至于命而致中和者,则先王立乐之尽善者为之也。"③ 礼、乐相互配合,它们的产生都是"性"向"情"转化过程中的必然。"礼乐为顺性饰情之美,则因此推之人事之繁,吉凶常变,皆礼乐以为之经,原本性情而为天下之达道,不可须臾离也。"④ 礼、乐作为实现性、情中和的重要途径,与之有着密切的关联,是挺立人道的根本因素之一。船山又说:"情有同异,同以相生而异以相成,乐之必中节而礼之必慎别,皆天地自然之理也。"⑤ 借礼之别与乐之和以彰显性、情,从本质上来说,是气化流行之理的内在要求。"人情之极致,序而和之,则情无不得而理无不尽,此其所以莫能变易也。""有是情理,则礼乐必如是以将之,不可得而增减也。"⑥ 情的出现,作为一种必然性,不可能也不应该被取消,正确的处理方法只能是面对并循"理"善加引导。这便提出了如何加以引导以及凭借何种媒介的问题。

通过分别从"心"与"性情"两方面的分析论述,船山最后总结说:"人无异性,斯无异情,无异情斯无异治,故历代王者相沿,皆以礼乐为治教之本也。"⑦ 就人道而言,"性情"乃是其本质,这是个体的真实存在。所以,教化的重点就是如何"顺性饰情",而这也恰好是礼、

---

① (明)王夫之:《船山全书》(第四册),岳麓书社,2011,第949页。
② (东汉)郑玄注,(唐)孔颖达疏,吕友仁整理:《礼记正义》,上海古籍出版社,2008,第1462页。
③ (明)王夫之:《船山全书》(第四册),岳麓书社,2011,第954页。
④ (明)王夫之:《船山全书》(第四册),岳麓书社,2011,第920页。
⑤ (明)王夫之:《船山全书》(第四册),岳麓书社,2011,第913页。
⑥ (明)王夫之:《船山全书》(第四册),岳麓书社,2011,第932页。
⑦ (明)王夫之:《船山全书》(第四册),岳麓书社,2011,第905页。

乐的归趣所在。"礼乐为修己治人之本务。"① 因此,礼、乐也就成了个体德性修养与群体秩序维系的根本。

二 礼、乐相参相辅

船山在明确了礼、乐并举有其形上与形下两方面的原因之后,接着讨论了如何实现二者的并举。即在现实的遵礼过程中,礼乐是如何分别起作用的。

(一) 乐以和心正乱

船山首先指出,要发挥"乐"的功能以对"心"起到某种引导作用。他说:"凡人目之于色,耳之于声,皆应感起物之几,而声音之感,不待往取而自入,故感人心者莫深如乐。"② 音声之于耳,犹如五色之于目,都是人物之间的一种应感关系。然而,与五色不同,音声却可以直抵人心。"心有合离攻取,因事物之同异从违而喜怒哀乐徵见于声响,凡口之所言,气之所吹,手之所考击之节,皆其自然之发也。"③ 在"心"与物之间的相互应感过程中,双方之间的感通并不是对等的;人可以将其对物的感通之情进行提升,并通过音声传达出来。"声音之道,唱则必随,抑则必扬,自然相应。而其应也,必变于其前,未有往而不返,同而得和者也。"④ 于声音"唱随"与"抑扬"的相应中,实现着对心灵宁静和合状态的追求。"呼则前,叱则却,禽兽之知声也。一激一扬,一唱一和,歌谣之中,五音存焉,众庶之知音也。合其伦理,审其通变,以徵其心政,唯君子能之。"⑤ 因此,就要对音声有一种艺术性的把握,既能有乐律音声的协调之美,也能有情感价值的善恶寄托。

《乐记》中说:

> 乐者,通伦理者也。(引者案,郑玄注曰:伦,犹类也。理,分也。)是故知声而不知音者,禽兽是也。知音而不知乐者,众庶是也。唯君子为能知乐。是故审声以知音,审音以知乐,审乐以知政,而治道备矣。

---

① (明) 王夫之:《船山全书》(第四册),岳麓书社,2011,第950页。
② (明) 王夫之:《船山全书》(第四册),岳麓书社,2011,第921—922页。
③ (明) 王夫之:《船山全书》(第四册),岳麓书社,2011,第888页。
④ (明) 王夫之:《船山全书》(第四册),岳麓书社,2011,第888页。
⑤ (明) 王夫之:《船山全书》(第四册),岳麓书社,2011,第895页。

孔颖达疏曰：

> 禽兽知其声，不知五音之和变，是声易识而音难知矣。
> 众庶知歌曲之音，而不知乐之大理，是音犹易而乐极难也。
> 所以审乐知政者，乐由音声而生，声感善恶而起，若能审乐，则知善恶之理，行善不行恶，习是不习非，知为政化民。①

从音声之乐对"心"的影响到对政治的影响，这一思路也为船山所认可。他说："荒、陂、忧、哀、危，五音之失其理也。一音不正则四音交累而不和矣。凡治乱之数皆先见于音，音之或和或乖，感人情物理而必应之。"② 宫、商、角、徵、羽五音的失理，会直接导致荒、陂、忧、哀、危五种悖乱，不仅会对人心的状态造成伤害，还会促发社会的混乱，也就是对整个"礼制"的否定。"安乐之感，情平而事得其序，政益和矣。怨怒之感，情激而上下相戾，政益乖矣。哀思之感，情疲而偷，民益困矣。音由世之治乱而异，而还感人心，复生治乱。"③ 对于"乐"而言，无论是其积极的方面，还是其消极的方面，其对个体心灵与社会群体的作用都是双向性的。所以，对音、声必须进行谨慎的察审，恰如船山所言："知声者或不能知音，而音在声中，审声而音察矣。知音者或不能知乐，而乐者音之通，审音而乐叙矣。乐审则因其和怨哀思而知政之得失，以治人之情而图治之道尽矣。"④

"乐"的作用虽然体现为两个层面，但根本的还在于对"人心"的协调。正如曾国藩在《原才》中所说的：

> 风俗之厚薄奚自乎？自乎一二人之心所向而已。民之生，庸弱者，戢戢皆是也。有一二贤且智者，则众人君之而受命焉，尤智者所君尤众焉。此一二人者之心向义，则众人与之赴义；一二人者之心向利，则众人与之赴利。众人所趋，势之所归，虽有大力，莫之敢逆。故曰：'挠万物者莫疾乎风。'风俗之于人之心，始乎微，而终乎不可御者也。⑤

---

① （东汉）郑玄注，（唐）孔颖达疏，吕友仁整理：《礼记正义》，上海古籍出版社，2008，第1467页。
② （明）王夫之：《船山全书》（第四册），岳麓书社，2011，第893页。
③ （明）王夫之：《船山全书》（第四册），岳麓书社，2011，第892页。
④ （明）王夫之：《船山全书》（第四册），岳麓书社，2011，第895页。
⑤ （清）曾国藩：《曾国藩全集14·诗文》，岳麓书社，1986，第181—182页。

船山说:"君子乐乎正,故以雅乐为乐,小人乐乎淫,故以奸声为乐,盖习尚渐渍而情为之移也。然小人之乐,沉湎迷惑,失其本心之顺,欣极必厌,而奚乐哉!"① 君子小人之间的差异,在于对"乐"的应感不同,而且这一不同最后会体现在"(本)心"上。"声非外生,乐非外饰,故君子必慎其动之本而根极于其所乐之正,发之为象,不但习其器而遂求工也。"② "乐"与"心灵"之间存在着这种双向的应感关系,人们对于"乐",也就不能仅仅停留于外在的娴熟操作中,而应该深入到内心的浸润之中,如船山所说"不但习其器而遂求工",即《论语》中的:"礼云礼云,玉帛云乎哉? 乐云乐云,钟鼓云乎哉?"(《阳货第十七》)船山最后总结说:"'乐'以化民成俗,'刑'以止恶向善,皆教也,而'乐'以导其心之和,'刑'以正其心之悖。"③ 与其他的规约手段(比如"刑")不同,"乐"的特色在于能与心灵直接相关,这对于遵礼具有重大的意义。

(二)礼乐互用成化以行礼

"乐以和心"的意义在于为遵礼主体提供心灵基础,并与"礼"相互配合,促使其更充分地践履礼的规约。船山说:"乐则不倦于更施,安则不淫不伤而居之也泰。礼之报,乐之反,以劝勉人情之不足而节其有余,皆使得乎中而称乎情,故曰'一'也。"④ 礼、乐的功能作用虽不同,但二者的宗旨、指向与归趣却是一致的。"礼乐同原而互用,中非和不行,和非中不立,唯古者礼乐始制之时则专官以求其独至,后世礼明乐备,学者当旁通曲尽以交修于礼乐,不可以古人自恕也。"⑤ 从天道的角度言,礼、乐同源并生;从人道的角度言,礼、乐也应该相互辅助以行,二者缺一不可。无"乐","礼"不足以自行;无"礼","乐"不足以自立。"礼乐须执其事而习演之,极寒盛暑,易生厌倦,故须春秋中和之候。"⑥ 天道运行,不能"极寒盛暑",需要以"春秋(达)中和之候"。"一动一静,互用以成化,故礼必得乐以和,乐必依礼以节,圣人必合言之。"⑦ 如动静一样,礼、乐也需要相依互用,方能化民成俗。

---

① (明)王夫之:《船山全书》(第四册),岳麓书社,2011,第927页。
② (明)王夫之:《船山全书》(第四册),岳麓书社,2011,第929页。
③ (明)王夫之:《船山全书》(第四册),岳麓书社,2011,第1130页。
④ (明)王夫之:《船山全书》(第四册),岳麓书社,2011,第952页。
⑤ (明)王夫之:《船山全书》(第四册),岳麓书社,2011,第1200页。
⑥ (明)王夫之:《船山全书》(第四册),岳麓书社,2011,第338页。
⑦ (明)王夫之:《船山全书》(第四册),岳麓书社,2011,第915页。

"同而不饰则逐物而失己，离而不合则矜貌而损情，唯礼乐并行则敬而情有以合，亲而貌有以饰，无二患矣。"① 只追求"乐"的合同效果，忽视"礼"的文饰作用，就会有陷溺逐外之偏；相反，只具备"礼"的外在恭敬，缺失"乐"的内在调养，则会对人情有所伤害。礼、乐双水并流，既不失温情脉脉的维系，又不致虚伪守礼的刻板。"礼之度，乐之数，不疾不徐，始终恰合。"② 所以，在遵礼循礼践礼的过程中，礼乐应该互用并辅，恰合始终。

（三）礼乐内外交养以守礼

礼、乐相辅相助，其预设为二者功能发挥的范围有其各自的独立性。礼更侧重于外在行为的范导与规约，乐则更侧重于内在心灵的疏导与涵养。船山说："乐以调性情之戾而移之，礼以正威仪之失而闲之，内外交相养也。"③ 朱子说："闲，阑也，所以止物之出入。"④ 孔安国说："闲，犹法也。"⑤ "礼"的作用就是提供一种基本的规范准则以约束行为，"乐"的作用则是协调和合性情的纯洁。

> 礼以修外，而威仪既饬，则入而感其庄敬之心，以安于节而志意欣畅，斯敬和一矣。乐以修内，而性情既顺，则出而形诸气体之间，无所强而从容中度，斯威仪定矣。内外交养，而肌肤筋骸与神明志气浑然一善，无有间矣。⑥

"礼"通过规范来创造一种庄敬感，使行为在逐渐地契合这种场域的过程中进而影响到内在的心灵状态。紧承这种状态，施以"乐"的效用，使得"心"在从容温钦的浸润之中实现平和与宁静。这也就是程子所说的："礼只是一个序，乐只是一个和。"⑦ 船山又说："盖从用而言之，则礼治外而乐治内，固不嫌乎分言；从体而言之，则和因已发之情而礼本未发之节，固不可离而二之也。"⑧ 从发用与功能上讲，礼、乐二者之间有其各自的特殊性；若从通体与旨归上讲，二者之间则具有某种贯通

---

① （明）王夫之：《船山全书》（第四册），岳麓书社，2011，第900页。
② （明）王夫之：《船山全书》（第四册），岳麓书社，2011，第625页。
③ （明）王夫之：《船山全书》（第四册），岳麓书社，2011，第514页。
④ （南宋）朱熹：《朱子全书》（第六册），上海古籍出版社，2010，第235页。
⑤ （魏）皇侃：《论语义疏》，中华书局，2013，第502页。
⑥ （明）王夫之：《船山全书》（第四册），岳麓书社，2011，第515页。
⑦ （南宋）朱熹：《朱子全书》（第六册），上海古籍出版社，2010，第222页。
⑧ （明）王夫之：《船山全书》（第四册），岳麓书社，2011，第950—951页。

性。也就是说，礼、乐通过各自的工夫修养，最后所要达到的目的是一致的。

> 礼动乎外以治身，而耳目口体以侈肆为便安，故动之者必为裁抑，勿使奔物以流而授之以节。乐动乎内以治心，而和方在中，不能宣畅流通以极其情之所必至，故动之者必引而传之，长言咏叹舞蹈之不足，抑取天地之产，摇荡其虚籁，华饰其形容，使形声充满于两间以宣其悦豫，此礼乐之用所自生也。①

礼、乐二者并不构成一种体用关系，但它们却是具有体用性质的身—心关系的反映。礼以约身，可内动乎心；乐以和心，可外达乎身。礼、乐交错共融，身、心协调互应。

> "默而成之"，乐也。"不言而信"，礼也。乐存乎德，礼存乎行，而乐以养德，德以敦行，礼乐德行，相为终始。故君子之于礼乐，不以斯须去身。然则无礼之则而言尚行，无乐之意而言养德者，其为异端可知也。②

朱子说："德者，得也。得其道于心而不失之谓也。"③ "行道而有得于心而不失之谓也。"④ 礼乐交错，体用相协，身心互应，内外交通，德行兼存，终始有恒。这既可以看作是个体进行礼、乐修养的目的，也可以看作是整个社会进行礼乐教化的终极目标。

（四）礼减乐盈以持礼

船山在对礼、乐的功能作了整体性的把握之后，又从其功能的角度作了进一步的论述，从而将"礼"的作用概括为"减"，将"乐"的作用概括为"盈"。他说："阴礼阳乐，礼主乎减，乐主乎盈，阴阳之撰可体验者，莫此为显。"⑤ 把礼、乐的功能与阴阳相关联，这是传统礼学的特点；然而将其提升为减、盈，则是船山礼学的特色。

---

① （明）王夫之：《船山全书》（第四册），岳麓书社，2011，第951页。
② （明）王夫之：《船山全书》（第十二册），岳麓书社，2011，第425页。
③ （南宋）朱熹：《朱子全书》（第六册），上海古籍出版社，2010，第137页。
④ （南宋）朱熹：《朱子全书》（第六册），上海古籍出版社，2010，第121页。
⑤ （明）王夫之：《船山全书》（第十二册），岳麓书社，2011，第405页。

> 礼以裁抑为节，而裁之已过，则人情苦不能安，故务为相报之礼。让人者人亦让之，敬人者人亦敬之，虽自卑替而终得尊光，互相推奖，往来嗣继而不匮，则人乐于行而礼可大矣。乐以宣畅为用，而发之已极则反诸固有而或溢，故为之反本之道，使干羽从音，八音从律，止于其数之固有，而黄钟以降，虽有上生下生之别，要皆有损而无益，以约人心而不使之流，则人得其和而乐可久。此先王裁成礼乐之道也。①

"减"其实也就是"裁抑"，"盈"也就是"宣畅"。一方面，礼、乐具有实践的品质；一方面，性情处于一种日生日成的过程中。所以，礼、乐的作用也需要在动态中才能得到彰显。其中，"礼"游离乎人群之间，自然要表现出"他者"之间的制约性；"乐"感发乎内外之际，则要表现出心灵的持足状态。"勉其不足之谓文，裁其有余之谓节。节文具而礼乐行，礼乐行而中和之极建。"② "礼"虽主"减"，但其中也有"加"的因素，即"勉其不足的文"。同样，"乐"虽主"盈"，也有"虚"的因素，即"使得人心不流的约"。"乐以发情而和，其德阳；礼以敛形而肃，其德阴。乐因天地自然之声以感其性情，故谓之'来'；礼待志气之动而后行，故谓之'作'。"③ "减"与"盈"是从礼、乐与阴、阳的关联上来说的。"阴"通过肃杀性来实现天道的含藏，便是"减"；"阳"通过温润性来实现天道的流行，便是"盈"。船山最后总结地说：

> 礼主乎减，所以裁抑形神而使不过；然必进以为文者，鼓动其欢忻畅达之情以行礼，则无强制不安而难继之忧。乐主乎盈，以舒志气而使乐于为善；然必反以为文者，收敛神情，如其自得者而乐之，则无随物以靡、往而不复之伤。盖礼乐互相为节而成章，习其数，精其义，得其合同而化之，神斯须不去而节自著，故乐之不厌。④

礼、乐各有其功能特征，这是就其整体而言的。但各自内部也有辅助因

---

① （明）王夫之：《船山全书》（第四册），岳麓书社，2011，第951页。
② （明）王夫之：《船山全书》（第一册），岳麓书社，2011，第831页。
③ （明）王夫之：《船山全书》（第四册），岳麓书社，2011，第626页。
④ （明）王夫之：《船山全书》（第十二册），岳麓书社，2011，第254页。

素，在相反之中实现着补充与相成。

(五) 礼乐感于孝悌以行礼

船山以上几个角度皆从"分"的层面阐释了礼、乐的属性以及其在主体遵礼过程中所发挥的作用，为了进一步体现礼、乐二者于遵礼体系所具有的实践品格，他又从"合"的角度给出了说明，即礼、乐的功能最终应该回归到以孝悌为本的现实中来。船山说："以孝悌为本，以礼乐为用。修之门内，诏之师傅者，孝悌之实；习之学宫者，礼乐之务。"① 主体在遵礼的过程中，不仅礼、乐二者需要相互辅助，而且礼乐还需要与孝悌相互发明。可以说，遵循礼法就是要使那孝悌之心得到显发。"以孝悌为立教之本，礼乐为成德之实，尤为宏深而切至。"② 强调自然血缘与亲亲之情的孝悌是以礼乐为主的教化的基础与归宿，任何一种人伦关系的展开都是建立在这一自然情感之上的，而任何一种教化的实施说到底都是这一情感的推行。"乐成而终，教之以孝养之事，所以劝之于乐德也。"③ 从乐到乐德的增进，需要得到孝悌情感的培养。

> 所谓孝悌为礼乐之本实，无所往而不一此为亟也。孝悌者，生于人之心而不可以言喻者也。讲求其理则迂阔而辞不能达，科以为教则饰行而非其自得，故先王所以化成天下者，唯躬行而使人之自生其心，则不待言孝言悌而已从众著之矣。古人诱掖进之大用，洵非后世之所能与也。④

从情感的培养，到礼乐的修习演用；从个体之心的发越，到伦理纲常的维系；从德性的涵养到天下的化成，都呈现在遵礼的这个整体大系统之中。"乐成礼备，幽以格神而明以示民，有司得而习之，百姓得以见之，此则礼乐之用，行之天下后世而与民共由之矣。盖德肇于独知，而道昭于众著也。"⑤ 这里再一次显示出，礼、乐并用对于国家社会礼治的重要性。

三 礼、乐成德化俗

船山考察了礼、乐如何促进遵礼在实践过程的展开，在这一基础之

---

① (明) 王夫之：《船山全书》(第四册)，岳麓书社，2011，第521页。
② (明) 王夫之：《船山全书》(第四册)，岳麓书社，2011，第503页。
③ (明) 王夫之：《船山全书》(第四册)，岳麓书社，2011，第512页。
④ (明) 王夫之：《船山全书》(第四册)，岳麓书社，2011，第521页。
⑤ (明) 王夫之：《船山全书》(第四册)，岳麓书社，2011，第908页。

上又进一步讨论了礼、乐并用所达到的效果。他说:"习于礼乐而养成其德行,则敖慢不行而守其侯度,乃以国安而致令名也。"① 习礼奏乐,小可以养德从而致后世以令名,大可以守侯度以安国化成天下。

(一) 个体成德以守礼

礼、乐首先必须践履于个体,所以对个体的德性修养具有很大的影响。船山说:"先王于射而节之以乐,合内外以行典礼,通耳目之蔽而会之以心,以尽夫殊途百致之大用,所以牖人心而体天德者至为深切。"② "六艺"之中,"乐"所具有的明显特征,就是可以突破感官的局限而直抵人的内心之间,即"听德"。孔子在谈到他的一生时曾说道:"六十而耳顺。"朱子注曰:"声入心通。"③ 心耳之间直接关联。而冯友兰先生在其晚年所撰写的《中国哲学史新编》(第一册)中,将这句话解读为:"'耳'就是'而已'。而已两个字的连读,念得快了,就成为'耳'。'六十而耳顺'就是六十而已顺。"④ 船山对"乐"极为重视,曾批评《孟子》一书不言"乐"。⑤ 他说:"达之以乐,所以大顺人情之和也。"⑥ 由"心"而起,故可以顺"情"。"乐者,人情欣畅之极致也,可以得人情焉,即可以知王道焉。"⑦ 由情又可以推至知王道。这便不仅仅只是"乐",还需要"礼"的配合辅助。

> "恭敬",礼之验;"温文",乐之验。礼中乐和,各有其徵,而和怿一也。故周子曰:"中也者,和也。"以此为教而至于成德,则端庄恺易(引者案,即"恺惕""恺悌"。),沦浃充满,气质化而加于物者,自无不顺人情以达天理。⑧

"乐"只是顺情,"礼"才可达理。二者相合,才是"中和"之道。"乐以移情,礼以贞性,情移而后性可得而正,故乐先于礼。"⑨ "教亦多术,

---

① (明) 王夫之:《船山全书》(第四册),岳麓书社,2011,第 1533 页。
② (明) 王夫之:《船山全书》(第四册),岳麓书社,2011,第 633 页。
③ (南宋) 朱熹:《朱子全书》(第六册),上海古籍出版社,2010,第 75 页。
④ 冯友兰:《三松堂全集》(第 8 卷),河南人民出版社,2001,第 164 页。
⑤ "《孟子》七篇不言乐,自其不逮处,故大而未化。"(〔明〕王夫之:《船山全书》(第六册),岳麓书社,2011,第 623 页)
⑥ (明) 王夫之:《船山全书》(第四册),岳麓书社,2011,第 572 页。
⑦ (明) 王夫之:《船山全书》(第八册),岳麓书社,2011,第 90 页。
⑧ (明) 王夫之:《船山全书》(第四册),岳麓书社,2011,第 515 页。
⑨ (明) 王夫之:《船山全书》(第四册),岳麓书社,2011,第 718 页。

而先王之所以尚者唯礼乐，其以正情而饬性者密矣。"① 礼、乐并举，才能移情正性。忽视任何一方，都可能性情有偏颇。船山最后总结说："而又节之以礼，和之以乐，使德成于内而文见于外，则材全德备，浑然不见一善成名之迹；中正和乐，粹然无复偏倚驳杂之蔽；而其为人也亦成矣。"② 人们在培养君子的德性时，都需要发挥礼、乐的双效作用。

（二）社会化俗以循礼

个体的成人目的需要礼乐并举，群体社会的移风易俗亦是如此。船山说：

> 礼乐作而亲敬行，仁义之用著矣。③
>
> 乐之同也，和其所和而不和其所不和，好恶于斯而著焉，好恶著则亲贤而远不肖，乐之所以通于贵贱之等也；礼之别也，刑赏因之以立，刑以禁暴，爵以举贤，人心悦服其政之均平，礼之所以成乎上下之和也。二者之功一致，仁义之所以并行不悖也。④

礼、乐的实践品质需要融化进个体的修养过程中，与其生命状态相关联，进而使循礼、和乐成为一种行为方式。再反过来，促进社会公序良俗的构建。可以看出，礼、乐的范导功能不仅针对个体，也针对着整个社会群体。用船山的话来讲，就是要在社会层面通过推行礼、乐的教化从而实现仁义之用。"制礼作乐，皆以示天下后世者也。礼乐之有声容，器也，而为道之所显。故尽其道必备其器，器不备则道隐，而德亦因之不立矣。"⑤ 从礼、乐到仁义，这是人道得以挺立的一个重要环节。"以仁敦亲，而兄弟之谊准此矣；以义彰别，而君臣朋友之道准此矣。仁义立而五伦叙，礼以之序，乐以之和，故立人之道，仁与义而已。"⑥ 对于人道而言，仁义是其大端。只要仁义得以实现，便可以使主要的社会关系（即"五伦"）也得到实现。"乐取法于政教，酌高下疾徐而因时合节则善，善则移风易俗，民之行皆顺君之德矣。"⑦ "乐"有一种导风俗于善

---

① （明）王夫之：《船山全书》（第四册），岳麓书社，2011，第514页。
② （明）王夫之：《船山全书》（第七册），岳麓书社，2011，第779页。
③ （明）王夫之：《船山全书》（第四册），岳麓书社，2011，第900页。
④ （明）王夫之：《船山全书》（第四册），岳麓书社，2011，第901页。
⑤ （明）王夫之：《船山全书》（第四册），岳麓书社，2011，第611页。
⑥ （明）王夫之：《船山全书》（第四册），岳麓书社，2011，第681页。
⑦ （明）王夫之：《船山全书》（第四册），岳麓书社，2011，第918页。

的功能。"秩叙明则礼乐兴。"① "礼"则能够确立基本的规范。礼乐并举，为培养伦理社会提供深厚的德性土壤。"治定制礼，功成作乐，圣人而在天子之位，乃建中和之极。"② 圣王合一，方建中和之道。这也是《中庸》第二十八章所说的："非天子，不议礼，不制度，不考文。""虽有其位，苟无其德，不敢作礼乐焉；虽有其德，苟无其位，亦不敢作礼乐焉。"朱子引郑氏之言曰："言作礼乐者，必圣人在天子之位。"③ 对于传统知识分子而言，"圣王合一"乃是最为理想的政治构架。在这一构架中，礼乐所具有的功能显示了其能够作为最有效的媒介而被接纳。船山的遵礼体系无疑也是这一传统的继续与发展。

四 小结

船山讨论礼、乐并进以遵礼，首先指明了二者所具有的合法性，从天道（形上）与人道（形下）两个层面考察了礼、乐之所以能够起作用的根据。船山在此基础上，又详细分析了礼、乐二者在推进遵礼、循礼、守礼的过程中分别所发挥的功效，阐述了礼、乐如何依据其固有的特质来促进遵礼系统的完成。最后船山又从礼、乐二者在个体德性之完成与社会秩序之构建所达到的效果来说明其对遵礼系统的推进作用。

本章小结

综上所论，船山分别从四个方面对"遵礼策略"或"遵礼实践路径"进行了考察。儒学对于鬼神一直持有"存而不论"的态度，这种态度既可以避免"宿命论"式的迷信，又可以防止"人定胜天"的盲目，始终使人对于包括鬼神在内的外在力量保持一种"敬畏"的心理，从而为遵礼践履提供心灵上的依据。其实，这也从侧面反映了船山遵礼立人道的旨归，因为人是不可能在自身所无法把握的外在力量中寻求一种价值的寄托的，而是必须奠定在对自身理解的基础之上。通过"神道设教"的实践方式来促进遵礼的推进，便是这一理路的体现。与"神道设教"通过一种宗教的迷狂与情结以提供敬畏的心灵依据不同，"垂范劝喻"与"教育熏习"则重视一种理性的训练与引导。前者是从官方与社会民间的角度进行规约，后者则是从学校的角度进行规范。因为古代学

---

① （明）王夫之：《船山全书》（第十二册），岳麓书社，2011，第291页。
② （明）王夫之：《船山全书》（第十二册），岳麓书社，2011，第238页。
③ （南宋）朱熹：《朱子全书》（第六册），上海古籍出版社，2010，第54页。

校教育具有很强烈的伦理倾向，使得它的教育具有明显的社会化特征。因此，二者在促进遵礼实践的过程中总是彼此渗透、相辅相成。此外，船山还从"乐"的层面进行了阐发。船山对"乐"本身作为"礼"之体系中的一个因素进行了探讨，肯定了二者在遵礼进程中的作用。因为"乐"必然指向人的性情方面，所以，船山对"礼乐"共同推进遵礼的讨论也就暗含了对性情的处理将会成为遵礼旨归的一个重要方面。

第七章 遵礼旨归：船山遵礼之价值取向

船山构建他的遵礼系统，必然要讨论这一系统所具有的功能与价值。他分别从两个方面作出了阐释：一是通过遵礼解决自宋儒以来就一直为儒者所关注的心性问题，这个问题的解决既有哲学形上层面的意义，又有个体伦理价值层面的意义；在此基础之上，船山又对遵礼具有挺立人道的功能进行了讨论，首先是为遵礼主体的价值安顿提供了保障，其次是对人与人之间关系的调节作出了回应，最后是为政治的治理提供了可能。林乐昌先生曾将张载礼学的功能总结为三个方面："成德践行""社会教化""养民治国"。① 其中，"成德践行"指向的是个人德性的修养，正对应于船山此处所讨论的心性问题；"社会教化"与"养民治国"，强调礼的外在效能，与船山所说的"挺立人道"颇为契合。船山受张载思想的影响，无疑使其与张载在礼之价值方面的论述有着颇为一致的脉络理路。

第一节 遵礼以存心养性

"存心""养性"的思想在经典《孟子》中虽已经有所论述，甚至直接表达为"存心"："君子所以异于人者，以其存心也。君子以仁存心，以礼存心。"② 但将二者统一起来加以直接的阐释则是在宋明理学时期。张载在《西铭》中（原名《订顽》，后为程子所改）就颇具洞见地说道："知化则善述其事，穷神则善继其志。不愧屋漏为无忝，存心养性为匪懈。"③ 船山在参伍张载思想的基础之上，突出"礼"的作用，考察了遵礼对"存心养性"所具有的功效。

一 遂心而存德

"礼以遂心而存德"，重点讨论了礼—心之间的关系。心因礼制而

---

① 林乐昌：《张载礼学论纲》，《哲学研究》2007 年第 12 期，第 49—51 页。
② （南宋）朱熹：《朱子全书》（第六册），上海古籍出版社，2010，第 363 页。
③ （北宋）张载：《张载集》，中华书局，1978，第 62 页。

和，礼和心以涵德，从而实现礼以存心、礼立人道的价值。

（一）总论礼—心关系

船山对礼—心关系即"礼以存心"的把握与其气本论即气化生万物之间的联系是我们首先需要加以简单考察的一个根本问题，在此基础上才能进一步清晰地理解他对礼—心关系脉络的论述。

> 天之造物，何尝以心稽哉！而规之穷于圆者圆之，矩之穷于方者方之，飞潜动植，官骸枝叶，灵妙而各适其体用，无他，神凝于虚，一而不桎，则无不尽其巧矣。故不待移而无不可移也，更生而仍如其升也。①
>
> 万物生大造之中，生其死，死其生，化其化者，皆非天地之心，一其机之不容已者耳。②

天道大化流行，皆是自然之理，这是造化的德性之所在；所化生的万物，也是依其各自的本性而生生死死，这是万物自身的德性，也同时是造化德性的体现。

> 天地以生物为心，而所生之物因各得夫天地生物之心以为心，所以人皆有不忍人之心也。③
>
> 上天生杀之机，物无心而效其化，故王者于此候之，以肖天心而顺物理，因以禁民而为之制也。④

人作为天地万物中的一员，当然也必须要体现造化的德性，即遵循其自身的性理。我们曾指出过，万物是自然地依循"理"，人则需要努力地遵循"礼"，因为当"理"落实到人这里时已经经过了"礼"的"洗礼"。也就是说，人虽然也是在遵循着"理"，但早已不是原初的"理"，而是礼化后的"理"，即"礼"。另外，人禽之辨我们虽然也曾详细地进行过讨论，但主要是从"礼"的角度来加以展开，因此就有必要在这里提及不容忽视的另一个角度，即"心"。

---

① （明）王夫之：《船山全书》（第十三册），岳麓书社，2011，第305页。
② （明）王夫之：《船山全书》（第十三册），岳麓书社，2011，第289页。
③ （明）王夫之：《船山全书》（第八册），岳麓书社，2011，第213页。
④ （明）王夫之：《船山全书》（第四册），岳麓书社，2011，第320页。

> 禽兽之气隐中于人心者溢出而为言。
> 禽兽之情变易夫人心者，害发于无位之处士。①
> 人之所以异于禽兽者，名而已矣。心能喻之，言不能别之，则义不达而冥昧无有恒则，故夫子言"为政"而以正名为先，岂但为卫辄言之哉！②

前两条材料显示，"心"也是人禽差异的一个重要标志，然而这与其以"礼"辨人禽的主张是否存在着冲突，或者说，在船山的思考中，人禽之辨存在着两种标准，那么在对其他相关问题的思考中是否也意味着如此呢？后一条材料表明，"礼"—"心"之间既不存在着冲突，也不是人禽之辨的两种标准。因为如果承认其中的任何一种，都会导致出现"礼""心"的二元化倾向，而这在其气本论的哲学中根本无法找到合理的依据，甚至这本身就是与气一元论的观点相背离的。但又如何解释船山这种两存式的表述呢？这就涉及了一个重要的问题，即"礼"—"心"之间的关系，也就是船山这里所说的"名"或"名教"（即"礼"）与"心"之间的关系。于此船山曾有明确的表述："先王因人心自然之义而立之名教，以止天下之邪心而使自勉于君子，此其效矣。名教之于人，大矣哉！"③ 指出了"名教"之所立乃是根据"人心自然之义"而成，也就是说"礼"的产生是因"心"而成。而且，船山在这里还点出了"名教"（"礼"）对于人的重要作用（"名教之于人，大矣哉！"）。

"名教"于人之所以具有如此重要的作用，乃在于"礼"—"心"二者之间有着非常密切的关系，而船山对"心"的重视是无可置疑的，他说："人之所可存可养者，心而已矣。"④ 这就意味着，对于人而言，想要实现德性的提升，唯一可以用力的地方就是"心"，此"心"之外，更无他学。这一思想孟子就曾有过表述："学问之道无他，求其放心而已矣。"朱子注为："学问之事，故非一端，然其道则在于求其放心而已。"并引程子的话："圣贤千言万语，只是欲人将已放之心约之，使反复入身来，自能寻向上去，下学而上达也。"⑤ 朱子没有指出"放心"者系何，

---

① （明）王夫之：《船山全书》（第八册），岳麓书社，2011，第394页。
② （明）王夫之：《船山全书》（第四册），岳麓书社，2011，第107页。
③ （明）王夫之：《船山全书》（第四册），岳麓书社，2011，第230页。
④ （明）王夫之：《船山全书》（第六册），岳麓书社，2011，第1076页。
⑤ （南宋）朱熹：《朱子全书》（第六册），上海古籍出版社，2010，第405—406页。

程子也只是稍微点出:"寻向上去,下学而上达。"经过杨伯峻先生的考证,则明确地指出,孟子这里所说的"放心"就是指"本心""良心"(吴定《紫石山房文集求放心解》:"孟子所谓'求放心'者,非纳其放心聚之于学之谓,'放心'即孟子所谓'放其良心'、'失其本心'者也。"译文为:"学问之道没有别的,就是把那丧失的善良之心找回来罢了。"),① 是就道德的意义上来说。只有在德性的层次与境界上,才有等级可言,才有提升的空间,船山此处所理解的"心"与孟子这里的表达应该非常相近,否则就无所谓"放"与"不放",更无所谓"可存养"与"不可存养"。而关于礼与心之间的关系,早在《礼记》中就有过论述:"凡治人之心,莫急于礼。"② 如果接着上面的思路,这句话的意思就是在说"心"之德性能够提升的层次与空间完全取决于对"礼"的践履程度,"心"本身是不能实现其自身的提升的,这一点我们在之后的讨论中会看得更清楚。此外,陈力祥也指出:船山所说的"礼与人心是一种交互关系","礼与养心是相互联系、相互影响、相互制约的"。③ 综上,我们已经基本上明确了在船山的思想中"礼"对于"(人)心"的重要作用,这其实就是"礼"对人之作用的深入化体现。

(二) 礼生于心而制心

"礼"固然对"心"有着非常重要的作用,然而这一合理性的依据何在?在学理上讲,最终还要归到气本论上。陈力祥通过对船山气本论思想的考察,指出船山对"心"的阐释,也是从本体层面的角度出发的:"人心之本体来源为天,说明船山仍然在天人关系的范畴之内提出了人心之来源。""船山所说的心是直接源自于气的。"④ 顺着这个思路,我们会再一次惊奇地发现,"理—气"的思维模式是贯通于船山整个思想之中的。船山继承张载的气学思想加以他自身的发挥,主张"气"的本原性与第一性,"理"只是流行于"气"间,所以"理"于"气"中的"在"是一种内在的"在";与之相应的,"气"已化生成"心","理"又经过"礼化"而表现为"礼",也就当然、应该是衍生于"心"的。

---

① 杨伯峻:《孟子译注》,中华书局,2010,第247页。
② (清) 阮元:《十三经注疏·礼记》,中华书局,1980,第1602页。
③ 陈力祥:《王船山礼宜乐和的和谐社会理想》,社会科学文献出版社,2014,第87页。
④ 陈力祥:《王船山礼宜乐和的和谐社会理想》,社会科学文献出版社,2014,第73—74页。

> 礼所自生者心。①

> 礼非由天降，非由地出，而生于人心，尽其心以几于复礼，则天则无不可见矣。后有圣人者起而建极锡民，以远人于禽狄，虽百世可知也。②

船山这里明确说"礼生于人心"，而且他所一直强调的要以礼辨人禽现在看来是有其"（人）心"之根据的；与万物不同，人心虽"得乎天，而虚灵不昧"③，"莫不有知"。（按，朱子此语正是针对"人心"而言，"人之所得乎天，而虚灵不昧，以具众理而应万事者也"。又"人心之灵莫不有知"。④ 与朱子类似，船山亦以这种特性来言"人心"。）对于人道的形成，"心"可以说是最高的依据与基础了。我们看一下他的这两条表达：

> 孝弟者，德之本，礼之实也。谨诸此以达乎众礼之原，则天理之节文皆生心而不容已矣。⑤

> 节文之实，固有于心，治之所自生也。仪文之具，皆以反尽其心之实也。文以开治，武以止乱，功之所自成也。……礼所自生者心，而心为事之节，故礼之制，乃以中乎事之则。⑥

作为"理"之节文的"礼"固然生于人心，这一点无可置疑；又因为"礼"需要在现实中得到有效的运行，所以也就必须具备一些基本的德性以为践履提供基础，即船山此处指明的作为"德之本"的孝弟。因此，"礼"之功效的最大发挥乃在于其对心之诸德的处理（"仪文之具，皆以反尽其心之实也"），而这一点的合法性依据正在于"礼"原于"心"，以及"礼之实"乃"心之德"。（案，关于"礼之实"乃"心之德"我们这里只是提及，具体的论述之后会加以展开。）"心之发端，则是恻隐、羞恶、辞让、是非。到全体上，却一部全礼乐刑政在内。只缘仁、义、礼、知之德，弥纶两间，或顺或逆，莫不左右而逢原也。"⑦

---

① （明）王夫之：《船山全书》（第四册），岳麓书社，2011，第610页。
② （明）王夫之：《船山全书》（第四册），岳麓书社，2011，第1547页。
③ （南宋）朱熹：《朱子全书》（第六册），上海古籍出版社，2010，第16页。
④ （南宋）朱熹：《朱子全书》（第六册），上海古籍出版社，2010，第20页。
⑤ （明）王夫之：《船山全书》（第四册），岳麓书社，2011，第29页。
⑥ （明）王夫之：《船山全书》（第四册），岳麓书社，2011，第610页。
⑦ （明）王夫之：《船山全书》（第六册），岳麓书社，2011，第943—944页。

第七章 遵礼旨归：船山遵礼之价值取向　275

"心之发端"处就是"礼"之产生处，尽其恻隐、羞恶、辞让、是非的"四心之端"而成于仁、义、礼、智的德性之实就是"礼"的有效性体现，综合以上对船山论述的分析可以得出一个确切的结论，即"礼"生于"心"。然而这也仅仅只是从本体的来源层面作出的考察，想要深入地理解船山"礼"生于"心"这一观点背后的深刻蕴意，则需要从功效之用的层面来把握，所以他的另一些看似矛盾的表达就颇为值得我们注意。

"至于礼，则谓为因事而设，损吾情而节之，益吾情而文之，非吾心之本有也。"① "有其情则有其文，而即心即礼，是以如是其可必也。"② 船山这里又说"礼非吾心之本有"，这是否意味着与他"礼生于心"的说法相矛盾呢？显然不矛盾，只不过是从另一个角度来加以阐释二者的关系。"三代王者本天治人，因心制法，体其德，用其道，皆以信诸心之独至而无疑者为治教一世之定理，而见天下之事物莫不以此为至极。"③ 依循船山即用见（"现"音）体的思维模式，"本天治人，因心制法"就是在说，要以人道体现天道，这是他"言道必以人为归依""道专以人而言"思想的贯彻；要在人心的气用之中抽绎出礼法运行的准则，即他所说的"即心即礼"。这一点在他对道心、人心关系的表述中体现得更为明显。"有欲而以义胜之，有其怠而以敬胜之，于情治性，于人心存道心，于末反本，以义制事，以礼制心，守义礼为法，裁而行之，乃以成正而无缺。"④ 与人心道心这一范畴相并列的还有欲义、情性、心礼等，我们这里只考察其与心礼之间的联系。在讨论船山的论述之前，我们先来看一下朱子的表达："心之虚灵知觉，一而已矣。""二者（案，即"人心""道心"）杂于方寸之间，而不知所以治之。""必使道心常为一身之主，而人心每听命焉。"⑤ 检讨朱子的说法，不免有析"心"为"人心""道心"之嫌，尽管他也说"（心）一而已矣"。与之相比，船山的说法则稍有差异："情自是喜怒哀乐，人心也。此四端者，道心也。道心终不离人心而别出。"⑥ "故人心原以资道心之用。道心之中有人心，非人心之中有道心。"⑦ 不是使"道心"或"人心"成为一身之主，而

---

① （明）王夫之：《船山全书》（第七册），岳麓书社，2011，第681页。
② （明）王夫之：《船山全书》（第七册），岳麓书社，2011，第572页。
③ （明）王夫之：《船山全书》（第四册），岳麓书社，2011，第144页。
④ （明）王夫之：《船山全书》（第六册），岳麓书社，2011，第1146页。
⑤ （南宋）朱熹：《朱子全书》（第六册），上海古籍出版社，2010，第29页。
⑥ （明）王夫之：《船山全书》（第六册），岳麓书社，2011，第948页。
⑦ （明）王夫之：《船山全书》（第六册），岳麓书社，2011，第475页。

纳彼此于"听命"的关系之中；而是反过来要让"心"本身有所依循，因为只要"心正"，则必然会"身修"。可以看出，船山的这一见解实际上是暗暗契合了《大学》的宗旨，而且也符合朱子的思路："心有不存，则无以检其身，是以君子必察乎此而敬以直之，然后此心常存而身无不修也。"① 在朱子的脉络中，因为要于"人心""道心"彼此之间择一以为身之主，所以双方只是一种一（心）而二（心），但却不能二（心）而一（心）的关系；在以心为身之主这一点上船山与朱子是相同的，所不同的是，他认为"人心""道心"不是一种对立的关系，而是互相涵摄的关系，张立文先生将双方的关系最后归为"道心人心互藏；道心人心互统；道心人心交发"②，这是非常准确也非常有洞见的总结。因此，在船山的脉络中，"人心""道心"就既是一而二又是二而一的关系。这也就进一步为"礼以制心"作用的展开提供了某种人心基础。

"人之好恶无恒，而事物之得失无据，非礼以为天则，则虽有欲善之心，而非过即不及，事不可得而治矣。"③ "礼"虽衍生于"心"中，但其对"心"的作用却并不是也不可能是直接性的（因为"心"具有某种"虚性"），而是体现在对"心"的发用上，即对事有所节文。

> 义是心中见得宜处，以之制事；礼乃事物当然之节文，以之制心：此是内外交相养之道。固不可云以义制心，以礼制事。以礼制事，则礼外矣；以义制心，则义又外矣。若但于可食、不可食上，分得天理、人欲分明，则以礼制事之谓，饮食亦在外而非内矣。④

然而船山这里为何又要说"不可云以礼制事"？其实他是在强调，不能仅仅把"礼"看作是制事的准则，而更应该看作是对"心"的把握。所谓的"礼以制事"，无非就是要建立一种良好的、恰到好处的分寸感，但我们不要忘记，这种分寸感的最后支撑点是"心"。另外，单纯将"礼"看作制事的准则，也容易使"礼"工具化为一种外在的枷锁，这样就会钳禁人的行为，犹如他所说的："于可食、不可食上，分得天理、人欲分明"，这样的"礼"不仅无法制心，更无法制事。"以利事其亲，而人理绝矣。唯行其不容已之心，则仪文自中其节，而明之礼乐，幽之

---

① （南宋）朱熹：《朱子全书》（第六册），上海古籍出版社，2010，第22页。
② 张立文：《正学与开新——王船山哲学思想》，人民出版社，2001，第180—182页。
③ （明）王夫之：《船山全书》（第四册），岳麓书社，2011，第1196页。
④ （明）王夫之：《船山全书》（第六册），岳麓书社，2011，第747页。

鬼神，其致一也。"① 正确的态度应该是，从"其不容已之心"出发，在发用于事物之中实现其本身的分寸感（"礼乃事物当然之节文"），达到"礼"的节文效果，这样便既能制事，又能制心，即以义事其亲续人理，以礼制心明鬼神，实现"内外交相养"。

> 盖天之命人，有贤有不肖，有贵有贱，其理一也。故"圣人之大宝曰位"，天之所命，非人之所能为也。受命于天而鬼神受职，则位崇者其精气及远，而分卑者不足以流光。取精用物，魂气各肖其生，而尊卑之分出于人心大同之公义，自然以其各得者为安。故虽庸主可以奉七庙之神，而匹夫虽有圣德，不得过崇其所亲。知此者，可以知"天地设位，圣人成能"之大用一出于自然，而不可以私意乱之矣。②

能够按照"内外交相养之道"来履礼践义，自然可达到制事、制心的目的；从整个天地的结构来理解，这就是守住了人本身所处的"位"，能居其"位"，自然各得心之安。反之，行悖礼乱义之事则会摇荡其心，自然不能制事、制心：

> 盖不正之服食，始以不正之心，失其本人之节，胡乱衣之、食之，此内不能制外也。迫其衣其不正之衣而心随以荡，食不正之食而性随以迁，此外不能制内也。内外交养，却一边则不足以见圣。且如今人衣红紫绮丽之服，此心便随他靡靡摇摇去；衣葛尔无所表出，此心便栩栩轩轩去。即此推之，凡服之不衷者，皆足以生人骄奢僭忒之心，服之不盛者，皆足以生人苟且猥下之心。③

"礼"虽生于"心"，但"礼"的恰分程度则会影响"心"的走失与否，所以要以礼制事、制心。

（三）礼和心以涵心德

"以礼制心"这一表达看似是使"心"处于一种消极的状态，"心"始终要受到"礼"的"制（约）"。其实不然，"礼"不仅不是一种约束，反而是一种为了使心达到更高、更好状态的必要路径，

---

① （明）王夫之：《船山全书》（第四册），岳麓书社，2011，第1146—1147页。
② （明）王夫之：《船山全书》（第四册），岳麓书社，2011，第1095页。
③ （明）王夫之：《船山全书》（第六册），岳麓书社，2011，第747—748页。

即在约束中实现自由。"礼""心"的这种吊诡关系,《庄子》中曾有过很经典的比喻:"忘足,履之适也;忘要,带之适也;知忘是非,心之适也;不内变,不外从,事会之适也。"成玄英疏为:"夫有履有带,本为足为要;今既忘足要,履带理当闲适。亦犹心怀忧戚,为有是非;今则知忘是非,故心常适乐也。"① 真正的"适"乃是在"对待"中实现的,"礼"作为"心"的对待,便是要使"心"获得"和",这是船山"礼以遂心"思想的重要方面。"先王之制礼,唯以求人心之和而允矣。用礼而和,则用礼可也;不必用礼,亦唯求和而已矣。"② 从先王制礼的初衷与实践中用礼的目的来看,都是为了"(企)求人心之和"。

> 行礼者以求遂其心之所安,而无拘牵苦难之意,贵礼者贵此礼也。若矫强以违其情之所顺,则先王之道亦不美,而大小可不由矣,故行礼者不可不知其本和也;然知和之为贵,便废礼之节,则和非其和,而不可行必矣。章意倒重下节,以异端弃礼而自谓和,不知礼文具在,特在用礼者根心而行,则和自有节,不许舍礼求和也。③

正因礼能"和"心,所以心在实现"和"的状态之时其实也是其处于"安"的境界之时,也就当然不会有"拘牵苦难"的约束感;而且要时时刻刻守礼以和心,不可知和便废礼,因为这是一个严谨的、无止境的持守与涵养过程。

> 盖礼之有节,所以养人心之和,而使无一往而尽之忧,则唯其节也,是以和也。先王知和而全其和,彼乃知和而究以失其和,则较之拘于礼文而不知者,其失更甚。而抑知不善用礼者,违人心之和,以行其非礼之礼,故使高明之士激而为叛道之教,此君子所为大惧也。④

那种认为偶一实现"和心"之后便不再需要以礼约之的做法是"不善用礼"的表现,其虽"知和而究以失其和",于礼乃大悖,于心乃大乱;

---

① (清)郭庆藩:《庄子集释》,中华书局,1961,第662页。
② (明)王夫之:《船山全书》(第七册),岳麓书社,2011,第268页。
③ (明)王夫之:《船山全书》(第六册),岳麓书社,2011,第166页。
④ (明)王夫之:《船山全书》(第七册),岳麓书社,2011,第268页。

相反，能够知礼之和且加以终身的持守与践履工夫，也即把礼以和心的原则贯彻到了生命的始终，就是曾子所追求的"士不可以不弘毅，任重而道远。仁以为己任，不亦重乎？死而后已，不亦远乎？"（朱注："仁者，人心之全德，而必欲以身体而力行之，可谓重矣。一息尚存，此志不容少懈，可谓远矣。"①）如此便可实现"先王知和而全其和"的目的。而且礼以和心还对人际关系的交往有着重要的调节作用："以礼用事，则施礼之人内心世界能取得和谐；受礼之人，在礼的约束之下，其内心世界亦能取得和谐。因之，礼的基本价值，无论是施礼之人，还是受礼之人，只要是在礼的规制之下，施受礼之双方均能取得内心世界的和谐。"②

船山讲"心"因礼"和"，表明心在"礼"的场域中实现了最高的和谐，所谓的和谐就是一种分寸感，即各方面因素都能够达到一种恰当的平衡。"和"的这一含义可以说直接来源于《中庸》对"和"的表达："喜怒哀乐之未发，谓之中；发而皆中节，谓之和。中也者，天下之大本也；和也者，天下之达道也。致中和，天地位焉，万物育焉。"朱子注解为："无所偏倚，故谓之中。无所乖戾，故谓之和。极其中而天地位矣。极其和而万物育矣。"③同样是《中庸》里的表达，"极其中而天地位"便是说"道并行而不相悖"（朱注："四时日月，错行代明而不相悖"），"极其和而万物育"便是"万物并育而不相害"（朱注："天覆地载，万物并育于其间而不相害"）。④因此，我们这里所说的"心和"就是指心的各种德性都能够均衡地实现。曹魏时期的刘劭就曾指出："凡人之质量，中和最贵矣。中和之质，必平淡无味，故能调成五材，变化应节。是故观人察质，必先察其平淡，而后求其聪明。"就认为"（'中和'）能够调和出仁、智、忠、信、勇五种品德。'中和'本质是人的德、才、能高度的协调和统一"⑤。刘劭虽是从观人的角度来肯定"中和"，但其以德、才、能的协调来阐释"中和"这一点是值得注意的。与之不同的是，船山以"礼"为进路，在以礼制心、和心的过程中实现着对心之德性的涵存。

---

① （南宋）朱熹：《朱子全书》（第六册），上海古籍出版社，2010，第133页。
② 陈力祥：《王船山礼宜乐和的和谐社会理想》，社会科学文献出版社，2014，第84—85页。
③ （南宋）朱熹：《朱子全书》（第六册），上海古籍出版社，2010，第33页。
④ （南宋）朱熹：《朱子全书》（第六册），上海古籍出版社，2010，第55—56页。
⑤ （南朝）刘劭著，梁满仓、关瑞至译注：《人物志》，香港中华书局，2013，第7—8，vi页。

> 道有其秩叙，而人始成其为人；人有其知能，而道始显其为道。乃理与心相合之际，天与人相待之几，则有志于道者不可不察乎相因之实也。以明道而道大明，以行道而道大行，酌古人之教法而备其美，创未有之功能而极其用，道乃弘也。①
>
> 制礼之精义，体义理于心以求其宜称，而根心以无疑于理之固然，则忠信之德即此而存矣。非忠信之至，不足以审义理之变通，所谓"无本不立"也。②

弘人之道在于求"理与心相合"，而"礼"之制作的目的就是要使心明于义理（"体义理于心以求其宜称"），进而涵存忠信之德。朱子在《大学》"格物致知"补传中提到："莫不因其已知之理而益穷之，以求至乎其极。至于用力之久，而一旦豁然贯通焉，则众物之表里精粗无不到，而吾心之全体大用无不明。"③ 在此基础上，船山又以"礼"来范围之，如此便弥合了阳明对朱子批评颇多的物理、吾心内外为二的缺陷。"'德'者，爱敬之实，得之于天而喻于心之谓。"④ "人道之固然其诚者，身之理著于道；人道之能诚之者，德之几见于心也。"⑤ 心之"德"乃得于天而喻于心，心之用又以身而言，所以"德"最终的获得也就需要著天理于身，明人德于心间，从而发用于人道之事业："德者有德之谓，人得之以为人也。由有此明德，故知有其可致而致之，意有其不可欺而必诚焉，心有所取正以为正，而其所著，发于四肢，见于事业者，则身修以应家国天下矣。"⑥

（四）礼立人道以存心

此外，在船山的思想中，"心"还直接是人道所立的根本："心者，人道之所自立，动于心而感，人心无不格矣。"⑦ 因此，作为制心与和心的礼也就与人道有密切的关联，并且其能够涵存心之德这本身就为人道的展开准备了坚实的德性基础。"无礼以治身，则身趋苟安而心从之，易慢之念乘之而起，以堕其心之大用。"⑧ 心所具有的"虚"性，使得礼并

---

① （明）王夫之：《船山全书》（第七册），岳麓书社，2011，第857页。
② （明）王夫之：《船山全书》（第四册），岳麓书社，2011，第592页。
③ （南宋）朱熹：《朱子全书》（第六册），上海古籍出版社，2010，第20页。
④ （明）王夫之：《船山全书》（第四册），岳麓书社，2011，第336页。
⑤ （明）王夫之：《船山全书》（第六册），岳麓书社，2011，第523页。
⑥ （明）王夫之：《船山全书》（第六册），岳麓书社，2011，第397页。
⑦ （明）王夫之：《船山全书》（第四册），岳麓书社，2011，第930页。
⑧ （明）王夫之：《船山全书》（第四册），岳麓书社，2011，第949页。

不能直接对心有所作用，而是要通过"身"对外在准则的依循来实现；以"身"的行为来检讨"心"的邪正，自然也就不会"堕其心之大用"。否则，一味地在"心（体）"上把捉，而忽视了心之用，非常容易流为阳明后学的狂禅，这对于目睹明末社会现实的船山来讲当然是不能允许的；而且这与他一以贯之的"即用见体"的思维也是相违背的。需要我们稍加注意的是，这里的"身"虽然说包括身体在内，但绝不仅仅局限于身体，还包括人与人之间的关系，即凡作为心之发用者皆涵括在内，十分类似于孟子所说的"气"："夫志，气之帅也；气，体之充也。"① 只有这样来理解，"礼"才不会仅仅被看成是一种个人的修养工夫，更是人道得以维系、百姓得以教化的本体根据："故以之修身而百体从心，以之治人而百姓从化，皆顺应也。"②

> 心所不容已而礼不容已矣，故复礼斯为仁矣。礼者，复吾心之动而求安，以与事物相顺者也。③
> 君子之修己应物，敬以为本，礼以为用，则外不失人，内不失己，而事物之变无逆于心，然后人道立而不失乎所由生之理，盖修己治人之统宗，而安身利用之枢机也。④

君子以礼修身和心，固然是出于提升自身德性的考虑，即"（礼以）复吾心之动而求安"；然而并没有局限于此，还包括有对外在"他者"的关照，因为心的虚灵性自然要求其本身不可能作为一个封闭的"原子"系统，相反，要时时刻刻保持其能够体知"他者"的开放状态（"外不失人"），从而彰显礼的生命性以为挺立人道提供基础与保障（"修己治人之统宗，而安身利用之枢机"）。

礼既然能够作为挺立人道的规范准则，就表明在礼的支配下，人通过践履自身的生命活动便可以实现保养存心的目的，而且这也与我们所论的船山礼以制心、礼以和心、礼涵心德的思想主旨相一致。儒家经典

---

① （南宋）朱熹：《朱子全书》（第六册），上海古籍出版社，2010，第281页。（案，朱子注为："志固心之所之，而为气之将帅；然气亦人之所以充满于身，而为志之卒徒者也。"显然不能把孟子的"气"仅仅理解为"身"，这样就无法解释他后面所说的"其为气也，至大至刚以直，养而无害，则塞于天地之间"。而且这种解释也极容易陷入西方哲学所说的"原子论"，身体之间缺乏可以交流的媒介。）

② （明）王夫之：《船山全书》（第四册），岳麓书社，2011，第926—927页。

③ （明）王夫之：《船山全书》（第十二册），岳麓书社，2011，第66页。

④ （明）王夫之：《船山全书》（第四册），岳麓书社，2011，第1188页。

中对"礼以存心"思想加以阐发的当首推孟子:"君子所以异于人者,以其存心也。君子以仁存心,以礼存心。"朱子注为:"以仁礼存心,言以是存于心而不忘也。"① 汉代赵岐注为:"存,在也。君子之在心者,仁与礼也。"以"在"训"存"。焦循又进一步疏解为:"赵氏以在释存,盖以在为察,在心即省察其心。"② 以"察"训"在"。这与《尔雅·释诂》中的说法颇为一贯:"存,在也,察也。"③ 就是说要时时用礼加以察知、检点,使心不走失,不妄作。船山以礼存心的思想便也是这一脉络的延续与发挥,他说:

> 君子以为吾心与万物并生之理,仁也;吾心所以治万物而得其序之理,礼也。故以仁存心,惟恐私伪之伤吾生理,而保全此心者无念忘之;以礼存心,惟恐荡逸之丧吾天则,而防闲此心者无念忘之。④

对于"仁"来讲,是要积极地"保全";对于"礼"来讲,则是要消极地"防闲",工夫虽有差异,但二者的最终方向是一致的,即使得"此心(者)无(案,或如字,当理解为心没有念忘的弊病;或作"毋",禁止之辞,理解为心要杜绝念忘的弊病)念忘之"。

> 乃非以为严束,而要以和顺夫人心,亦必不废礼之节而后得和,此文质同体之固然者。如有见夫节者不过以和顺夫心,因以谓节以效和,而所贵非节,则将有如老聃之知礼而反贱礼者。要之,舍礼亦终不能和,而又何以行哉?⑤

而且从"礼以和心"的角度来看,"心"要保持"和"的状态也应该是一个人的终身追求,所以,只要"心"是始终存在的,"礼"的工夫就不可能被中断。船山即此而批判了道家(老子所主张的)"知礼贱礼"的观点(《老子·三十八》中也说道:"故失道而后德,失德而后仁,失仁而后义,失义而后礼。夫礼者,忠信之薄而乱之首。"王弼注为:"夫

---

① (南宋)朱熹:《朱子全书》(第六册),上海古籍出版社,2010,第363页。
② (清)焦循:《孟子正义》,中华书局,1987,第595页。
③ 《康熙字典》,汉语大词典出版社,2002,第216页。
④ (明)王夫之:《船山全书》(第八册),岳麓书社,2011,第537页。
⑤ (明)王夫之:《船山全书》(第六册),岳麓书社,2011,第594页。

第七章 遵礼旨归：船山遵礼之价值取向

礼也，所始首于忠信不笃，通简不阳，责备于表，机微争制。夫仁义发于内，为之犹伪，况务外饰而可久乎！故夫礼者，忠信之薄而乱之首也。"①），以为无需"礼"的规约，就可以保持"心"的宁静平和；实则不然，"心"的冲淡平和其实是需要加以持存涵养的，持存涵养的关键便要靠"礼"。

> 唯当从事于存养者，则心已习于善，而一念之发为善，则善中之条理以动天下而有余者，人不知而己知之矣。心习于善，而恶其素有，则恶之叛善而去，其相差之远，吉凶得失之为悬绝者，其所自生与其所必至，人不知而己知之矣。②

心的涵养就是要专一于"善"。善、恶于人而言，不是本体性的存在，即外在性的存在；而是工夫性的存在，即本己内在性的存在。既然是本于自我内在性的工夫体现，就意味着善、恶的发生与出现是随时随刻、随地随人的，没有预定的场合，更没有特定的条件；而且即便已经是"善"，也还需要对"恶"加以防闲（"恶其素有"）。正因为如此，对于被冠以"鲁"之称的终身以践履孔子"忠""恕"之道为己任的曾子而言，即使是在临终之前也仍然还要那么谨慎："曾子有疾，召门弟子曰：'启予足，启予手。《诗》云："战战兢兢，如临深渊，如履薄冰。"而今而后，吾知免夫，小子！'"朱注为："曾子以其所保之全示门人，而言其所以保之难如此，至于将死，而后知其得免于毁伤也。"又引程子之言："君子曰终，小人曰死。君子保其身以没，为终其事也，故曾子以全归为免矣。""全归"其实就是"善"的一种表达。

> 曾子有疾，孟敬子问之。曾子言曰："鸟之将死，其鸣也哀；人之将死，其言也善。君子所贵乎道者三：动容貌，斯远暴慢矣；正颜色，斯近信矣；出辞气，斯远鄙倍矣。笾豆之事，则有司存。"

朱注为："是皆修身之要，为政之本，学者所当操存省察，而不可有造次颠沛之违者也。"③ 只有加以这样的修养努力与践履工夫，心才能渐渐地"习于善"，且使"恶之叛善而去"。"心"能够处于一种安泰的状态，便

---

① （魏）王弼著，楼宇烈校释：《王弼集校释》，中华书局，1980，第93—94页。
② （明）王夫之：《船山全书》（第六册），岳麓书社，2011，第466页。
③ （南宋）朱熹：《朱子全书》（第六册），上海古籍出版社，2010，第131—132页。

是遂达心之体；能够习善化恶，便是涵存心之德。

二 养性而畅情

船山对礼以遂心思想的阐释，并不是一种孤立的表达，仅仅局限于对礼—心关系的考察，还涉及礼对"性""情"关系的关照，这也就是中国文化中独有的心性之学，只不过船山将其置于"礼"的视阈中加以把握。

（一）性以名天人授受

船山论"性"，与宋儒最大的不同就在于他是以气言性，这是由他的气本论所决定的："人物之性，亦我之性，但以所赋行气不同而有异耳。"① 作为集大成者的朱子则是以理言性："性，即理也。天以阴阳五行化生万物，气以成形，而理亦赋焉，犹命令也。于是人物之生，因各得其所赋之理，以为健顺五常之德，所谓性也。"② 朱子在言"性即理"的同时虽然也引入了"气"，但是他所说的"气"还只是停留在"形"的层面；换句话来讲，朱子所言之"气"与船山所言之"气"在本体层面就已经出现了分殊，这也就直接导致了两人在对"性"的理解上显示出很大的差异性。"人之所为无非天，命之所受斯为性，乃以不昧于生之所存。"③"明德唯人有之，则已专属之人。属之人，则不可复名为性。性者，天人授受之总名也。"④"天"这一范畴在船山的思想体系中虽也具有复杂的层次性，但其最终都可归为"气"，正如张载所言："由太虚有天之名。"而"性"又是人所受之于天的，"性"也就当然无疑是"气"了。从这一角度再来审视人与万物之间的差异，"性"是不能够作为一种标准的，这其实已经暗含了船山对孟子所说的"人性（独）善"思想有了新的诠释理路：性是气，气决定性，气善决定性善，性善并不具有独立性的地位，意味着性之善或者作为性之德需要有敞开的基础与实现的路径。他说：

> 故不知德者，未尝无德，而其为德也，所谓弋获也，从道而得者也。唯知德者，则灼见夫所性之中，知、仁、勇之本体，自足以行天下之达道；而非缘道在天下，其名其法在所必行，因行之而生

---

① （明）王夫之：《船山全书》（第四册），岳麓书社，2011，第1293页。
② （南宋）朱熹：《朱子全书》（第六册），上海古籍出版社，2010，第32页。
③ （明）王夫之：《船山全书》（第七册），岳麓书社，2011，第647页。
④ （明）王夫之：《船山全书》（第六册），岳麓书社，2011，第397页。

其心也。①

"弋获"出自《诗·大雅·桑柔》:"如彼飞虫,时亦弋获。"郑玄笺为:"犹鸟飞行自恣东西南北时,亦为弋射者所得。"②"性"中固然涵有诸德,然而诸德的展开与获得则非一个自然的过程,需要依道而行。

船山认为"性"作为"天人授受之总名",表明在"性"的内涵中有两个基本的维度,即天与人;从另一个角度来讲,"性"是贯通于天与人之中的,如果把"性"作为一种结构的话,其在天与人上的体现应该是没有任何差别性的。朱子以"理"言性,在单纯对"天"的解释方面还没有出现冲突,然而在对"人"进行解释时却出现了一种隐性的矛盾。作为天之"理"在人这里没有得到彻底地贯通,所以就需要"复其性"。"复其性"虽然也可以体现人的内在超越性,这也是理学的特色所在,但是却有将"性"("理")实体化的倾向;而一旦实体化之后,意味着人需要以自身的内在性与某种神秘的外在性相契合,这显然与其所一直强调的内在超越有冲突。理学所内蕴的这种冲突对于以"气"言性的船山来讲却是不存在的,因为以"气"言性自然也就包含着以"理"言性,也就是说,"性"是气的同时还是"理",这样"性""理"的实体倾向就被"气"所解构了。"性者,人之所得于天之理也;生者,人之所得于天之气也。性,形而上者也;气,形而下者也。人物之生,莫不有是性,亦莫不有是气。"③ "性者,天理流行,气聚则凝于人,气散则合于太虚,昼夜异而天之运行不息,无所谓生灭也。"④ 船山虽然也继承了朱子"以理言性"的理学说法,但他所主张的"性即理"与朱子所说的"性即理"存在着巨大的分殊。以气言性是从本原上说,旨在阐明"性"的来源依据问题;以理言性则是从属性上说,旨在阐明"性"的功能价值问题。气本身既然是不会消失于"无"的,理也就自然可以保持其自身永恒的"有";气又是"运行不息无所谓生灭"的,"理"也就随之而时时刻刻发挥着作用,能够成为一以遵循的行为准则。

> 夫性者何也?生之理也,知觉运动之理也,食色之理也。此理禽兽之心所无,而人所独有也。故与禽兽同其知觉运动,而人自与

---

① (明)王夫之:《船山全书》(第六册),岳麓书社,2011,第823页。
② 李学勤主编:《十三经注疏·毛诗正义》,北京大学出版社,1999,第1189页。
③ (明)王夫之:《船山全书》(第八册),岳麓书社,2011,第682页。
④ (明)王夫之:《船山全书》(第十二册),岳麓书社,2011,第126页。

人之理，此理以之应事，则心安而事成，斯之谓义。乃告子则谓性中无义，而义自外来，不知义因事而见，而未见之前，吾心自有其必中之节，圣人特先知之而为天下显之。①

"理"在"气"中，自然"性"也就在"心"中。"性"含藏于心并成为心的固有之"节"，就这一点而言，"性"是人禽相区分的标志。这里的"性"早已经不是原先作为"天人授受之总名"的"性"，即作为"天理"的"性"不再是一个"共名"，而是人的一个"独名"；反过来讲，作为人之"性"的"理"也不是同样为万物所禀赋的"理"，而是经过礼化后的"理"，即礼。理—礼相贯的线索再一次在这里成为理解"性即理"的关键；或者说，"性即理"思想提出的前提预设就是理—礼的相贯。船山不用"性即理"的表达，而是说"夫性者何也？生之理也，知觉运动之理也，食色之理也"，把"性"这一在朱子看来完全是形而上的悬空之"理"坎陷为形而下的不同形态的气中之"理"，意味着我们不是在"复性"，而是在"造性""生性""成性"，这也就是船山所说的"性日生日成"，将朱子所主张的本体之"性"或"理"创造性地消除，从而转化成为一种境界性的"性"或"理"。而所谓的"境界性"，就是要强调"性"或"理"的可践履性，可以践履的"性"或"理"就是一种能够寄托生死的价值，无疑便是他所说的"礼"。

> 礼为天理人情之极至，斯无可过，而循之以行，自无不及也。所以然者，礼之所自制，因乎夫人性情之交，本有此喜怒哀乐大中适得之矩则而节文具焉，圣人因而显之尔。则率是以行，自与所性之大中合符，而奚过不及之有哉！②

理—礼相贯，一方面从天理的层面来看，奠定了"礼"的本体基础，为现实的践履提供合法性依据，可以将此看作船山坚持气本论思想的最终旨趣；另一方面从人理的层面来看，正如我们刚才所分析的那样，"礼"又直接通乎人的性理，其产生乃是"因乎夫人性情之交，本有此喜怒哀乐大中适得之矩则而节文具焉"，这是其价值指向在心性论方面的体现。

---

① （明）王夫之：《船山全书》（第八册），岳麓书社，2011，第676页。
② （明）王夫之：《船山全书》（第四册），岳麓书社，2011，第1193页。

> 盖人之性无不同而气则有异，故唯圣人能举其性之全体而尽之，其次则必有其善端发见之偏，而悉推致之以各造其极也。曲无不致，则德无不实，而行著动变之功自不能已。积而至于能化，则其至诚之妙亦不异于圣人。①

修养的积累，德性的提升，气质的转化，归结到最后，并不是对性理的改变，而且性理本身也是无法加以改变的，真正所能改变的是"气"，因为"性无不同而气则有异"。朱子也主张"性理"的绝对性与不可改变性，然而因为其对"气"的处理没有提升到与"理"同样的高度，所以他的德性修养功夫必然是以持守为主。船山则不同，他主张气—理并重，虽然"气"具有第一性、本原性与基础性，然而"气"间却是涵藏着"理"的，没有"理"的"气"在整个中国文化的气学思想中都是不可思议的，更毋论船山的气学；而且，如果"气"一旦缺失了"理"，它的存在就与西方哲学中的"始基""物质"等范畴十分类似，这便意味着价值的问题无法得到合理的解决，因为我们都很熟悉，西方的价值主要来源于宗教而非哲学。这对于以德性见称的中国文化尤其是儒学是完全不可能的主张，所以，即使是以"气"为本的气学，其中也一定是有理存在的，对于船山来讲更是如此。既然气间有理，且又"性无不同而气则有异"，因此最主要的修养就不是偏重气理二者中的任何一方，而是双方并重，以理驭气，以气贯理；落实到性理层面上，便是要以性理为准，以此来弘扬人道。因为"气"因"理"驭而成善，"性"因"气善"以显道。

(二) 性善循礼立人道

虽然说气 理二者的协调才是善恶出现的最终根据，但是从本原上来讲，"气"间涵藏着"理"，不可能不善；否则包括人在内的万物的产生对于气化的天道而言就是一个最大的悖论，尤其对于气本论者更是如此。所以说"气"是善的，那么"性"自然就是善的了，船山在这里以他的气学哲学体系重新解读了孟子所说的"性善"的内涵。"性者，人之所受于天以生者也。"② 再联系我们曾引过的一条材料："生者，人之所得于天之气也。""性"就"气"的意义来讲，而且从本原的角度看，"性"本身也完全可以被看作是"气"，的确不能作为区分人、物的标

---

① (明) 王夫之：《船山全书》(第四册)，岳麓书社，2011，第1294页。
② (明) 王夫之：《船山全书》(第八册)，岳麓书社，2011，第677页。

志,这对于人来说就没有任何的价值;就"理"的意义来讲则可以显示出其独特性,理主气的结构模式使得"性"成为一种永远处于待开显状态的准则。对于人道而言,"君臣之义植于性,而人道所自立也"①。以君臣关系为代表的五种社会伦理纲常以及与之相对应的五种道德规范最终都是从"性(理)"中生发出来的。"尽性,固尽人道也。"②"性"的开放性使得其本身不再是一种固定的、明确的价值追求,而变成了一种价值导向。用哲学的话语来表达的话,就是说本体性的、本原性的"性理"不具有终极性,自然也就不应该成为道德践履的目的;反而那种强调不间断的工夫修养与涵养的积累才是生命的真实状态。因此,对于"性"来讲,不是在明确了"性即理"之后要"复性",仿佛个体的生命只是为了成就那个最终的"性"而已,其余的便都可以舍弃,看似一种"极高明"的修养,其实早已经有把"性"剥离出人的生命之外的倾向了。这就好像宋儒善以"水中月"言譬,月虽是被涵摄于水中的,但也不过是外在之物在水中的投射而已,这种意义上的"复性"是有待进一步商榷的。所谓的"复性""明性"之所以在船山看来不能成为一种真正的、普遍的修养工夫,就在于这种修养是一种有前提预设的修养,而且这种前提预设因为悬置得过于高明而直接阻碍了中庸式的平实践履,所以他拈出了孟子所说的"尽性"二字。"尽性"的优势在于其能够体现天道大化流行、周普万物法象而无有公私之别的特色,只有这样的修养方式才可以深刻地奠定挺立人道的基础,因为这才是真正的能为每个人所依循的准则。

> 当其为道之时,同也共也,而不可概之相继以相授而善焉者也。惟其有道,是以继之而得善焉,道者善之所从出也。惟其有善,是以成之为性焉,善者性之所资也。方其为善,而后道有善矣。方其为性,而后善凝于性矣。③

船山的这种表达明显是对《易经》思想的进一步继承与发挥:"一阴一阳之谓道,继之者善也,成之者性也。"孔颖达疏为:"'继之者善也'者,道是生物开通,善是顺理养物,故继道之功者,唯善行也。'成之者

---

① (明)王夫之:《船山全书》(第四册),岳麓书社,2011,第1024页。
② (明)王夫之:《船山全书》(第六册),岳麓书社,2011,第543页。
③ (明)王夫之:《船山全书》(第一册),岳麓书社,2011,第1007页。

性也'者,若能成就此道者,是人之本性。"① 作为本原的"道",其化生万物而不息,为众物所共同依循,这个流行过程从万物的角度来讲就是"继",就是"善"。把天地衍化生命的这种活动称之为"善",以一种伦理的眼光来看待天人关系,进而扩展到人在整个宇宙中的地位,全部世界都被蒙上了一层德性的光芒,这是中国文化的特色,是先贤对待他们所生存的世界的一种主动态度。就这一点上,西方文化则是追求以神的视角来掀开世界的面纱。接着言"继"、言"善",船山又重新检讨了孟子言性善的观点。

> 故孟子之言性善,推本而言其所资也,犹子孙因祖父而得姓,则可以姓系之。而善不于性而始有,犹子孙之不可但以姓称,而必系之以名矣。然则先言性而系之以善,则性有善而疑不仅有善。不如先言善而纪之以性,则善为性,而信善外之无性也。观于《系传》,而天人之次序乃审矣。②

孟子"以善言性",这样的"性"是天人授受之总名,不能够作为区分人与万物的标准,即没有给人自身带任何价值的指示;此外,"以善言性"不仅不能更充分地坚定人性为善的伦理观,反而会导致走向它的反面,即怀疑性不仅仅只有善,甚至还有恶,比如,与孟子同时的告子就曾提出了"性无善恶"的观点,后来的荀子更是直接以"性恶"立论③。针对孟子"以善言性"的说法,船山作了一个很恰当的比喻,好比子孙只有"姓"而无"名",这只能说明子孙是出自于祖父的,而不能对子孙本身作出自我认同的定位。所以他要把"以善言性"反过来讲成"以性言善",这样"性"就被完全地包络在了"善"之内,诚如他这里所说的:"不如先言善而纪之以性,则善为性,而信善外之无性也。"而且这一表达也符合《易经》中所说"继之者善,成之者性"的思想。关于

---

① 李学勤主编:《十三经注疏·周易正义》,北京大学出版社,1999,第269页。
② (明)王夫之:《船山全书》(第一册),岳麓书社,2011,第1007页。
③ 荀子的"性恶"思想与孟子的"性善"思想双方虽然不是就一个层面上立论,而且近来有些学者经过细致的考证与研究也提出了荀子并非主张"性恶论",而是主张"性朴论",但是在这里明确荀子的立论宗旨似乎比讨论其本身是何种主张要更为重要。毫无疑问,荀子是针对孟子而立论的,不管他主张"性恶"还是"性善";此外,孟子主张由"性善"而体知"天命",荀子则主张"制天命而用之",一直以来学界将其定位为重视主观能动性的唯物主义哲学,现在再来反思这一点,其实是很有问题的;还有就是在《非十二子》中他也表达了对思孟学派的不满与批评。

这一点船山接着说:

> 继之则善矣,不继则不善矣。天无所不继,故善不穷;人有所不继,则恶与焉。
>
> 知其性者知善,知其继者知天,斯古人之微言,而待于善学者与!
>
> 大者其道乎!妙者其善乎!善者其继乎!壹者其性乎!性者其成乎!性可存也,成可守也,善可用也,继可学也,道可合而不可据也。至于继,而作圣之功蔑(案,"蔑"即"无"意)以加矣。①

"善"是人与万物得以作出区分的重要标志,但善的"根"不在人这里,而在继之者的"天"。所以,对于"天"而言就是"无所不继""无所不善"的;对于与之相反的"人"才会有"恶"的问题出现。做个不十分恰当的比喻,人性好比只是培育"善"这颗种子的土壤、水分与阳光,而不是"善"这颗种子本身。这样一来,不仅只有"恶"而且还有"善"对于人性就都成为外在的了,然而这只是一种因片面思维所导致的假象,因为天—人在船山的话语体系中从来都是并言的,不可拆开来讲,所以他在最后才点出:只言一个"继"字,就已经说尽了人道的根本("至于继,而作圣之功蔑以加矣")。"继"就是要继天之善,在人这里就转化成为一种"尽性"的工夫。孟子言:"尽其心者,知其性也。知其性,则知天矣。"朱子注为:

> 性则心之所具之理,而天又理之所从以出者也。人有是心,莫非全体,然不穷理,则有所蔽而无以尽乎此心之量。故能极其心之全体而无不尽者,必其能穷夫理而无不知者也。既知其理,则其所从出,亦不外是矣。②

朱子将包括天人在内的世界完全"理(性)化",船山又进一步将这个"理(性)化"的世界伦理化,指出"善"才是世界的真实。按照他的理解思路,我们可以将孟子这段话进而补充为:"尽其心者,知其性也。知其性者,知其善也。知其善,则知天矣。"船山他自己则说:

---

① (明)王夫之:《船山全书》(第一册),岳麓书社,2011,第1008页。
② (南宋)朱熹:《朱子全书》(第六册),上海古籍出版社,2010,第425页。

> 夫人惟不知性，则善不知其何所从生，理不知其何所从出耳。知其性，则人之所以为人者，皆五行二气之良能，而天之所以为天者，即此健顺五常之至理，而天无不可知矣。①

稍微值得注意的是，船山"以性言善"的这种理解思路，在焦循的《孟子正义》一书中也有体现。同是对孟子这句话的注解，赵岐注云："人能尽极其心，以思行善，则可谓知其性矣。知其性，则知天道之贵善者也。"焦氏疏云：

> 性之善，在心之能思行善，故极其心以思行善，则可谓知其性矣。知其性，谓知其性之善也。天道贵善，特钟其灵于人，使之能思行善。惟不知己性之善，遂不能尽极其心，是能尽极其心以思行善者，知其性之善也。知其性之善，则知天道之好善矣。②

人能尽心以思所行之善虽是人道挺立的基点，但从根本上来讲，则是天道之善。"善"作为生命形态的一种机能是贯通于天人之中的。

(三) 心函性而存于礼

我们在讨论船山对礼—心关系的论述时曾明确指出，不论是遂达心之体还是涵存心之德，都要求"礼"的功能能够发挥出来，"心"因此也成为关乎人道挺立的关键性因素。通过以上对船山有关"性"之思想的疏解，"性"与人道之间也存在着某种必然性的关联。这种关联一方面来自于船山用"以性言善"的理路对孟子性善思想的阐发，从天人并立的脉络中指明"善"作为挺立人道基点的合法性；另一方面则来自于他对心性思想的论述。"心"的虚灵性决定了其只能因"礼"以存，以制，以和，这是我们前面已经讨论过的，下面我们将着重论述他的心—性观。

> 此天地之心，人之所凝以为性，而首乎万物者也。③
> 德者，得也。有得于天者，性之得也；有得于人者，学之得也。学之得者，知道而力行之，则亦可得之为德矣。性之得者，非静存动察以见天地之心者，不足与于斯也。故不知德者，未尝无德，而

---

① (明) 王夫之：《船山全书》(第八册)，岳麓书社，2011，第823页。
② (清) 焦循：《孟子正义》，中华书局，1987，第877页。
③ (明) 王夫之：《船山全书》(第四册)，岳麓书社，2011，第564页。

> 其为德也,所谓弋获也,从道而得者也。①

我们一定要综合地理解船山在不同语境下的表达,正是通过这种表达的差异性,方才显示出他论述线索的一贯性。这里的"天地之心"乃是就"性"或者"善"而言的,这是他以性言善思路的继续;早于他的张载就曾有过这种思想的表述,即强调"性"的本体性与本原性,将其提升到了与理学家所说的"理"一样的高度:"性者,万物之一源,非有我之得私也。惟大人为能尽其道。是故立必俱立,知必周知,爱必兼爱,成不独成。彼自蔽塞而不知顺吾理者,则亦末如之何矣。"② 所以他对心—性的讨论就是立足于这一基础上的。"人受性于天,而凝之于心。心以为不然,则所行必违之;心以为然,则所行必从之。"③ 朱子也主张人是受性于天的,他曾在《大学章句序》中的开篇就说道:

> 盖自天降生民,则莫不与之以仁义礼智之性矣。然其气质之禀或不能齐,是以不能皆有以知其性之所有而全之也。一有聪明睿智能尽其性者出于其间,则天必命之以为亿兆之君师,使之治而教之,以复其性。④

又因为朱子以性言理,所以他所说的"复其性"就是指"复其天理","理"成为了伦理道德修养的最高标准,这一点在朱子的哲学体系中是毫无疑问的。船山以性言善,使得他回避了以"理"来范围"性"的思路,而是选择了以性来充实善的可能。与朱子的"理(性)化"相比,伦理的道德色彩更浓。所以,对于船山来讲,人受性于天乃是说人能承善于天。此外,他又主张"函性于心":

> 才因乎气禀之偏正,而性之函于心者,心得之以灵,则尽其心之用,而才之或偏或正皆可以至于善。⑤
>
> 性之善也,具于一心,而其发之至者,莫大于孝,尽性者必以此为本。孝者不容已之心,自形于不可越之礼。⑥

---

① (明)王夫之:《船山全书》(第六册),岳麓书社,2011,第823页。
② (南宋)朱熹:《朱子全书》(第十三册),上海古籍出版社,2010,第174页。
③ (明)王夫之:《船山全书》(第八册),岳麓书社,2011,第704页。
④ (南宋)朱熹:《朱子全书》(第六册),上海古籍出版社,2010,第13页。
⑤ (明)王夫之:《船山全书》(第八册),岳麓书社,2011,第527页。
⑥ (明)王夫之:《船山全书》(第八册),岳麓书社,2011,第301页。

因此，"函性于心"就转化成了"函善于心"。但是心因为虚灵性而需要有"礼"的出现，"性"与"善"的涵存自然也就需要"礼"的参与；可以说"礼"成为心函性、函善所必须关照到的一个因素。这或许也就是张载所说的："必知礼成性。""成性须是知礼。"① 张载所强调的"礼"与"性"之间的关联在船山这里得到了充分的展开。"尽性"固然重要，因其是人得以达善于天的修养途径，然而却要依托于心才能实现，在这一过程中必然要求不可以对礼有所逾越。对礼之逾越的程度将直接决定着心能否函性、函善，从而进一步决定着人所能获得的自由度与人道挺立的成败。"先天之动，亦有得位，有不得位者，化之无心而莫齐也。然得位，则秀以灵而为人矣；不得位，则禽兽草木，有性无性之类蕃矣。既为人焉，固无不得位而善者也。"② "位"是导致人与物在现实中出现区分的形上学因素，"得位"就意味着"善"之展开与完成的可能性依据，这就对人性提出了一种伦理要求。然而性—心结构的特殊组成，导致性的规范工夫要体现在心的发用上。

> 人之为人，心之为人之心，类可推矣。草木有气而无情，禽兽有情而无理，兼情与理而合为一致，乃成乎人之生。故遇物之危而恻然动，见人之哀而隐然恤，虽残忍习成，而当可恻可隐之时，则心必动，如其悍然而恝忘之，则必非人而后然矣。③

船山此处虽用的是"情"字，实际上说的则是"性"。因为能够与理合为一致的应该是与"理"具有内在的一致的"性"，"情"则是要符合"礼"，合乎礼的情其实就已经转化成了性。正如船山此处所说的"遇物之危而恻然动，见人之哀而隐然恤"，"情"的产生并没有自身的制约，有"礼"来检束方能尽性存善，否则就是"禽兽有情而无理"；换句话说，情的放纵与消隐都不是人的正当表现，即不能"成乎人之生"。船山这里再一次把人禽大防的标准直接放到了他的礼学体系中来加以考察，对孟子以性善与否作为区分人禽标志的观点进行了新的诠释，开辟了一种新的理解路径。

我们接着来讨论他对心—性的论述："既言性而又言心，或言心而不

---

① （北宋）张载：《张载集》，中华书局，1978，第191页。
② （明）王夫之：《船山全书》（第六册），岳麓书社，2011，第965页。
③ （明）王夫之：《船山全书》（第八册），岳麓书社，2011，第218页。

言性，则以性继善而无为，天之德也；心含性而效动，人之德也。"①
"以性言善"表明善作为性的本质属性是不可改变的，然而如何将其实现出来则要依靠心的虚灵作用，所以言性必须同时言心，言心却不必言性，因为性已经被含在了心中。心—性工夫的这种单向关系，张载曾有过经典的论述，可以作为我们理解船山此处表达的一个注脚："心能尽性，人能弘道也；性不知检其心，非道弘人也。"②

综上，我们已经梳理了船山的心—性观，再联系他的礼—心观，可以清楚地看到，他坚持以礼制心、存心、和心，又以心含性、尽性、存善。前者处于一种双向的关系当中，这一点我们已经作了分析；后者是否如张载所说被认为是处于一种单向的关系中，如果仅仅从心—性的层面来看似乎是如此，然而不应该忽视的还有他对"情"的论述。

（四）情充性而统于心

船山对心、性、情的论述既遵循了张载的思路，又提出了他自己的见解。首先肯定"心统性情"说（"心，统性情者也"③），其次又主张"性以发情，情以充性"④。"心统性"也就是我们所讨论过的"心函性"，"心统情"则是他"心统性"的延伸性深入与分殊性疏解，这就要涉及他对性—情关系的理解。

> 惟于其喜乐以仁义为则，则虽喜乐而不淫；于其怒哀以义智相裁，则虽怒哀而不伤。故知阴阳之撰，唯仁义礼智之德而为性；变合之几，成喜怒哀乐之发而为情。性一于善，而情可以为善，可以为不善也。⑤

我们在前面曾提过一种说法，即"情"要符合"礼"，合乎礼的情其实就已经转化成了性，也就是船山这里所说的"性以发情，情以充性"。"性以发情"并不是说"性"发挥着引导"情"的作用，而是说"情"是因"性"的"变合之几"而产生的，既然是"变合"，当然就会有善与不善的区分。"情以充性"则是说"情"之发应该以"性"为范围，不及于"性"的"情"以及过于"性"的"情"都不能被认为是

---

① （明）王夫之：《船山全书》（第六册），岳麓书社，2011，第895页。
② （南宋）朱熹：《朱子全书》（第六册），上海古籍出版社，2010，第208页。
③ （明）王夫之：《船山全书》（第八册），岳麓书社，2011，第215页。
④ （明）王夫之：《船山全书》（第一册），岳麓书社，2011，第1023页。
⑤ （明）王夫之：《船山全书》（第六册），岳麓书社，2011，第1071页。

"情",只有顺承着性的"变合之几"的情才对性的涵养工夫有充实作用。性乃生情,情乃充性,所以二者可以相互统于心。

> 先王制乐之意,推之礼与刑政而皆协于一,其论赜矣!抑尝论之:喜怒哀乐之发,情也。情者,性之绪也。以喜怒哀乐为性,固不可矣。而直斥之为非性,则情与性判然为二,将必矫情而后能复性,而道为逆情之物以强天下,而非其固欲者也。①

船山在这里还指出,先王所制之"乐"能够与"礼"相配合而协调于礼、乐、刑、政之间,就在于"乐"是针对人的"情"而和,"礼"则是针对人的"性"而敬,而"性""情"又不是判然为两物,这就在性情上奠定了礼乐可以也应该并施的基础。"'恻隐、羞恶、辞让、是非',情也。'仁、义、礼、智',性也。'心',统性情者也。'端',绪也。因其情之发,而性之本然可得而见,犹有物在中而绪见于外也。"② 船山于小字指出"端,宜作耑",《说文》中对"绪"的解释也是:"丝耑也。"③ 并对"耑"字作了细致的说明:"物初生之题也。上象生形,下象其根也。注:臣铉等曰:中一,地也。"④ 船山在继承了孟子说法的前提下,进一步指明,"性"不是隐然不见于外的神秘之物,"性"的本然需要借"情"来表现,我们识得外露的"情",就可以认知到内蕴于其中的"性"。好像苗草一样,有裸露于土地之上的芽叶,必然有深埋于地下根本。芽叶的茂盛,乃是要进一步使根本能够更为扎实地深入于土地之中,而使"情"得其恰当的分寸也是要使"性"得其所正。反过来讲,愈是具有能够深埋于地下的根本,其表露于地上的叶芽一定具有旺盛的生命气息,与之相类似,愈是保持"性"得其所正,也就愈能把"情"的效用发挥得淋漓尽致。所以,船山在有些地方也把性情的这种双向复杂关系直接表达为一种衍生的关系:

> 奢则有意为奢,易则有意为易;俭则无意为俭而见礼之备于俭,戚则无意为戚而但戚以尽其哀。故俭不至于废礼而戚之非以偷安于

---

① (明)王夫之:《船山全书》(第四册),岳麓书社,2011,第891页。
② (明)王夫之:《船山全书》(第八册),岳麓书社,2011,第215页。
③ 《康熙字典》,汉语大词典出版社,2002,第892页。
④ 《康熙字典》,汉语大词典出版社,2002,第927页。

> 不易者，此自性生情，自情生文者也。①

"自性生情"也就不意味着"性"是自始至终的"有"，"情"是自"无"中而来的"有"；而是说"性""情"一体，都是"有"，只不过在呈现为隐、显的状态时，隐是优先于显的。无意地表露于外在的"俭"与"戚"恰恰是为了更好地符合其内在的"（理则之）礼"与"（痛楚之）哀"；反之，那种一味地只追求外在仪文华美的"奢侈"与礼节行为的"治理"便是忽视隐性真实存在的表现。所以，也就当然应该是以情合性，而不是以情夺性。因为"性"才是维持"心"不走作的"体"，"情"只是"心"之灵性表现的一种途径而已。想要使"心"既不死寂沉灭又能有所"主"，就必须在作为"心之体"的"性"上下功夫：

> 盖情之所生，因乎居心之体。而智者则动也，迎于物而即有观理之心，不使一念之或息而不灵也；仁者则静也，敛于己而不随物感以迁，恒使此心之退藏而有主也。②

"体"正"用"方显，"性"养"情"方畅，所以"君子以哀掩乐，以乐节哀，使性情得其正而无偏戾，虽有拂情隐虑，尤必广其心以自裕也。"③性情的无偏颇最后是要统于"心"上的。然而，在"体"上的优先性应该是作为目的而出现的，这就使得在实际的工夫层面上其又必然具有滞后性；而且船山所一贯坚持的"即用言体"思维也要求在付诸"用"的过程中来体现"体"，决定了在"情"得到畅达的过程中实现"性"的涵养目的，这便要归结到"情畅"如何可能的问题上了。

（五）情因礼裁以养性

船山对情—礼关系的检视思路与其对心—礼关系的考察路径颇为一致。我们在论述他的心—礼关系时曾指出，礼之所以对心有着非常重要的作用，就在于礼生于心，然后反过来再对心施以制约、调和的功用，并以此来涵存心之德性、挺立人道。与此类似，礼对情的裁制功能也首先源于礼生于情，在此基础上再将其对情的作用加以展开。心—情二者都能够产生"礼"，而且又都需要用"礼"来加以完善，这在本源上讲

---

① （明）王夫之：《船山全书》（第六册），岳麓书社，2011，第616页。
② （明）王夫之：《船山全书》（第七册），岳麓书社，2011，第466页。
③ （明）王夫之：《船山全书》（第四册），岳麓书社，2011，第103页。

都是由"气因理和"所决定的。心为气,礼、理相通,这一点我们曾有过论述,关于性、情,船山说道:"故知阴阳之撰,唯仁义礼智之德而为性;变合之几,成喜怒哀乐之发而为情。性一于善,而情可以为善,可以为不善也。"① 从本原上讲,"心"作为"气"的一种样态,其中的仁义礼智之"性"便是由阴阳之实所凝聚而来,而其中的喜怒哀乐之"情"则是由阴阳变合而成。所以,"性"是一以为善的,也就不需要有"礼"的作用,或者说其自身就是"理"的化身;而"情"则不同,因为变合的偶然性就既可以产生善也可以产生不善,因此需要用"理—礼"来加以畅达。从气本论上明确了"情"需要以"礼"来裁制的必要性,接下来我们看一下船山就二者具体关系所作的详细表达。

关于礼生于情这一点,船山有许多明确的论述:"礼皆缘人情而起也。"②"因情而制礼。"③"礼"的兴起是出于人有"情"的缘故,想要使"情"有恰当的表达,就必须依靠"礼";可以说,没有"礼"来为人提供一个表达情感的场域,就不可能有真正情绪的感应与发用。

> 于事见礼焉,于物见礼焉,率由之,驯习之,则于吾心见礼焉。有所宜节,过情而不安;有所宜文,不及情而不快。④
>
> 凡人皆有独致其情而不忍之处,先王所以制礼而为之折衷;情所不及,必企及之,情所过者,必俯就也。⑤

情绪能否有分寸地得到感应与发用,将会直接影响到"心"—"礼"关系:"情"超过了"礼"的分寸处,"心"就会不安;"情"不及"礼"的分寸处,"礼"就会显得多余,这两者都是心—礼不协调的表现。因此,最合宜的处理应该是:如果"情"不及"礼",就应该尽力发挥"礼"的作用使"情"及于"礼",以此防止情感的虚伪化;如果"情"超过了合乎"礼"的表达,就应该用"礼"对"情"加以节制,使其俯就于"礼"。之所以要用"礼(理)"来制约"情",而不是放纵"情"的一味发泄,是因为这是"天(道)—人(情)合一"的要求:"天道人情合一之理,明人之有情,率原于天道之自然,故王者必通其理以治

---

① (明)王夫之:《船山全书》(第六册),岳麓书社,2011,第1071页。
② (明)王夫之:《船山全书》(第四册),岳麓书社,2011,第565页。
③ (明)王夫之:《船山全书》(第八册),岳麓书社,2011,第633页。
④ (明)王夫之:《船山全书》(第七册),岳麓书社,2011,第681页。
⑤ (明)王夫之:《船山全书》(第四册),岳麓书社,2011,第153页。

情，而情无不得，则礼之所自设，深远普遍而为生人之急者，其愈明矣。"① 天人合一的思维模式必然要求人情的表达应以符合天道为标准，"以天治人"就要求"以理（礼）治情"，这也正好说明了"礼"的设定是出于人的完善而考虑的，正如船山此处所说的："礼之所自设，深远普遍而为生人之急。"

此外，船山还从"情"与"文"的角度来说明二者的关系。

> 有文无情，礼之伪也。②
> 君子有是情，则必有文以绍之。独有其情而文不继，野人之道，君子所恶也。③
> 忠信之人以学礼，则情与文称而文皆载道，非其人，则虽备仪文，情不及物矣。④

没有真实情感的流露，徒有一套繁文缛节，就会导致礼的形式化；而礼一旦失去了寄托于其中的情感，它的功能就无法显示出来，从而使礼流变为一种虚有的价值体现。反之，如果只一味地追求情感的流露，而失去了必要的节制措施，情感便会陷溺于发泄的误区，这种行为在君子看来，就是"野人之道"。前者是"（礼）文胜（情）质（则史）"，"（礼）文胜而至于灭（情）质，则其本亡矣。虽有（礼）文，将安施乎？"故不为君子所取。后者便是"（情）质胜（礼）文（则野）"，未免有"粗野""鄙略"的弊病，也不为君子所取。最为理想的应该是"（礼）文（情）质不相胜"，二者"相杂而适均"，⑤ 也就是船山此处所说的"情与文称而文皆载道"。

> 哀人之丧，情也。已有三年之丧，情自不暇及于人而徒为吊哭，是无情之可饰而礼为虚矣。不言为人哀而忘其亲者，先王制礼以饰君子之情，则固信其无忘亲之心，而特虞其不诚于人，为之制尔。若忘亲而急人，则固不足道矣。⑥

---

① （明）王夫之：《船山全书》（第四册），岳麓书社，2011，第569页。
② （明）王夫之：《船山全书》（第四册），岳麓书社，2011，第160页。
③ （明）王夫之：《船山全书》（第四册），岳麓书社，2011，第165页。
④ （明）王夫之：《船山全书》（第四册），岳麓书社，2011，第616页。
⑤ （南宋）朱熹：《朱子全书》（第六册），上海古籍出版社，2010，第114页。
⑥ （明）王夫之：《船山全书》（第四册），岳麓书社，2011，第482页。

通过对情、文二者关系的把握，船山最后得出结论：礼无情则虚，情无礼则伪（"不诚"）。礼容易流为"虚"，是说"礼"是因"情"而后产生的，忽视了"情"，就变为一种没有根的存在形式。子夏因孔子"绘事后素"的答语而领悟到"礼后乎"，从而得到老师的赞赏，就很能说明这一点："苟无其质，礼不虚行。"① 此外，孔子在回答林放所问的礼之本时，也说道："礼，与其奢也，宁俭；丧，与其易也，宁戚。"礼以谨守"俭"为本，与放纵的"奢"相对，这是一条总的原则。落实到丧礼上，就应以情感之"戚"为本，在此基础上再加以节文之礼，因为"凡物之理，必先有质而后有文，质乃礼之本"②。情无礼则伪，是说情感的表达应该以礼法为参照，儒家对于父母之丧、君臣之丧、朋友之丧都有不同等级的严格要求；相反，如果对父母的哀痛与对他人的哀痛都表现出一样的情感，在己会产生内心不安，在人会有"不诚"之嫌（"虞其不诚于人"）。因为人总是时时刻刻地爱父母胜过爱他人（"固信其无忘亲之心"），当然也就不主张"忘亲而急人"的这种不符合礼法的表达。

礼文既然衍生于情感之质，也就提供了对情感进行裁制的基础。"人好恶之情万变不齐，而礼以通众情而斟酌之，使天下之人皆得以远所恶，遂所好，无所徇而自无不给，乃所以无过不及而得其中也。"③ 对于每个人来说，喜、怒、哀、乐、好、恶的情感虽然都是实有其所发，但是发的程度与种类，却是因人而异的。这也就意味着，如果每个人的情感都任其所发，必然导致一种情感上的混乱，在此以之为喜、好、乐，在彼可能以之为怒、哀、恶，情感上的冲突会对人的身心造成很大的伤害，进而影响整个社会的安定。因为没有一个共同的场域能够容纳不同的情感，也就没有一个统一的标准能为人们所共同遵循。因此就需要用礼来通达不同的情感，使其有共同的好、恶，扩大这种情感上的"公共空间"，适当地压缩私人发泄的"领地"，以容纳差异性的表达，达到"无过不及而得其中"的目的。

> 礼之所生，情之所自裁也。情无不尽，而有不尽也。直前则多悔，制情则不可以常，知礼酌乎其中而得其宜，然后其所立者不迁。不知礼，则过焉而不知俯就之安，不及而不知企及之正也，物且乱

---

① （南宋）朱熹：《朱子全书》（第六册），上海古籍出版社，2010，第86页。
② （南宋）朱熹：《朱子全书》（第六册），上海古籍出版社，2010，第84页。
③ （明）王夫之：《船山全书》（第四册），岳麓书社，2011，第1193页。

之，而己且失之矣。①

情能自得其"中"，就表明礼对情的作用首先不是一种外在的钳制，而是一种内在表达的疏通，看似是"礼"的制约，毋宁说是"情"自身的自裁。在约束中获得自由，于有限中扩充着无限（"情无不尽，而有不尽"）。只有循"礼"以得其正，人"情"才会发而得其中，"心"也才可以得其安，不为外物所扰乱，这样便可以发挥出人的生命本态，从而守住"人道"不丧失。"礼"通过于"情"施加影响进而对"心"产生作用，在此基础上最后实现挺立"人道"的目的。在这条线索当中，因为出现了"人道"这一新的维度，也就直接要求礼对情的作用要以此为归趣。关于这一点，船山并没有直接用"人道"这一范畴，而是将其转化为对"天道"的重视。我们可以看几条他的表达：

> 先王本天道以治人情，故礼行政立而无不宜也。②
> 本天道以尽人情，则物之性亦尽。故礼成而瑞应之，盖天人一致之徵也。
> 人受天地之中以生，而备阴阳、四时、日月、五行、鬼神之理，故先王立政，制为礼以达人情，即以合天德，体用一原而功效不爽也。③

这三条材料有一个共同点，即在"天道"的参照坐标系中来说明"礼"对"情"的作用：先是"治"，其次是"尽"，最后是"达"，层层递进化、深入化。既可以说，从礼—情关系的侧面反映出了"礼"在"人道""天道"实现过程中的作用与地位；也可以反过来说，"礼"在实现"人道""天道"过程中的作用与地位决定了其要对关乎"人道"乃至"天道"的"情"有一种更为恰当的处理："礼达分定而人无不专致于上之情，无不可效用于上之材，合小康之世而为大同者，唯有礼以治其情也。"④ 对于那些不能用礼来对情加以范导的行为，船山则表明了他的批判态度。《礼记》中记载子夏因丧子哀痛过度而导致他自己的眼睛失明（"子夏丧其子而丧其明"），当时曾子就对子夏的这种行为有过批评，认

---

① （明）王夫之：《船山全书》（第七册），岳麓书社，2011，第999页。
② （明）王夫之：《船山全书》（第四册），岳麓书社，2011，第566页。
③ （明）王夫之：《船山全书》（第四册），岳麓书社，2011，第565页。
④ （明）王夫之：《船山全书》（第四册），岳麓书社，2011，第559页。

为也是一种"罪"的表现（"丧尔子，丧尔明，尔罪三也"）。船山也认为子夏的行为不符合礼的表达："溺情而不知节之以礼。"①。过于沉溺于情感的发泄，忽视了恰当的分寸感。孔颖达也指出，子夏的这种做法是一种"恩隆于子"的行为②。"'情'，欲也。尊亲之至，不敢导欲以事之，故尽道以将敬，而不苟近其情以为悦也。"③ 单纯的"情感"发泄，就是"欲"的一种体现。所以，为了使得亲亲的情感能够充分地展现出来，必须有礼的因素融合于其中。不顾礼法的表达，尽管外表看似近乎"情"，但实质却只能是"欲"。《礼记》中曾有这样的记载："古之人有言曰：狐死正丘首，仁也。"船山对其的解读为："'正'，犹当也。狐生于山，故死必当丘以措其首，此不忍忘本之情见诸禽兽者也。"④ 如果只一味地追求情感的尽可能流露，就是对于"狐"来讲，也能够做到，这就不得不引起我们思考一个问题，即人如何在情感的表达方面区别于禽兽。"若其貌人之形而为庶民者，则任其情欲而无节，听其知能之明昧得失而不恒，其所以异者荡然无闲而去之矣。"⑤ 船山认为，对于人而言，"情"的节制虽不能人人相同，但也有其不能违背的大原则，即他这里所说的"恒（常）"与"闲"。关于"闲"，《论语》中曾有确切的记载："（子夏曰：）大德不逾闲，小德出入可也。"朱子注解为："大德、小德，犹言大节、小节。闲，阑也，所以止物之出入。言人能先立乎其大者，则小节虽或未尽合理，亦无害也。"⑥ 从情—礼的角度来看，"礼"便是"情"不可逾越的"闲"，即"界限"。⑦ "其于进退也，道合则从，不合则去，礼也；而以固宠为情，无礼也。"⑧ 顺从那些经过引导之后合乎礼之表达的情感，摈去那些不经过引导就放纵的私情，这两方面的要求都是礼对情加以制裁的应有内涵。

在阐明了情生礼、礼裁情之后，船山还对礼裁情的效果进行了论述，他说："礼与情相为出入而各惬也。"⑨ 我们可以将其称之为礼—情相契。也就是说，对于"情"而言，"礼"的出现不是为了灭"情"，因为

---

① （明）王夫之：《船山全书》（第四册），岳麓书社，2011，第162页。
② （东汉）郑玄注，（唐）孔颖达疏，吕友仁整理：《礼记正义》，上海古籍出版社，2008，第272页。
③ （明）王夫之：《船山全书》（第四册），岳麓书社，2011，第601页。
④ （明）王夫之：《船山全书》（第四册），岳麓书社，2011，第154页。
⑤ （明）王夫之：《船山全书》（第八册），岳麓书社，2011，第511页。
⑥ （南宋）朱熹：《朱子全书》（第六册），上海古籍出版社，2010，第235页。
⑦ 杨伯峻：《论语译注》，中华书局，2015，第291页。
⑧ （明）王夫之：《船山全书》（第八册），岳麓书社，2011，第416页。
⑨ （明）王夫之：《船山全书》（第四册），岳麓书社，2011，第1004页。

"礼"本身就是缘"情"而生的。反而恰恰是通过礼—情的这种生—裁机制，可以让礼—情达到双水并流的效果，并由此而产生其他的效应。

> 礼行情达，则幽明遐迩好恶通而无有间隔矣。①
> 物待礼以成，礼行而物皆得其宜也。盖物无定制，以人之好恶为则，违其所恶而成其所好，则人心安之而用无不宜矣。②

礼得以践行，情就得以通达，好恶也就一其准则而没有间隔阻碍，这样心才会安，心的发用才会恰到好处。好恶的问题之所以会关乎人心的安否以及人心的发用，这可能是受了朱子对《大学》"正心"章思想的注解的影响："所谓修身在正其心者：身（朱子引程子的话说："身有之身，当作心。"）有所忿懥，则不得其正；有所恐惧，则不得其正；有所好乐，则不得其正；有所忧患，则不得其正。"朱子于此注解为：

> 四者，皆心之用，而人所不能无者。然一有之而不能察，则欲动情胜，而其用之所行，或不能不失其正矣。
> 心不在焉，视而不见，听而不闻，食而不知其味。此谓修身在正其心。③

一旦心失其正，其发用就会受到阻碍，也就是这里提到的"心不在"。心之所以会妄动走作，在朱子看来，乃是"欲动情胜"的结果。而船山以"礼"遂"欲"以及以"礼"裁"情"以求心之安的张本之所在无疑正是承接着朱子的这条线索而来的。"君子之于礼乐虽博习不滞，而夫人之情必依其旧，故或适他国，而必以其故国家世之声容度数为心之所安，如钟仪操南音，孔子用殷礼是已。"④ 在所引的前一条材料中提到："物待礼以成，礼行而物皆得其宜也。盖物无定制，以人之好恶为则。"这里的"物"当然不是对天下巨细无遗之万物的泛论，而是特指其能够为"礼"所范围、与人心有契合的物，也就是这里所说的"礼乐制度""声容度数""殷礼南音"；否则，只是关乎人道的"礼"却能够因与万物的关联而使人心安这一点并不能得到合理的解释。我们再来分析一下

---

① （明）王夫之：《船山全书》（第四册），岳麓书社，2011，第1194页。
② （明）王夫之：《船山全书》（第四册），岳麓书社，2011，第1195页。
③ （南宋）朱熹：《朱子全书》（第六册），上海古籍出版社，2010，第22页。
④ （明）王夫之：《船山全书》（第四册），岳麓书社，2011，第154页。

船山的以下表述,这一点就会更加明确,同时也可以拓展他礼—情相契观的视野。"能节其情,则善恶之理见矣。"① 以礼节裁情,是为了达到人心对善恶之理的明见,而不是洞察万事万物的一切之理。紧接着这一条,船山又说道:"事待礼以成,盖情达理得,则分定人和事叙而功成矣。"② 这里所说的"事"就是上面提到的"物",在"物"向"事"的转化过程中,或者说,物从"物"的视阈得以转化至"事"的视阈,关键就是要与人道—心灵息息相关。沿着这条思路来理解,中国文化中的"天人合一"思维才可以得到说明,其"德性"的特征也才能有现实的保障。③ "幽则有天地宗庙,明则有父子君臣,尊亲之不容已,皆顺天经以立人之大伦而为礼之大纲也。"④ 能做到"分定、人和、事叙、功成",就能挺立人道("立人之大伦而为礼之大纲");而能做到因情达、事正、理得以挺立人道,自然也就实现了天道:"情未有偏,事未有倚,而合宜得正,无过不及之天则存焉。"⑤ 礼—情相契的归趣最终指向了"涵存天则",这仍是船山即人言天思维的表达,也更是中国文化中固有的天人相即问题的体现。

三 小结

船山分别从"存心""养性"两个角度完成了他遵礼思想在"心性"层面上的要求与可能;换句话说,从礼的视角来对"心性论"加以阐释,这已经转化了传统心性论的思考进路,把对心性论的论述作为了遵德守礼这条脉络中的必要环节。在对心性的重新讨论中,"礼"成为了贯穿其中的主要线索。存心、涵德与裁情、养性,都是挺立人道的必备,而这一目的实现的落脚点则在于对礼的持守继承与丰富发展。

---

① (明)王夫之:《船山全书》(第四册),岳麓书社,2011,第 13 页。
② (明)王夫之:《船山全书》(第四册),岳麓书社,2011,第 1194 页。
③ 关于这一点,我们从朱子的"格物致知"补传中就可以看得更为清晰。"所谓致知在格物者,言欲致吾之知,在即物而穷其理也。盖人心之灵莫不有知,而天下之物莫不有理,惟于理有未穷,故其知有不尽也。是以《大学》始教,必使学者即凡天下之物,莫不因其已知之理而益穷之,以求至乎其极。至于用力之久,而一旦豁然贯通焉,则众物之表里精粗无不到,而吾心之全体大用无不明矣。此谓物格,此谓知之至也。"也就意味着,"物"是逐渐地被涵摄于"知"中,所穷之"理"无论是从范围上讲,还是深度上讲,都将是一种没有止境的境界,决定了格物—致知—穷理这是一个无限的过程,尽管有"一旦豁然贯通"的跳跃,但也还是需要有无间断的持守工夫,正如程子所说的:"涵养需用敬,进学则在致知。"与之形成对应的,人之德性的提高也当然是无止境的,即使对于孔子而言,亦是如此:"七十而从心所欲不逾矩。"
④ (明)王夫之:《船山全书》(第四册),岳麓书社,2011,第 584 页。
⑤ (明)王夫之:《船山全书》(第四册),岳麓书社,2011,第 1247 页。

第二节　遵礼以挺立人道

在船山所阐述的遵礼旨归中，遵礼除了对心、性、情具有一定的涵养与陶冶的功能之外，另一个重要的方面就是对人道的挺立。可以说，对于人道的关注，既是他遵礼系统之所以提出的理由，同时又是其价值的寄托。从逻辑的层面上来讲，逻辑的起点也就是现实的终点，只是二者各有其侧重。遵礼如何达到挺立人道的目的，船山分别从三个方面加以了阐释：首先，在心、性、情的基础之上，遵礼对修身具有独特的作用，可以奠定一种人之为人的存在方式；其次，遵礼可以矫厉尚风节，对人与人之间的关系提供一种有效的调节；最后，遵礼还可以对政治的清明起到一定的作用。

一　主修身

船山对遵礼修身立人道之目的的讨论，是建立在其遵礼可以存心、养性、怡情的基础之上加以展开的。换句话来说，在整个的修身系统中，必然要顾及对心、性、情的处理。为了突出这一点的重要性，船山认为，"人"之所以为人，在某种程度上就在于心、性、情、才的拥有。他说："人之所以为人，有其性，有其情，有其才，而能择能执者也。"① 但这种拥有还只是潜能性的拥有，需要进一步的转化，也就是船山这里所说的"能择能执"，用《中庸》第二十章的话来说就是"择善而固执之者"②。船山又说："天地之生，人为贵。性焉安焉者，践其形而已矣；执焉复焉者，尽其才而已矣。"③ 这里依然是在强调，在"人"的实现与完成的过程中，性和才是其不可忽略的重要因素。所以，他甚至说："尽性，固尽人道也。"④ 将对"性"的关注直接与"人道"相关联，这一思路与朱子所代表的道学正宗的主张有其一致性，同时这也正是我们在讨论了船山的心性论之后何以要讨论其人道的原因之所在。对于"情"，船山说道：

---

① （明）王夫之：《船山全书》（第四册），岳麓书社，2011，第1279页。
② （南宋）朱熹：《朱子全书》（第六册），上海古籍出版社，2010，第48页。
③ （明）王夫之：《船山全书》（第二册），岳麓书社，2011，第354页。
④ （明）王夫之：《船山全书》（第六册），岳麓书社，2011，第543页。

第七章　遵礼旨归：船山遵礼之价值取向

> 泫然流涕而言者，情无已而礼不可过也。①
>
> 圣人喜怒哀乐之节，笃实于中，自见于外，故动容中礼而造次无违。二三子虽嗜学，而不得其性情之所自著，固有忘己而独徇乎教者。②

值得注意的是，在对"情"的关注中，船山引入了"礼"的因素，这一点在"遵礼以存心养性"的部分有更多的讨论。

综上所论，可以得知，船山关于心、性、情、才的阐释与他对人道的关注之间有着某种间接性的关联，而且这一关联是通过修身这一媒介体现出来的。

之所以说遵礼对心性的功效需要借助修身这一媒介，是因为无论从心性工夫的用力处还是从其完成来说都需要体现在修身的行为过程中。换句话来说，心性需要礼来约束就是通过礼以修身来实现；反过来讲，礼以存心养性当然也就有利于礼以修身。二者处于一种内外交织、相互（双向）影响的整体体系中。因此，在接着船山对礼以存心养性的论述之后，进一步来讨论他对礼以修身的论述也就显得尤为必要与关键。因为正是通过对礼以修身的讨论，才能更清晰地呈现出他的遵礼旨归。

（一）遵礼主修身

与存心养性需要遵礼一样，船山认为，修身的目的也需要通过遵礼才能得到实现。他说：

> 欲修其身者，则心亦欲修之。心不欲修其身者，非供情欲之用，则直无之矣。《传》所谓"视不见，听不闻，事不知味"者是也。夫惟其有心，则所为视、所为听、所欲言、所自动者，胥此以为之主。③

修身的一个重要方面就是对"心"的持守，时刻保持"心"的灵明与醒觉。最直接的体现就是在视、听、言、动各个方面都有所"主"，而不为外物所牵引走作。"心"所具有的虚灵性，决定了它的作用要体现在"他者"之上。同时，这也是船山"即用见体""以用现体"思维模式的要求。所以他说："夫自修身以至于为天下，不可一日而无礼。天叙天

---

① （明）王夫之：《船山全书》（第四册），岳麓书社，2011，第137页。
② （明）王夫之：《船山全书》（第四册），岳麓书社，2011，第167页。
③ （明）王夫之：《船山全书》（第六册），岳麓书社，2011，第403页。

秩，人所共由，礼之本也。"① 这种"他者"由两个维度所构成，一是准则性的"礼"，具有一定的塑造性；一是灵活性的"行为"，具有一定的倾向性。二者的相互契合构成了修身的目的，同时也就体现了"心"的灵知灵觉。因此，船山说："修身者，修其言行动之辟也。"② 修身，就是对容貌、颜色、言语、辞气、举止、行动各个方面的关照与视察。"修身者，修之于言、行、动。言行之善者，必其动之善而后为根心之美。"③ 通过这种外在的强制约束，逐渐深入至内心的感化，也就是宋儒所说的由"气质之性"转化为"天地之性"（或"义理之性"）的"变化气质"。"其为礼也，既视、听、言、动自所必由；非礼勿视、勿听、勿言、勿动者，一取则于礼定其非。则克己以复礼，而实秉礼以克己也，不辨之己而辨之礼。"④ 与气质得到转化的过程相伴随，"礼"也就从先前的约束性转化为一种自由性，就这一层意义上来讲，"礼"的真正价值才得到了彰显。船山最后总结说："以礼制欲，以义择交，正其身而无一言一行之过者也。"⑤ 其实这就是孔子所说的"从心所欲不逾矩"。"礼"已经成为生命的一种表达形式，与生命的状态息息相关。"以礼立身则所行皆裕，富贵贫贱不足以移之。"⑥ 外在的任何遭遇都不足以改变生命本身所具有的活力，反而成为生命的一种充实与涵养，一切循礼而为却又游刃有余，人（生命）之于礼就如鱼之于水。这便是遵礼的至高境界。

在讨论了守礼以修身之后，船山接着揭示了修身所具有的价值与意义。他说："修身存诚之德，为表正万物之本。"⑦ 修身涵养德性，这是立人极的根本，而立人极又是天地人并举的关键。所以，虽然只是一个修身，但却关系着整个万物的存在与呈现状态。正如宋儒陈亮所说的：

> 夫心之用有不尽而无常泯，法之文有不备而无常废，人之所以与天地并立而为三者，非天地常独运而人为有息也。人不立则天地不能以独运，舍天地则无以为道矣。夫"不为尧存，不为桀亡"者，非谓其舍人而为道也。若谓道之存亡非人之所能与，则舍人可

---

① （明）王夫之：《船山全书》（第七册），岳麓书社，2011，第 313 页。
② （明）王夫之：《船山全书》（第六册），岳麓书社，2011，第 429 页。
③ （明）王夫之：《船山全书》（第四册），岳麓书社，2011，第 1479 页。
④ （明）王夫之：《船山全书》（第六册），岳麓书社，2011，第 801 页。
⑤ （明）王夫之：《船山全书》（第八册），岳麓书社，2011，第 475 页。
⑥ （明）王夫之：《船山全书》（第四册），岳麓书社，2011，第 19 页。
⑦ （明）王夫之：《船山全书》（第四册），岳麓书社，2011，第 1318 页。

第七章 遵礼旨归：船山遵礼之价值取向   307

以为道，而释氏之言不诬矣。使人人可以为尧，万世皆尧，则道岂不光明盛大于天下！使人人无异于桀，则人纪不可修，天地不可立，而道之废亦已久矣。天地而可架漏过时，则块然一物也；人心而可牵补度日，则半死半活之虫也。道于何处而常不息哉！①

与陈亮的表述相类似，船山也说："万物之理，人心之同，皆以礼为之符合，是人己内外合一之极致也。"② 船山指出，人得以立天地人三才，举众物之理，就在于"礼"。这样不仅可以避免过于重视德性之理而忽略了功业，也可以避免过于强调功业所导致的对德性增进的忽视。因此，船山说："天理存亡之几，国之存亡即于此而决，此修身之所以为本而必根极于正心诚意也。"③ 修身可以存天理，持守德性的根本；可以达国治，实现天下太平的功业。又说："君子秉礼以修己，先王制礼以治人。"④ 循礼而行，既可以成己，又可以治人。而且这两方面又都是"修身"内涵的应有之义。就循礼而行可以成己而言，张载也说："学者行礼时，人不过以为迂。彼以为迂，在我乃是捷径，此则从吾所好。文则要密察，心则要洪放，如天地自然，从容中礼者盛德之至也。"⑤ 在经过朱子整理的《大学》"经"的结尾处就说：

> 古之欲明明德于天下者，先治其国；欲治其国者，先齐其家；欲齐其家者，先修其身；欲修其身者，先正其心；欲正其心者，先诚其意；欲诚其意者，先致其知；致知在格物。物格而后知至，知至而后意诚，意诚而后心正，心正而后身修，身修而后家齐，家齐而后国治，国治而后天下平。自天子以至于庶人，壹是皆以修身为本。⑥

为了让修身的工夫有落实处，船山突出了"遵礼"的重要意义。"故立教之本，有端可识，而推广无难也。"⑦ 所以，整个教化推行的过程其实也就是逐渐遵礼而行的过程。船山最后总结说："道无定，而人各有其

---

① （明）黄宗羲：《黄宗羲全集》（第五册），浙江古籍出版社，1985，第217—218页。
② （明）王夫之：《船山全书》（第四册），岳麓书社，2011，第605页。
③ （明）王夫之：《船山全书》（第四册），岳麓书社，2011，第1502页。
④ （明）王夫之：《船山全书》（第四册），岳麓书社，2011，第582页。
⑤ （北宋）张载：《张载集》，中华书局，1978，第265页。
⑥ （南宋）朱熹：《朱子全书》（第六册），上海古籍出版社，2010，第17页。
⑦ （明）王夫之：《船山全书》（第六册），岳麓书社，2011，第431页。

道；礼无定，而因人以行礼。"① "道"并没有成制与固定，需要人去充实、显现；"礼"也并没有凝滞与僵固，需要人自己去践履、体味。

> 人者，生也。生者，有也。有者，诚也。礼明而乐备，教修而性显，彻乎费隐而无不贯洽之谓仁。窃其未有之几，舍会通之典礼，以邀变合往来之几，斯之谓远人已耳。②

可以说，人对礼的践履与遵循，也就是对人道甚至是天道的丰富与发展；反之，舍弃礼法便是对人道的背离。

（二）遵礼立人道

在阐明了遵礼以修身、修身关乎人道之后，船山对遵礼如何挺立人道进行了论述。其实，遵礼立人道，是其遵礼之理的必然要求。船山强调人禽之辨与夷夏大防，他说："无礼则为禽行而兽聚。"③ "礼以维系人道而别于禽狄者也。"④ 是否遵礼，成为人禽以及华夷相区别的根本标准。"礼"象征着一种文明的存在方式，遵礼则是对历史演进及文明价值的认可，能够真正体现人之为人的根本精神特质。张载也说："人必礼以立。"⑤ "（仁不得义则不行），不得礼则不立。"⑥ 人（或者说"人道"）是否能够挺立，关键在于得礼与否。船山亦说："人之所以为人，中国之所以为中国，君子之所以为君子，盖将舍是而无以立人之本，是《易》、《诗》、《书》、《春秋》之实蕴也。"⑦ 中国文化的思维方式一直强调实践理性，所以经典并不是用来作为思辨的文本，而是为挺立人伦之本与推行教化之源提供一种历史性的价值借鉴与参考。因此，在"五经"（或"六经"）中就有一种根本的实用理性的精神，而最能够体现这一精神的便是《礼》。关于这一点船山说道：

> 六经之教，化民成俗之大，而归之于《礼》，以明其安上治民之功而必不可废。盖《易》、《诗》、《书》、《乐》、《春秋》皆著其理，而《礼》则实见于事，则《五经》者礼之精意，而《礼》者

---

① （明）王夫之：《船山全书》（第七册），岳麓书社，2011，第521页。
② （明）王夫之：《船山全书》（第十二册），岳麓书社，2011，第421页。
③ （明）王夫之：《船山全书》（第八册），岳麓书社，2011，第757页。
④ （明）王夫之：《船山全书》（第四册），岳麓书社，2011，第1238页。
⑤ （北宋）张载：《张载集》，中华书局，1978，第192页。
⑥ （北宋）张载：《张载集》，中华书局，1978，第274页。
⑦ （明）王夫之：《船山全书》（第四册），岳麓书社，2011，第9页。

第七章　遵礼旨归：船山遵礼之价值取向　　309

《五经》之法象也。故不通于《五经》之微言，不知《礼》之所自起；而非秉《礼》以为实，则虽达于性情之旨，审于治乱之故，而高者驰于玄虚，卑者趋于功利，此过不及者之所以鲜能知味而道不行也。①

可以说，"六经"（"五经"）在船山的思想中，虽然也有经学史上的意义，但相比较而言，他更侧重于将其放在"礼"的系统视阈中来加以把握与考察。以"礼"来涵摄其他的经典，意味着这种诠释的方向将会超越于纯学术的研究，而有功业价值的考量。船山又说：

《六经》皆圣人之教而尤莫尚于《礼》，以使人之实践于行，则善日崇而恶自远，盖易知简能，而化民成俗之妙，至于迁善而不知为之者，则圣神功化之极，不舍下学而得之矣。②

这里他明确指出，在"六经"之中要凸显"礼"的特殊价值，就在于"礼"对成就人道有着重要的意义。成就人道，并不是在人（—道）之外寻求另外的一种意义与价值，而是就人（—道）本身的固有存在提供一种存在的方式。也就是要以人固有的本性作为根据，以此为立足点来充实、发展、扩充人的潜能，从而达到迁善与远恶的教化目的。"礼，见于事而成法则也。诗以言达志，礼以实副名。故学礼可以正志，可以立体。"③"礼"所具有的这种价值导向，也就是人们日常行事的伦理道德准则。因此，对"礼"的重视可以为人道的挺立奠定一定的价值基础。

虽然船山通过提倡遵礼来挺立人道，但挺立人道的价值目的在此之前就已经被重视，尤其对于宋明道学而言更是如此。就这一方面来看，船山的确如冯友兰先生所指出的那样，是宋明理学的殿军，④无论是从问题意识的展开层面上还是从精神的价值取向上来看都是如此。钱穆先生在谈到宋明道学时说：

---

① （明）王夫之：《船山全书》（第四册），岳麓书社，2011，第1171页。
② （明）王夫之：《船山全书》（第四册），岳麓书社，2011，第1177页。
③ （明）王夫之：《船山全书》（第十二册），岳麓书社，2011，第317页。
④ 冯友兰：《三松堂全集》（第10卷），河南人民出版社，2001，第23—24，277，280—281页。

> 然则治宋学当何自始？曰：必始于唐，而昌黎韩氏为之率。何以治宋学必始于唐，而以昌黎韩氏为之率耶？曰：寻水者必穷其源，则水之所自来者无遁隐。韩氏论学虽疏，然其排释老而返之儒，昌言师道，确立道统，则皆宋儒之所滥觞也。
>
> 曰为古文者，必有志乎古之道，而乐以师道自尊。此皆宋儒精神也。①

探明宋明道学之所以要返溯至中晚唐的韩愈，就是因为从韩愈开始，才真正地开始确立儒学重视人伦的价值旨归，凸显人道的重要性。陈寅恪先生曾专门讨论过韩愈在中国文化史上的地位，也曾提到这一点，他说：

> 一曰：建立道统，证明传授之渊源。二曰：直指人伦，扫除章句之繁琐。三曰：排斥佛老，匡救政俗之弊害。四曰：呵诋释迦，申明夷夏之大防。五曰：改进文体，广收宣传之效用。六曰：奖掖后进，期望学说之流传。②

综观陈先生对韩愈贡献所概括的这六个方面，可以很清晰地看出，前四个方面有其一贯的主旨，即对人道的阐扬与建立。而且这一旨归对后来宋明道学重人伦的精神气质有决定性的影响。关于二者之间的线索关联，陈来先生说：

> 理学的正式诞生虽然在北宋中期，但理学所代表的儒学复兴运动及它所由以发展的一些基本思想方向在中唐的新儒学运动及宋初的思潮演变动向中可以找到直接的渊源。中唐的韩（愈）李（翱）与宋初三先生（胡瑗、孙复、石介）被公认为理学的先导和前驱，宋前期对理学后来的产生发生过直接影响的不止是三先生，范仲淹、欧阳修的影响可能更为重要，范、欧在气质上也更接近于韩愈。
>
> 韩愈和他的弟子李翱提出的复兴儒学的基本口号与发展方向，确乎是北宋庆历时期思想运动的先导。而庆历时期思想运动又恰为道学的产生奠定了基础。③

---

① 钱穆：《中国近三百年学术史》（一），联经出版事业公司，1998，第2页。
② 陈寅恪：《金明馆丛稿初编》，生活·读书·新知三联书店，2001，第319—332页。
③ 陈来：《宋明理学》，生活·读书·新知三联书店，2011，第23页。

船山一直重视人禽之别与夷夏之防，通过遵礼以修身来加强文明差异之间的悬殊性，这固然是受到了他当时所处的大变动的特殊社会历史环境的影响，但更重要的是，船山想通过建构这种文明之间的差异性来确立儒学自身的特色，这一点他与韩愈及宋儒之间可以说是完全一致的。杨立华先生在评价韩愈倡导华夷之辨时说：

> 是中华固有文化的又一次觉醒，中华固有文化对自己文化、文明的主体性的又一次觉醒。
> 为儒家传承谱系确立一个合法性、正当性的基础。
> 确立了儒家生活方式、儒家生活道理。①

由韩愈一直到后来宋儒所确定的儒家伦理式的生活道路，经过船山的继承与发扬，就演变为他想通过遵礼系统所要实现的价值目的，即有待挺立的人道。

综上，讨论了船山遵礼立人道在修身层面上的表现，这一表现的可能首先是建立在他对心性考察的基础之上，其次又与他重视人禽之辨与夷夏大防有着紧密的关联。应当说，船山通过遵礼以修身来挺立人道，既承继了中华文化重视文明演进的固有传统，同时又有其自身的特色。

二 达人和

遵礼以立人道，除了表现在修身层面之外，还表现在人际关系的塑造及风尚民俗的变易方面。

儒家向来强调对世界存在状态的认可并对这种存在状态进行有效的转化，换句话来说，即儒者始终关注着人伦之间的差异性并试图对这一差异性加以适当的调节。因为"礼"具有对人伦的规定（范导）与调节作用，所以儒者的关怀便落实到了对"礼"的讨论上。孔子之所以对"礼"尤其是"周礼"情有独钟，以及后来的儒者对"礼"也非常重视，真正原因也就在此。现代学人唐凯麟与张怀承也曾指出：

> 礼是人际关系秩序，及其相应行为模式的相关规定。有分则有别，有别则须敬，有敬斯有让，有让即为和。礼的社会作用就在于

---

① 杨立华：《宋明理学十五讲》，北京大学出版社，2015，第9—20页。

使人们自觉地遵守道德规范，造成良好的道德关系与和谐的社会秩序。①

陈力祥也说：

> 礼乃人类行为之指南：有礼则天下趋和，无礼则天下必乱。周公制礼作乐以后，在漫长的封建社会中，礼一直是人们安身立命、修道成性之工具。中华民族被称为"礼仪之邦"，礼在中华历史上能够经久不衰，乃礼之价值使然。礼的基本价值即在于维系人际和谐，使个人行为合乎理性，使个人能够达到和立。②

反观学者的论述，说明"礼"具有很强的创造性与转化性，或者说，它的创造性就体现在转化性上。人通过"礼"之作用的转化，也就是通过对礼的践履，可以成为一种更为真实的存在，当然，这是就道德意义上说的。也就意味着，只有在人伦的道德关系之中，这种真实性才会出现。因此，"礼"总是指向一种双向的存在，在这一"存在"中，不存在西方学者如列维纳斯所强调的"他者"。所以，船山在讨论了礼以修身之后，必然要进一步对礼以达人和进行讨论。

船山说："以礼接人者，必以理应；应以礼者，必更以礼接之。"③说明"礼"能够有效地建立并沟通人与人之间的关系。他又说："观礼于邦国，行礼于乡党，有礼者人敬之，而无礼者人慢之。"④ 中国文化重视家国之间的同构性，其实，这有其深刻的礼学渊源。"礼"能够具有并超越于"法"的功效，在家国邻里乡党之间对行为提供有效的积极范导，从而将人在伦理的关系中群聚起来。船山接着说：

> 以礼坊民，民犹逾之，既不可以坊为无益而废之，抑不可更峻其坊而束民以不堪，则唯反躬自治以正其表，斯正己之尽而物可得而正矣。故三代以礼坊民，而踰之也率在末君失德之世，则知表之为重，而亦不可咎坊之徒劳矣。⑤

---

① 唐凯麟、张怀承：《成人与成圣儒家伦理道德精粹》，湖南大学出版社，1999，第190页。
② 陈力祥：《王船山礼宜乐和的和谐社会理想》，社会科学文献出版社，2014，第127页。
③ （明）王夫之：《船山全书》（第四册），岳麓书社，2011，第18页。
④ （明）王夫之：《船山全书》（第七册），岳麓书社，2011，第281页。
⑤ （明）王夫之：《船山全书》（第四册），岳麓书社，2011，第1317页。

第七章 遵礼旨归：船山遵礼之价值取向

"以礼坊民"的思想出自于《礼记·坊记》与《表记》，要发挥"礼"对民众的预防及规约与表率及范导的作用。《老子》三十八章中说："礼者，忠信之薄而乱之首。"王弼注曰："夫礼也，所始首于忠信不笃，通简不阳，责备于表，机微争制。夫仁义发于内，为之犹伪，况务外饰而可久乎！故夫礼者，忠信之薄而乱之首也。"① 王弼的注解体现了他是"以虚无为本"的主旨来解读《老子》的思想。如果从另一个角度来解读的话，《老子》的这句话似乎是在说："礼"是一种最为基本的维系人道延续的途径；反过来说，作为维系人道基本形式的"礼"，一旦在社会中缺失，就意味着混乱的开始。显然，在这种解读下的《老子》便与儒家重"礼"的主张具有了某种相似性。

为了通过确保人与人之间关系的恰当性来挺立人道，就需要发挥"礼"的作用。船山说："不学《礼》则动止无则，而壮敬之心不著，将无以立也。"② "不知礼，则耳目无所加，手足无所措。"③ 虽然讨论的是人与人之间的关系，但在这种关系中，对一种主体性的强调仍然是必要的。因为任何关系的展开必须以此为中心。著名社会学家费孝通先生曾对中国人与人之间的关系作过一个很好的比喻性说明，他说：

> 我们的格局不是一捆一捆扎清楚的柴，而是好像把一块石头丢在水面上所发生的一圈圈推出去的波纹。每个人都是他社会影响所推出去的圈子的中心。被圈子的波纹所推及的就发生联系。④

人与人之间联系的建立总是要有一个中心点。因此，"礼"对关系的调节也必然要建立在其对主体性规范的基础之上。然而这种主体性的规范有别于主体的自身修养，前者是为关系的建构而展开，后者则是为了德性的提升。船山说："强者力制其妄，敦行其节，动无非礼，则立身固矣。"⑤ 用"礼"来规约行为的各个方面，就能有效地立身于人群之中。而且这也可以更进一步提升自身的修养。"言动不中于礼者，时或有之；乃其心体之明，不待迟之俄顷，而即觉其不安，是以触类引申，

---

① （魏）王弼著，楼宇烈校释：《王弼集校释》，中华书局，1980，第94页。
② （明）王夫之：《船山全书》（第七册），岳麓书社，2011，第896页。
③ （明）王夫之：《船山全书》（第七册），岳麓书社，2011，第998页。
④ 费孝通：《乡土中国》，北京出版社，2004，第32页。
⑤ （明）王夫之：《船山全书》（第十二册），岳麓书社，2011，第171页。

可以旁通典礼，而后不复有如此之误矣。"① 一旦出现了非礼行为，首先是对自身提出的一种道德谴责。其次，才显示出是否能为其他道德主体所接纳。

> 礼以恭敬辞逊为本，而有节文度数之详，可以固人肌肤之会、筋骸之束。故学者之中，所以能卓然自立而不为事物之所摇夺者，必于此而得之。②
>
> 君子学欲其博，故于文无不考；守欲其要，故其动必以礼。如此，则可以不背于道矣。③

所以，遵循礼法就同时具有了两个层面的意义：一是就主体道德的涵养而言，一是就群体人道的自立而言。

综上，船山对遵礼能够调节人与人之间关系的论述并没有直接加以展开，而是落实到了对遵礼主体性的强调上。用一个不是非常恰当的关系来说，个体（主体）—社会（群体）之间的关系就犹如体—用关系，船山"即用言体"的思维方式，使得他总是重视"用"，但却是为了凸显"体"。与之类似，他重视遵礼对整个社会层面的作用，但却是为了反观在遵礼体系中的主体性。这与他对晚明甚至是整个明朝的社会风气始终持一种消极的看法有一定的关联。④ 他说："忠信之人，可以学礼。苟无其质，礼不虚行。"⑤ 可以看出船山对学礼、遵礼之人德性的要求；反过来讲，"礼之实行"则意味着对个人而言是德性的长进，对于群体而言则是人道的挺立。他说："验其有礼，则知其果有德行。"⑥ 从是否能够遵礼以及在怎样的程度上遵礼，便可以显示出遵礼主体的德性。船山又说："为礼有本，非但以敬人也，亦以束躬而不失其度也。"⑦ "礼"以维系主体相互之间的关系，关键在于主体性的确立与高扬。"违礼以往，则欲矫人之失而先自失也。"⑧ 说明主体性的丧失，将会直接决定着

---

① （明）王夫之：《船山全书》（第六册），岳麓书社，2011，第674页。
② （明）王夫之：《船山全书》（第七册），岳麓书社，2011，第539页。
③ （明）王夫之：《船山全书》（第七册），岳麓书社，2011，第470页。
④ 陈来：《诠释与重建》，北京大学出版社，2013，第263—268页。此处还可参看赵园：《明清之际的思想与言说》，复旦大学出版社，2010，第3—4, 6—7, 9—10, 18—19, 20—22页。
⑤ （明）王夫之：《船山全书》（第七册），岳麓书社，2011，第327页。
⑥ （明）王夫之：《船山全书》（第四册），岳麓书社，2011，第539页。
⑦ （明）王夫之：《船山全书》（第七册），岳麓书社，2011，第355页。
⑧ （明）王夫之：《船山全书》（第四册），岳麓书社，2011，第221页。

第七章　遵礼旨归：船山遵礼之价值取向

主体间关系的展开。他最后总结说："以礼节之者，以礼立身，虽不与世侮而终不枉己，所以节和而不流。"① "以礼节之，则各适其当而不流，是以君子贵乎循礼也。"② 只有建立在对遵礼主体确立的基础之上，遵礼对主体间即人与人之间关系的调节功能才能真正地发挥出来。这意味着，在船山看来，整个民俗风尚的转化与变易并不能靠民众的自觉意识而得到实现，而是首先需要具有责任承担意识的主体出现，并以此作为伦理中心点逐渐扩展才能最终完成。

只有在确立了具有自立性的主体的基础之上，才可能对民俗民风有所改观，这一层意思在经典中就已经有所体现。《论语·颜渊》中载："君子之德风，小人之德草。草上之风，必偃。"朱子注曰："为政者，民所视效。"并引尹氏之言曰："以身教者从。"③ 船山以此为立足点，进一步论述了遵礼对民俗的功效。他说：

> 人心之同孝弟慈也，则天下之众民之愿欲虽至于不可纪极，而其心之所安者则不可以理格，不待违道干誉以徇其好恶，而皆可以矩絜之矣。④
>
> 受天命则教化行于天下，而民无不新矣。⑤

"以矩絜之"也就是《大学》"传"第十章所说的"絜矩之道"，这是教化的根本，其实也就是"礼"。船山说："以礼齐民而民用成俗也。"⑥ "礼以秩序乎万物，而乐以和人神、移风俗，皆吾心固有之实，而即吾性俱生之理。"⑦ "礼"根源于人的心性之中，能使民众循礼而行，必然对整个社会的风俗起到扭转的功效。他又说：

> 修明和睦之教而人自亲，不待兵刑也。凡此皆人道之固然，尧、舜因之以行于天下。与贤而百姓安之，讲信修睦而天下固无疑叛，则礼意自达，无假修为矣。

---

① （明）王夫之：《船山全书》（第十二册），岳麓书社，2011，第250页。
② （明）王夫之：《船山全书》（第四册），岳麓书社，2011，第13页。
③ （南宋）朱熹：《朱子全书》（第六册），上海古籍出版社，2010，第174页。
④ （明）王夫之：《船山全书》（第四册），岳麓书社，2011，第1495—1496页。
⑤ （明）王夫之：《船山全书》（第四册），岳麓书社，2011，第1477页。
⑥ （明）王夫之：《船山全书》（第四册），岳麓书社，2011，第836页。
⑦ （明）王夫之：《船山全书》（第八册），岳麓书社，2011，第480页。

> 此皆民俗之厚，不待教治，而无非礼意之流行也。①

对于社会民俗的改变，也就是挺立人道的一种体现。"大道不著则好恶私而风俗薄，故禹欲授益而百姓不归，周公总己而四国流言虽欲公天下，不可得已。"② 反之，风俗日益刻薄，则表明"礼"的作用没有发挥出来，进而意味着人道的逐渐沦丧。所以，船山一再强调："礼乐兴，则风俗醇、邪枉化，固其必然之应也。"③ "无动非礼，则立人之道尽矣。"④ 对于遵礼以挺立人道而言，社会民俗风尚是其不可或缺的一个重要组成部分，同时也是遵礼以修身的真正体现。晚明阳明学之所以流入禅学，就在于这种学术走向使得修身与社会脱离了关联，个体成为"自了汉"，失去了对群体的责任与担当意识，最后导致明朝的灭亡。船山身处明末困境，必然要对这一理论上的缺陷作出回应。通过遵礼转变社会风俗，以此来挺立人道，便是他对解决这一问题的探索。

三 致政兴

在讨论了遵礼以修身与达人和之后，船山又讨论了遵礼以致政兴。船山认为，"（遵）礼"与"（治）政"之间具有一致性，但这并不是说"（遵）礼"就是"（治）政"，而是说"遵礼"（"行礼"）有"治政"（"兴政"）的功效。现代学者李泽厚先生也一直强调中国传统文化是"政治、伦理、宗教的交混融合"⑤，也表明了这一点。船山说："礼所以治政；而有礼之政，政即礼也。故或言政，或言礼，其实一也。"⑥ "礼之既立，政即行焉。"⑦ "礼"有政治上的功效，遵礼有利于治政，所以，二者在实功层面上具有一致性。

> 礼为治乱之原而无物不有、无事不著，故极其用之极致，虽非愚贱之所共与，而先王推其躬行之实以务民义，必举夫人所可知可能而不可斯须离者立为大纲，以使民率由之，而政理兴焉，则益可

---

① （明）王夫之：《船山全书》（第四册），岳麓书社，2011，第537页。
② （明）王夫之：《船山全书》（第四册），岳麓书社，2011，第538页。
③ （明）王夫之：《船山全书》（第七册），岳麓书社，2011，第841页。
④ （明）王夫之：《船山全书》（第十二册），岳麓书社，2011，第231页。
⑤ 李泽厚：《论语今读·前言》，中华书局，2015，第3—8，16—18页。
⑥ （明）王夫之：《船山全书》（第四册），岳麓书社，2011，第553页。
⑦ （明）王夫之：《船山全书》（第四册），岳麓书社，2011，第556页。

无疑于政与礼之有殊用矣。①

遵礼能够推进教化，使得"礼"从一开始就与政治结下了不解之缘。同时也意味着，像"法"这样的硬性资源便不能也不会得到公开的发展与利用。政治上的一切诉求都转向了"礼"的民俗层面。这一点在中国社会历史的后期就表现为，士大夫对政治的关注总是将立足点放到下层的民间，典型代表如北宋初年的范仲淹，南宋朱子更是如此："五十年间，仕于外者仅九考，立朝才四十日。"② 这种政治上的转向，发展到船山这里，便成为他所探讨的遵礼与政治之间的关系。

船山说："以成乎平治之气象者，礼也。"③ 遵礼就是为了成就政治上的安宁与治理。

> 谨制度修礼法当自天子始，天子正而后诸侯正，诸侯正而后大夫莫敢不正。反是，则乱之始也。④
>
> 大道之行，三代之英，相为表里，所以齐天下而共由于道，其继起为功而不可废者有如此。礼衰而乱，文具徒设，则大道之精意尽泯，圣人之所由叹也。⑤

可以说，整个政治的运行，其出发点就是统治者能够循礼而为。上有所行之，下必有所效之。一直为儒家所赞赏的三代政治模式，便是这种治理的典型代表。通过遵礼实现对政道的追求，并由此政道而上升为对人道的发扬以及与天道的契合，这也正是船山所说的："阴阳可使和，五行可使协，彝伦可使叙，赞之以大其用，知之以显其教。"⑥ 船山又说："习于礼乐而养成其德行，则敖慢不行而守其侯度，乃以国安而致令名也。"⑦ "教行习移而成乎大顺，祸乱不兴矣。"⑧ 使"遵礼"成为整个社会运行的主导因素，社会风俗便会发生转化，国家政治也会得到治理。

---

① （明）王夫之：《船山全书》（第四册），岳麓书社，2011，第1202页。
② 钱穆：《宋明理学概述》，九州出版社，2011，第8—9，146页。
③ （明）王夫之：《船山全书》（第七册），岳麓书社，2011，第677页。
④ （明）王夫之：《船山全书》（第四册），岳麓书社，2011，第552页。
⑤ （明）王夫之：《船山全书》（第四册），岳麓书社，2011，第540页。
⑥ （明）王夫之：《船山全书》（第六册），岳麓书社，2011，第834页。
⑦ （明）王夫之：《船山全书》（第四册），岳麓书社，2011，第1533页。
⑧ （明）王夫之：《船山全书》（第四册），岳麓书社，2011，第1518页。

> 王者动必以礼，故德盛配天地而为立教之本也。①
>
> 盖人主之职，守礼法，慎言动，谨天戒，犹冢宰三司百官之有岁成也。一以百官受质之礼受之，立敬自上，而下莫敢不敬也。②

因此，不仅统治者需要循礼以行，诸侯百官也需要保证礼的畅行。这样，从上层到下层，就形成了一种以"礼治政"的风气。"教有本，治有宗，立国有纲，知人有道。"③"治定制礼，功成作乐，圣人而在天子之位，乃建中和之极。"④百官教化以礼为本根，圣王政治以礼为宗法，天子立国以礼为纲纪，如此便能实现挺立人道的最终目的。

遵礼有利于政治的平正安宁，除了是一种功效的显现之外，还是一种判断的标准。船山说："言大凡见人之礼，则可以知其政，闻人之乐，则可以知其德。"⑤说明单从对礼乐的考察上，便可以对政治的治理程度作出判断，这也从反面说明了二者之间所具有的一致性。这在经典中也有记载，《论语》中说：

> 子之武城，闻弦歌之声。夫子莞尔而笑，曰："割鸡焉用牛刀？"子游对曰："昔者偃也闻诸夫子曰：'君子学道则爱人，小人学道则易使也。'"子曰："二三子！偃之言是也。前言戏之耳。"

朱子注：

> 子游为武城宰，以礼乐为教，故邑人皆弦歌。
>
> 治有大小，而其治之必用礼乐，则其为道一也。但众人不能用，而子游独行之。故夫子骤闻深喜之，因反其言以戏之。⑥

这是夫子以礼乐教化、治国一贯宗旨的体现。

> 无礼，则上下不辨，民志不定，而争乱作，固已。⑦

---

① （明）王夫之：《船山全书》（第四册），岳麓书社，2011，第1174页。
② （明）王夫之：《船山全书》（第四册），岳麓书社，2011，第351页。
③ （明）王夫之：《船山全书》（第十二册），岳麓书社，2011，第549页。
④ （明）王夫之：《船山全书》（第十二册），岳麓书社，2011，第238页。
⑤ （明）王夫之：《船山全书》（第八册），岳麓书社，2011，第181页。
⑥ （南宋）朱熹：《朱子全书》（第六册），上海古籍出版社，2010，第219—220页。
⑦ （明）王夫之：《船山全书》（第七册），岳麓书社，2011，第374页。

> 礼乱而自谓礼,乐淫而自谓乐,政刑无章而自谓治,方且谓君子为莫殚莫究之学,此道之所以终丧而曾夷之不若也,悲夫!①

反之,对礼乐教化的忽视,则意味着政治治理的失败。政治上的失败,在船山看来,是对人类文明演进的挑战与威胁,是"夏"沦于"夷"的重要标志。因此,必须通过遵礼来实现政治上的清明。他说:"礼以自正而正人,则政治而君安,不待刑而自服。若无礼以正上下而虑下之倍窃,则必过为刑法以钤束之。"② 践礼,则君臣相敬,上下相安;背礼,则君臣相欺,上下相乱。"以礼约之,则莫之禁而自禁矣。"③ 使民遵礼,在政治上可以起到"无为而无不为"的效果。"所以养天下之士气于礼乐之中,而不使有嚣张之习,亦所以纳天下之民情于和平之内,而不使有兵戎之气。"④ 其原因在于"礼"是一种具有建构性的范导媒介,在引导之中实现着恰当的调节。"苟如是,则族党之中,不竞于利,不鹜于争,礼让之风成而干戈之气静。古君子之以平治天下,率此而已矣。"⑤ 以礼为导向,就会从政治的治理层面进一步推广到社会风尚民俗的转变上。"故凡为君子者,不可不知本务,而治教政刑之皆末也。"⑥ 因此,对于居位的君子来说,遵礼就成为为政之本。也就从侧面说明了行礼必然具有兴政的功效与意义。

四 小结

综上,船山分别从个体修身、社会风俗、国家政治三个层面阐述了遵礼对于挺立人道的价值与意义。遵礼所具有的主体指向性,使得礼在现实中的践履必须落实到个人的修身层面;然而这一落实却具有双层的功能:首先有利于提升个体自身的德性境界,其次便是调节社会间的人伦关系以及确保政治治理的合法性与有效性。从而在实功的层面展示了遵礼系统中的旨归方面。

---

① (明)王夫之:《船山全书》(第七册),岳麓书社,2011,第580页。
② (明)王夫之:《船山全书》(第四册),岳麓书社,2011,第553页。
③ (明)王夫之:《船山全书》(第四册),岳麓书社,2011,第878页。
④ (明)王夫之:《船山全书》(第七册),岳麓书社,2011,第339—340页。
⑤ (明)王夫之:《船山全书》(第七册),岳麓书社,2011,第528—529页。
⑥ (明)王夫之:《船山全书》(第七册),岳麓书社,2011,第529页。

本章小结

综上，船山将遵礼旨归最后指向为对心性问题的解决以及对人道的挺立。前者一直是儒学所关注的话题，更是其实施教化的根本依据。船山通过他的遵礼系统重新延续这一教化的传统，必然要对这一问题进行新的分疏。在纠偏宋明道学的基础之上，他开始重视"情"的价值，这正与他在"理欲"观上重视"欲"的思路颇为一致。"情"可以凭借着"礼"的作用将"性"的功能更为充分地表达出来，进一步丰富并规范"性"的内涵，使其也能够遵循"礼"的法则。用"礼"作为"性"与"情"的絜矩之道，是提倡在功夫的实用层面来得到不断的充实与涵养，这样就可以避免二者流入虚空。同时也就从"用"的角度对作为"体"的"心"进行了一种塑造与持守。可以看出，船山的遵礼体系不仅能显示出其分别对心、性、情各自的涵养功能，还能显示出其在三者之间所具有的协调性与贯通性。这便意味着，"礼"已经具备了对于完整人格进行塑造的功能。在此基础上，船山接着讨论了"遵礼挺立人道"。"遵礼"既然能够培养君子人格，当然也就可以以此为中心向外推展，逐渐对民俗加以引导，进而改变社会风尚，实现政治的有效治理。换句话来讲，遵礼对于"挺立人道"的意义，不仅仅局限于主体的修身层面，还表现为对群体进行价值上的有效安顿。

结　　论

　　船山对"遵礼之道"这一主题的阐释分别从以下几个方面展开。在继承北宋张载"气"学思想的基础之上，重新考察整个天地之间的"气化流行"过程，从而在"气"的层面上肯定了包括天地在内的万物法象具有一种"实"的特质；以此为前提，又对"理—气"关系进行了新的分疏与诠释，提出"即气显理"的主张。这种哲学见解转化到现实层面，就意味着"（天）理"的人化过程，即"理"向"礼"的转化。对于"理"的推崇，也就必然要在人伦中凸显"礼"的功能与作用。由此便转到对遵礼理据的考察上。遵礼旨归非常重视君子人格的塑造与人道的挺立，前者使得在处理人欲时礼的引导作用成为主流，后者则使得礼在辨人禽与防夷夏方面的作用得到强调。可以看出，遵礼的价值旨归逻辑先在地决定了遵礼理据的提出。而遵礼理据的提出，又要求分别对遵礼原则、德性基础及遵礼践行作出具体的阐释。

　　遵礼原则意在考察整个遵礼体系有效践行的指导方针与方向，遵礼德性则要为这种践行提供一定的伦理道德基础，遵礼践行则是一种推进遵礼体系不断完善的实践保证。"仁"德的具备，为遵礼提供了某种主体性的可能，这与"中和"（"中道"）原则的贯彻有着内在的关联。因为"中和"不仅仅只是意味着循礼而为，对礼的仪则、仪式的谙熟操练，更意味着在这种熟悉的实践过程中实现主体人格的完善与人道的挺立。"义"德的提出与"经权"原则的运用之间也存在着必然的联系。"义"德虽然作为一种德目，但却有某种延外的倾向；也就是说，"义"德的真正具备需要体现在对事物恰当处理的一系列过程中，换句话来说，"经权"原则在遵礼系统中是否能够得到很好的贯彻，是能否具备"义"德的衡量标准。"敬"德的具备，是实行"于俭"原则的先决条件。"于俭"原则的最终目的是要实现身心的持守与收束，无疑这与"敬"德的德性要求之间存在着很大程度上的一致性，而且这种一致性最终会体现在旨归中的人格塑造方面。遵礼原则与遵礼德性之间的这种相互对应与契合，分别从两个侧面彰显了遵礼作为一个整体系统所具有的差异性与秩序性、动态性与平衡性。在现实的道德实践过程中，也许道德主体所应具备的德性与所应遵循的原则二者之间的张力并不能得到体现（而且事实上也并不需要得到体现，因为体现二者之间的张力在道德实践的工夫中早已变成一种无意义的区别）。但作为一种纯理论的探讨，二者有必要也必须符合一定的逻辑。因此，就遵礼原则的阐述而言，一定是由"中和原则（中道原则）"而"经权原则"而"于俭原则"；体现在遵礼德性（守德遵礼）方面，就必然是由"仁"而"义"而"敬"。可以看出，在整个遵礼之道的系统中，原则、德性与旨归相互之间关联并呼应、彼此涵摄，共同促进遵礼之道的展开。

　　哲学层面的探索，现实依据及理论依据的考察，原则方面的说明，德性基础的阐释，价值旨归的指明，可以说，这五个方面都是为现实践履提供理论前提、奠定理论基础。就中国文化的整体特征而言，这当然是建立在与其他文化相比较的基础之上，"实践性"是其最根本、最显著的特征。实践所占有的这种优越地位来源于其自身所具备的优秀品格，即任何理论所具有的合法性与有效性最后都必须归结为实践性。理论必须能够通过实践被转化才能显示其价值与意义，这一点尤其体现在船山的遵礼系统中。遵礼策略或遵礼实践路径的提出，一方面固然是出于礼具有实践的品格，更为重要的是，这还是保证整个遵礼系统完整性的关键因素。在策略实施的过程中，既可以体现对礼的遵循，也可以深入地挖掘之前包括五个方面在内的理论的内在潜力。前五者在经过实践的转化之后，本身也构成了实践的必备要素，进而共同促成了遵礼实践之道的完成。正是策略（实践路径）这一环节的具备，才使得遵礼成为一个内部包含多个层面并且相互之间紧密关联的完整系统。从一种意义上来说，遵礼之道就是理论与实践之间所保持的一种平衡；从另一种意义上来说，遵礼之道则是包括实践策略在内的六个方面相互之间所维持的另一种平衡。

　　通过从以上六个方面的分析来阐释船山的礼学思想，实现了学术界现有的研究船山礼学思想视角的转换，形成一种崭新的研究视角——遵礼，将礼的理论价值转化为动态的实践价值，这既表现出研究视角的转换，也表现出研究方法的创新。具体而言：学术观点方面，对船山礼学的研究，超越于抽象的思辨活动从理论考察上升为一种实践智慧，使哲学的探讨能够转化为对现实世界的把握。传统对船山礼学思想的研究侧重于伦理理论层面，遵礼视角的提出则在此基础上进一步凸显伦理实践的品格，从静态的考察提升为动态的实践运用。研究方法方面，在利用传统研究方法的基础之上，重视两个层面的结合，即固有文献资料与文化诠释的结合,哲学形上的构思与道德形下的建构相结合,更加重视在道德建构视阈中的理解与解读。运用方法上的创新,实现了资料运用、框架建构、体系整合、诠释路径与思想观点上的新突破。对船山遵礼思想的研究与考察,在某种意义上来说是在促进传统资源的深入化与现代化。可以弥补现代社会只强调法制的预防与约束而忽略道德的引导与提升的缺陷与不足,为现代公民人格的塑造与形成提供一种传统的借鉴标准。同时还可以为政府部门制定政策方针提供有效的参考价值,以补救当代社会的道德滑坡与道德失范。如何更充分地提升传统中"礼"的资源以运用于现代社会,使"礼""法"实现内在的契合,使传统—现代之间的张力能够得到有效的缓解与疏导,这一话题还有待进一步的展开与探讨。

后 记

礼学思想是中国传统文化中非常重要的方面。在有限的生命当中，我本着兴趣与爱好而从事船山哲学思想研究，尤其是船山礼学思想研究。船山之礼学思想是其经学与哲学思想完美结合的产物。船山曰："六经之教，归之于礼。"说明了礼学思想在其思想体系中的重要地位。在长期的研究过程中，本人陆续出版了《王船山礼学思想研究》《王船山礼宜乐和的和谐社会理想》《安身立命与安命达德——王船山道德文化钩沉》（上下卷）等专著。直面当下社会道德"失范"，我将其原因归诸"失礼"，于是乎，本人又考虑了如何解决当下道德失范的问题，即从船山礼学出发，建构起船山遵礼思想的内在逻辑思想体系，以挽救当下社会的道德危机与伦理危机，该课题便应运而生。本质上来说，该课题的完成，是本人"看世界、续香火、接地气"中国哲学的方法运思使然。哲学所要回答与解决的主要问题就是针对时代所面临的困境而作出实事求是的回应与解答，此乃哲学的历史使命使然。"哲学乃是时代精神的精华"，精准地反映了哲学所面临的时代使命与现实关怀。正是基于这种担当与责任，才有《王船山遵礼之道研究》一书的最终完成。

该课题的完成，可谓是集体智慧的结晶。首先要感谢我的学生团队，因为学生团队的诸多成员付出了或多或少的努力，他们是王志华、杨超、颜小梅、杨志刚、罗金良等。尤其值得一提的是，我已毕业的研究生王志华为本课题付出了艰辛的努力。他作为本课题的核心成员，在该课题的讨论与写作过程中，思维开阔，视野独特，为本课题的最终完成殚精竭虑。在此，对诸位学生，特别是志华表示诚挚的感谢，也对他们的学术成长表示衷心的祝贺。

此外，该课题的结题与出版，更是离不开北京大学出版社编辑部的各位编辑与领导们。在结题的过程中，负责出版的北京大学出版社编辑一直与我保持着密切的联系。在课题结题手续繁复的当下，没少给他们添麻烦。因之，对他们的感谢是发自肺腑的。当然，该成果的问世，还得感谢我所在的单位——湖南大学岳麓书院的各位老师的鼓励与支持。在我经费相对不足之时，承蒙岳麓书院院领导们的支持、帮助、提携。

故此，该成果得以出版面世，对同事们和院领导们的感激之情是真诚的。

在学术研究之路上，我与船山思想的结缘，还与那些一直默默关注与提携我的学术前辈们的鼓励与支持是分不开的。湖南省社科院的王兴国老师、湖南师范大学的王泽应老师、深圳大学的王立新老师等，他们一直默默地关注我的学术进展，不断提携与帮助我，使我坚定了研究船山哲学的信心与决心。他们的鼓励与帮助，是我不断前行的动力，也是敦促我深入研究船山思想的鲜活源泉。尤其需要感恩的是王泽应老师，王老不辞辛劳，不计功利，为拙著作序，并对拙作褒扬有加。王泽应老师作为船山学、伦理学方面的研究大家，如此提携后学，更令我发自肺腑地感激。

常怀感恩心，在我的人生路上，更应该感谢的是我的家人。我的父母双亲、岳父岳母的关爱、支持与帮助，激励着我继续前行。我的夫人、儿子，他们的欢声笑语，他们的喜怒哀愁，均是我奋发向上的原动力。一路走来，永远令我感恩的是我的父亲大人，他的在天之灵，护佑于我，拙著出版，是对我伟大的父亲大人最好的纪念。

船山之学广矣、盛矣，唯有不断努力，方可捕捉其精髓。俱往矣，船山之学，吾辈责任重大，吾将背起行囊，继续前行……

2019 年 9 月 18 日于岳麓书院胜利斋

参考文献

一 著作

(一) 古代典籍

[1] (西汉)司马迁:《史记》,中华书局,1959年版。
[2] (东汉)郑玄注,(唐)孔颖达疏,吕友仁整理:《礼记正义》,上海古籍出版社,2008年版。
[3] (东汉)班固:《汉书》,中华书局,1962年版。
[4] (魏)皇侃:《论语义疏》,中华书局,2013年版。
[5] (魏)王弼著,楼宇烈校释:《王弼集校释》,中华书局,1980年版。
[6] (南朝)刘劭:《人物志》,香港中华书局,2013年版。
[7] (唐)李鼎祚:《周易集解》,巴蜀书社,1991年版。
[8] (唐)魏征:《隋书》(第二卷),中华书局,1973年版。
[9] (北宋)张载:《张载集》,中华书局,1978年版。
[10] (北宋)程颢、程颐:《二程集》,中华书局,1981年版。
[11] (南宋)朱熹:《朱子全书》(第六、十三册),上海古籍出版社,2010年版。
[12] (明)王守仁:《王阳明全集》,上海古籍出版社,1992年版。
[13] (明)王廷相:《王廷相集》(三),中华书局,1989年版。
[14] (明)顾炎武撰,黄汝成集释:《日知录集释》,上海古籍出版社,2006年版。
[15] (明)黄宗羲:《黄宗羲全集》(第五册),浙江古籍出版社,1985年版。
[16] (明)王夫之:《船山全书》(第一至十六册),岳麓书社,2011年版。
[17] (明)王夫之撰,陈玉森、陈宪猷注释:《周易外传镜铨》(上、下),中华书局,2000年版。
[18] (清)阮元:《十三经注疏·礼记》,中华书局,1980年版。
[19] (清)孙诒让:《周礼正义》,中华书局,1987年版。

[20]（清）孙希旦：《礼记集解》，中华书局，1989年版。
[21]（清）苏舆：《春秋繁露义证》，中华书局，1992年版。
[22]（清）刘宝楠：《论语正义》，中华书局，1990年版。
[23]（清）焦循：《孟子正义》，中华书局，1987年版。
[24]（清）吴毓江：《墨子校注》，中华书局，1993年版。
[25]（清）郭庆藩：《庄子集释》，中华书局，1961年版。
[26]（清）王先谦：《荀子集解》，中华书局，1988年版。
[27]（清）王先慎：《韩非子集解》，中华书局，2003年版。
[28]（清）黎翔凤：《管子校注》，中华书局，2004年版。
[29]（清）汪荣宝：《法言义疏》，中华书局，1987年版。
[30]（清）皮锡瑞：《经学历史》，中华书局，1959年版。
[31]（清）谭嗣同：《仁学》，辽宁人民出版社，1994年版。
[32]（清）曾国藩：《曾国藩全集·诗文》，岳麓书社，1986年版。
[33] 向宗鲁：《说苑校正》，中华书局，1987年版。
[34] 李学勤主编：《十三经注疏·周易正义》，北京大学出版社，1999年版。
[35] 李学勤主编：《十三经注疏·毛诗正义》，北京大学出版社，1999年版。
[36]《康熙字典》，汉语大词典出版社，2002年版。

（二）今人著作

[1] 杨廷福：《明末三大思想家》，三联书店，1955年版。
[2] 嵇文甫：《王船山哲学论丛》，中华书局，1962年版。
[3] 嵇文甫：《王船山学术论丛》，中华书局，1962年版。
[4] 嵇文甫：《王船山史论选评》，中华书局，1962年版。
[5] 高明：《礼学新探》，台湾学生书局，1978年版。
[6] 许冠山：《王船山致知论》，香港中文大学出版社，1981年版。
[7] 杨伯峻：《春秋左传注》，中华书局，1981年版。
[8] 侯外庐：《船山学案》，岳麓书社，1982年版。
[9] 李季平：《王夫之与〈读通鉴论〉》，山东教育出版社，1982年版。
[10] 谢国桢：《明末清初的学风》，人民出版社，1982年版。
[11] 金景芳：《中国奴隶社会史》，上海人民出版社，1983年版。
[12] 冯天瑜：《明清文化散论》，华中工学院出版社，1984年版。
[13] 萧萐父：《王夫之辩证法引论》，湖北人民出版社，1984年版。
[14] 蔡尚思：《王船山思想体系》，湖南人民出版社，1985年版。

[15] 陆复初：《王船山学案》，湖北人民出版社，1987年版。
[16] 杜惟运：《清代史学与史家》，中华书局，1988年版。
[17] 胡楚生：《清代学术史研究》，台湾学生书局，1988年版。
[18] 刘建春：《王夫之学行系年》，中州古籍出版社，1989年版。
[19] 蔡尚思：《中国礼教思想史》，中华书局，1991年版。
[20] 何冠彪：《明末清初学术思想研究》，台湾学生书局，1991年版。
[21] 林安梧：《王船山人性史哲学之研究》，东大图书公司印行，1991年版。
[22] 彭林：《〈周礼〉主体思想与成书年代研究》，中国社会科学出版社，1991年版。
[23] 王泽应：《船山伦理与西方近代伦理比较》，国际展望出版社，1991年版。
[24] 陈祖武：《清代学术思辨录》，中国社会科学出版社，1992年版。
[25] 唐凯麟、张怀承：《六经责我开生面——王船山伦理思想研究》，湖南出版社，1992年版。
[26] 郑万耕：《明清之际三大思想家》，新华出版社，1992年版。
[27] 罗光：《王船山形而上学》，辅仁大学出版社，1993年版。
[28] 萧萐父：《船山哲学引论》，江西人民出版社，1995年版。
[29] 萧萐父：《明清启蒙学术流变》，辽宁教育出版社，1995年版。
[30] 朱义禄：《逝去的启蒙——明清之际启蒙学者的文化心态》，河南人民出版社，1995年版。
[31] 钱玄：《三礼通论》，南京师范大学出版社，1996年版。
[32] 卢国龙：《道教哲学》，华夏出版社，1997年版。
[33] 马小红：《礼与法》，经济管理出版社，1997年版。
[34] 杨华：《先秦礼乐文化》，湖北教育出版社，1997年版。
[35] 杨向奎：《宗周社会与礼乐文明》，人民出版社，1997年版。
[36] 陈其泰、郭伟川、周少川：《二十世纪中国礼学研究论集》，学苑出版社，1998年版。
[37] 华友根：《西汉礼学新论》，上海社会科学出版社，1998年版。
[38] 钱穆：《中国近三百年学术史》（一），联经出版事业公司，1998年版。
[39] 牟宗三：《心体与性体》，上海古籍出版社，1999年版。
[40] 唐凯麟、张怀承：《成人与成圣 儒家伦理道德精粹》，湖南大学出版社，1999年版。

[41] 胡发贵：《王夫之与中国文化》，贵州人民出版社，2000年版。

[42] 邹昌林：《中国礼文化》，社会科学文献出版社，2000年版。

[43] 陈寅恪：《金明馆丛稿初编》，生活·读书·新知三联书店，2001年版。

[44] 冯友兰：《三松堂全集》（第8卷），河南人民出版社，2001年版。

[45] 张立文：《正学与开新——王船山哲学思想》，人民出版社，2001年版。

[46] 陈戍国：《中国礼制史》（全五卷），湖南教育出版社，2002年版。

[47] 陈赟：《回归真实的存在》，复旦大学出版社，2002年版。

[48] 勾承益：《先秦礼学》，巴蜀书社，2002年版。

[49] 金尚理：《礼宜乐和的社会理想》，巴蜀书社，2002年版。

[50] 赖永海、王月清编著：《宗教与道德劝善》，江苏古籍出版社，2002年版。

[51] 林存阳：《清初三礼学》，社会科学出版社，2002年版。

[52] 萧箑父、许苏民：《王夫之评传》，南京大学出版社，2002年版。

[53] 傅斯年：《傅斯年全集》（第二卷），湖南教育出版社，2003年版。

[54] 姜广辉主编：《中国经学思想史》（第一卷），中国社会科学出版社，2003年版。

[55] 刘丰：《先秦礼学与社会的整合》，中国人民大学出版社，2003年版。

[56] 梅珍生：《晚周礼的文质论》，湖北人民出版社，2003年版。

[57] 牟宗三：《牟宗三全集》（27），联经出版事业股份有限公司，2003年版。

[58] 邓辉：《王船山历史哲学研究》，岳麓书社，2004年版。

[59] 费孝通：《乡土中国》，北京出版社，2004年版。

[60] 赖换初：《儒家礼育思想研究》，中南大学出版社，2004年版。

[61] 陆建华：《荀子礼学研究》，安徽大学出版社，2004年版。

[62] 吴海庆：《船山美学思想研究》，河南人民出版社，2004年版。

[63] 常金仓：《周代礼俗研究》，黑龙江人民出版社，2005年版。

[64] 王启发：《礼学思想体系探源》，中州古籍出版社，2005年版。

[65] 李申：《中国儒教论》，河南人民出版社，2005年版。

[66] 唐雄山：《贾谊礼治思想研究》，广州中山大学出版社，2005年版。

[67] 复旦大学哲学系中国哲学教研室编：《中国古代哲学史》，上海古籍出版社，2006年版。

［68］李泽厚：《中国古代思想史论》，生活·读书·新知三联书店，2008年版。
［69］李零：《丧家狗——我读〈论语〉》，山西人民出版社，2007年版。
［70］陈力祥：《王船山礼学思想研究》，巴蜀书社，2008年版。
［71］王玉德：《中华文明史稿》，崇文书局，2008年版。
［72］曾昭旭：《王船山哲学》，里仁书局，2008年版。
［73］杨锦富：《王船山礼学研究》，丽文文化事业股份有限公司，2009年版。
［74］邓辉：《王船山道论研究》，湘潭大学出版社，2010年版。
［75］杨伯峻：《孟子译注》，中华书局，2010年版。
［76］赵园：《明清之际的思想与言说》，复旦大学出版社，2010年版。
［77］陈来：《宋明理学》，生活·读书·新知三联书店，2011年版。
［78］何平立：《天命，仪礼与秩序演绎：中国文化史要论》，山东人民出版社，2011年版。
［79］梁启超：《中国近三百年学术史》，商务印书馆，2011年版。
［80］钱穆：《论语新解》，九州出版社，2011年版。
［81］钱穆：《宋明理学概述》，九州出版社，2011年版。
［82］谢谦编著：《国学词典》，中国人民大学出版社，2011年版。
［83］章启辉：《旷世大儒——王夫之》，河北人民出版社，2011年版。
［84］余英时著 彭国翔编：《厄言自纪》，北京大学出版社，2012年版。
［85］熊考核：《走近船山》，湖南人民出版社，2012年版。
［86］陈来：《诠释与重建》，北京大学出版社，2013年版。
［87］余英时著 彭国翔编：《学思答问》北京大学出版社，2013年版。
［88］阳建雄：《姜斋文集校注》，湘潭大学出版社，2013年版。
［89］陈力祥：《王船山礼宜乐和的和谐社会理想》，社会科学文献出版社，2014年版。
［90］冯友兰：《中国哲学史》，中华书局，2014年版。
［91］钱穆：《朱子学提纲》，生活·读书·新知三联书店，2014年版。
［92］肖剑平：《王船山人格思想研究》，湘潭大学出版社，2014年版。
［93］李泽厚：《论语今读》，中华书局，2015年版。
［94］杨伯峻：《论语译注》，中华书局，2015年版。
［95］杨立华：《宋明理学十五讲》，北京大学出版社，2015年版。

二 论文

［1］文平志：《船山学术思想研究论著，资料索引》，《船山学刊》（创刊

号）1989 年第 2 期。

[2] 周慧杰：《王夫之教育思想述论》，《河南大学学报》1992 年第 3 期。

[3] 范军：《文质论》，《华中师范大学学报》1995 年第 2 期。

[4] 屠成先：《论朱熹哲学在王船山哲学形成过程中的作用》，《甘肃社会科学》1995 年第 1 期。

[5] 王煜：《王夫之的〈易〉学及其现代意义》，《汕头大学学报（社科版）》1996 年第 1 期。

[6] 陈宝国：《王夫之哲学思想述评》，《福州大学学报》1998 年第 3 期。

[7] 陈望衡：《王夫之的"理欲"观》，《船山学刊》1998 年第 2 期。

[8] 汪学群：《王夫之的释〈易〉学风》，《开封大学学报》1998 年第 4 期。

[9] 王兴国：《希张横渠之正学》，《船山学刊》1999 年第 2 期。

[10] 曾翠萍、刘兴豪：《论王夫之对张载气本论的继承与发展》，《湖南大学学报（社会科学版）》1999 年第 9 期。

[11] 张秀红、沈进：《试论王夫之的教育方法论》，《教育科学》1999 年第 1 期。

[12] 郭瑞林：《试论王夫之的人文精神》，《船山学刊》2000 年第 1 期。

[13] 吴怀祺：《王夫之的易学与史论》，《安徽大学学报（哲社版）》，2000 年第 6 期。

[14] 肖时义：《王船山"天人合一"思想与"因机设教"原则》，《船山学刊》2000 年第 1 期。

[15] 熊考核：《船山仁人之道》，《船山学刊》2000 年第 3 期。

[16] 胡健生：《"船山"别号考》，《船山学刊》2001 年第 3 期。

[17] 张奇伟：《礼的起源的历史思考》，《陕西师范大学继续教育学报》2001 年第 3 期。

[18] 周辉湘：《船山思想与湖湘文化的近代化》，《湘潭大学社会科学学报》2002 年第 6 期。

[19] 朱迪光、谢美萍：《王夫之学术研究及其分类》，《船山学刊》2002 年第 2 期。

[20] 黄德昌：《儒家与夷夏之辨》，《四川大学学报（哲社版）》2003 年第 4 期。

[21] 刘新春：《王夫之夷夏之说的精神内核》，《船山学刊》2003 年第 4 期。

[22] 章启辉等：《王夫之以有为性的人性论》，《湖南大学学报（社科

版)》2003年第2期。

[23] 梅珍生：《王夫之"因〈易〉以生礼"的源流论》，《船山学刊》2004年第2期。

[24] 彭泽华、萧汉民：《二十世纪最后十年船山学研究》，《船山学刊》2004年第1期。

[25] 熊吕茂：《论王夫之的教育哲学思想》，《内蒙古师范大学学报（教育科学版)》2004年第1期。

[26] 徐孙铭：《船山人学论纲》，《衡阳师范学院学报》2004年第4期。

[27] 张学智：《王夫之太和观念的诚与变合》，《中华文化论坛》2004年第1期。

[28] 衷尔矩：《因名以劝实 因文以全质——王夫之的名实论，文质论试探》，《船山学刊》2004年第4期。

[29] 韩凤祥：《礼的产生和文明的起源》，《河海大学学报（哲社版)》，2005年第9期。

[30] 胡发贵：《王夫之夷夏新论》，《船山学刊》2005年第1期。

[31] 蒙培元：《孔子与中国的礼文化》，《湖南社会科学》2005年第5期。

[32] 熊吕茂：《论王夫之的文化思想》，《郑州轻工业学报（社科版)》2005年第5期。

[33] 张学智：《王夫之对礼乐的理学疏解——以〈礼记·乐记〉为中心》，《中国哲学史》2005年第4期。

[34] 赵载光：《王船山对性道之学总结，批判与弘扬》，《衡阳师范学院学报》2005年第4期。

[35] 陈力祥：《王船山义利观辨正》，《江淮论坛》2006年第6期。

[36] 陈力祥：《船山履卦的礼学意蕴》，《衡阳师范学院学报》2006年第12期。

[37] 宋志明：《关注人生是传统哲学的特色》，《湖南大学学报（社科版)》2006年第3期。

[38] 张学智：《王夫之对礼的本质的阐释》，《北京大学学报（哲学社会科学版)》2006年第6期。

[39] 郑万耕：《"神道设教"说考释》，《周易研究》2006年第2期。

[40] 陈力祥：《王船山教育哲学思想新探》，《船山学刊》2007年第2期。

[41] 林乐昌：《张载礼学论纲》，《哲学研究》2007年第12期。

[42] 陈力祥：《从礼以分殊辨别人禽管窥船山"礼"性》，《船山学刊》2008年第3期。
[43] 陈力祥：《王船山礼之形上属性辨正——以礼即理之礼与礼即气之礼之辨为视角》，《中南大学学报（社会科学版）》2008年第6期。
[44] 陈力祥：《从王船山礼之经权思想管窥传统道德悖论的解决》，《衡阳师范学院学报》2008年第6期。
[45] 陈力祥：《王船山之法治观——以礼法之辨为视角》，《宝鸡文理学院学报》2008年第4期。
[46] 陈力祥：《王船山夷夏观辨正——以礼以分殊人禽与夷夏为视角》，《湖南科技大学学报》2009年第1期。
[47] 林乐昌：《张载礼学三论》，《唐都学刊》2009年5月第3期。
[48] 周广友：《王船山的贲卦阐释及其文饰礼政思想》，《周易研究》2009年第6期。
[49] 陈力祥：《王船山人本主义哲学思想之形上学批判》，《船山学刊》2010年第2期。
[50] 陈力祥：《德到优时横天际地——王船山"德"论探究》，《衡阳师范学院学报》2010年第4期。
[51] 李秀娟、陈力祥：《人性为善何以可能——王船山关于人性为善思想的形上学批判及其人文价值》，《中南大学学报》2010第1期。
[52] 陈力祥：《本仁行礼：王船山仁之理念与礼之践行模式探析》，《巢湖学院学报》2011年第2期。
[53] 陈力祥：《和为性情之"德"何以可能——王船山关于性情之德的形上学批判》，《长沙理工大学学学报》2011年第6期。
[54] 王云云：《王夫之礼学思想的特色——以"濮议"论为中心》，《西北大学学报（哲学社会科学版）》2011年第1期。
[55] 曾美珠：《从船山对〈乐记〉思想的批判与继承论其"礼乐"观》，《中国哲学史》2011年第3期。
[56] 陈力祥：《王船山天人合一思想何以规约为人与自然之间的和谐》，《船山学刊》2012年第2期。
[57] 陈力祥：《王夫之礼以化民成俗与乐以移易性情的礼乐教化思想》，《衡阳师范学院学报》2012年第8期。
[58] 陈力祥：《论船山之礼和合哲学价值彰显的四个基本维度》，《中南大学学报（社会科学版）》2014年第3期。
[59] 陈力祥：《论王船山之"礼"与"和"相契合何以可能》，《宁夏社

会科学》2014年第3期。
[60] 李秀娟:《王船山乐以"发情"致和之和谐思想——兼论礼,乐致和之异同》,《船山学刊》2014年第3期。
[61] 王博:《王夫之仁学思想探析》,《船山学刊》2014年第3期。
[62] 陈力祥:《王船山遵礼之理的逻辑显达与度越》,《船山学刊》2015年第2期。